LARISSA LUZ

CURSO DE

DIREITO

PROCESSUAL

PENAL

  CASA DO
DIREITO

Diretor Editorial Gustavo Abreu
Diretor Administrativo Júnior Gaudereto
Diretor Financeiro Cláudio Macedo
Logística Daniel Abreu e Vinícius Santiago
Comunicação e Marketing Carol Pires
Assistente Editorial Matteos Moreno e Maria Eduarda Paixão
Designer Editorial Gustavo Zeferino e Luís Otávio Ferreira

Dados Internacionais de Catalogação na Publicação (CIP)

Bibliotecária Juliana da Silva Mauro - CRB6/3684

L979c   Luz, Larissa
          Curso de direito processual penal / Larissa Luz. - Belo Horizonte : Casa do Direito, 2023.
          504 p. : il. ; 15,5 cm x 22,5 cm.

          Inclui Bibliografia.
          ISBN 978-65-5932-353-1

          1. Direito processual penal. 2. Devido processo legal. 3. Concurso público. 4. Carreira jurídica. I. Título.

          CDU: 343.1
          CDD: 345.07

Índices para catálogo sistemático:
1. Processo penal 343.1
2. Procedimento penal 345.07

GRUPO ED. LETRAMENTO

LETRAMENTO EDITORA E LIVRARIA
Caixa Postal 3242 – CEP 30.130-972
r. José Maria Rosemburg, n. 75, b. Ouro Preto
CEP 31.340-080 – Belo Horizonte / MG
Telefone 31 3327-5771

CASA DO DIREITO

É O SELO JURÍDICO DO
GRUPO EDITORIAL LETRAMENTO

Decido este livro

Aos meus pais Ribamar e Zeza, fontes inesgotáveis de amor, sabedoria e compreensão, que são presenças constantes ao meu lado diante de cada novo desafio, me ensinando tudo o que eu sei sobre seguir adiante e fazer o bem.

Aos meus padrinhos João Cândido e Amparo pelo acalento e colo constantes.

Aos meus filhos Lucas, Isabela (*in memorian*) e Gabriela, por serem a razão dos meus sorrisos mais intensos e a quem devolvo todo o amor que recebi dos meus pais.

Ao meu marido, Antonio Alberto, porque me escolheu como parte inteira do seu todo, acolhendo meu sonho de família e segurando minha mão em meus projetos de servir ao justo e a Deus.

Às minhas enteadas Valentina e Helena por florirem o jardim da minha vida com a mais pura ternura já vista.

Aos meus colegas de Ministério Público por comporem comigo a una e indivisível missão de promover o justo.

E tudo isso, entrego a Deus.

EPÍGRAFE

Decálogo do Promotor de Justiça

1. Ama a Deus acima de tudo e vê no homem, mesmo desfigurado pelo crime, uma criatura à imagem e semelhança do Criador;
2. Sê digno de tua grave missão. Lembra-te de que falas em nome da Lei, da Justiça e da Sociedade;
3. Sê probo. Faze de tua consciência profissional um escudo invulnerável às paixões e aos interesses;
4. Sê sincero. Procura a verdade e confessa-a, em qualquer circunstância;
5. Sê justo. Que teu parecer dê a cada um o que é seu;
6. Sê nobre. Não convertas a desgraça alheia em pedestal para teus êxitos e cartaz para tua vaidade;

7. Sê bravo. Arrosta os perigos com destemor, sempre que tiveres um dever a cumprir, venha o atentado de onde vier;
8. Sê cortês. Nunca te deixes transportar pela paixão. Conserva a dignidade e a compostura, que o decoro de tuas ações exige;
9. Sê leal. Não macules tuas ações com o emprego de meios condenados pela ética dos homens de honra;
10. Sê independente. Não te curves a nenhum poder, nem aceites outra soberania senão a Lei.

JOSÉ AUGUSTO CÉSAR SALGADO
Promotor de Justiça do Ministério Público de São Paulo
Havana, 1957

SUMÁRIO

59 PROCEDIMENTOS DE INVESTIGAÇÃO PRELIMINAR

395 PROCEDIMENTOS

APRESENTAÇÃO

Recebi com imensa alegria e tremor o convite para apresentar a obra de processo penal da professora Larissa Luz. Não é tarefa fácil apresentar um livro de uma professora que já possui espaço reconhecido no mundo acadêmico.

Conheci a professora Larissa em 02 de junho de 2004, quando fomos empossados no cargo de Promotor de Justiça do Ministério Público do Distrito Federal e Territórios (MPDFT). A professora Larissa já lecionava processo penal no Centro Universitário de Brasília (UniCEUB) antes de seu ingresso na carreira do Ministério Público.

De lá para cá, Larissa exerceu atribuição nas mais diversas áreas de atuação do MPDFT, com sua coragem e destemor, buscando realizar um trabalho em prol da coletividade. Atualmente, está lotada na promotoria de justiça de combate ao tráfico de drogas, além de exercer a atividade de membro-auxiliar do Conselho Nacional do Ministério Público.

O curso de processo penal em destaque se apresenta com as características essenciais, que devem estar presentes em um livro jurídico que busque sintonia com o desenho atual do ordenamento jurídico brasileiro, com o maior espaço ocupado pela jurisprudência.

A jurisprudencialização do Direito alcança todos os seus ramos e, não raro, ignora os conceitos dogmáticos e produz decisões inconsistentes e incoerentes. Esse retrato da realidade jurídica brasileira exige do autor uma capacidade de dialogar os conceitos dogmáticos com a constante mutação jurisprudencial.

A obra da professora Larissa está, portanto, em sintonia com uma produção jurídica moderna, que se preocupa com os conceitos doutrinários numa constante correlação com as decisões dos tribunais superiores, de modo que tanto pesquisadores quanto estudantes de graduação poderão, mediante a respectiva leitura, compreender o caminho atual do processo penal.

Outro aspecto que merece destaque aparece nas questões de concursos jurídicos que foram selecionadas e alocadas em sintonia com os temas de cada capítulo. Esse arranjo facilita sobremaneira os estudos dos candidatos a concursos jurídicos.

Outrossim, na divisão sistemática da obra, observa-se um preocupação didática com a construção sequencial dos institutos que dominam o espaço do processo penal no campo constitucional, legal e jurisprudencial. A autora deu especial relevo ao uso adequado do recurso terminológico, de maneira clara e objetiva, sem prejuízo à argumentação, com o escopo de comunicar o real sentido dos institutos jurídicos.

De início, a autora aponta o objeto do processo penal e a sua relação com o *jus puniendi* estatal, sem se descuidar da abordagem moderna, que considera o Direito Penal Global, capaz de abrigar de maneira conjunta o Direito Processual Penal e o Direito Penal, perspectiva ainda distante da maioria das produções acadêmicas nacionais.

Na sequência, a autora disserta com precisão técnica sobre os princípios e os institutos dogmáticos do processo penal. Durante a abordagem dos temas tradicionais e comuns, aponta as novidades, quais sejam, os institutos reconhecidos pela jurisprudência e/ou expostos em Resoluções do Conselho Nacional do Ministério Público (CNMP) ou do Conselho Nacional de Justiça (CNJ). Isso ocorre, a título de ilustração, na apresentação do Procedimento de Investigação Criminal do Ministério Público (PIC).

Do mesmo modo, a autora alia conhecimento teórico e prático no tratamento do acordo de não persecução penal, quando parte da compreensão do princípio da oportunidade, tão combatido por setores da doutrina nacional, que ainda não compreenderam a dinâmica do negócio penal, nem mesmo a distinção entre acordos de equivalentes funcionais da pena (sem natureza de pena) e acordos de sentença penal negociada (com natureza de pena). Por ora, no Brasil, apenas acordos do primeiro grupo estão presentes no ordenamento jurídico brasileiro. E todos foram devidamente analisados no livro: transação penal, acordo de não persecução penal e suspensão condicional do processo.

A escrita cativante prossegue com os demais institutos do processo penal em uma linha próxima da estrutura do Código de Processo Penal brasileiro, de modo a facilitar o estudo sistemático e comparativo entre o texto da lei, a doutrina e a jurisprudência.

Ante as mudanças legislativas recentes, a autora demonstra bastante precisão com a análise da prisão cautelar e das provas em espécie, trazendo, inclusive, apontamento específico sobre a delação premiada, quanto ao seu desenho dogmático e jurisprudencial. Mereceram ainda singular exposição as diversas modalidades de procedimentos processuais.

Por fim, o tema das nulidades – tão complexo na jurisprudência atual–, os recursos e as ações autônomas foram devidamente tratados no corpo da obra, por meio das críticas argumentativas, realizadas por uma professora que já possui um percurso reconhecido nas salas de aula de cursos de graduação, pós-graduação e preparatórios para concursos.

Verifica-se que todos os institutos do processo penal foram apresentados na obra na exata medida de um curso completo de processo penal. A precisa sistematização dos temas com a brilhante capacidade de escrita, sem fugir e sem fazer escolhas fáceis, revelam o tamanho do esforço intelectual da autora.

As muitas horas de estudo foram devidamente recompensadas com a produção de um livro que será material de consulta dos operadores do Direito de hoje e de amanhã. Parabéns, professora Larissa Luz, pela produção de uma obra jurídica que contribuirá para o desenvolvimento do processo penal brasileiro.

Brasília-DF, 23 de maio de 2023.

Dermeval Farias Gomes Filho

Doutor em Direito Penal (PUC-SP)

Mestre em Política Pública, Processo e Controle Penal (UniCEUB)

Professor de Direito Penal

Promotor de Justiça do MPDFT

INTRODUÇÃO (NOTA DA AUTORA)

Gostaria de dar as boas-vindas aos meus queridos alunos e amigos à leitura do meu livro, que foi a realização de um sonho e resultado de muito estudo, trabalho e amor ao Processo Penal.

Quando escolhi a carreira que iria seguir me perguntei em qual carreira seria mais independente e feliz para atuar na área processual penal e tendo a resposta no Ministério Público, tive a felicidade de poder reunir duas paixões. Para coroar tudo, tenho a grata satisfação de aliar aos dois o ensino do Direito Processual Penal.

Além disso, temos instrumentos poderosíssimos de atuação e o uso responsável desses poderes é de fundamental importância para todos os membros da carreira, mas assume relevo especial na atuação do Promotor Criminal, porque o Direito Penal, como última instância acionada no ordenamento jurídico para a solução de conflitos tem como alvo final o cerceamento ou não da liberdade do indivíduo, com todas as consequências pessoais e sociais que já estudamos ao longo da preparação para o concurso.

O Estado garante ao Promotor de Justiça todas as prerrogativas e instrumentos jurídicos para o exercício do cargo. A independência funcional, o poder investigatório, o poder de requisição, o uso da veste talar, o recebimento de subsídios, todas, garantias funcionais para o exercício da nossa função. No entanto, a responsabilidade é maior, porque não temos privilégios, e a maior doutrina que devemos seguir é: faça bom uso do seu poder, do contrário, você será responsabilizado por isso. E peço licença para estender essa reflexão a todos os integrantes das carreiras jurídicas que têm como instrumento o Direito Processual Penal.

Somos empossados e investidos em nossas carreiras cheio de sonhos e, sem dúvida alguma, muito bem preparados intelectualmente. Mas a verdade é que muitos de nós não temos a real ideia do que a vivência no Direito Processual Penal nos revela diariamente, suas dificuldades e suas angústias.

Durante minha trajetória de dezenove anos no Ministério Público fui abençoada com a convivência com talentosos colegas Promotores, Juízes, Advogados, Defensores e Delegados que me serviram de espelho para que eu pudesse ser moldada como alguém que se propõe a promover o justo. Com o tempo, fui somando as dicas dos colegas com as minhas próprias experiências e fui criando minhas rotinas que são até hoje fundamentais para organizar minha promotoria, administrar o volume de trabalho, otimizando o tempo, sem perder a qualidade e a efetividade necessárias ao trabalho da Promotoria Criminal.

É claro que ainda tenho momentos em que o "E agora?" vem me visitar, mas com a experiência e a segurança adquiridas ao longo do tempo, sei onde procurar respostas precisas e espero sinceramente que meu livro possa contribuir com vocês em momentos iguais.

Então, vamos ao trabalho, afinal, essa é uma palavra que não vai faltar na vida de vocês a partir de agora!

Estudem muito, estejam prontos e trabalhem muito, mas, sobretudo, divirtam-se e sejam felizes em suas carreiras!

DIRETRIZES DO PROCESSO PENAL

CAPÍTULO 1 - JUS PUNIENDI ESTATAL

O advento do Estado moderno, soberano, traz à baila o monopólio da coação física legítima. Nesse momento, o Estado detém para si o monopólio do **direito de punir** (jus puniendi) para reprimir as violações das normas penais e para preservar a ordem jurídica transgredida. Por intermédio do Direito Penal, o Estado exerce o controle social e tem como principal objetivo regular as relações entre os indivíduos em sociedade, mediante de regras e procedimentos que, ao mesmo tempo em que autorizam a imposição de sanções mais graves admitidas pelo direito, impõem limites ao exercício do poder punitivo do Estado.

O direito de punir pertencente ao Estado é genérico e impessoal. Refere-se ao poder que o Estado tem de punir quaisquer pessoas que transgridam as normas que tutelam seus bens jurídicos. Ao estabelecer, por meio da legislação penal, condutas delitivas e ao cominar as suas respectivas reprimendas, o Estado cria para o particular o dever abstrato de se abster da prática das condutas ali definidas (jus puniendi abstrato).

Quando o particular pratica tais condutas, ou seja, as concretiza, o poder abstrato do Estado transmuta-se em uma **pretensão concreta**. À pretensão do Estado de traduzir o direito penal abstrato ao caso concreto, chama-se pretensão punitiva, ou jus puniendi concreto.

Assim, como decorrência do jus puniendi abstrato, surge para o Estado o direito de exigir o cumprimento da norma por quem transgrediu o seu bem juridicamente tutelado (*jus puniendi* concreto).

Por deter o monopólio do direito de punir, o Estado não pode aplicar a pretensão punitiva de forma direta e aleatória. A pretensão deve seguir um procedimento formal, legal, além de ser exercida por autoridade competente. Nesse procedimento, a lei penal será aplicada ao caso concreto, como decorrência do postulado do nulla poena sine judicio.

Nesse contexto, o processo penal substituiu a vingança privada, a autotutela e a autocomposição, antigos métodos de resolução de conflitos dos particulares, tornando-se o instrumento do Estado moderno tanto para apurar as infrações penais, quanto para aplicar as suas respectivas sanções.

Considerando, no entanto, que o manejo dessa ferramenta estatal pode ensejar a restrição da liberdade individual do infrator, acompanhada ou não da constrição de seu patrimônio (direitos esses entendidos como fundamentais em nosso ordenamento constitucional), nada mais natural que a esse instrumento sejam impostos limites, no sentido de assegurar o respeito aos direitos e liberdades individuais do autor.

Assim, ao mesmo tempo em que o processo penal é instrumento de exercício do direito de punir que o Estado chamou para si, funciona também como mecanismo limitador da atuação do Estado e, portanto, protetor dos direitos e garantias individuais de quem se sujeita à persecução penal.

A esse respeito, disserta Vinicius Gomes de Vasconcellos que o direito processual tem como fundamento a limitação do poder punitivo ao aplicar a sanção penal, obedecendo ao devido processo. Enquanto sua **função** "é verificar a acusação penal em uma reconstrução histórica dos fatos passados imputados como um crime tipificado legalmente, a partir do lastro probatório produzido por iniciativa das partes."[1]

---

1 VASCONCELLOS, Vinicius G. Fundamento e função do processo penal. **Revista Eletrônica de Direito Processual Penal**. Rio de Janeiro, ano 12, v. 19, n. 2, maio-ago. 2018.

De tal raciocínio podemos extrair, portanto, a finalidade primordial do Processo Penal é a consecução do seguinte equilíbrio:

RESPEITO AOS DIREITOS E GARANTIAS FUNDAMENTAIS
E
SISTEMA DE JUSTIÇA CRIMINAL EFICIENTE

CAPÍTULO 2 – SISTEMAS PROCESSUAIS PENAIS

Os sistemas processuais ou os tipos de processo penal (conforme preconiza Tourinho filho[2]), subdividem-se em:

* Sistema Inquisitivo
* Sistema Acusatório
* Sistema Misto (ou francês)

2.1. SISTEMA INQUISITIVO

O Sistema inquisitivo é oriundo do Direito Canônico, surgiu por volta do século XIII, sendo difundido por toda a Europa até meados do século XVIII. Inexistentes o contraditório e a ampla defesa, concentra-se em um único órgão as funções de acusar, defender e julgar, esse órgão é denominado **juiz inquisidor**.

Nesse sistema, o juiz inquisidor é dotado de ampla iniciativa probatória, podendo determinar de ofício a colheita de provas, seja no âmbito das investigações, seja no curso do próprio processo. O juiz, gestor pleno das provas, tomava sua decisão da forma que melhor lhe aprouvesse. Nesse sistema, não há espaço para arguição de suspeição do juiz.

Entretanto, a crítica severa que se fez a tal sistema e que findou por justificar sua evolução ao sistema acusatório, que hoje predomina nos sistemas de justiça criminal modernos, reside no fato de que a concentração dos poderes de todos os sujeitos processuais em único órgão, aliada à irrestrita iniciativa probatória que lhe era conferida, acabava por viciar a imparcialidade. O órgão inquisidor atuava, portanto, sem a equidistância e isenção necessárias para apreciar as provas que eram produzidas sob seu comando.

---

2 TOURINHO FILHO, Fernando da Costa. Processo penal. São Paulo: Saraiva, 2003. V.1. p.88.

Nas palavras de Aury Lopes Jr., esse sistema representava um erro psicológico, já que uma mesma pessoa seria incapaz de realizar funções tão contraditórias, como investigar, acusar, defender e julgar.[3]

2.2. SISTEMA ACUSATÓRIO

O sistema acusatório remonta ao Direito grego[4], contudo ganhou notoriedade no Direito Francês, quando, no século XIV, surgiram as figuras dos procuradores do rei "les procureurs du roi", os órgãos do Estado responsáveis pela propositura da ação penal e inspiradoras da criação do Ministério Público. [5]Esse sistema processual é predominante entre os sistemas processuais penais do mundo, inclusive no Brasil, conforme se delineará em breve.

Com feição diferenciada e nítida distinção entre os sujeitos processuais, surge, no sistema acusatório, a actum trium personarum: partes (autor e réu) e juiz. Nesse sistema, a acusação e a defesa atuam com igualdade de condições, submetendo-se à autoridade jurisdicional, que atuará de maneira equidistante e imparcial.

A divisão tripartite dos sujeitos do processo permite ao acusado o pleno exercício de seu direito de defesa, a qual passa ter dupla feição: a técnica e a pessoal. Para concretizar o exercício da ampla defesa, assegura-se ao acusado o exercício do contraditório judicial, pronunciando-se a respeito de todos os atos praticados pelo titular da ação penal e sendo-lhe garantida, para tanto, a paridade de armas.

Nesse sistema, o julgador torna-se uma figura impessoal com posição equidistante tanto das partes, quanto dos fatos sujeitos à sua apreciação. Nesse contexto, garantida a imparcialidade na apreciação das provas, o julgador atua apenas em atividade supletiva à atividade ordinária das partes, ou seja, quando essas não se incumbirem de seu ônus probatório.

Cabe, portanto, ao magistrado, no sistema de justiça criminal acusatório, o gerenciamento das normas constitucionais e processuais que regem a matéria probatória, atuando para a salvaguarda do respeito aos direitos e liberdades fundamentais.

---

3 LOPES Jr, Aury. *Direito processual penal e sua conformidade constitucional: Volume I.* Rio de Janeiro: Lúmen Júris, 2007, p. 68.

4 LOPES Jr, Aury. *Direito processual penal e sua conformidade constitucional: Volume I.* Rio de Janeiro: Lúmen Júris, 2007, p. 58.

5 RANGEL, Paulo, Direito Processual Penal. São Paulo: Atlas, 2013, p. 49

O sistema processual penal brasileiro desde a Constituição Federal de 1988, que alçou ao posto de garantias fundamentais diversas garantias processuais, assumiu nítida correspondência ao sistema acusatório. As funções dos sujeitos processuais são definidas no âmbito do devido processo legal, de modo a garantir a equidistância das partes que, por sua vez, atuam em igualdade de condições (paridade das armas, conforme se ilustra:

No entanto, no dia 23 de agosto de 2023, concluiu julgamento das mencionadas ações, julgando constitucional a sistemática do juiz das garantiras, conforme analisaremos pontualmente.

Com o advento da Lei 13.964/2019 no ordenamento jurídico, que alterou o Código de Processo Penal, o sistema acusatório passou a ser mandamento formal legal, nos seguintes termos:

> **Art.** 3º- A - "O processo penal terá estrutura acusatória, vedadas a iniciativa do juiz na fase de investigação e a substituição da atuação probatória do órgão de acusação".

No entanto, no dia 23 de agosto de 2023, concluiu julgamento das mencionadas ações, julgando constitucional a sistemática do juiz das garantiras, conforme analisaremos pontualmente.

Na mesma aresta, importante destacar que o novo dispositivo do art. 3º-A do Código de Processo Penal, inaugurado pela Lei n.º 13.964/2019, além da disposição expressa no art. 3º, trouxe diversas outras nuances interpretativas aptas a ensejar uma feição ainda mais típica do sistema acusatório ao sistema de justiça criminal brasileiro.

O Supremo Tribunal Federal, ao analisar o novo dispositivo, por maioria, vencidos os Ministros Cristiano Zanin e Edson Fachin, deu interpretação conforme à Constituição, fixando o entendimento de que o juiz, de forma pontual e, excepcional, diante das balizas legais, poderá determinar a realização de diligências investigatórias complementares, de modo a solucionar dúvida sobre questão relevante para o julgamento do mérito.

Importa ressaltar, contudo, que o chamado "juiz das garantias" e seus consectários (arts., 3º-A, 3º-B, 3º-C, 3º-D, 3º-E, 3º-F) tiveram a constitucionalidade questionada e a a eficácia suspensa, por força da medida cautelar proferida em 22 de janeiro de 2020 pelo Ministro Luiz Fux, nos autos das Ações de Direta de Inconstitucionalidade 6.298, 6.299, 6.2300 e 6.305.

2.3. SISTEMA MISTO/ ACUSATÓRIO FORMAL/ FRANCÊS

Trata-se de uma nova roupagem dada ao sistema acusatório. O sistema misto tem raízes na Revolução Francesa, a partir do século XVIII, e tem como marco legislativo o Código de Napoleão de 1808, o chamado "Code d' Instruction Criminelle". Em razão disso, também é denominado Sistema Francês.

O sistema misto assim se intitula por adotar duas fases distintas, uma instrução preliminar de natureza secreta (sistema inquisitivo) e uma fase judicial exercida com o uso do contraditório e da ampla defesa (sistema acusatório).

Nesse sistema, a fase preliminar é presidida pelo "juiz da instrução", enquanto a fase judicial, por sua vez, é atribuição do Poder Judiciário, no curso da ação penal. Importante destacar as seguintes diferenças nas fases do sistema processual misto:

- **Fase Preliminar**: essa fase é presidida pelo juiz, por meio dos chamados Juizados de Instrução com o auxílio da polícia judiciária. O juiz pratica atos de instrução visando a colheita de elementos informativos acerca da materialidade e autoria delitivas, com intuito de formar a opinio delicti do órgão acusador. Trata-se de procedimento escrito e secreto, sem acusação e sem previsão do exercício do contraditório, com feições nitidamente inquisitoriais.

- **Fase Judicial**: nessa fase é promovida a acusação formal por parte do Ministério Público, que detém o ônus de sustentar a acusação. Nesse momento, o acusado torna-se sujeito de direitos e os exerce por intermédio da paridade de armas no processo, assegurando-lhe o estado de inocência com amplo debate entre as partes (contraditório e ampla defesa). Destaca-se, além disso, que o procedimento é de natureza pública, primando pela oralidade e concentração dos atos processuais.

Sob o modelo misto recaem, em parte, as mesmas críticas feitas ao sistema inquisitorial, na medida em que o juiz além de participar da atividade probatória, tem plena atuação na fase investigativa. Diante disso, critica-se a ausência da imparcialidade, já que a figura do investigador se confunde à figura do julgador.

Atualmente, temos ao redor do mundo, a simultaneidade dos sistemas acusatórios puros (por exemplo, Brasil) e do sistema misto (por exemplo, França e Itália).

CAPÍTULO 3 - FONTES DO PROCESSO PENAL

A palavra "fonte" deriva do latim *"fons, fontis"*, cujo significado é fonte, nascente. Onde nasce o processo penal? Eis o que veremos nesse tópico.

As fontes subdividem-se em fonte de produção (material) e de cognição (formal). Se numa vertente a fonte material é a que elabora a norma, a fonte formal, por sua vez, é aquela que revela a norma[6].

3.1. FONTES MATERIAIS

No que concerne à **fonte material** do processo penal, conforme preconiza a Constituição Federal de 1988, a competência para elaborar normas processuais penais é da União, podendo essa autorizar, por lei complementar, que os Estados-membros legislem em questões específicas (locais) dessa seara.

> **Art.** 22. Compete privativamente à União legislar sobre:
> I - direito civil, comercial, penal, **processual**, eleitoral, agrário, marítimo, aeronáutico, espacial e do trabalho;
> (...)
> Parágrafo único. Lei complementar poderá autorizar os Estados a legislar sobre questões **específicas** das matérias relacionadas neste artigo.

Cumpre destacar que, em relação ao direito penitenciário e seus procedimentos, a competência é concorrente entre a União, Estados e Distrito Federal (art. 24, I e XI, CF/1988).

3.2. FONTES FORMAIS

Quanto às **fontes formais** do direito processual penal, essas subdividem-se em imediatas e mediatas, contudo, essa classificação teve um importante marco temporal, a Emenda Constitucional 45/2004, a saber:

---

6 TÁVORA, Nestor. Curso de direito processual penal. 13. Ed. Ver. E atual. – Salvador: Ed. JusPodivm, 2018.

> **Art.** 5° Todos são iguais perante a lei, sem distinção de qualquer natureza, garantindo-se aos brasileiros e aos estrangeiros residentes no País a inviolabilidade do direito à vida, à liberdade, à igualdade, à segurança e à propriedade, nos termos seguintes:
> [...]
> §3° tratados e convenções internacionais sobre direitos humanos que forem aprovados, em **cada** Casa do Congresso Nacional, em **dois** turnos, por **três quintos** dos votos dos respectivos membros, serão equivalentes às emendas constitucionais.

Antes da EC 45/2004[7], a lei era considerada a única **fonte formal imediata de direito** processual penal, contudo com o seu advento, atualmente, consideram-se fontes formais <u>imediatas:</u>

a. Constituição;

b. Tratados internacionais de direitos humanos;

c. Lei;

d. Medidas Provisórias; e

e. Jurisprudência.

Da leitura da Lei de Introdução às Normas do Direito Brasileiro, extrai-se, como **fontes formais mediatas**, os costumes, analogia e os princípios gerais de direito. Contudo, entendimento capitaneado por Luis Flávio Gomes[8] abrange a doutrina como **fonte formal mediata.**

> **Art.** 4 Quando a lei for omissa, o juiz decidirá o caso de acordo com a analogia, os costumes e os princípios gerais de direito.

Costumes: são condutas perpetradas reiteradamente, de forma constante, consideradas obrigatórias pela sociedade, justamente por isso não podem ser confundidas com simples hábitos. Os costumes classificam-se em secundum legem, praeter legem e contra legem. Os costumes "de acordo com a lei" (secundum legem), ratificam o que está disposto na lei; os praeter legem visam preencher lacunas na lei, e os costumes "contra a lei" (contra legem), contrariam disposições legais. Quanto ao último, destaca-se que embora considere a lei revogada, esse não é apto a revogá-la.

---

7 GOMES, Luiz Flávio; CUNHA, Rogério Sanches (org). Direito penal: parte geral. 2 ed. São Paulo: RT, 2009.

8 IDEM, IBIDEM.

a. **Princípios gerais de direito:** são condutas éticas esperadas por determinado povo. Esses comportamentos adequados/inadequados são deduzidas do ordenamento jurídico. Os princípios gerais além de constarem explicitamente na LINDB, constam também previstos de forma explícita no art. 3º do Código de Processo Penal, vejamos:

> **Art.** 3 A lei processual penal admitirá interpretação extensiva e aplicação analógica, bem como o suplemento dos princípios gerais de direito.

b. **Analogia:** É uma forma de autointegração da norma. Em homenagem ao princípio do non linquet (art. 140, NCPC), o juiz não poderá deixar de julgar determinado caso concreto, sob pretexto de que não exista norma jurídica. Diante disso, o magistrado poderá se valer da analogia, que consiste em aplicar norma semelhante, a determinado caso concreto.

> **[Atenção]**
> Analogia não é a mesma coisa que intepretação analógica! Analogia é uma forma de surprir as lacunas deixadas pela lei, enquanto a interpretação analógica é uma fórmula genérica que permite a extensão do alcance de uma norma a casos que guardem alguma pertinência.

Analogia	Interpretação analógica
Método de integração	Método de interpretação
Vedada in malam partem	Admitida in malam partem
Admitida in bonam partem	Admitida in bonam partem
Forma de integração que preenche a lacuna da norma.	Fórmula genérica que amplia a norma
Ex.: o STF admite, por analogia, a aplicação do prazo em dobro do art. 229 do CPC (procuradores de diferentes escritórios) para casos previstos no art. 4º da Lei nº 8.038/1990("Apresentada a denúncia ou a queixa ao Tribunal, far-se-á a notificação do acusado para oferecer resposta no prazo de quinze dias"). STF. Plenário. Inq 4112/DF, rel. orig. Min. Teori Zavascki, red. p/ o acórdão Min. Gilmar Mendes, julgado em 1º/9/2015 (Info 797).	Ex.: Art. 61 - São circunstâncias que sempre agravam a pena, quando não constituem ou qualificam o crime: [...] II - ter o agente cometido o crime: d) com emprego de veneno, fogo, explosivo, tortura ou outro meio insidioso ou cruel, ou de que podia resultar perigo comum;

c. **Doutrina:** a doutrina, embora não exerça força vinculativa, fundamenta o processo legislativo, bem como a aplicação da norma legal. Por isso, é considerada uma **fonte formal mediata do direito**.

CAPÍTULO 4 - PRINCÍPIOS FUNDAMENTAIS DO PROCESSO PENAL

O Processo penal tem como vetor axiológico a Constituição Federal. É a partir da Carta Magna que serão asseguradas as garantias necessárias para evitar as arbitrariedades do Estado. A Constituição Federal prevê, em um rol exemplificativo, os seguintes princípios (art. 5º, incisos LIII a LVII, LX e LXXVIII e § 2º, da CF):

LIII – Juiz natural
LIV – Devido processo legal
LV – Contraditório e ampla defesa
LVI – Vedação de provas ilícitas
LVII – Presunção de Inocência
LX – Publicidade dos atos processuais
LXXVIII – Duração razoável do processo
§§2º e 3º Tratados Internacionais de Direitos Humanos

A Convenção Americana dos Direitos Humanos (Pacto de San José da Costa Rica – Decreto 678/92) prevê diversos direitos relacionados à tutela das liberdades individuais, bem como várias garantias processuais, a saber:

ARTIGO 8. GARANTIAS JUDICIAIS

1. Toda pessoa tem direito a ser ouvida, com as devidas garantias e dentro de um prazo razoável, por um juiz ou tribunal competente, independente e imparcial, estabelecido anteriormente por lei, na apuração de qualquer acusação penal formulada contra ela, ou para que se determinem seus direitos ou obrigações de natureza civil, trabalhista, fiscal ou de qualquer outra natureza.

2. Toda pessoa acusada de delito tem direito a que se presuma sua inocência enquanto não se comprove legalmente sua culpa. Durante o processo, toda pessoa tem direito, em plena igualdade, às seguintes garantias mínimas:

a) direito do acusado de ser assistido gratuitamente por tradutor ou intérprete, se não compreender ou não falar o idioma do juízo ou tribunal;

b) comunicação prévia e pormenorizada ao acusado da acusação formulada;

c) concessão ao acusado do tempo e dos meios adequados para a preparação de sua defesa;

d) direito do acusado de defender-se pessoalmente ou de ser assistido por um defensor de sua escolha e de comunicar-se, livremente e em particular, com seu defensor;

e) direito irrenunciável de ser assistido por um defensor proporcionado pelo Estado, remunerado ou não, segundo a legislação interna, se o acusado não se defender ele próprio nem nomear defensor dentro do prazo estabelecido pela lei;

f) direito da defesa de inquirir as testemunhas presentes no tribunal e de obter o comparecimento, como testemunhas ou peritos, de outras pessoas que possam lançar luz sobre os fatos;

g) direito de não ser obrigado a depor contra si mesma, nem a declarar-se culpada;

h) direito de recorrer da sentença para juiz ou tribunal superior.

3. A confissão do acusado só é válida se feita sem coação de nenhuma natureza.

4. O acusado absolvido por sentença passada em julgado não poderá ser submetido a novo processo pelos mesmos fatos.

5. O processo penal deve ser público, salvo no que for necessário para preservar os interesses da justiça.

4.1. DEVIDO PROCESSO LEGAL *(DUE PROCESS OF LAW)*

O princípio do devido processo legal é a garantia com que contam todos os sujeitos submetidos ao sistema de justiça criminal, no sentido de que a aplicação do direito ao caso concreto somente se fará mediante a obediência das regras procedimentais previamente estabelecidas em lei. A Constituição Federal estabelece, em seu art. 5º, inciso LIV, que ninguém será privado da liberdade ou de seus bens sem o devido processo legal.

Nas palavras de Paulo Rangel[9] é o princípio reitor de todo o arcabouço jurídico- processual, uma vez que os demais derivam dele. Segundo Rogério Lauria Tucci[10], a materialização do devido processo legal segue o percurso:

- Processo legislativo de elaboração de lei predefinido - substantive due process of law;
- Aplicação das normas penais por meio de instrumento hábil à sua interpretação e realização; e
- Garantia de paridade de armas entre as partes do processo.

---

9 RANGEL, Paulo. **Direito Processual Penal**. São Paulo: Atlas, 2015.

10 TUCCI, Rogério Lauria. Direitos e Garantias Individuais no Processo Penal Brasileiro. 3ª ed. São Paulo: Editora Revista dos Tribunais, 2012.

4.2. PRINCÍPIO DA PUBLICIDADE DOS ATOS PROCESSUAIS

A regra no sistema processual penal, em homenagem ao princípio democrático, é que os atos processuais sejam praticados publicamente, tanto do ponto de vista do acesso irrestrito ao cidadão, quanto da notificação prévia e da posterior informação acerca da prática de atos processuais.

Segundo Luigi Ferrajoli[11], a publicidade "assegura o controle tanto externo, quanto interno, da atividade judiciária. Com base nela os procedimentos de formulação de hipóteses e de averiguação da responsabilidade penal devem desenvolver-se à luz do sol, sob o controle da opinião pública e sobretudo do imputado e do seu defensor. Trata-se do requisito seguramente mais elementar e evidente do método acusatório."

No entanto, a Constituição Federal e a Convenção Americana dos Direitos Humanos, nesta ordem, estabelecem os casos em que a ausência de publicidade é autorizada:

> **CONSTITUIÇÃO FEDERAL**
> **Art. 5º** [...]
> **IX** - a lei só poderá restringir a publicidade dos atos processuais quando a defesa da intimidade ou o interesse social o exigirem;

> **Art. 37.** A administração pública direta e indireta de **qualquer dos Poderes** da União, dos Estados, do Distrito Federal e dos Municípios obedecerá aos princípios de legalidade, impessoalidade, moralidade, **publicidade** e eficiência e, também, ao seguinte: [...]

> **Art. 93.** Lei complementar, de iniciativa do Supremo Tribunal Federal, disporá sobre o Estatuto da Magistratura, observados os seguintes princípios: [...]
> **IX** - **todos os julgamentos dos órgãos do Poder Judiciário serão públicos**, e fundamentadas todas as decisões, sob pena de nulidade, **podendo a lei** limitar a presença, em determinados atos, às próprias partes e a seus advogados, ou somente a estes, em casos nos quais a **preservação do direito à intimidade do interessado no sigilo não prejudique o interesse público à informação**.

---

11 FERRAJOLI, Luigi. Direito e razão: teoria do garantismo penal. 2ª ed. São Paulo: Editoria Revista dos Tribunais, 2006.

Diante disso, nos casos em que a lei autoriza o **sigilo**, esse poderá ser decretado com duas finalidades:

- **Para proteger os interesses das partes do processo**: a lei autoriza o sigilo ao público em geral, assegurando acesso irrestrito apenas às partes do processo.

  Ex.: feitos que tramitam em **segredo de justiça**. Neste caso, a lei estabelece punições para a parte que violar esse sigilo (artigos 189 do CPC/2015 e 201, §6°, do CPP).

- **Para assegurar a eficácia do ato processual que será praticado**: a lei determinará **sigilo temporário**, sendo que o acesso à parte em desfavor de quem foi decretado o sigilo será feito de forma diferida, após a prática do ato processual.

  Ex.: interceptações telefônicas, na forma da Lei n.º 9.296/199, e outras medidas cautelares em geral

  (Art. 282 do CPP).

4.3. PRINCÍPIO DO JUIZ NATURAL

Ao direito subjetivo que todo cidadão possui à jurisdicionalização da sanção penal, no escopo do devido processo legal, deve-se somar a garantia do juiz natural. Essa garantia consiste, nas palavras do ilustre doutrinador Renato Brasileiro[12], que "todo cidadão tem direito de saber, previamente, a autoridade que irá processa-lo e julgá-lo caso venha a praticar uma conduta definida como infração penal pelo ordenamento jurídico."

O princípio do juiz natural é previsto no texto constitucional nos seguintes dispositivos:

CONSTITUIÇÃO FEDERAL
Art. 5° [...]
XXXVII - não haverá juízo ou tribunal de exceção.
LIII - ninguém será processado nem sentenciado senão pela autoridade competente.

---

12 LIMA, Renato Brasileiro de. Manual de processo penal: volume único. 6ª edição. Salvador: Ed. JusPodivm, 2018.

No mesmo sentido, é o que dispõe o artigo 8.1 da Convenção Americana de Direitos Humanos:

> 8.1. Toda pessoa tem direito a ser ouvida, com as devidas garantias e dentro de um prazo razoável, por um juiz ou tribunal competente, independente e imparcial, estabelecido anteriormente por lei, na apuração de qualquer acusação penal formulada contra ela, ou para que se determinem seus direitos ou obrigações de natureza civil, trabalhista, fiscal ou de qualquer outra natureza.

Além das normas constitucionais contidas no art. 5º, incisos XXXVII e LIII da Constituição Federal, que tratam da garantia do juiz natural como direito fundamental, podemos extrair do próprio texto da Carta Magna que o constituinte, ao dispor sobre o Poder Judiciário, em especial, tratando das competências específicas de cada um de seus órgãos (art. 102 a 109 da Constituição Federal), reforçou o mandamento constitucional de assegurar o devido processo legal por meio da obediência ao princípio do juiz natural.

É importante mencionar, a esse respeito, que a criação de órgãos jurisdicionais especializados em determinadas matérias não ofende o princípio do juiz natural, na medida em que a fixação dessa competência não deixa de observar a anterioridade legal exigida, apenas conferindo a órgão jurisdicional específico o tratamento de determinadas matérias em razão das peculiaridades que possam trazer consigo e que exigem tratamento especializado.

> Não viola o princípio do juiz natural o julgamento de apelação por órgão colegiado presidido por desembargador, sendo os demais integrantes juízes convocados. STF. 1ª Turma. HC 101473/SP, rel. orig. Min. Marco Aurélio, red. p/ o acórdão Min. Roberto Barroso, julgado em 16/2/2016 (Info 814).

Juízo de exceção:

É criado especificamente para o julgamento de determinados casos, após a prática dos fatos, sem que sua instituição decorra do texto constitucional.

Juiz natural:

É criado pela norma constitucional, antes do fato delituoso a ser julgado, mediante o prévio estabelecimento de regras de competência estabelecidas em lei.

4.4. PRINCÍPIO DO PROMOTOR NATURAL

Princípio do Promotor Natural é a garantia constitucional de toda pessoa (física ou jurídica) ser submetida à acusação penal por um órgão de execução do Ministério Público com suas atribuições previamente fixadas em lei.

O referido princípio tem sede constitucional por meio do que dispõe o art. 5º, inciso XXXVII, c/c art. 127 c/c art. 129, inciso I, da CF. São vedadas as designações fora dos casos expressamente previstos em lei, sendo certo que o indivíduo tem o direito de somente ser processado por órgão do Ministério Público com atribuição previamente fixada por lei.

A garantia desse princípio é consubstanciada no respeito aos princípios da inamovibilidade e da independência funcional, que regem a atuação do Ministério Público.

> [informe-se]
> Não viola o Princípio do Promotor Natural se o Promotor de Justiça que atua na vara criminal comum oferece denúncia contra o acusado na vara do Tribunal do Júri e o Promotor que funciona neste juízo especializado segue com a ação penal, participando dos atos do processo até a pronúncia. No caso concreto, em um primeiro momento, entendeu-se que a conduta não seria crime doloso contra a vida, razão pela qual os autos foram remetidos ao Promotor da vara comum. No entanto, mais para frente comprovou-se que, na verdade, tratava-se sim de crime doloso. Com isso, o Promotor que estava no exercício ofereceu a denúncia e remeteu a ação imediatamente ao Promotor do Júri, que poderia, a qualquer momento, não ratificá-la. Configurou-se uma ratificação implícita da denúncia.Não houve designação arbitrária ou quebra de autonomia. STF. 1º Turma.HC 114093/PR, rel. orig. Min. Marco Aurélio, red. p/ o ac. Min. Alexandre de Moraes, julgado em 3/10/2017 (Info 880).

Acerca do tema, a Recomendação n.º 57/2017 do Conselho Nacional do Ministério Público dispõe expressamente sobre o princípio do promotor natural, vejamos:

> **Art.** 4º - Recomenda-se às unidades do Ministério Público que criem estruturas organizacionais e mecanismos de fixação de atribuições que reconheçam na atuação junto aos Tribunais o princípio do Promotor/Procurador Natural, com vistas à integração das funções institucionais e a conferir ao jurisdicionado maior transparência e segurança jurídica, nos termos da garantia constitucional prevista no art. 5º, LIII, da CF/1988.

4.5. PRINCÍPIO DO CONTRADITÓRIO

É o princípio que assegura a dialética processual, dando às partes a oportunidade de se pronunciarem acerca dos atos do processo. O exercício do contraditório é feito por meio do binômio **informação e reação**, assim entendido como a **ciência bilateral dos atos e termos do processo e a possibilidade de contraditá-los**.

Vejamos o que diz a Constituição Federal, em seu art. 5º:

> **LV** - aos litigantes, em **processo judicial ou administrativo**, e aos acusados em geral são assegurados o contraditório e ampla defesa, com os meios e recursos a ela inerentes;

No mesmo sentido é o teor do que dispõe o artigo 8.1 da Convenção Americana dos Direitos Humanos:

> **8.1. Toda pessoa tem direito a ser ouvida**, **com as devidas garantias** e dentro de um prazo razoável, por um juiz ou tribunal competente, independente e imparcial, estabelecido anteriormente por lei, na apuração de qualquer acusação penal formulada contra ela, ou para que se determinem seus direitos ou obrigações de natureza civil, trabalhista, fiscal ou de qualquer outra natureza.

O princípio do contraditório pode ser observado sob dois diferentes aspectos: formal e material.

Sob o aspecto **formal**, o contraditório consiste na possibilidade de se ter conhecimento do que se discute no processo e poder contraditar os atos processuais.

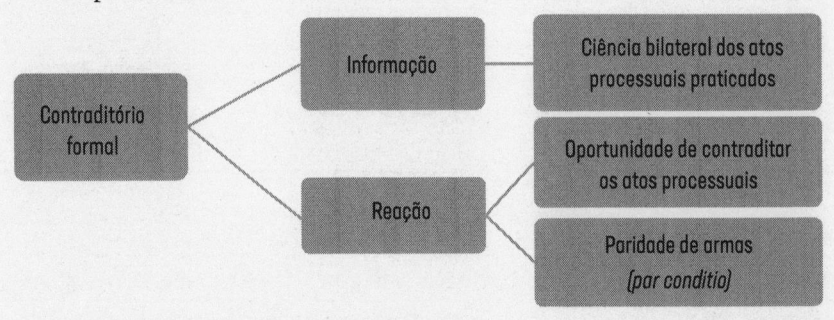

Por outro lado, sob o aspecto **material**, o contraditório visa garantir a participação ativa do sujeito na decisão do magistrado, de forma que possa de fato influenciar nesta decisão, ou seja, não basta o Estado alegar que o sujeito possui direito ao contraditório, precisa garantir que o contraditório seja exercido e que o magistrado levará em consideração o alegado pela parte ao fazer o julgamento.

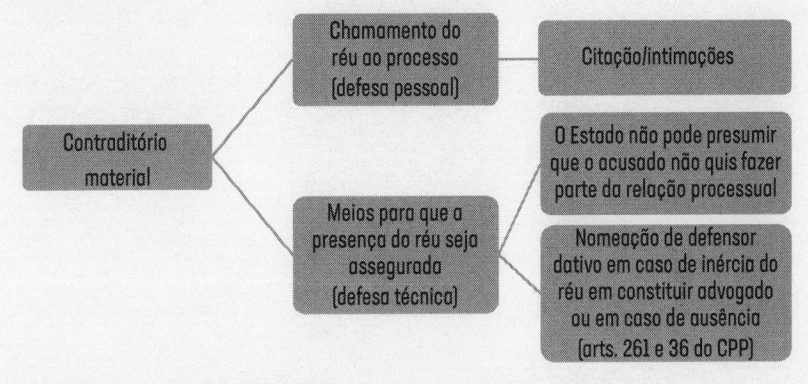

O Código de Processo Penal consolidou como subprincípio do contraditório a garantia da **identidade física do juiz**, assim entendida como a exigência de que o magistrado que conduza a instrução processual e fiscalize a produção da prova, seja o prolator da sentença.

Entendeu o legislador que o contraditório, para que atinja **o grau máximo de excelência em suas finalidades**, precisa da existência da dialética formal e real dentro do processo (paridade de armas), bem como da supervisão dessa dialética pelo órgão julgador competente. Como forma de assegurar que as provas produzidas nos autos terão sua legitimidade refletida na sentença eventualmente prolatada, assim determina o Código de Processo Penal:

> **Art. 399.** [...]
> § 2º O juiz que presidiu a instrução deverá proferir a sentença.

4.6. PRINCÍPIO DA AMPLA DEFESA

O princípio da ampla defesa é considerado uma garantia para o acusado e está contido no texto constitucional nos seguintes termos:

> **Art 5º** [...] **LV** - aos litigantes, em processo judicial ou administrativo, e aos acusados em geral são assegurados o contraditório e ampla defesa, com os meios e recursos a ela inerentes;

O Supremo Tribunal Federal, a fim de dar interpretação ao conteúdo do disposto no dispositivo acima referido, assegurando, de certo modo a ampla defesa ainda em sede investigatória, editou a **Súmula Vinculante 14**, com o seguinte teor:

> É direito do defensor, no interesse do representado, ter acesso amplo aos elementos de prova que, já documentados em procedimento investigatório realizado por órgão com competência de polícia judiciária, digam respeito ao exercício do direito de defesa.

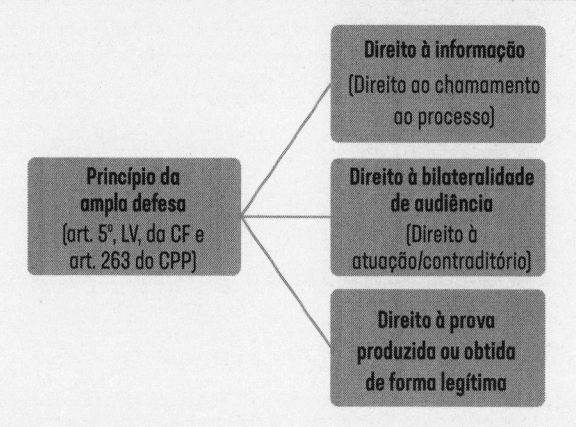

a. **Direito à informação:** é efetivado por meio da citação válida. No processo penal, ao contrário do que ocorre no processo civil, em que a defesa é ônus do requerido, a defesa é um direito do acusado. Assim, cabe ao Estado assegurar que o acusado seja efetivamente chamado ao processo e se faça presente, por meio de citação válida. Ademais, não se presume culpado o acusado que, uma vez chamado ao processo, não queira se defender (citação ficta).

b. **Direito à bilateralidade de audiência:** é efetivado pela garantia da paridade de armas, com simultânea outorga de possibilidades de, no prazo legal, as partes manifestarem-se sobre os atos processuais praticados por quaisquer sujeitos do processo.

c. **Direito a provas obtidas por meios lícitos:** a Constituição Federal, no art. 5º, LVI estabelece a inadmissibilidade, no processo, de provas obtidas por meios ilícitos, conforme se aprofundará no título atinente às provas.

4.7. PRINCÍPIO DA BUSCA DA VERDADE

Foi prevalecente na doutrina, durante muitos anos, a teoria de que no processo civil vigorava a verdade formal, enquanto no processo penal vigorava a verdade material. Esses sistemas eram assim compreendidos:

- **Sistema da verdade formal:** apenas as partes levavam ao processo o material probatório, ficando o juiz absolutamente inerte a esse respeito; e

- **Sistema da verdade material:** para determinar a maior ou menor iniciativa probatória por parte do juiz, levava em conta a natureza do bem jurídico em análise. Se disponível, apenas às partes cabia a iniciativa probatória; se indisponível, ao juiz cabia ampla iniciativa probatória.

Entretanto, hoje essa diferenciação caiu em desuso, isso porque o que se busca no curso do processo penal é a descoberta da **verdade processual, a qual se aproximará, o máximo possível, da verdade dos fatos**, com esteio nos elementos extraídos dos autos do processo.

Com relação às provas, é importante ressaltar os limites da atividade probatória. É vedada a iniciativa probatória por parte do juiz, admitida apenas em casos urgentes e para dirimir dúvidas relevantes, conforme consta no CPP:

> **Art. 156.** A prova da alegação incumbirá a quem a fizer, sendo, porém, facultado ao juiz de ofício:
>
> I - ordenar, mesmo antes de iniciada a ação penal, a produção antecipada de provas consideradas urgentes e relevantes, observando a necessidade, adequação e proporcionalidade da medida;
>
> II - determinar, no curso da instrução, ou antes de proferir sentença, a realização de diligências para dirimir dúvida sobre ponto relevante.

Ainda, o artigo 3-A do CPP, em vigor, embora atualmente se encontre com sua eficácia suspensa pelo Supremo Tribunal Federal, declara a predileção do legislador pelo sistema acusatório, ao dispor:

> **Art.** 3º-A. O processo penal terá estrutura **acusatória**, vedadas a iniciativa do juiz na fase de investigação e a substituição da atuação probatória do órgão de acusação. (Incluído pela Lei nº 13.964, de 2019) (Vigência) (Vide ADI 6.298) (Vide ADI 6.300) (Vide ADI 6.305)

Outrossim, de forma a limitar a atividade probatória, o legislador veda a condenação fundamentada em provas obtidas exclusivamente no curso da investigação (salvo medidas cautelares, provas irrepetíveis e produção antecipada), nesse sentido, o CPC:

> **Art. 155.** O juiz formará sua convicção pela livre apreciação da prova produzida em contraditório judicial, **não podendo fundamentar sua decisão exclusivamente nos elementos informativos colhidos na investigação,** ressalvadas as provas cautelares, não repetíveis e antecipadas.
> **Parágrafo único.** Somente quanto ao estado das pessoas serão observadas as restrições estabelecidas na lei civil.

Ademais, no que concerne aos limites da atividade probatória, ressalta-se, novamente, a vedação das provas obtidas por meios ilícitos.

> **CONSTITUIÇÃO FEDERAL**
>
> **Art. 5º** [...]
> **LVI** - são inadmissíveis, no processo, as provas obtidas por meios ilícitos.

> **CÓDIGO DE PROCESSO PENAL**
>
> **Art. 157.** São inadmissíveis, devendo ser desentranhadas do processo, as provas ilícitas, assim entendidas as obtidas em violação a normas constitucionais ou legais.

Por fim, porém não de forma exaustiva, é vedada condenação fundamentada exclusivamente na confissão do acusado.

> **CÓDIGO DE PROCESSO PENAL**
>
> **Art. 197.** O valor da confissão se aferirá pelos critérios adotados para os outros elementos de prova, e para a sua apreciação o juiz deverá confrontá-la com as demais provas do processo, verificando se entre ela e estas existe compatibilidade ou concordância.

4.8. PRINCÍPIO DA PRESUNÇÃO DE INOCÊNCIA

A presunção de inocência, assim entendida como a não presunção prévia de culpabilidade, está prevista no art. 5º, inciso LVII, da Constituição Federal, que estabelece:

> **LVII** - ninguém será considerado culpado até o trânsito em julgado de sentença penal condenatória;

Por esse princípio, o regramento constitucional estabelece que sem a necessária certeza de ser o imputado o autor da infração penal cuja prática lhe é atribuída, o que só se concretiza com o trânsito em julgado da sentença condenatória, não há como considerá-lo culpado.

Supremo Tribunal Federal

Relator: Min. Marco Aurélio – ADCs 43, 44 e 45 – Julgamento: 07/11/2019 - Acórdão pendente de publicação.

Decisão: O Tribunal, por maioria, nos termos e limites dos votos proferidos, julgou procedente a ação para assentar a constitucionalidade do art. 283 do Código de Processo Penal, na redação dada pela Lei nº 12.403, de 4 de maio de 2011, vencidos o Ministro Edson Fachin, que julgava improcedente a ação, e os Ministros Alexandre de Moraes, Roberto Barroso, Luiz Fux e Cármen Lúcia, que a julgavam parcialmente procedente para dar interpretação conforme. Presidência do Ministro Dias Toffoli. Plenário, 07/11/2019.

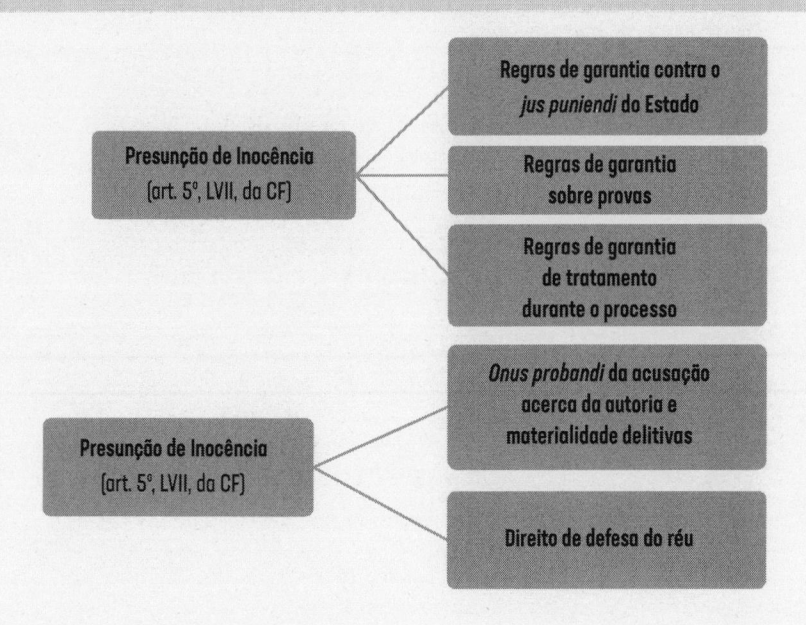

- **Ônus da Prova x Favor Rei ou Favor Réu** (*in dubio pro reo*)

À acusação incumbe o <u>ônus de comprovar os fatos</u> que apresentou em desfavor do acusado. Ao acusado, por sua vez, é dado o **direito** de contra eles argumentar (ampla defesa). Não tendo o Estado se desincumbido do ônus de comprovar a acusação, a <u>dúvida favorece o réu</u>, que se mantém em seu estado de inocência (favor rei ou in dubio pro reo).

Esse princípio privilegia os direitos fundamentais, já que a liberdade do indivíduo somente poderá ser cerceada pelo Estado após o titular da ação penal ter se desincumbido do ônus de provar os fatos objetos da acusação. Sem comprovação dos fatos, o direito de liberdade do indivíduo deve prevalecer sobre o direito de punir do Estado, já que na ponderação do status libertatis e o direito de punir do estado, o primeiro deverá prevalecer, conforme preconiza o art. 386, inciso VII do Código do Processo Penal:

> **Art.** 386. O juiz absolverá o réu, mencionando a causa na parte dispositiva, desde que reconheça:
> VII - não existir prova suficiente para a condenação.

- **Direito ao silêncio** (*nemo tenetur se detegere*)

A constituição Federal, em seu art. 5°, inciso LXIII, e o Pacto de San José da Costa Rica, em seu artigo 8°, 2, g, asseguram aos acusados em processo penal, por ocasião do exercício do direito à ampla defesa (autodefesa), o direito de permanecer calados, sem que tal situação possa influir negativamente em seu desfavor no momento da apreciação da prova.

A esse direito é acrescido o de não ser obrigado à autoincriminação, pelo qual o autor do fato não pode ser obrigado a produzir provas contra si.

> **ARTIGO 8° - GARANTIAS JUDICIAIS**
> g) direito de **não ser obrigada a depor contra si mesma, nem a confessar-se culpada.**
> Nesse sentido se pronunciou o Supremo Tribunal Federal, por ocasião do julgamento da ADPF 444, sob a relatoria do Min. Gilmar Mendes:
> **1.** Arguição de Descumprimento de Preceito Fundamental. Constitucional. Processo Penal. Direito à não autoincriminação. Direito ao tempo necessário à preparação da defesa. Direito à liberdade de locomoção. Direito à presunção de não culpabilidade.
>
> **2.** Agravo Regimental contra decisão liminar. Apresentação da decisão, de imediato, para referendo pelo Tribunal. Cognição completa da causa com a inclusão em pauta. Agravo prejudicado.

3. Cabimento da ADPF. Objeto: ato normativo pré-constitucional e conjunto de decisões judiciais. Princípio da subsidiariedade (art. 4º, § 1º, da Lei nº 9.882/99): ausência de instrumento de controle objetivo de constitucionalidade apto a tutelar a situação. Alegação de falta de documento indispensável à propositura da ação, tendo em vista que a petição inicial não se fez acompanhar de cópia do dispositivo impugnado do Código de Processo Penal. Art. 3º, parágrafo único, da Lei 9.882/99. Precedentes desta Corte no sentido de dispensar a prova do direito, quando "transcrito literalmente o texto legal impugnado" e não houver dúvida relevante quanto ao seu teor ou vigência – ADI 1.991, Rel. Min. Eros Grau, julgada em 03/11/2004. A lei da ADPF deve ser lida em conjunto com o art. 376 do CPC, que confere ao alegante o ônus de provar o direito municipal, estadual, estrangeiro ou consuetudinário, se o juiz determinar. Contrario sensu, se impugnada lei federal, a prova do direito é desnecessária. Preliminar rejeitada. Ação conhecida.

4. Presunção de não culpabilidade. A condução coercitiva representa restrição temporária da liberdade de locomoção mediante condução sob custódia por forças policiais, em vias públicas, não sendo tratamento normalmente aplicado a pessoas inocentes. Violação.

5. Dignidade da pessoa humana (art. 1º, III, da CF/88). O indivíduo deve ser reconhecido como um membro da sociedade dotado de valor intrínseco, em condições de igualdade e com direitos iguais. Tornar o ser humano mero objeto no Estado, consequentemente, contraria a dignidade humana (NETO, João Costa. Dignidade humana. São Paulo: Saraiva, 2014, p. 84). Na condução coercitiva, resta evidente que o investigado é conduzido para demonstrar sua submissão à força, o que desrespeita a dignidade da pessoa humana.

6. Liberdade de locomoção. A condução coercitiva representa uma supressão absoluta, ainda que temporária, da liberdade de locomoção. Há uma clara interferência na liberdade de locomoção, ainda que por período breve.

7. Potencial violação ao direito à não autoincriminação, na modalidade direito ao silêncio. Direito consistente na prerrogativa do implicado a recursar-se a depor em investigações ou ações penais contra si movimentadas, sem que o silêncio seja interpretado como admissão de responsabilidade. Art. 5º, LXIII, combinado com os arts. 1º, III; 5º, LIV, LV e LVII. O direito ao silêncio e o direito a ser advertido quanto ao seu exercício são previstos na legislação e aplicáveis à ação penal e ao interrogatório policial, tanto ao indivíduo preso quanto ao solto – art. 6º, V, e art. 186 do CPP. O conduzido é assistido pelo direito ao silêncio e pelo direito à respectiva advertência. Também é assistido pelo direito a fazer-se aconselhar por seu advogado.

8. Potencial violação à presunção de não culpabilidade. Aspecto relevante ao caso é a vedação de tratar pessoas não condenadas como culpadas – art. 5°, LVII. A restrição temporária da liberdade e a condução sob custódia por forças policiais em vias públicas não são tratamentos que normalmente possam ser aplicados a pessoas inocentes. O investigado é claramente tratado como culpado.

9. A legislação prevê o direito de ausência do investigado ou acusado ao interrogatório. O direito de ausência, por sua vez, afasta a possibilidade de condução coercitiva.

10. Arguição julgada procedente, para declarar a incompatibilidade com a Constituição Federal da condução coercitiva de investigados ou de réus para interrogatório, tendo em vista que o imputado não é legalmente obrigado a participar do ato, e pronunciar a não recepção da expressão "para o interrogatório", constante do art. 260 do CPP. [ADPF 444, Rel. Min. Gilmar Mendes, Tribunal Pleno, julgado em 14/06/2018, processo eletrônico DJe 107, divulg. em 21/05/2019, public. em 22/05/2019].

CAPÍTULO 5 – INTERPRETAÇÃO DA NORMA PENAL

A interpretação das normas tem por finalidade extrair o conteúdo da norma, estabelecendo o alcance de sua incidência e seu sentido mais preciso. Entretanto, se ao final do processo interpretativo constatar-se que uma norma não contemplou determinada situação fática, há que se buscar um procedimento apto a suprir tal lacuna. Nesse contexto, surge, então, o processo de integração das normas.

A integração das normas ocorre diante da necessidade de suprir omissões o ordenamento processual penal em "contemplar solução a determinada hipótese fática" [13]. Diante da lacuna e inexistência de determinada norma para se aplicar ao caso concreto, surge o processo de integração da norma de forma a solucionar o vazio, chegando-se à essência do seu significado.

5.1. INTERPRETAÇÃO EXTENSIVA

Ocorre a interpretação extensiva, quando, no processo interpretativo de determinada norma, verifica-se que em uma determinada norma o

---

13 AVENA, Roberto. Processo penal: esquematizado. 2ª edição. Rio de Janeiro: Editora Método, 2010.

legislador contemplou certas situações fáticas, alcançando menos do que que deveria, para situações semelhantes que certamente estariam em sua intenção contemplar. Nesse caso, amplia-se o conteúdo da norma existente, estendendo-lhe a abrangência a casos que não foram contemplados originariamente pela norma. A interpretação extensiva está autorizada no processo penal no art. 3º do Código de Processo Penal: "A lei processual penal *admitirá interpretação extensiva* e aplicação analógica, bem como o suplemento dos princípios gerais de direito".

Ex.: O art. 581, inciso I do Código de Processo Penal, ao dispor sobre o recurso em sentido estrito, contra decisão que não receber a denúncia ou queixa. Não contemplou, contudo, os casos de decisão que rejeita o aditamento à inicial acusatória. Nesse caso, a jurisprudência, ao realizar interpretação extensiva do teor do art. 581, entende que a intenção do legislador era prever o recurso para decisões que tenham idêntico objetivo processual (não recebimento de acréscimos à inicial acusatória que importem em início da ação penal por outros fatos ou em face de novos autores), ampliando, nesse particular, o alcance do recurso em sentido estrito, com fundamento no inciso I do art. 581 já mencionado. Vejamos julgado do Superior Tribunal de Justiça a respeito:

> AgRg nos EDcl no REsp 1706412 / SP1182)
> Data do Julgamento: 11/06/2019 Data da Publicação/Fonte: DJe 21/06/2019
> Ementa: PENAL E PROCESSUAL PENAL. RECEPTAÇÃO QUALIFICADA. ADITAMENTODENÚNCIA. REJEIÇÃO. RECURSO EM SENTIDO ESTRITO. CABIMENTO. PRESCRIÇÃO DA PRETENSÃO PUNITIVA. NÃO OCORRÊNCIA. 1. Consoante entendimento antigo desta Corte, "da decisão monocrática que rejeita o aditamento à denúncia cabe recurso em sentido estrito, por interpretação extensiva do art. 581, I, do Código de Processo Penal" (REsp n. 184.477/DF, relator Ministro Gilson Dipp, Quinta Turma, julgado em 19/2/2002, DJ 25/03/2002, p302). Precedente. 2. Ademais, não há que se falar em prescrição da pretensão punitiva, haja vista que o agravante a defende sem, contudo, considerar o período de suspensão do processo e do prazo prescricional. 3. Agravo regimental desprovido.

5.2. INTERPRETAÇÃO ANALÓGICA *(INTRA LEGEM)*

A interpretação analógica, conforme nos ensina Nucci, é um processo de interpretação, usando a semelhança indicada pela própria lei[14]. Avena complementa o conceito explicitando que "nos casos que requerem interpretação analógica, existe norma reguladora que estabelecendo fórmulas casuísticas, ou seja, hipóteses objetivas. Contudo, na sequência destas hipóteses, contempla o dispositivo legal fórmula genérica (**aberta**) que exige interpretação semelhante (analógica) àquela que motivou o elenco dos casos anteriores"[15].

Exemplo de interpretação analógica é a hipótese prevista no art. 405, § 1º, do CPP preconiza que, "sempre que possível, o registro dos depoimentos do investigado, indiciado, ofendido e testemunhas será feito pelos meios ou recursos de gravação magnética, estenotipia, digital ou **técnica similar**, inclusive audiovisual". Nessa hipótese, ao se referir ao termo "técnica similar", o legislador abre precedentes para outras formas de tecnologia [16].

CAPÍTULO 6 – APLICAÇÃO DA LEI PROCESSUAL PENAL NO ESPAÇO

O Código de Processo Penal brasileiro, como forma de assegurar a soberania do Estado, adota o princípio da territorialidade ou da Lex fori. Isso quer dizer que aos crimes praticados no território nacional, aplica- se, como regra, a lei processual penal brasileira, vejamos:

> **Art.** 1º O processo penal reger-se-á, em todo o território brasileiro, por este Código, ressalvados:
> I - os tratados, as convenções e regras de direito internacional;
> II - as prerrogativas constitucionais do Presidente da República, dos ministros de Estado, nos crimes conexos com os do Presidente da República, e dos ministros do Supremo Tribunal Federal, nos crimes de responsabilidade (Constituição, arts. 86, 89, § 2º, e 100);

---

14 NUCCI, Guilherme de Souza. **Código de processo penal comentado**. 10ª. ed. São Paulo: Editora Revistas dos Tribunais, 2011.

15 AVENA, Roberto. Processo penal: esquematizado. 2ª edição. Rio de Janeiro: Editora Método, 2010.

16 FILHO, Antonio; TORON, Alberto; BADARÓ, Gustavo. **Código de Processo Penal Comentado**. São Paulo (SP): Editora Revista dos Tribunais. 2020.

III - os processos da competência da Justiça Militar;

IV - os processos da competência do tribunal especial [**Constituição, art. 122, n° 17**);

V - os processos por crimes de imprensa. [**Vide ADPF n° 130**]

Parágrafo único. Aplicar-se-á, entretanto, este Código aos processos referidos nos. IV e V, quando as leis especiais que os regulam não dispuserem de modo diverso.

Observa-se, contudo, que, excepcionalmente, o próprio Código de Processo Penal **afasta a regra da territorialidade**, nos incisos I a III do art. 1º, acima referido. Estudaremos detalhadamente tais hipóteses.

[Atenção!]

Importante se atentar para o fato de que os incisos IV e V não estão mais em vigor, pois o tribunal especial previsto no inciso IV existia na Constituição de 1937, não teve guarida na Constituição de 1988. Por sua vez, o inciso V não tem mais aplicabilidade, uma vez que o Supremo Tribunal Federal, no julgamento da ADPF n.º 130-7/DF entendeu que a Lei de Imprensa não foi recepcionada pela Constituição Federal.

6.1. TRATADOS, CONVENÇÕES E REGRAS DE DIREITO INTERNACIONAL

As normas processuais de natureza internacional das quais o Brasil seja signatário e que sejam incorporadas ao nosso ordenamento jurídico, em observância do que estabelece o art. 5º, § 2º, da Constituição Federal afastam a jurisdição brasileira.

Nessa hipótese, destaca-se a imunidade diplomática prevista na Convenção de Viena (Decreto Legislativo n.º 103/1964). Os agentes diplomáticos (embaixadores, secretários de embaixadas, funcionários de organizações internacionais e seus familiares) gozarão de imunidade tanto para atos oficiais como atos da vida privada.

O agente consular tem imunidade com relação a processos judiciais e administrativos perante o Estado Receptor, no tocante aos seus **atos de ofício**. Porém, essa imunidade **não protege os familiares, nem seus atos privados.**

6.2. PRERROGATIVAS CONSTITUCIONAIS DO PRESIDENTE DA REPÚBLICA, MINISTROS DE ESTADO E MINISTROS DO SUPREMO TRIBUNAL FEDERAL

Nos termos em que autoriza o inciso II do art. 1º do Código de Processo Penal a jurisdição **comum** brasileira está afastada, estando as referidas autoridades submetidas à chamada justiça política, que é de competência do Senado Federal e segue disciplina processual própria contida no art. 52, incisos I e II da Constituição Federal.

Veja como essa questão cobrada nos concursos públicos:

> CESPE - 2018 - STJ - Analista Judiciário - Oficial de Justiça Avaliador Federal.
> O Código de Processo Penal será aplicado a todas as ações penais e correlatas que tiverem curso no território nacional, nelas inclusas as destinadas a apurar crime de responsabilidade cometido pelo presidente da República. (**Errado**, de acordo com disposição do art. 1º, inciso II, do CPP).

6.3. PROCESSOS DE COMPETÊNCIA DA JUSTIÇA MILITAR

Os crimes militares, com a definição que lhe é dada pelo art. 9º e 9º, inciso II do Código Penal Militar, são da competência da Justiça Militar, a qual tem disciplina processual própria, nos termos do Código de Processo Penal Militar.

Não obstante a disciplina do inciso III do art. 1º do Código de Processo Penal afastar a incidência das regras processuais comuns no âmbito da Justiça Militar, o próprio Código de Processo Penal Militar, editado **após** o Código de Processo Penal, estabelece:

> **SUPRIMENTO DOS CASOS OMISSOS**
> **Art.** 3º Os casos omissos neste Código serão supridos:
> a) pela legislação de processo penal comum, quando aplicável ao caso concreto e sem prejuízo da índole do processo penal militar;
> [...]

Pode-se concluir, portanto, que o Código de Processo Penal é aplicado <u>subsidiariamente</u> às causas de competência da Justiça Militar.

CAPÍTULO 7 - APLICAÇÃO DAS LEIS PROCESSUAIS PENAIS NO TEMPO

O direito processual penal brasileiro, como regra, consagra o princípio do tempus regit actum, por meio do qual se entende que a lei processual penal tem aplicação imediata, sem prejuízo dos atos praticados sob a vigência de lei anterior.

Além disso, o Código de Processo Penal adota o <u>sistema do isolamento dos atos processuais</u> (e não o Sistema da Unidade Processual), de modo que, se uma lei processual penal passa a vigorar com determinado processo em curso, a lei será imediatamente aplicada, sem prejuízo dos atos já realizados sob a vigência da lei anterior[17].

A lei processual penal adota comportamento diverso da lei penal, já que a primeira considera o momento da prática do ato processual para aferir a sua aplicabilidade, enquanto a última considera o tempo da prática delituosa. Vejamos o que diz o art. 2º do Código de Processo Penal:

> **Art.** 2 A lei processual penal aplicar-se-á desde logo, sem prejuízo da validade dos atos realizados sob a vigência da lei anterior.

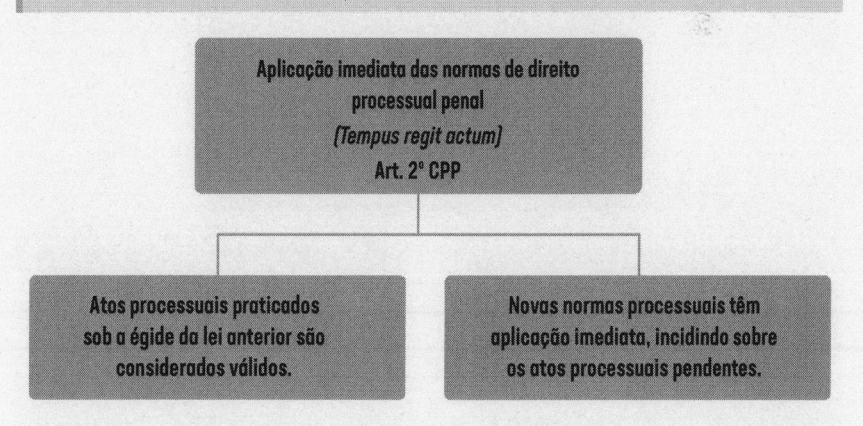

Embora a aplicação das normas de direito processual seja imediata, para que seja dada correta aplicabilidade à lei processual penal, é necessário distinguir a natureza da norma processual que se pretende aplicar. Nesse contexto, temos as **normas puramente processuais**, que são aquelas que tratam de procedimentos, prazos, técnicas processuais

---

17 CINTRA, **Antônio Carlos** de Araújo; GRINOVER, Ada Pellegrini; DINAMARCO, Cândido Rangel. Teoria Geral do Processo. 18ª EDIÇÃO. São Paulo: Malheiros, 2010

e as **normas processuais materiais** que têm como conteúdo a pretensão punitiva do Estado ou a salvaguarda de direitos e garantias individuais.

No caso das **normas eminentemente processuais**, aplica-se de forma irrestrita o disposto no art. 2º do Código de Processo Penal. Do contrário, em se tratando de **norma processual que tenha conteúdo material**, a aplicabilidade do art. 2º do Código de Processo Penal ocorrerá somente se a nova lei tiver conteúdo mais benéfico ao acusado, retroagindo para beneficiá-lo, tal como ocorre em relação às normas de Direito Penal.

O imbróglio se torna mais complexo quando a mesma norma assume conteúdo misto, ou seja, com conteúdo processual e material. As chamadas normas híbridas não poderão ter sua disciplina cindida, com relação a sua aplicabilidade no tempo, seguindo as regras de Direito Penal, segundo o entendimento doutrinário e jurisprudencial dominante.

RECURSO EM HABEAS CORPUS Nº 56.487 - SP (2015/0026957-0)

RELATOR: MINISTRO FELIX FISCHER

EMENTA: PROCESSUAL PENAL. HABEAS CORPUS. OPERAÇÃO GRANDES LAGOS. APLICAÇÃO DO ART. 400 DO CPP COM A NOVA REDAÇÃO CONFERIDA PELA LEI Nº 11.719/08. NORMA DE NATUREZA PROCESSUAL. APLICAÇÃO IMEDIATA. VALIDADE DO INTERROGATÓRIO DO RÉU REALIZADO SOB A VIGÊNCIA DE LEI ANTERIOR. PRINCÍPIO DO TEMPUS REGIT ACTUM.

I - A norma de natureza processual possui aplicação imediata, consoante determina o art. 2º do CPP, sem prejuízo da validade dos atos realizados sob a vigência da lei anterior, consagrando o princípio do tempus regit actum. (Precedentes).

II - Assim, nesta linha, o art. 400 do CPP, com a nova redação conferida pela Lei nº 11.719/08, - regra de caráter eminentemente processual -, possui aplicação imediata, sem prejuízo da validade dos atos processuais realizados em observância ao rito procedimental anterior.

III - Portanto, não há que se falar em cerceamento de defesa na espécie por ausência de realização de novo interrogatório do ora paciente ao final da audiência de instrução e julgamento, pois o referido ato processual foi validamente realizado pelo Juízo processante antes do advento da novel legislação em observância ao rito procedimental vigente à época, não possuindo a lei processual penal efeito retroativo.

IV - O reconhecimento da nulidade em processo penal pressupõe a demonstração de prejuízo, o que não ocorreu no caso, nos termos do art. 563, do Código de Processo Penal - que regulamentou no ordenamento jurídico pátrio o princípio pas de nullité sans grief. Recurso ordinário desprovido.

QUESTÕES DE CONCURSOS

1. **(2022 - INSTITUTO AOCP - Governo do Distrito Federal - Policial) Sobre o direito processual penal, julgue o item a seguir.**

   A lei processual penal admite interpretação extensiva e aplicação analógica, bem como o suplemento dos princípios gerais de direito. ( )

2. **(2022 - CESPE/CEBRASPE-PC-RJ - Delegado de Polícia: Após o advento do neoconstitucionalismo e como seu consequente reflexo, os princípios adquiriram força normativa no ordenamento jurídico brasileiro, e a eficácia objetiva dos direitos fundamentais deu novos contornos ao direito processual penal. A respeito aaaaaaadesse assunto, assinale a opção correta à luz do Código de Processo Penal.**

   A) No Código de Processo Penal, admite-se, dado o princípio do tempus regit actum, a aplicação da interpretação extensiva, mas não a da interpretação analógica.

   B) No que diz respeito à interpretação extensiva, admitida no Código de Processo Penal, existe uma norma que regula o caso concreto, porém sua eficácia é limitada a outra hipótese, razão por que é necessário ampliar seu alcance, e sua aplicação não viola o princípio constitucional do devido processo legal.

   C) A analogia, assim como a interpretação analógica, não é admitida no Código de Processo Penal em razão do princípio da vedação à surpresa e para não violar o princípio constitucional do devido processo legal.

   D) Ante os princípios da proteção e da territorialidade temperada, não se admite a aplicação de normas de tratados e regras de direito internacional aos crimes cometidos em território brasileiro.

   E) No Código de Processo Penal, o princípio da proporcionalidade é expressamente consagrado, tanto no que se refere ao aspecto da proibição do excesso quanto ao aspecto da proibição da proteção ineficiente.

3. **(2021 - FUMARC - PC-MG - Delegado de Polícia Substituto) Em relação às características do sistema acusatório, analise as afirmativas:**

   I. Gestão da prova na mão das partes e não do juiz, clara distinção entre as atividades de acusar e julgar, juiz como terceiro imparcial e publicidade dos atos processuais.

   II. Ausência de uma tarifa probatória, igualdade de oportunidades às partes no processo e o procedimento é, em regra, oral.

   III. O processo é um fim em si mesmo e o acusado é tratado como mero objeto, imparcialidade do juiz e prevalência da confissão do réu como meio de prova.

   IV. Celeridade do processo e busca da verdade real, o que faculta ao juiz determinar de ofício a produção de prova.

   São VERDADEIRAS apenas as afirmativas:

   A) I e II

   B) I e IV

   C) I, III e IV

   D) II e III

4. **(2021 - FUMARC - PC-MG - Delegado de Polícia Substituto). Sobre conceito, finalidade e fontes do processo penal, assinale a alternativa correta:**

A) A competência para legislar sobre direito processual penal é concorrente entre a União, os Estados e o Distrito Federal.

B) Direito processual penal é o ramo do direito público que compreende princípios e normas definidoras de condutas criminosas com previsão de determinada sanção.

C) É possível que os Estados legislem sobre questões específicas de direito processual penal, desde que autorizados por lei complementar editada pela União.

D) Os tratados e convenções internacionais são considerados fontes materiais do direito processual penal.

E) O direito processual penal é sub-ramo do Direito Penal. Por isso que é chamado de "Direito Penal adjetivo". Logo, não possui autonomia científica.

5. **(2021 - CESPE - MPE-SC - Promotor de Justiça Substituto). Julgue o item a seguir referentes ao Direito processual penal:**

Na falta de norma expressa na legislação processual penal, seja no Código de Processo Penal, seja nas leis extravagantes, deve-se buscar suplementação normativa no Código de Processo Civil. ( )

6. **(2021 - FCC - DPE-SC - Defensor Público).** *Fundamento de existência e função de um Processo Penal acusatório e garantista: por que e para que existe o Processo Penal? Mais especificamente "o fundamento é o 'porquê', a razão de ser de algo, enquanto a função (finalidade) diz respeito ao 'para que'. Assim, (...) existe uma relação de prejudicialidade entre tais conceitos: primeiro se analisa o fundamento para depois examinar as possíveis funções, que devem ser compatíveis com aquela premissa previamente estabelecida. (VASCONCELLOS, Vinicius G. Fundamento e função do processo penal. Revista Eletrônica de Direito Processual Penal. Rio de Janeiro, ano 12, v. 19, n. 2, maio-ago. 2018).*

A partir de tais lições, em um Estado Democrático de Direito, o fundamento de existência do processo penal (sua razão de existir) e sua função são, respectivamente:

A) limitar o poder punitivo estatal e fomentar a Política de Segurança Pública, cujo símbolo maior é o Direito Penal.

B) a pacificação social e autorizar a punição dos infratores da lei através de um procedimento em contraditório.

C) a pacificação social e desvendar a verdade real dos fatos narrados na exordial acusatória.

D) fomentar a Política de Segurança Pública, cujo símbolo maior é o Direito Penal, e permitir a punição dos infratores da lei de maneira célere.

E) limitar o poder punitivo estatal e verificar a acusação penal em uma reconstrução histórica dos fatos a partir de provas produzidas pelas partes.

7. **(2021 - IDECAN - PEFOCE - Perito Legista - Farmácia).**

Como se sabe, a Lei 13.964/2019 fez diversas alterações no Código de Processo Penal, entre elas a criação do instituto do juiz de garantias, que se encontra suspenso por decisão do Ministro Luiz Fux nas ADIs 6298, 6.299, 6.300 e 6305, nos seguintes termos: "revogo a decisão monocrática constante das ADIs 6.298, 6.299, 6.300 e suspendo sine die a eficácia, ad referendum do Plenário, (a1) da implantação do juiz das garantias e seus consectários (Artigos 3°-A, 3°-B, 3°-C, 3°-D, 3°-E, 3° F, do Código de Processo Penal (...)"- Acerca do instituto do juiz de garantias, é INCORRETO afirmar que:

A) o processo penal terá estrutura acusatória, vedada a iniciativa do juiz na fase de investigação e a substituição da atuação probatória do órgão de acusação.

B) os autos que compõem as matérias de competência do juiz das garantias serão apensados aos autos do processo enviados ao juiz da instrução e julgamento, juntamente com os documentos relativos às provas irrepetíveis, medidas de obtenção de provas ou de antecipação de provas, que deverão ser remetidos para apensamento em apartado.

C) a competência do juiz das garantias abrange todas as infrações penais, exceto as de menor potencial ofensivo, e cessa com o recebimento da denúncia ou queixa na forma do art. 399 do Código.

D) se o investigado estiver preso, o juiz das garantias poderá, mediante representação da autoridade policial e ouvido o Ministério Público, prorrogar, uma única vez, a duração do inquérito por até 15 (quinze) dias, após o que, se ainda assim a investigação não for concluída, a prisão será imediatamente relaxada.

E) o juiz das garantias é responsável pelo controle da legalidade da investigação criminal e pela salvaguarda dos direitos individuais cuja franquia tenha sido reservada à autorização prévia do Poder Judiciário.

8. **(2021 - FAPEC - PC-MS - DELEGADO DE POLÍCIA) Sobre conceito, finalidade e fontes do processo penal, assinale a alternativa correta:**

A) A competência para legislar sobre direito processual penal é concorrente entre a União, os Estados e o Distrito Federal.

B) Direito processual penal é o ramo do direito público que compreende princípios e normas definidoras de condutas criminosas com previsão de determinada sanção.

C) É possível que os Estados legislem sobre questões específicas de direito processual penal, desde que autorizados por lei complementar editada pela União.

D) Os tratados e convenções internacionais são considerados fontes materiais do direito processual penal.

E) O direito processual penal é sub-ramo do Direito Penal. Por isso que é chamado de "Direito Penal adjetivo". Logo, não possui autonomia científica.

9. **(2014 - MPE-MA - Promotor de Justiça). É consentâneo com o sistema inquisitorial de processo penal, exceto:**

A) Sigilo dos atos processuais;

B) Suscetibilidade de início do processo por meio de denúncia anônima;

C) Incumbência de formular a acusação não individualizada;

D) Arguição de suspeição do juiz

E) Defesa técnica decorativa.

10. **(2014 - FUNCAB - PC-RO - Delegado de Polícia Civil). Assinale a alternativa em que se encontra uma característica do sistema acusatório.**

A) O julgador é protagonista na busca pela prova.

B) As decisões não precisam ser fundamentadas.

C) A atividade probatória é atribuição natural das partes.

D) As funções de acusar e de julgar são concentradas em uma pessoa.

E) As decisões são sempre sigilosas.

11. **(2017 - DPE-AL - DEFENSOR PÚBLICO). No processo penal, as características do sistema acusatório incluem:**

I.   clara distinção entre as atividades de acusar e julgar, iniciativa probatória exclusiva das partes e o juiz como terceiro imparcial e passivo na coleta da prova.

II. neutralidade do juiz, igualdade de oportunidades às partes no processo e repúdio à prova tarifada.

III. predominância da oralidade no processo, imparcialidade do juiz e supremacia da confissão do réu como meio de prova.

IV. celeridade do processo e busca da verdade real, o que faculta ao juiz determinar de ofício a produção de prova.

A) I e II.

B) I e IV.

C) II e III.

D) I, III e IV.

E) II, III e IV.

12. **(2019 - VUNESP - TJ-RS - Titular de Serviços de Notas e de Registros - Provimento). Imagine que, no curso de uma ação penal, nova lei processual extinga com um recurso que era exclusivo da defesa, antes da prolação da decisão anteriormente recorrível. A esse respeito, é correto afirmar que:**

A) poderá ser manejado o recurso, por se tratar de possibilidade exclusiva da defesa.

B) não será possível manejar o recurso, pois a lei processual penal aplicar-se-á desde logo. (Art. 2º do CPP)

C) poderá ser manejado o recurso, pois o fato criminoso foi cometido sob a vigência da regra estabelecida pela lei anterior.

D) não será possível manejar o recurso, pois a nova lei busca a igualdade processual (paridade de armas).

E) poderá ser manejado o recurso, pois o processo se iniciou sob a vigência da regra estabelecida pela lei anterior.

13. **(2018 - VUNESP - PC-SP - Delegado de Polícia). Tício está sendo processado pela prática de crime de roubo. Durante o trâmite do inquérito policial, entra em vigor determinada lei, reduzindo o número de testemunhas possíveis de serem arroladas pelas partes no procedimento ordinário.**

    A respeito do caso descrito, é correto que

    A) não se aplica a lei nova ao processo de Tício em razão do princípio da anterioridade.

    B) a lei que irá reger o processo é a lei do momento em que foi praticado o crime, à vista do princípio tempus regit actum.

    C) em razão do sistema da unidade processual, pelo qual uma única lei deve reger todo o processo, a lei velha continua ultra-ativa e, por isso, não se aplica a nova lei, mormente por ser esta prejudicial em relação aos interesses do acusado.

    D) não se aplica a lei revogada ao processo de Tício em razão do princípio da reserva legal.

    E) não se aplica a lei revogada porque a instrução ainda não se iniciara quando da entrada em vigor da nova lei.

14. **(2018 - CESPE - TJ-CE - Juiz Substituto). Julgue os itens a seguir, a respeito do inquérito policial e das disposições preliminares do Código de Processo Penal.**

    I. Aos processos em curso, a lei processual penal será aplicada imediatamente, mantendo-se, todavia, os atos praticados sob a égide da lei anterior.

    II. Caso tome conhecimento da existência de novas provas, a autoridade policial poderá determinar o arquivamento do inquérito e proceder a novas diligências.

    III. Ocorrendo o arquivamento do inquérito por falta de fundamentos para a denúncia, a autoridade policial poderá dar continuidade à investigação se tiver notícia de outras provas.

    IV. A autoridade policial poderá manter o indiciado incomunicável por até cinco dias se essa medida for indispensável à investigação.

    Estão certos apenas os itens

    A) I e II.

    B) I e III.

    C) III e IV.

    D) I, II e IV.

    E) II, III e IV.

15. **(2018 - VUNESP - PC-BA - Investigador de Polícia). Em havendo conflito entre o Código de Processo Penal e uma lei especial que contenha normas processuais, a solução será a:**

    A) Aplicação da norma que for mais recente, independentemente de eventual benefício ao réu.

    B) Aplicação da lei especial e, quando omissa, subsidiariamente do Código de Processo Penal.

    C) aplicação do que for mais favorável ao acusado, independentemente da data de promulgação.

    D) conjugação de ambos os diplomas, aplicando-se as normas que forem mais benéficas ao acusado.

    E) prevalência da regra geral do Código de Processo Penal, em virtude da proibição constitucional dos juízos de exceção.

16. **(2018 - CESPE - STJ - Analista Judiciário - Oficial de Justiça Avaliador Federal): Com relação à aplicação e à eficácia temporal da lei processual penal, julgue o item subsequente.**

    O Código de Processo Penal será aplicado a todas as ações penais e correlatas que tiverem curso no território nacional, nelas inclusas as destinadas a apurar crime de responsabilidade cometido pelo presidente da República. ( )

17. **(2018 - CESPE - PC-MA - Investigador de Polícia). Acerca da aplicação da lei processual no tempo e no espaço e em relação às pessoas, julgue os itens a seguir.**

    I. O Brasil adota, no tocante à aplicação da lei processual penal no tempo, o sistema da unidade processual.

    II. Em caso de normas processuais materiais – mistas ou híbridas –, aplica-se a retroatividade da lei mais benéfica.

    III. Para o regular processamento judicial de governador de estado ou do Distrito Federal, é necessária a autorização da respectiva casa legislativa – assembleia legislativa ou câmara distrital.

    Assinale a opção correta.

    A) Apenas o item I está certo.

    B) Apenas o item II está certo.

    C) Apenas os itens I e III estão certos.

    D) Apenas os itens II e III estão certos.

    E) Todos os itens estão certos.

18. **(2018 - CESPE - PC-MA - PC-MA - Escrivão de Polícia Civil). Em relação à aplicação da lei processual penal, é correto afirmar que a lei**

A) nova será aplicada sem prejuízo da validade dos atos realizados sob a vigência da lei anterior.

B) processual penal não admitirá aplicação analógica.

C) processual penal não se sujeitará a tratados, convenções ou regras de direito internacional.

D) nova e mais gravosa ao réu terá aplicação imediata somente para os novos processos que se tiverem iniciado depois de sua promulgação.

E) nova será aplicada aos fatos pretéritos que eram regulados pela lei revogada.

19. **(2018 - FGV - TJ-SC - Técnico Judiciário Auxiliar). No curso de ação penal em que Roberto figurava como denunciado, entrou em vigor lei que versava sobre processamento de ação penal em procedimento comum ordinário, com conteúdo exclusivamente processual penal, prejudicial ao réu.**

O técnico judiciário, no momento de auxiliar no processamento do feito, deverá aplicar a:

A) lei processual penal em vigor na época dos fatos, em virtude do princípio da irretroatividade da lei mais gravosa, não admitindo o Código de Processo Penal interpretação extensiva ou analógica da lei processual;

B) lei processual penal em vigor na época dos fatos, em virtude do princípio da irretroatividade da lei mais gravosa, admitindo o Código de Processo Penal interpretação extensiva, mas não aplicação analógica da lei processual;

C) lei processual penal em vigor na época dos fatos, em virtude do princípio da irretroatividade da lei mais gravosa, admitindo o Código de Processo Penal interpretação extensiva e aplicação analógica da lei processual;

D) nova lei processual penal, ainda que desfavorável ao réu, respeitando-se os atos já praticados, admitindo o Código de Processo Penal interpretação extensiva, mas não aplicação analógica da lei processual;

E) nova lei processual penal, ainda que desfavorável ao réu, respeitando-se os atos já praticados, admitindo o Código de Processo Penal interpretação extensiva e aplicação analógica da lei processual.

20. **(2018 - CESPE - ABIN - Oficial Técnico de Inteligência - Área 2). Acerca dos princípios gerais, das fontes e da interpretação da lei processual penal, bem como dos sistemas de processo penal, julgue o item que se segue.**

A lei processual penal vigente à época em que a ação penal estiver em curso será aplicada em detrimento da lei em vigor durante a ocorrência do fato que tiver dado origem à ação penal. ( )

GABARITO

1. Verdadeiro	6. "E"	11. "A"	16. Falso
2. "B"	7. "B"	12. "B"	17. "B"
3. "B"	8. "C"	13. "E"	18. "A"
4. "C"	9. "D"	14. "B"	19. "E"
5. Verdadeiro	10. "C"	15. "B"	20. Verdadeiro

PROCEDIMENTOS DE INVESTIGAÇÃO PRELIMINAR

CAPÍTULO 1 - INVESTIGAÇÃO POLICIAL

Cindida em duas fases, a persecução penal ganha impulso com a investigação policial e se finda com a ação penal. A primeira fase é administrativa, enquanto a segunda é processual.

A investigação, a rigor, é realizada pela polícia judiciária, conforme preconiza a Constituição Federal, no seu art. 144, nos seguintes termos:

> **Art. 144. A segurança pública, dever do Estado, direito e responsabilidade de todos, é exercida para a preservação da ordem pública e da incolumidade das pessoas e do patrimônio, através dos seguintes órgãos:**
> **I - polícia federal;**
> **(...)**
> **IV - polícias civis;**

> **(...)**
>
> § 1º **A polícia federal**, instituída por lei como órgão permanente, organizado e mantido pela União e estruturado em carreira, destina-se a: (Redação dada pela Emenda Constitucional nº 19, de 1998)
>
> I - apurar infrações penais contra a ordem política e social ou em detrimento de bens, serviços e interesses da União ou de suas entidades autárquicas e empresas públicas, assim como outras infrações cuja prática tenha repercussão interestadual ou internacional e exija repressão uniforme, segundo se dispuser em lei;
>
> II - prevenir e reprimir o tráfico ilícito de entorpecentes e drogas afins, o contrabando e o descaminho, sem prejuízo da ação fazendária e de outros órgãos públicos nas respectivas áreas de competência;
>
> § 4º **Às polícias civis**, dirigidas por delegados de polícia de carreira, incumbem, ressalvada a competência da União, as funções de polícia judiciária e a apuração de infrações penais, exceto as militares.

A atividade típica da polícia judiciária é também disciplinada no art. 4º do Código de Processo Penal que assim dispõe:

> **Art.** 4º A polícia judiciária será exercida pelas autoridades policiais no território de suas respectivas circunscrições e terá por fim a apuração das infrações penais e da sua autoria.

Para o exercício de seus misteres, contam as autoridades policiais, além de outros procedimentos administrativos, com o **inquérito policial**. Trata-se, como estudaremos adiante, de um instrumento preliminar, onde se realiza atos de investigação que se consubstanciarão em elementos informativos aptos a ensejar a propositura da ação penal.

No entanto, conforme dito acima, sendo a segurança pública dever de diversos órgãos do Estado, é certo que poderes investigatórios não são de atribuição exclusiva da atividade policial. Nesse particular, é importante sabermos que tanto o Ministério Público (art. 129 da Constituição Federal) quanto as Comissões Parlamentares de Inquérito (art. 58, § 3. da Constituição Federal), para o exercício de suas funções institucionais, possuem poderes para a prática de atos de investigação.

Tal constatação pode ser extraída ainda do teor do parágrafo único do art. 4º do Código de Processo Penal que assim dispõe:

> **Art.** 4º [...]
> Parágrafo único. A competência definida neste artigo não excluirá a de autoridades administrativas, a quem por lei seja cometida a mesma função.

1.1. PODERES INVESTIGATÓRIOS DO MINISTÉRIO PÚBLICO

Com a promulgação da Constituição de 1988, nos termos do que dispõem os arts. 127 a 129, o Ministério Público passou a ter a feição institucional que lhe é típica e por meio da qual lhe é atribuída, no âmbito processual penal, a titularidade privativa para o exercício da ação penal.

Com esse advento, se deram início diversos debates a respeito da possibilidade de o Ministério Público exercer a investigação criminal. Após intensa discussão doutrinária e jurisprudencial a respeito do tema, ao qual recomenda-se especial atenção aos alunos que pretendem ingressar nas carreiras do Ministério Público, o Supremo Tribunal Federal, por ocasião do julgamento do Recurso Extraordinário 593727/MG, de Relatoria do Min. Cézar Peluso, assim se pronunciou em sede de Repercussão Geral-Tema 184 - Poder de Investigação do Ministério Público:

> RE 593727 RG / MG - MINAS GERAIS
> REPERCUSSÃO GERAL NO RECURSO EXTRAORDINÁRIO
> Relator(a): Min. CEZAR PELUSO
> Julgamento: 27/08/2009
> Órgão Julgador: Tribunal Pleno - meio eletrônico
> EMENTA: RECURSO. Extraordinário. Ministério Público. Poderes de investigação. Questão da ofensa aos arts. 5º, incs. LIV e LV, 129 e 144, da Constituição Federal. Relevância. Repercussão geral reconhecida. Apresenta repercussão geral o recurso extraordinário que verse sobre a questão de constitucionalidade, ou não, da realização de procedimento investigatório criminal pelo Ministério Público.
> Decisão: O Tribunal reconheceu a existência de repercussão geral da questão constitucional suscitada. Ministro CEZAR PELUSO Relator Tema 184 - Poder de investigação do Ministério Público.
> RE 593727 / MG - MINAS GERAIS
> RECURSO EXTRAORDINÁRIO
> Relator(a): Min. CEZAR PELUSO
> Relator(a) p/ Acórdão: Min. GILMAR MENDES
> Julgamento: 14/05/2015
> Órgão Julgador: Tribunal Pleno

Repercussão geral. Recurso extraordinário representativo da controvérsia. Constitucional. Separação dos poderes. Penal e processual penal. Poderes de investigação do Ministério Público. 2. Questão de ordem arguida pelo réu, ora recorrente. Adiamento do julgamento para colheita de parecer do Procurador-Geral da República. Substituição do parecer por sustentação oral, com a concordância do Ministério Público. Indeferimento. Maioria. 3. Questão de ordem levantada pelo Procurador-Geral da República. Possibilidade de o Ministério Público de estado-membro promover sustentação oral no Supremo. O Procurador-Geral da República não dispõe de poder de ingerência na esfera orgânica do Parquet estadual, pois lhe incumbe, unicamente, por expressa definição constitucional (art. 128, § 1º), a Chefia do Ministério Público da União. O Ministério Público de estado-membro não está vinculado, nem subordinado, no plano processual, administrativo e/ou institucional, à Chefia do Ministério Público da União, o que lhe confere ampla possibilidade de postular, autonomamente, perante o Supremo Tribunal Federal, em recursos e processos nos quais o próprio Ministério Público estadual seja um dos sujeitos da relação processual. Questão de ordem resolvida no sentido de assegurar ao Ministério Público estadual a prerrogativa de sustentar suas razões da tribuna. Maioria. 4. Questão constitucional com repercussão geral. Poderes de investigação do Ministério Público. Os artigos 5º, incisos LIV e LV, 129, incisos III e VIII, e 144, inciso IV, § 4º, da Constituição Federal, não tornam a investigação criminal exclusividade da polícia, nem afastam os poderes de investigação do Ministério Público. **Fixada, em repercussão geral, tese assim sumulada: "O Ministério Público dispõe de competência para promover, por autoridade própria, e por prazo razoável, investigações de natureza penal, desde que respeitados os direitos e garantias que assistem a qualquer indiciado ou a qualquer pessoa sob investigação do Estado, observadas, sempre, por seus agentes, as hipóteses de reserva constitucional de jurisdição e, também, as prerrogativas profissionais de que se acham investidos, em nosso País, os Advogados (Lei 8.906/94, artigo 7º, notadamente os incisos I, II, III, XI, XIII, XIV e XIX), sem prejuízo da possibilidade - sempre presente no Estado democrático de Direito - do permanente controle jurisdicional dos atos, necessariamente documentados (Súmula Vinculante 14), praticados pelos membros dessa instituição".** Maioria. 5. Caso concreto. Crime de responsabilidade de prefeito. Deixar de cumprir ordem judicial (art. 1º, inciso XIV, do Decreto-Lei nº 201/67). Procedimento instaurado pelo Ministério Público a partir de documentos oriundos de autos de processo judicial e de precatório, para colher informações do próprio suspeito, eventualmente hábeis a justificar e legitimar o fato imputado. Ausência de vício. Negado provimento ao recurso extraordinário. Maioria.

Dessa forma, podemos concluir que o inquérito policial, embora seja o procedimento de investigação preliminar por excelência, não é o único instrumento por meio do qual podem ser colhidos elementos informativos que servirão de subsídios para a formação da opinio delicti do titular da ação penal. Assim, são reconhecidos, de modo inequívoco, os poderes investigatórios dos órgãos ministeriais.

Os poderes investigatórios do Ministério Público são exercidos por meio do instrumentos de atuação funcional assegurados na Constituição Federal e das leis de regência do Ministério Público da União e dos Estados, quais sejam: poder de requisição, de intimação e outros.

Por outro lado, o procedimento formal no bojo do qual os poderes investigatórios ministeriais são exercidos está devidamente regulamentado, em suas regras regais, na Resolução 181 do Conselho Nacional do Ministério Público.

Registre-se que o art. 3º-B do Código de Processo Penal estabelece que o juiz das garantias deverá ser informado a respeito da instauração de qualquer investigação criminal, o que inclui os procedimentos investigatórios conduzidos pelo Ministério Público.

Esse entendimento é resultante do pronunciamento do Supremo Tribunal Federal que, no julgamento das ADIS que apreciaram os dispositivos atinente ao juiz das garantias, ao interpretação conforme aos incisos IV, VIII e IX do art. 3º=B do Código de Processo Penal, para assentar que os de investigação conduzidos pelo Ministério Público se submetam ao controle judicial. Prosseguiu a Suprema Corte fixando o prazo de 90 (noventa) dias, a contar da publicação da ata do julgamento ocorrido em 23/08/2023, para que o Ministério Público envie ao Poder Judiciário, sob pena de nulidade, todos os procedimentos de investigação criminal que estejam sob sua condução.

1.2. PODERES INVESTIGATÓRIOS DAS COMISSÕES PARLAMENTARES DE INQUÉRITO

A criação de Comissão Parlamentar de Inquérito se dará mediante requerimento de um terço da totalidade dos membros da Câmara dos Deputados e do Senado Federal, em conjunto ou separadamente (§3º do art. 58 da Constituição Federal). Essas comissões têm poderes investigatórios próprios das autoridades judiciais, além de outros previstos nos regimentos do Câmara dos Deputados e do Senado Federal, conforme consta na Lei n. º 1.579/1985:

> **Art.** 1 As Comissões Parlamentares de Inquérito, criadas na forma do § 3 do art. 58 da Constituição Federal, terão poderes de investigação próprios das autoridades judiciais, além de outros previstos nos regimentos da Câmara dos Deputados e do Senado Federal, com ampla ação nas pesquisas destinadas a apurar fato determinado e por prazo certo.

A mencionada lei que disciplina os inquéritos parlamentares dispõe expressamente que adotará as normas do Código de Processo Penal, no que for lhe for cabível. Ainda, dispõe que concluídas as investigações, a CPI deverá encaminhar relatório circunstanciado ao Ministério Público ou à Advocacia-Geral da União (dentre outros órgãos), para adoção de medidas pertinentes, dentre as quais a promoção da responsabilidade civil ou criminal.

Dito isto, verifica-se que a investigação não compete de forma exclusiva à polícia civil e federal, contudo, a seguir, discorreremos sobre uma espécie de procedimento de investigação policial que é amplamente cobrado em provas de concurso público, o inquérito policial.

CAPÍTULO 2 - INQUÉRITO POLICIAL

2.1. CONCEITO E NATUREZA JURÍDICA

O inquérito policial é procedimento administrativo preliminar, de natureza informativa, presidido com **exclusividade** pela autoridade policial (art. 4 do Código de Processo Penal), por meio do qual serão colhidos elementos informativos acerca da autoria e materialidade delitivas de uma noticiada infração penal, de modo a subsidiar a propositura da ação penal.

Vejamos então, quais são as principais **características** do inquérito policial:

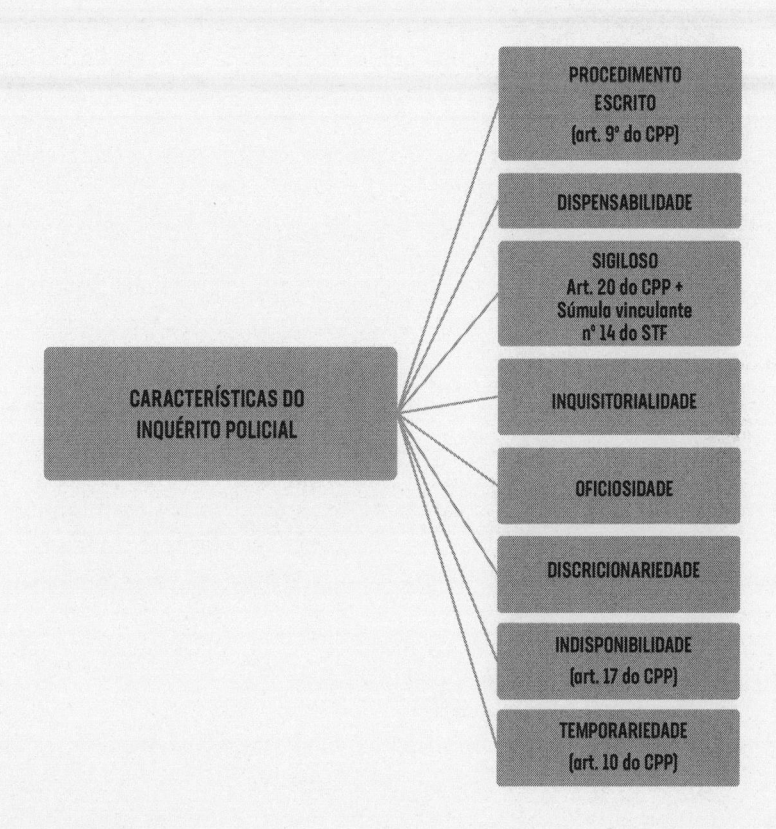

A) FORMA ESCRITA

O Código de Processo Penal, apesar de não determinar formalidades específicas para condução do inquérito policial, estabeleceu uma sequência lógica dentro da qual o inquérito deve transcorrer, que percorre a instauração, desenvolvimento e conclusão [18]. No curso do inquérito, em observância ao art. 9ª do Código de Processo Penal, todos os atos devem ser registrados por escrito. Contudo, no curso da investigação, os atos do processo que não puderem ser registrados por escrito, por sua própria natureza, tais como vídeos, mídias, áudios etc., deverão ter sua respectiva juntada certificada nos autos por escrito.

---

18 LIMA, **Renato Brasileiro** de. **Manual** de **processo penal** . 5. ed. Salvador: Ed. JusPodivm, 2018.

B) DISPENSABILIDADE

Conforme já estudamos, embora se reconheça a relevância do inquérito policial para a persecução penal, esse não é o único instrumento por meio do qual podem ser apurados elementos informativos a respeito da prática de infrações penais. Ao contrário, é certo que quaisquer documentos ou peças de informação que sejam disponibilizados ao titular da ação penal podem servir de elementos para sustentar a propositura da ação penal, o que pode ser extraído, da leitura sistematizada de diversos dispositivos do Código de Processo Penal.

O art. 12 do Código de Processo Penal, estabelece que o inquérito policial, sempre que servir de base para a denúncia ou queixa, deve acompanhá-las. Não impõe o legislador que o inquérito esteja sempre a subsidiar a inicial acusatória, mas se assim ocorrer, deverá acompanhá-la.

> **Art. 12.** O inquérito policial acompanhará a denúncia ou queixa, sempre que servir de base a uma ou outra.

O art. 27 do Código de Processo Penal, por sua vez, prevê que, nos casos de ação pública, qualquer pessoa do povo pode provocar o órgão ministerial, fornecendo documentos que indiquem elementos que apontem autoria de um delito, bem como suas circunstâncias. Logo, resta evidente que se desses documentos for possível se extrair a autoria e materialidade delitivas, o inquérito policial não se faz necessário, sendo, portanto, **dispensável**.

> **Art. 27.** Qualquer pessoa do povo poderá provocar a iniciativa do Ministério Público, nos casos em que caiba a ação pública, fornecendo-lhe, por escrito, informações sobre o fato e a autoria e indicando o tempo, o lugar e os elementos de convicção.

Já o art. 39 do Código de Processo Penal, acerca do direito de representação nos crimes de ação pública condicionada, prevê expressamente em seu § 5 a possibilidade de dispensa do inquérito policial, por parte do Ministério Público, nas seguintes condições:

> § 5º O órgão do Ministério Público **dispensará** o inquérito, se com a representação forem oferecidos elementos que o habilitem a promover a ação penal, e, neste caso, oferecerá a denúncia no prazo de quinze dias.

Por fim, o art. 46 do Código de Processo Penal, ao regulamentar sobre os prazos para o oferecimento da inicial acusatória, em seu § 1, assim determina:

> § 1º Quando o Ministério Público **dispensar** o inquérito policial, o prazo para o oferecimento da denúncia contar-se-á da data em que tiver recebido as peças de informações ou a representação.

A respeito da dispensabilidade do inquérito policial, **vejamos o que foi cobrado recentemente pelo** CESPE:

> Ano: 2019 Banca: CESPE Órgão: TJ-AM Prova: CESPE - 2019 - TJ-AM - Assistente Judiciário
> A respeito de ação penal e do disposto na Lei de Juizados Especiais Cíveis e Criminais (Lei n.º 9.099/1995), julgue o item seguinte.
> O inquérito policial é dispensável para a promoção da ação penal desde que a denúncia esteja minimamente consubstanciada nos elementos exigidos em lei (**Correto**, conforme Art. 39 §5º do CPP)

C) SIGILOSO

Tendo em vista a inquisitorialidade típica do inquérito policial e a necessidade de salvaguardar a eficácia das medidas investigatórias levadas a efeito pela autoridade policial, o art. 20 do Código de Processo Penal assim dispõe:

> **Art.** 20. A autoridade assegurará no inquérito o sigilo necessário à elucidação do fato ou exigido pelo interesse da sociedade.

Entretanto, o sigilo do inquérito policial é de natureza relativa, sendo oponível ao público, porém, em hipótese alguma, o sigilo poderá ser oposto ao Poder Judiciário e ao Ministério Público. No que diz respeito ao próprio investigado, o sigilo pode ser invocado em situações excepcionais, nos termos dos dispositivos que estudaremos a seguir.

A interpretação do art. 20 do Código de Processo Penal deve ser feita em harmonia com o texto constitucional de 1988, de modo a que esteja salvaguardada a regra de direito fundamental contida no art. 5 inciso, LX que assegura a publicidade dos atos do poder processuais nos seguintes termos: "a lei só poderá restringir a publicidade dos atos processuais quando a defesa da intimidade ou o interesse social o exigirem".

No mesmo sentido, dispõe o art. 8, item 5 da Convenção Americana dos Direitos Humanos "o processo penal deve ser público, salvo no que for necessário para preservar os interesses da justiça", incorporada ao nosso ordenamento constitucional.

Além disso, o sigilo do inquérito policial deve ser cotejado com o mandamento constitucional do princípio da publicidade, previsto no art. 37 da Constituição Federal, a saber:

> **Art. 37.** A administração pública direta e indireta de qualquer dos Poderes da União, dos Estados, do Distrito Federal e dos Municípios obedecerá aos princípios de legalidade, impessoalidade, moralidade, publicidade e eficiência e, também, ao seguinte.

Conforme já estudamos no título anterior, o princípio da publicidade dos atos processuais é imperioso ao poder constituinte, tendo esse exigido, de forma expressa, o cumprimento deste princípio por ocasião da edição da Lei complementar do Estatuto da Magistratura, conforme se segue:

> **Art. 93.** Lei complementar, de iniciativa do Supremo Tribunal Federal, disporá sobre o Estatuto da Magistratura, observados os seguintes princípios: (...) IX todos os julgamentos dos órgãos do Poder Judiciário serão públicos, e fundamentadas todas as decisões, sob pena de nulidade, podendo a lei limitar a presença, em determinados atos, às próprias partes e a seus advogados, ou somente a estes, em casos nos quais a preservação do direito à intimidade do interessado no sigilo não prejudique o interesse público à informação.

Ademais, o Supremo Tribunal Federal, ao realizar a interpretação do disposto no art. 20 do Código de Processo Penal editou o enunciado da Súmula Vinculante 14, dispondo que "é direito do defensor, no interesse do representado, ter acesso amplo aos elementos de prova que, já documentados em procedimento investigatório realizado por órgão com competência de polícia judiciária, digam respeito ao exercício do direito de defesa.

Do exposto, podemos concluir que o sigilo do inquérito policial é uma medida excepcional. Tal sigilo somente pode ser decretado em desfavor do investigado para assegurar a eficácia de medidas investigativas. Contudo, concluídas as diligências necessárias, o investigado terá direito a todas as provas documentadas nos autos do inquérito policial, a fim de assegurar, desde a fase preliminar da persecução penal, o exercício de sua ampla defesa.

D) INQUISITORIALIDADE

O inquérito policial é procedimento tipicamente inquisitorial, dentro do qual não se exige a observância obrigatória dos princípios do contraditório e da ampla defesa. O art. 5 da Constituição Federal assegura, em seu inciso o direito ao contraditório e à ampla defesa assim dispondo: LV- aos litigantes, em processo judicial ou administrativo, e aos acusados em geral são assegurados o contraditório e ampla defesa, com os meios e recursos a ela inerentes.

Ocorre que, conforme estudamos anteriormente, o inquérito policial é procedimento administrativo, meramente informativo, destinado à colheita de elementos de convicção para subsidiar a formação da opinio delicti. A conclusão do inquérito policial não incita a imposição de qualquer sanção ao investigado.

Não se pode olvidar que o prévio contraditório a todos os atos do inquérito policial prejudicaria o andamento das investigações em andamento. Esse tem sido o entendimento pacífico tanto dos nossos doutrinadores, quanto da jurisprudência. Vejamos o que o Supremo Tribunal Federal diz a respeito desse tema:

ADI 4337 / SP - SÃO PAULO
AÇÃO DIRETA DE INCONSTITUCIONALIDADE
Rel. Min. CARMEN LÚCIA
Julgamento: 13/09/2019
Órgão Julgador: Tribunal Pleno
EMENTA: AÇÃO DIRETA DE INCONSTITUCIONALIDADE. CONSTITUCIONAL. LEI ESTADUAL DE SÃO PAULO N. 13.558/2009. PROTEÇÃO ÀS VÍTIMAS E TESTEMUNHAS NOS PROCEDIMENTOS DE BOLETIM DE OCORRÊNCIA E INQUÉRITO POLICIAL. ALEGAÇÃO DE VÍCIO FORMAL DE INICIATIVA E USURPAÇÃO DE COMPETÊNCIA EM ALEGADA CONTRARIEDADE ÀS NORMAS GERAIS PRESCRITAS NA LEI N. 9.807/1999. AÇÃO DIRETA DE INCONSTITUCIONALIDADE JULGADA IMPROCEDENTE. 1. O inquérito policial está inserido na competência concorrente da União, dos Estados-Membros e do Distrito Federal para legislar sobre procedimentos em matéria processual, conferida pelo inc. XI do art. 24 da Constituição da República. Precedentes. 2. Pela natureza procedimental administrativa do boletim de ocorrência, o Estado de São Paulo é competente para legislar sobre esse ato. Precedentes. 3. A lógica da Lei n. 9.807/1999 não foi subvertida pela Assembleia Legislativa do Estado de São Paulo. Na lei paulista, regulamenta-se hipótese de sigilo no inquérito policial, conforme o art. 20 do Código de Processo Penal. 4. **O princípio do contraditório não se aplica ao inquérito policial, nos idênticos termos em que acolhido para o processo, resguardado, em qualquer caso, o acesso aos dados sigilosos ao advogado legalmente constituído, ao membro do Ministério Público e à autoridade judiciária competente**.

RHC 171571 AgR / GO - GOIÁS
AG.REG. NO RECURSO ORDINÁRIO EM HABEAS CORPUS
Relator (a): Min. RICARDO LEWANDOWSKI
Julgamento: 06/08/2019
Órgão Julgador: Segunda Turma

Ementa: AGRAVO REGIMENTAL EM RECURSO ORDINÁRIO EM HABEAS CORPUS. PROCESSUAL PENAL. REITERAÇÃO DOS ARGUMENTOS EXPOSTOS NA INICIAL QUE NÃO INFIRMAM OS FUNDAMENTOS DA DECISÃO AGRAVADA. ALEGAÇÃO DE NULIDADE DE INTERROGATÓRIOS PRESTADOS EM INQUÉRITO POLICIAL SEM A PRESENÇA DE ADVOGADO. IMPROCEDÊNCIA. PROCEDIMENTO ADMINISTRATIVO DE NATUREZA INQUISITORIAL. ALTERAÇÕES INTRODUZIDAS PELA LEI 13.245/2016 NA LEI 8.906/1994 IMPLICAM REFORÇO DAS PRERROGATIVAS DOS PROFISSIONAIS DA ADVOCACIA, SEM CONSTITUIR DIREITO SUBJETIVO. AGRAVO A QUE SE NEGA PROVIMENTO. I - O agravante apenas reitera os argumentos anteriormente expostos na inicial da pretensão recursal, sem, contudo, aduzir novos elementos capazes de afastar as razões expendidas na decisão agravada.

II - Os fundamentos expostos pela Quinta Turma do Superior Tribunal de Justiça para denegar a ordem e julgar legítimos os atos praticados pela Autoridade policial alinha-se perfeitamente à jurisprudência desta Suprema Corte sobre a matéria, no sentido de que, por se tratar de procedimento informativo de natureza inquisitorial destinado precipuamente à formação do *opinio delicti*, o inquérito não prevê contraditório. Precedentes. III - Em que pese a alteração do art. 7º, XXI, da Lei 8.906/1994 (Estatuto da Ordem dos Advogados do Brasil), promovida pela Lei 13.245/2016, ter implicado reforço das prerrogativas da defesa técnica, a falta desta na fase pré-processual não configura automaticamente nulidade do inquérito, mormente como no caso sob exame em que o próprio indiciado dispensou a presença de advogado para acompanhar seu interrogatório. IV - Agravo regimental a que se nega provimento.

Não obstante o entendimento do Supremo Tribunal Federal acima exposto, é importantíssimo estarmos atentos à inovação legislativa da Lei 13.964/2019, que incluiu o art. 14-A no Código de Processo Penal, criando hipótese obrigatória de citação de investigado para acompanhar o curso do inquérito policial.

Art. 14-A. Nos casos em que servidores vinculados às instituições dispostas no art. 144 da Constituição Federal figurarem como investigados em inquéritos policiais, inquéritos policiais militares e demais procedimentos extrajudiciais, cujo objeto for a investigação de fatos relacionados ao uso da força letal praticados no exercício profissional, de forma consumada ou tentada, incluindo as situações dispostas no art. 23 do Decreto-Lei nº 2.848, de 7 de dezembro de 1940 (Código Penal), o indiciado poderá constituir defensor.

§ 1º Para os casos previstos no caput deste artigo, o investigado deverá ser citado da instauração do procedimento investigatório, podendo constituir defensor no prazo de até 48 (quarenta e oito) horas a contar do recebimento da citação.

§ 2º Esgotado o prazo disposto no § 1º deste artigo com ausência de nomeação de defensor pelo investigado, a autoridade responsável pela investigação deverá intimar a instituição a que estava vinculado o investigado à época da ocorrência dos fatos, para que essa, no prazo de 48 (quarenta e oito) horas, indique defensor para a representação do investigado.

Da interpretação do novo dispositivo, podemos extrair do § 1º que nos casos em que agentes de segurança pública elencados no rol do art. 144 do Código de Processo Penal forem investigados em inquéritos policiais, inquéritos policiais militares e demais procedimentos investigatórios, a lei determina que o investigado seja **citado** acerca da instauração do procedimento investigatório, podendo constituir defensor no prazo de 48 (quarenta e oito) a contar do **recebimento da citação**. Atentemos para o fato de que o legislador se utilizou da expressão "**deverá**", impondo, no caso, obrigação à autoridade investigadora no sentido de que promova o chamamento do investigado para acompanhar a investigação.

Não se pode deixar de comentar a impropriedade da menção à "citação" como ato de chamamento do investigado para acompanhar a investigação. Isso porque conforme a boa técnica processual, sabe-se que citação é o ato de **chamamento do réu ao processo** (art. 238 do Código de Processo Penal), por meio do qual se **aperfeiçoa a relação processual** (art. 363, caput do Código de Processo Penal).

Tal inadequação decorre do fato de ter o inquérito policial a natureza de procedimento administrativo inquisitorial em que não há relação processual propriamente dita, na medida em que não haverá, ao término das investigações, qualquer imposição de sanção, não exigindo, portanto, observância plena do princípio do contraditório.

O § 2º do art. 14-A vai além. Da leitura do referido dispositivo extrai-se o fato de que a presença de defensor para acompanhar as investigações levadas a efeito em desfavor das autoridades de segurança pública investigadas é **obrigatória**, na medida em que a lei prevê que a ausência de nomeação de defensor pelo próprio investigado, implicará no **dever** da autoridade responsável pela investigação de intimar a instituição à qual está vinculada o agente público para que essa indique, em 48 (quarenta e oito) horas, defensor para representar o investigado no curso das investigações.

Observemos que os §§ 3º, 4º e 5º foram vetados, sendo que o § 6º determina que as demais disposições ali previstas só se aplicam no diz respeito aos membros das Forças Armadas (art. 142 da Constituição Federal) se os fatos apurados disserem respeito a missões para a garantia da lei e da Ordem.

Por fim, vejamos como a matéria relativa à inquisitorialidade do inquérito policial foi cobrada em **questão recente:**

Ano: 2019 Banca: Instituto Acesso Órgão: PC-ES Prova: Instituto Acesso - 2019 - PC-ES - Delegado de Polícia.

A Lei nº 13.245/2016 alterou o art. 7º da Lei 8.906/94 (Estatuto da OAB) que garante ao advogado do investigado, o direito de assistir a seus clientes durante a apuração de infrações, inclusive nos depoimentos e interrogatório, podendo apresentar razões e quesitos. Com efeito, Anderson, advogado de José, impugnou a oitiva de duas testemunhas em fase de inquérito policial, alegando que não recebeu notificação informando do dia e hora da oitiva das referidas testemunhas em sede policial. Diante da temática apresentada, assinale a seguir a alternativa correta.

A) O sigilo do inquérito policial impede que o advogado tenha acesso aos atos já documentados em inquérito policial.

B) A Lei nº 13.245/2016 impôs o dever à autoridade policial de intimar previamente o advogado constituído para os atos de investigação, em homenagem ao contraditório e a ampla defesa.

C) A Lei nº 13.245/2016 instituiu a obrigatoriedade do inquérito policial ainda que já haja provas devidamente constituídas.

D) A Lei nº 13.245/2016 não impôs um dever à autoridade policial de intimar previamente o advogado constituído para os atos de investigação. (Supremo Tribunal Federal, PET 7612. Rel. Min. Edson Fachin. Informativo 933)

E) A inquisitorialidade do procedimento investigatório policial é o que impede que o advogado tenha acesso aos atos já documentados em inquérito policial.

É importante que o aluno esteja atento à extrema importância do estudo sistematizado da legislação com a jurisprudência atualizada. O examinador cobrou do candidato o conhecimento acerca da inquisitorialidade do inquérito policial, passando pelo conteúdo do Estatuto do Advogado, sendo que o conhecimento do posicionamento do Supremo Tribunal Federal, acima citado, seria fundamental para o acerto da questão proposta.

E) OFICIOSIDADE

A oficiosidade é extraída do fato de que a autoridade policial, diante da notícia da prática de determinada infração penal de ação pública incondicionada e havendo elementos informativos mínimos acerca da autoria e materialidade de um **fato típico**, não pode se furtar à instauração do respectivo inquérito policial.

Tal imposição consta do art. 5, inciso do Código de Processo Penal, que estabelece "Nos crimes de ação pública o inquérito policial será iniciado: I - de ofício;".

É importante ressaltar que nos casos de **ação penal pública condicionada à representação** a providência de instauração do inquérito policial de ofício está vinculada à presença da **condição de procedibilidade** atinente à representação que, uma vez aperfeiçoada, impõe a instauração do inquérito policial.

Dessa forma, conclui-se que **não cabe** à autoridade policial qualquer juízo de **conveniência e oportunidade (discricionariedade)** a respeito da **instauração de inquérito policial**, isso porque a autoridade policial, ao tomar conhecimento de uma infração penal de ação penal pública incondicionada **deve** instaurar o inquérito policial.

Não se pode confundir oficiosidade com oficialidade!

Oficialidade	Oficiosidade
A persecução penal será exercida por órgãos oficiais, ex. polícia judiciária (art. 144 da CF)	A autoridade policial ao tomar conhecimento da prática de um crime de ação penal pública incondicionada é obrigada a instaurar o inquérito policial, ex. art. 24 do CPP.

F) DISCRICIONARIEDADE

A característica da discricionariedade do inquérito não é antagônica à característica da **oficiosidade**, anteriormente estudada. Embora a autoridade policial não tenha margem para realizar juízo de **conveniên-**

cia e oportunidade no momento de **instauração** do inquérito policial (nos casos de **ação penal pública incondicionada**), no **curso da investigação**, tem **plena liberdade para praticar os atos investigatórios**, escolhendo os mais apropriados e eficazes para elucidação dos fatos.

Na fase judicial, conforme se estudará a seguir, há um rigor procedimental a ser observado, contudo na fase investigatória os arts. 6º e 7º do CPP dispõem exemplos de diligências que podem ser determinadas pela autoridade policial, a seguir:

Art. 6 Logo que tiver conhecimento da prática da infração penal, a autoridade policial deverá:

I - dirigir-se ao local, providenciando para que não se alterem o estado e conservação das coisas, até a chegada dos peritos criminais;

II - apreender os objetos que tiverem relação com o fato, após liberados pelos peritos criminais;

III - colher todas as provas que servirem para o esclarecimento do fato e suas circunstâncias;

IV - ouvir o ofendido;

V - ouvir o indiciado, com observância, no que for aplicável, do disposto no Capítulo III do Título VII, deste Livro, devendo o respectivo termo ser assinado por duas testemunhas que lhe tenham ouvido a leitura;

VI - proceder a reconhecimento de pessoas e coisas e a acareações;

VII - determinar, se for caso, que se proceda a exame de corpo de delito e a quaisquer outras perícias;

VIII - ordenar a identificação do indiciado pelo processo datiloscópico, se possível, e fazer juntar aos autos sua folha de antecedentes;

IX - averiguar a vida pregressa do indiciado, sob o ponto de vista individual, familiar e social, sua condição econômica, sua atitude e estado de ânimo antes e depois do crime e durante ele, e quaisquer outros elementos que contribuírem para a apreciação do seu temperamento e caráter.

X - colher informações sobre a existência de filhos, respectivas idades e se possuem alguma deficiência e o nome e o contato de eventual responsável pelos cuidados dos filhos, indicado pela pessoa presa.

Art. 7 Para verificar a possibilidade de haver a infração sido praticada de determinado modo, a autoridade policial poderá proceder à reprodução simulada dos fatos, desde que esta não contrarie a moralidade ou a ordem pública.

A discricionariedade da autoridade policial na condução das investigações implica liberdade para atuar nos limites da legislação infraconstitucional e Constitucional. Não poderá a autoridade policial, a seu bel-prazer, praticar diligências arbitrárias na condução das investigações.

G) INDISPONIBILIDADE

Ao lado da característica da oficiosidade, que impõe à autoridade policial dar início às investigações, uma vez instaurado o inquérito policial, não pode a autoridade policial dele se dispor. Por força do que dispõe o art. 17 do Código de Processo Penal, "A autoridade policial não poderá mandar arquivar autos de inquérito".

A promoção do arquivamento do inquérito policial é de atribuição Ministério Público, enquanto titular da ação penal, ou seja, a autoridade policial não poderá arquivá-lo.

Sobre a indisponibilidade, veja o que foi cobrado em prova recente para o cargo de Defensor Público:

Ano: 2019 Banca: FUNDEP (Gestão de Concursos) Órgão: DPE-MG Prova: FUNDEP (Gestão de Concursos) - 2019 - DPE-MG - Defensor Público
No curso de inquérito policial, a autoridade policial que o presidia constatou que teria ocorrido extinção da punibilidade pela prescrição da pretensão punitiva. Diante disso, assinale a alternativa correta.
A. A Autoridade Policial deverá declarar a extinção da punibilidade pela prescrição, em razão do princípio da legalidade do inquérito policial.
B. A Autoridade Policial deverá prosseguir na apuração, em razão do princípio do impulso oficial do inquérito policial.
C. Autoridade Policial deverá remeter de imediato os autos do inquérito ao Poder Judiciário, em razão do princípio da indisponibilidade do inquérito policial. (Art. 17 do Código de Processo Penal).
D. A Autoridade Policial deverá arquivar o inquérito policial, em razão do princípio da eficiência do inquérito policial.

H) TEMPORARIEDADE:

O inquérito policial tem caráter temporário, não podendo perdurar indefinidamente. Assim, a legislação processual penal, assim como as leis especiais, estabelece prazos para conclusão do inquérito policial.

Os prazos de duração do inquéirto policial são, em regra, improrrogáveis, salvo nas hipóteses excepcionais em lei. Nesse contexto, importante destacarmos a nova disposição contida no art. 3º-B, § 2º do Código de Processo Penal, que permite que o juiz, de forma fundamentada, diante de elementos concretos e da complexidade da investigação, a prorrogação do prazo de duração do inquérito policial, ainda que o investigado esteja preso.

Vejamos os prazos de duração do inquérito policial no quadro abaixo.

	INVESTIGADO PRESO (dias)	INVESTIGADO SOLTO (dias)
Polícia Civil Estadual	10	30
Inquérito policial federal	15 + 15	30
Inquérito policial militar	20	40 + 20
Prisão temporária por crime hediondos ou equiparados	30 + 20	Não se aplica.
Lei de drogas	30 + 30	+ 30

2.2. FORMAS DE INSTAURAÇÃO DO INQUÉRITO POLICIAL

O art. 5º do Código de Processo Penal prevê as formas por meios das quais o inquérito policial poderá ser instaurado, a depender do tipo de ação penal por meio da qual a infração será processada.

Nesse contexto, é importante nos atermos aos conceitos de notitia criminis e delatio criminis.

Notitia criminis consiste na comunicação da ocorrência de um fato delituoso à autoridade policial. Esse conceito se subdivide em outros três, a depender da fonte por meio da qual a autoridade policial teve conhecimento dos fatos, vejamos:

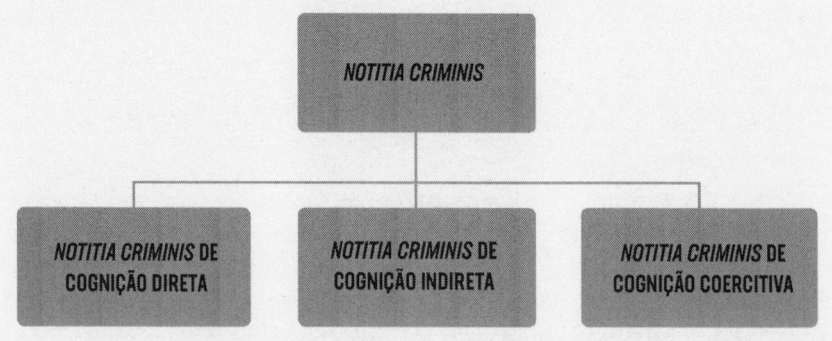

a. NOTITIA CRIMINIS DE COGNIÇÃO DIRETA (IMEDIATA, ESPONTÂNEA, INQUALIFICADA): é a forma por meio da qual a autoridade policial toma conhecimento de uma infração penal no exercício de suas atribuições usuais, não dependendo de qualquer provocação de outro órgão ou de terceiros. Ex: atos investigatórios, notícias veiculadas na imprensa, denúncia anônima.

b. NOTITIA CRIMINIS DE COGNIÇÃO INDIRETA (MEDIATA, PROVOCADA OU QUALIFICADA): é a forma por meio da qual a autoridade policial toma conhecimento de uma infração penal mediante provocação ou comunicado de um órgão ou pessoa externa à sua estrutura. Isso ocorre nos casos de requisição de instauração de inquérito policial por parte do Ministério Público; ou mesmo por ocasião da apresentação da delatio criminis simples, que está prevista no art. 5º, § 3º do Código de Processo Penal e consiste na comunicação por parte de qualquer pessoa do povo à autoridade policial acerca da prática de determinada infração penal ou por meio da delatio criminis postulatória, quando há requerimento da vítima ou de seu representante legal.

c. NOTICIA CRIMINIS DE COGNIÇÃO COERCITIVA: é aquela que decorre da lavratura de um auto de prisão em flagrante.

O inquérito policial poderá ser instaurado de tais formas:

a. DE OFÍCIO pela autoridade policial, conforme autorizado pelo art. 5º, inciso I do Código de Processo Penal, nos crimes de ação penal pública e é feita mediante a expedição de **portaria** ou por meio da lavratura do **auto de prisão em flagrante**;

b. REQUISIÇÃO DO MINISTÉRIO PÚBLICO, nos termos que dispõe a primeira parte do inciso II do art. 5º do Código de Processo Penal. A autoridade policial, por força do princípio da oficiosidade, não pode recusar-se ao atendimento das requisições do juiz e do membro do Ministério Público que, por sua vez, devem contar com o mínimo de fundamentação acerca da existência da ocorrência da infração penal a ser investigada, não podendo, portanto, ser expedidas requisições genéricas. A redação do inciso II do art. 5º autoriza o Poder Judiciário a requisitar instauração de inquérito policial. No entanto, o novo art. 3º-A do Código de Processo Penal que instituiu o sistema acusatório veda **expressamente a iniciativa do juiz na fase investigatória**. Assim sendo, podemos afirmar que a Lei 13.964/2019 afastou a autorização contida no inciso II do art. 5º do Código de Processo Penal, retirando, portanto, a possibilidade de instauração de inquérito policial mediante requisição judicial;

c. REQUERIMENTO DO OFENDIDO OU DE QUEM TENHA QUALIDADE PARA REPRESENTÁ-LO: nos crimes de ação pública condicionada à representação, consoante disposto na segunda parte do inciso II do art. 5º do Código de Processo Penal. Tal requerimento, assim como estabelece o § 1º do Código de Processo Penal deve conter, **sempre que possível**, informações a respeito das circunstâncias dos fatos, indicação de possível autoria e nomeação de eventuais testemunhas; e

d. REQUISIÇÃO DO MINISTRO DA JUSTIÇA: nos crimes de ação penal pública condicionada à tal condição de procedibilidade.

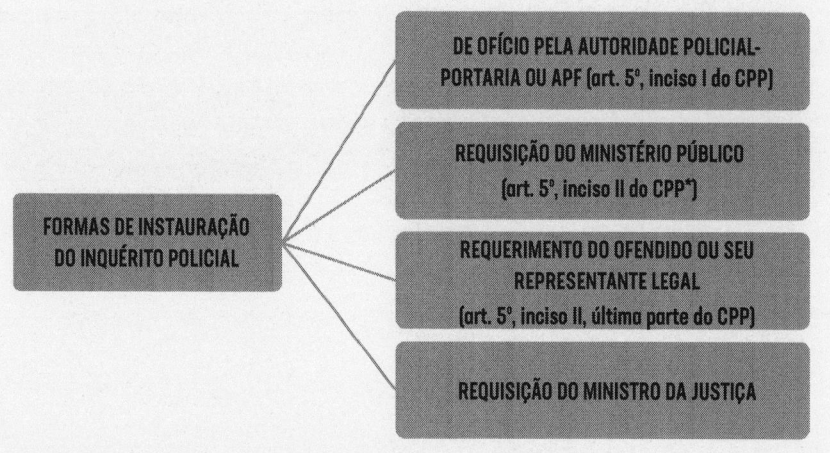

É importante salientar, no entanto, que no caso de crime cuja **ação penal é pública condicionada à representação**, o inquérito policial **não** pode ser instaurado sem o adimplemento da referida **condição de procedibilidade**, conforme dispõe o § 4º do art. 5º do Código de Processo Penal. Quando tratar-se de crime que se processa mediante **ação penal privada**, o inquérito policial **não** pode ser iniciado sem o requerimento do ofendido, conforme determina o § 5º do mesmo artigo.

Sobre a instauração de inquérito policial, vejam a seguinte questão:

Ano: 2019 Banca: IESES Órgão: TJ-SC Prova: IESES - 2019 - TJ-SC - Titular de Serviços de Notas e de Registros - Remoção
É INCORRETO afirmar que o inquérito policial poderá ser iniciado:

A) Por requisição da autoridade judicial ou do Ministério Público, ou por requerimento do ofendido ou seu representante, nos crimes de ação pública incondicionada.

B) Por requerimento do ofendido, nos crimes de ação pública condicionada à representação, ainda que não a ofereça de pronto, devendo fazê-lo, contudo, no prazo decadencial de seis meses, sob pena de arquivamento do inquérito instaurado. (Art. 5º, § 4º do CPP, o IP não pode ser iniciado sem a representação)

C) Apenas por requerimento do ofendido ou seu representante, nos crimes de ação penal privada.

D) De ofício, pela autoridade policial, nos crimes de ação pública incondicionada.

2.3. INDICIAMENTO

Indiciamento é a atribuição formal da prática delitiva a alguém. É ato próprio da investigação, **privativo** da autoridade policial, que pode ser feito tanto no momento do flagrante, quando no curso do inquérito, ou mesmo por ocasião da elaboração do relatório final.

Discutia-se anteriormente se o delegado de polícia era obrigado a indiciar por requisição do Ministério Público ou do juiz, contudo essa discussão foi superada, uma vez que consta literalmente no §6º, art. 2º da Lei n.º 12.830/2013 como ato privativo do delegado de polícia, vejamos:

> **Art.** 2º As funções de polícia judiciária e a apuração de infrações penais exercidas pelo delegado de polícia são de natureza jurídica, essenciais e exclusivas de Estado.
> § 6º O indiciamento, **privativo** do delegado de polícia, dar-se-á por ato fundamentado, mediante análise técnico-jurídica do fato, que deverá indicar a autoria, materialidade e suas circunstâncias.

Logo, o delegado de polícia não é obrigado a promover o indiciamento, sendo a requisição ministerial vinculada apenas à instauração de procedimento investigatório, não importando na obrigatoriedade, por parte do delegado, de atribuição de autoria (indiciamento) a qualquer pessoa apontada na requisição.

O indiciamento, embora não seja ato obrigatório para a validade do inquérito policial, é ato recomendável na prática investigatória, pois formaliza o trâmite de inquérito policial em desfavor de pessoa certa, de modo a que tal providência resulte de duplo mecanismo de proteção: ao investigado e ao Estado.

Ao investigado, porque a partir do indiciamento poderá tomar ciência de determinada investigação que tramita em seu desfavor e, querendo, poderá acompanhá-la. E, por sua vez, ao Estado, porque seus órgãos de segurança ficam cientes de que determinada pessoa é objeto de investigação.

Importante ressaltar que o indiciamento não poderá se dar de forma arbitrária, sem lastro mínimo de autoria, sob pena de caber habeas corpus para refutá-lo ou para trancar o inquérito policial, vejamos a jurisprudência:

PESSOAS NÃO SUJEITAS AO INDICIAMENTO

Como regra, qualquer pessoa que seja investigada em sede de inquérito policial pode ser objeto de indiciamento. No entanto, algumas autoridades, em razão dos cargos que ocupam, não podem ser indiciados
pela autoridade policial. Vejamos os casos em que o indiciamento em
inquérito policial é vedado.

Em relação aos membros da Magistratura e do Ministério Público,
se durante uma investigação policial a autoridade verificar que há elementos informativos a respeito da prática de delito por parte dessas
autoridades, deverá remeter os autos ao órgão competente para processo e julgamento das referidas autoridades. Não poderá, portanto,
a autoridade policial, promover o indiciamento, tampouco prosseguir
nas investigações, nos termos das legislações de regência das respectivas carreiras abaixo assinaladas:

- **MAGISTRADOS:**

LEI COMPLEMENTAR 35/79 - LEI ORGÂNICA DA MAGISTRATURA

Art. 33 - São prerrogativas do magistrado:
[...]
Parágrafo único - Quando, no curso de investigação, houver indício da
prática de crime por parte do magistrado, a autoridade policial, civil ou
militar, remeterá os respectivos autos ao Tribunal ou órgão especial
competente para o julgamento, a fim de que prossiga na investigação.

- **MEMBROS DO MINISTÉRIO PÚBLICO:**

Lei Complementar 75/93 (Lei Orgânica do Ministério Público da União)

Art. 18. São prerrogativas dos membros do Ministério Público da União:

[...]

II - processuais:

[...]

f) não ser indiciado em inquérito policial, observado o disposto no parágrafo único deste artigo;

Parágrafo único. Quando, no curso de investigação, houver indício da prática de infração penal por membro do Ministério Público da União, a autoridade policial, civil ou militar, remeterá imediatamente os autos ao Procurador-Geral da República, que designará membro do Ministério Público para prosseguimento da apuração do fato.

Lei 8.625/93

Art. 41. Constituem prerrogativas dos membros do Ministério Público, no exercício de sua função, além de outras previstas na Lei Orgânica:

[...]

II - não ser indiciado em inquérito policial, observado o disposto no parágrafo único deste artigo;

Parágrafo único. Quando no curso de investigação, houver indício da prática de infração penal por parte de membro do Ministério Público, a autoridade policial, civil ou militar remeterá, imediatamente, sob pena de responsabilidade, os respectivos autos ao Procurador-Geral de Justiça, a quem competirá dar prosseguimento à apuração.

- AUTORIDADES COM DIREITO À PRERROGATIVA DE FORO

No que concerne às autoridades que gozam de foro por prerrogativa de função, da mesma forma, diante da presença de indício da participação dessas autoridades na prática de determinada infração penal, a autoridade policial está **vedada** de promover o indiciamento, e, somente poderá prosseguir na investigação policial, após a autorização do Tribunal competente para processo e julgamento da autoridade suspeita. Esse é o entendimento do Supremo Tribunal Federal a respeito do tema, exposto por ocasião do julgamento de Questão de Ordem suscitada no Inquérito 2411/MT, abaixo transcrito:

Inq 2411 QO / MT - MATO GROSSO
QUESTÃO DE ORDEM NO INQUÉRITO
Relator(a): Min. GILMAR MENDES
Julgamento: 10/10/2007 Órgão Julgador: Tribunal Pleno

EMENTA: Questão de Ordem em Inquérito. 1. Trata-se de questão de ordem suscitada pela defesa de Senador da República, em sede de inquérito originário promovido pelo Ministério Público Federal (MPF), para que o Plenário do Supremo Tribunal Federal (STF) defina a legitimidade, ou não, da instauração do inquérito e do indiciamento realizado diretamente pela Polícia Federal (PF). 2. Apuração do envolvimento do parlamentar quanto à ocorrência das supostas práticas delituosas sob investigação na denominada "Operação Sanguessuga". 3. Antes da intimação para prestar depoimento sobre os fatos objeto deste inquérito, o Senador foi previamente indiciado por ato da autoridade policial encarregada do cumprimento da diligência. 4. Considerações doutrinárias e jurisprudenciais acerca do tema da instauração de inquéritos em geral e dos inquéritos originários de competência do STF: i) a jurisprudência do STF é pacífica no sentido de que, nos inquéritos policiais em geral, não cabe a juiz ou a Tribunal investigar, de ofício, o titular de prerrogativa de foro; ii) qualquer pessoa que, na condição exclusiva de cidadão, apresente "notitia criminis", diretamente a este Tribunal é parte manifestamente ilegítima para a formulação de pedido de recebimento de denúncia para a apuração de crimes de ação penal pública incondicionada. Precedentes: INQ no 149/DF, Rel. Min. Rafael Mayer, Pleno, DJ 27.10.1983; INQ (AgR) no 1.793/DF, Rel. Min. Ellen Gracie, Pleno, maioria, DJ 14.6.2002; PET - AgR - ED no 1.104/DF, Rel. Min. Sydney Sanches, Pleno, DJ 23.5.2003; PET no 1.954/DF, Rel. Min. Maurício Corrêa, Pleno, maioria, DJ 1º.8.2003; PET (AgR) no 2.805/DF, Rel. Min. Nelson Jobim, Pleno, maioria, DJ 27.2.2004; PET no 3.248/DF, Rel. Min. Ellen Gracie, decisão monocrática, DJ 23.11.2004; INQ no 2.285/DF, Rel. Min. Gilmar Mendes, decisão monocrática, DJ 13.3.2006 e PET (AgR) no 2.998/MG, 2º Turma, unânime, DJ 6.11.2006; iii) diferenças entre a regra geral, o inquérito policial disciplinado no Código de Processo Penal e o inquérito originário de competência do STF regido pelo art. 102, I, b, da CF e pelo RI/STF. A prerrogativa de foro é uma garantia voltada não exatamente para os interesses dos titulares de cargos relevantes, mas, sobretudo, para a própria regularidade das instituições. Se a Constituição estabelece que os agentes políticos respondem, por crime comum, perante o STF (CF, art. 102, I, b), não há razão constitucional plausível para que as atividades diretamente relacionadas à supervisão judicial (abertura de procedimento investigatório) sejam retiradas do controle judicial do STF. A iniciativa do procedimento investigatório deve ser confiada ao MPF contando com a supervisão do Ministro-Relator do STF. 5. **A Polícia Federal não está autorizada a abrir de ofício inquérito policial para apurar a conduta de parlamentares federais ou do próprio Presidente da República (no caso do STF). No exercício de competência penal originária do STF (CF, art. 102, I, "b" c/c Lei nº 8.038/1990, art. 2º e RI/STF, arts. 230 a 234), a atividade de supervisão judicial deve ser constitucionalmente desempenhada durante toda a tramitação das investigações desde a abertura dos procedimentos investigatórios até o eventual oferecimento,**

2.4. DILIGÊNCIAS INVESTIGATÓRIAS

A autoridade policial, tendo ciência da prática de uma infração penal, pode adotar quaisquer providências previstas nos arts. 6º e 7º do Código de Processo Penal. A adoção de tais providências não se faz obrigatória, sendo diligências a serem empreendidas sempre que possível e a critério da autoridade policial, no âmbito da discricionariedade que tem para a condução de seus trabalhos.

Vejamos quais são as providências cuja adoção o legislador recomenda:

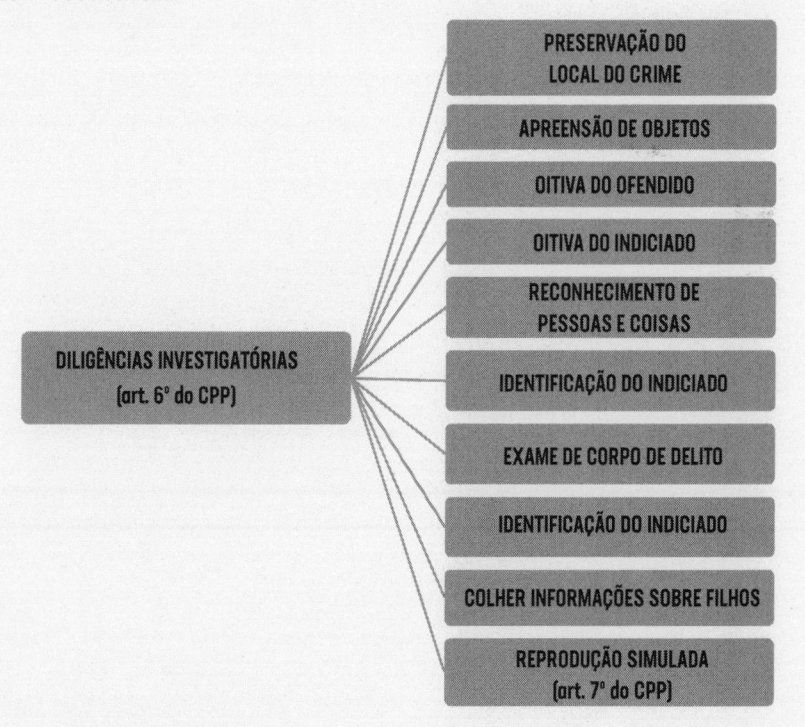

a. **PRESERVAÇÃO DO LOCAL DO CRIME:** sempre que possível, a autoridade policial deverá promover diligências no sentido de preservar o local onde se deram os fatos, resguardando-o de interferências indevidas, a fim de que possa ser assegurada a máxima eficácia dos exames periciais que se fizerem necessários. Vejamos que temos novidades no tratamento dessa questão, pois a Lei 13964/2019 acrescentou os arts. 158-A e 158-B ao Código de Processo Penal, e a nova redação não só reforçou a importância da preservação do local dos casos como medida fundamental para o melhor tratamento de eventuais vestígios deixados pela infração penal, como criou a chamada **cadeia de custódia** a ser seguida pela prova pericial. Essa inovação legislativa será tratada detidamente no título atinente às Provas;

b. APREENSÃO DE OBJETOS E PROVAS: deverão ser apreendidos todos os objetos lícitos ou ilícitos que guardem relação com os fatos e possam influenciar na formação da futura prova. As apreensões podem ser de objetos que estejam na cena do crime, o que deve ser feito de imediato, ou mesmo de outros de que se tenham notícias, devendo a autoridade policial, nesse caso, representar à autoridade judiciária para que em obediência às normas constitucionais e legais a apreensão seja possível.

c. OITIVA DO OFENDIDO: deverá a autoridade policial providenciar, sempre que possível a oitiva do ofendido que, se uma vez intimado para prestar depoimento não comparecer, poderá, inclusive, ser conduzido coercitivamente para dar sua versão acerca dos fatos.

d. OITIVA DO INDICIADO: da mesma forma que em relação à oitiva do ofendido, sempre que possível, a autoridade policial fará a oitiva do investigado, oportunidade na qual deverão ser observadas, tanto quanto possível, as normas relativas ao interrogatório judicial.

e. RECONHECIMENTO DE PESSOAS E COISAS: o reconhecimento de pessoas ocorre quando as pessoas envolvidas na investigação reconhecem terceiros. O reconhecimento de coisas ocorre quando se faz necessária a identificação de instrumentos e coisas utilizadas na prática dos fatos e do produto da infração. O Código de Processo Penal estabelece, no art. 226, formalidades a serem observadas no procedimento de reconhecimento de pessoas e que devem, no que for cabível, ser observados no reconhecimento de coisas, de acordo com o que dispõe o art. 227. No entanto, cumpre ressaltar que segundo entendimento jurisprudencial dominante, as regras do art. 226 não são de observância obrigatória, tratando-se de normas de recomendação, que devem ser observadas na medida do possível e caso não o sejam, não invalidam de forma peremptória o ato praticado.

Vejamos o que diz o Supremo Tribunal Federal e o Superior Tribunal de Justiça a esse respeito:

SUPREMO TRIBUNAL FEDERAL

HC 163566 / SP - SÃO PAULO
HABEAS CORPUS
Relator(a): Min. MARCO AURÉLIO
Julgamento: 26/11/2019 Órgão Julgador: Primeira Turma
HABEAS CORPUS - ATO INDIVIDUAL - ADEQUAÇÃO. O habeas corpus é adequado em se tratando de impugnação a ato de colegiado ou individual. HABEAS CORPUS - REVISÃO CRIMINAL. O habeas corpus não sofre qualquer obstáculo, muito menos o decorrente de ter-se, em tese, a possibilidade de impugnação do título condenatório mediante revisão criminal. HABEAS CORPUS - FATOS E PROVAS - EXAME - ADEQUAÇÃO. Em jogo a liberdade de ir e vir, não se tem como deixar de adentrar a matéria versada no habeas, pouco importando que direcione à análise de fatos e provas. CONDENAÇÃO - HIGIDEZ. Lastreada a condenação em elementos de convicção existentes no processo, considerados depoimentos prestados perante a autoridade policial e em Juízo, mostra-se imprópria a absolvição por falta de provas. **RECONHECIMENTO - ARTIGO 226, INCISO II, DO CÓDIGO DE PROCESSO PENAL - FORMALIDADES. As formalidades definidas no artigo 226, inciso II, do Código de Processo Penal não caracterizam providências de natureza obrigatória, mas facultativas, razão pela qual a nulidade decorrente de eventual inobservância exige a demonstração do prejuízo.** ROUBO - CAUSA DE AUMENTO - CONCURSO DE PESSOAS. A incidência da causa de aumento relativa ao concurso de pessoas não exige a identificação de todos os envolvidos, revelando-se suficiente a demonstração de haver sido o delito praticado por duas ou mais pessoas. ROUBO - ARMA DE FOGO - PERÍCIA. A caracterização da causa de aumento prevista no artigo 157, § 2º, inciso I, do Código Penal - redação anterior à Lei nº 13.654/2018 - prescinde da apreensão e perícia da arma de fogo utilizada. ROUBO - CAUSA DE AUMENTO - PERCENTUAL. O percentual da causa de aumento de pena versada no artigo 157, § 2º, do Código Penal situa-se no âmbito do justo ou injusto, não encerrando ilegalidade.

SUPERIOR TRIBUNAL DE JUSTIÇA

HC 474655 / PR
Relator: Ministro REYNALDO SOARES DA FONSECA (1170)
Órgão Julgador: QUINTA TURMA

Data do Julgamento:21/05/2019
HABEAS CORPUS SUBSTITUTO DE RECURSO ESPECIAL. INADEQUA-
ÇÃO DA VIA ELEITA. NULIDADE. RECONHECIMENTO PESSOAL. MERA
IRREGULARIDADE. ALEGAÇÃO DE FALTA DE ENFRENTAMENTO DE
TESES DEFENSIVAS. PRESCINDIBILIDADE. DECISÃO SUFICIENTEMENTE
FUNDAMENTADA. HABEAS CORPUS NÃO CONHECIDO. 1. O Supremo
Tribunal Federal, por sua Primeira Turma, e a Terceira Seção deste
Superior Tribunal de Justiça, diante da utilização crescente e sucessiva
do habeas corpus, passaram a restringir a sua admissibilidade quando
o ato ilegal for passível de impugnação pela via recursal própria, sem
olvidar a possibilidade de concessão da ordem, de ofício, nos casos
de flagrante ilegalidade. 2. É pacífico o entendimento do Superior
Tribunal de Justiça no sentido de que é legítimo o reconhecimento
pessoal ainda quando realizado de modo diverso do previsto no art.
226 do Código de Processo Penal, servindo o paradigma legal como
mera recomendação. 3. É firme o entendimento jurisprudencial no
sentido de que o Magistrado é livre para formar sua convicção com
fundamentos próprios a partir das evidências apresentadas no curso
da instrução processual, não estando obrigado a ficar adstrito aos
argumentos trazidos pela defesa ou pela acusação, nem tendo que
responder, de forma pormenorizada, a cada uma das alegações das
partes, bastando que exponha as razões do seu convencimento,
ainda que de maneira sucinta. 4. Neste caso, o Tribunal apresentou
motivação suficiente para rejeitar os argumentos que davam base
à tese absolutória, solucionando a quaestio iuris de modo claro e
coerente, não se vislumbrando deficiência de fundamentação apta
a ensejar a nulidade do feito. 5. Habeas corpus não conhecido.

f. **REALIZAÇÃO DE EXAME DE CORPO DE DELITO E OUTRAS PE-
RÍCIAS:** sempre que a infração penal deixar vestígios, deverá a
autoridade policial determinar a realização de exames de corpo
de delito, de modo a que se atenda o mandamento contido no
art. 158 do Código de Processo Penal "Quando a infração deixar
vestígios, será indispensável o exame de corpo de delito, direto
ou indireto, não podendo supri-lo a confissão do acusado", se-
guindo-se a ordem de prioridade estabelecida nos incisos I e II do
§ único do mesmo dispositivo: Parágrafo único. Dar-se-á prioridade à realização do exame de corpo de delito quando se tratar
de crime que envolva: I - violência doméstica e familiar contra
mulher; II - violência contra criança, adolescente, idoso ou pessoa com deficiência. Tanto o exame de corpo de delito, quanto as
demais provas periciais deverão ser realizados por perito oficial

portador de curso superior, com a observância do que dispõem os arts. 159 a 184 do Código de Processo Penal.

g. IDENTIFICAÇÃO CRIMINAL DO INVESTIGADO: deverá a autoridade policial identificar, o mais precisamente possível o investigado, de modo a que se possa promover a persecução penal contra pessoa certa. Para tanto, deverá observar o disposto no que diz o art. 5º, inciso LVIII da Constituição Federal, que determina que "o civilmente identificado não será submetido à identificação criminal", salvo nas hipóteses previstas em lei. A norma de regência da identificação criminal, que compreende tanto a identificação datiloscópica, a fotográfica bem como a de material biológico é a Lei 12.037/2012, que modificada pela Lei 12.654/2019, autoriza a identificação criminal ao identificado civilmente nas seguintes hipóteses:

"I – o documento apresentar rasura ou tiver indício de falsificação;
II – o documento apresentado for insuficiente para identificar cabalmente o indiciado;
III – o indiciado portar documentos de identidade distintos, com informações conflitantes entre si;
IV – a identificação criminal for essencial às investigações policiais, segundo despacho da autoridade judiciária competente, que decidirá de ofício ou mediante representação da autoridade policial, do Ministério Público ou da defesa;
V – constar de registros policiais o uso de outros nomes ou diferentes qualificações; VI – o estado de conservação ou a distância temporal ou da localidade da expedição do documento apresentado impossibilite a completa identificação dos caracteres essenciais".

O estudo aprofundado do regramento da identificação criminal no que diz respeito às hipóteses legais em que tem cabimento e o cotejo dessas situações com os o atendimento aos princípios constitucionais do processo penal é de extrema importância e tema recorrente nas provas de concursos.

h. COLHER INFORMAÇÕES A RESPEITO DE FILHOS DE PESSOA PRESA: a autoridade pessoal **deverá** colher informações a respeito da existência de filhos de investigado preso, de modo a que seja possível ao Estado adotar providências protetivas em relação às crianças e adolescentes em situação de vulnerabilidade decorrente da prisão de seus pais.

i. REPRODUÇÃO SIMULADA DOS FATOS: a autoridade policial, nos termos do que dispõe o art. 7º do Código de Processo Penal, poderá promover a chamada "reconstituição do crime", desde que tal providência não contrarie a ordem pública. Importante registrar que a participação do investigado é obrigatória, como decorrência do direito ao silêncio garantido no art. 5º, inciso LXIII, do qual decorre a garantia de que o investigado não pode ser compelido a produzir prova contra si (nemo tenetur se detegere). Esse é o entendimento pacificado tanto no Supremo Tribunal Federal (HC 99.829. Rel. Min. Celso de Melo. DJ. 03/08/2011, quanto do Superior Tribunal de Justiça a respeito do tema (RHC 82748. Rel. Min. Feliz Fischer. DJ 01/02/2018).

2.5. PRAZOS DE CONCLUSÃO DO INQUÉRITO POLICIAL

O Código de Processo Penal estabelece em seu art. 10, regras gerais de duração do inquérito policial. A legislação especial, em situações peculiares também o fazem, conforme quadro abaixo. A contagem do prazo para conclusão do inquérito policial, por ser considerada, segundo boa parte da doutrina e pela jurisprudência dominante, prazo de natureza processual, segue a sistemática do art. 798 do Código de Processo Penal que assim dispõe:

> **Art.** 798. Todos os prazos correrão em cartório e serão contínuos e peremptórios, não se interrompendo por férias, domingo ou dia feriado.
>
> § 1º Não se computará no prazo o dia do começo, incluindo-se, porém, o do vencimento.

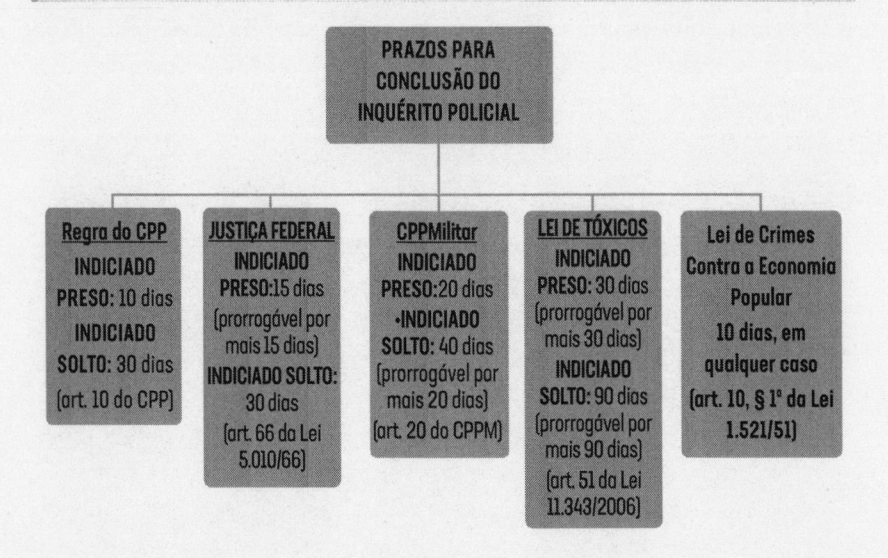

> **Art.** 10. O inquérito deverá terminar no **prazo de 10 dias**, se o indiciado tiver **sido preso em flagrante, ou estiver preso preventivamente,** contado o prazo, nesta hipótese, a partir do dia em que se executar a ordem de prisão, ou no **prazo de 30 dias**, quando **estiver solto**, mediante fiança ou sem ela.
>
> § 1 A autoridade fará minucioso relatório do que tiver sido apurado e enviará autos ao juiz competente.
>
> § 2 No relatório poderá a autoridade indicar testemunhas que não tiverem sido inquiridas, mencionando o lugar onde possam ser encontradas.
>
> § 3 Quando o fato for de difícil elucidação, e o indiciado estiver solto, a autoridade poderá **requerer ao juiz a devolução dos autos**, para ulteriores diligências, **que serão realizadas no prazo marcado pelo juiz.**

2.6. PRAZO PARA CONCLUSÃO DO INQUÉRITO POLICIAL QUANDO DECRETADA A PRISÃO TEMPORÁRIA PELA PRÁTICA DE CRIMES HEDIONDOS.

A Lei 7.960/89 dispõe que o prazo de duração da prisão temporária, como regra, é de 5 (cinco) dias, prorrogável por mais 5 (cinco), em caso de extrema e comprovada necessidade. Nesse caso, o prazo total de duração do inquérito policial estando o investigado preso temporariamente atende o mandamento legal referente ao prazo de 10 (dez) dias, inscrito no art.10 do Código de Processo Penal.

Ocorre que o art. 2º, § 4º da Lei 8.072/90 determina que a prisão temporária nos crimes hediondos terá o prazo de 30 (trinta) dias, prorrogável por igual período, em caso de extrema e comprovada necessidade.

Diante disso, cumpre mencionar que as correntes doutrinária e jurisprudencial dominantes são no sentido de que, em se tratando de **indiciado preso temporariamente pela prática de crime hediondo**, o prazo para conclusão do inquérito policial acompanha o prazo de duração da prisão temporária de 30 (trinta) dias ou 60 (sessenta) dias, afastando-se a regra geral inscrita no art. 10 do Código de Processo Penal referente ao prazo de 10 (dez) dias.

Acerca do tema, vejamos as questões:

Ano: 2019 Banca: CESPE Órgão: TJ-AM Prova: CESPE - 2019 - TJ-AM - Analista Judiciário – Direito

Lúcio é investigado pela prática de latrocínio. Durante a investigação, apurou-se a participação de Carlos no crime, tendo sido decretada de ofício a sua prisão temporária. Como Lúcio está solto, o inquérito policial não terá prazo para ser concluído. (**Errado**, primeiramente, porque a prisão temporária, segundo o disposto no art. 2º da Lei 7.960/89, não pode ser decretada de ofício pelo juiz, tal como a questão afirma, somente sendo decretada mediante representação da autoridade policial ou requerimento do Ministério Público. Além disso, ainda que se considerasse a prisão legal, todos os inquéritos policiais têm prazos para serem concluídos, especialmente os de investigados presos. No caso do crime noticiado na questão, trata-se de latrocínio, portanto, crime hediondo. Assim sendo, segundo o art. 2º, § 4º, da Lei 8.072/90, o prazo da prisão temporária será de 30 dias, prazo durante o qual deverá ser encerrado o inquérito policial, salvo em caso de prorrogação por igual período, devidamente fundamentada.

Ano: 2019 Banca: CESPE Órgão: MPE-PI Prova: CESPE - 2019 - MPE-PI - Promotor de Justiça Substituto

Considerando-se o entendimento dos tribunais superiores a respeito de inquérito policial, é correto afirmar que

A) o fato de a autoridade policial encontrar provas que justifiquem o flagrante delito convalida a irregular entrada em residência sem autorização judicial e sem permissão do morador.

B) é possível constatar constrangimento ilegal em razão da excessiva e desarrazoada duração da investigação, ainda que o prazo de conclusão do inquérito policial seja impróprio.

C) nulidade ocorrida em inquérito policial, em regra, contamina todo o processo penal decorrente.

D) o arquivamento fundamentado em excludente de ilicitude resulta em coisa julgada material, não podendo mais ocorrer posterior desarquivamento do feito.

E) o Ministério Público, em razão de seu poder investigatório, pode instaurar procedimento investigatório, realizar diligências e, ainda, presidir inquérito policial.

2.7. PROVIDÊNCIAS ADOTADAS PELO MINISTÉRIO PÚBLICO APÓS O RECEBIMENTO DO INQUÉRITO POLICIAL:

Após conclusão do inquérito policial, a autoridade policial deverá elaborar relatório do apurado, nos termos do § 2º do art. 10 do Código de Processo Penal, como envio ao juiz competente que providenciará a remessa dos autos ao titular da ação penal. Ao receber os autos do inquérito policial o membro do Ministério Público adotará uma das seguintes providências:

2.7.1. REQUISIÇÃO DE DILIGÊNCIAS:

- Requisição direta de diligências - art. 129, inciso VIII da Constituição Federal;
- Requisição de diligências para a autoridade policial - art. 16 do Código de Processo Penal; e
- Requerimento ao juiz de medidas sujeitas à reserva de jurisdição – medidas cautelares.

2.7.2. ACORDO DE NÃO PERSECUÇÃO PENAL (ART. 28-A DO CÓDIGO DE PROCESSO PENAL)

Incluído pela Lei n. 13.964/2019 no Código de Processo Penal, o acordo poderá ser proposto pelo Ministério Público, não sendo caso de arquivamento, mediante confissão formal de crime praticado sem violência ou grave ameaça e com pena mínima inferior a quatro anos. O acordo só será oferecido se for necessário e suficiente para reprovação e prevenção do crime.

2.7.3. DENÚNCIA (ART. 41 DO CÓDIGO DE PROCESSO PENAL)

Conforme se estudará adiante, no título da ação penal, a denúncia marca o início da fase processual da investigação, nela constará os fatos criminosos, com todas as circunstâncias, qualificação do acusado ou esclarecimentos pelos quais se possa identifica-lo, a classificação do crime e se necessário o rol de testemunhas.

2.7.4. PROMOÇÃO DE ARQUIVAMENTO DO INQUÉRITO POLICIAL

Adiante, estudaremos o tema, no item VIII deste capítulo.

2.7.5. DECLÍNIO/CONFLITO DE COMPETÊNCIAS

Da leitura dos autos do inquérito policial, verificado que a investigação não compete ao juízo no qual tramita o procedimento, o Ministério Público deverá requisitar ao juízo o declínio do feito para o juízo competente.

Caso hipotético: A Constituição Federal estabelece em seu artigo 5º, inciso XXXVIII, que os crimes dolosos contra a vida serão julgados pelo Tribunal do Júri. Tramita na vara criminal inquérito de homicídio sabidamente doloso. Nesse caso, o Promotor de Justiça criminal requisitará ao Juízo Criminal o declínio de competência para a Vara do Tribunal do Júri.

2.8. ARQUIVAMENTO DO INQUÉRITO POLICIAL

Como titular da ação penal, incumbe ao Ministério Público a análise da opinio delicti, acerca da materialidade e autoria delitivas, sendo que, se ao término da investigação criminal não restarem reunidas as condições formais e ou materiais para o prosseguimento da persecução penal, o Ministério Público promoverá o arquivamento do inquérito policial:

> **Art.** 28. Ordenado o arquivamento do inquérito policial ou de quaisquer elementos informativos da mesma natureza, o órgão do Ministério Público comunicará à vítima, ao investigado e à autoridade policial e encaminhará os autos para a instância de revisão ministerial para fins de homologação, na forma da lei.
>
> § 1º Se a vítima, ou seu representante legal, não concordar com o arquivamento do inquérito policial, poderá, no prazo de 30 (trinta) dias do recebimento da comunicação, submeter a matéria à revisão da instância competente do órgão ministerial, conforme dispuser a respectiva lei orgânica.   (Incluído pela Lei nº 13.964, de 2019)   (Vigência)
>
> § 2º Nas ações penais relativas a crimes praticados em detrimento da União, Estados e Municípios, a revisão do arquivamento do inquérito policial poderá ser provocada pela chefia do órgão a quem couber a sua representação judicial.

O art. 28 do Código de Processo Penal teve sua sistemática substancialmente alterada, pelas novas disposições da Lei 10.964/2019. Em um primeiro momento, o novo dispositivo teve constitucionalidade questionada perante o Supremo Tribunal Federal, permanecendo com a eficácia suspensa até recente julgamento de mérito proferido pela Suprema Corte.

Ao apreciar a constitucionalidade do mencionado dispositivo a corte constitucional atribuiu interpretação conforma à norma do art. 28, nos seguintes termos.

O Ministério Público promoverá o arquivamento do inquérito policial ou de quaisquer outras peças de informação, devendo submeter o ato ao juiz das garantias, conforme competência disposta no art. 3º-B do Código de Processo Penal, que dispõe: "O juiz das garantias é responsável pelo controle da legalidade da investigação criminal e pela salvaguarda dos direitos individuais cuja franquia tenha sido reservada à autorização prévia do Poder Judiciário, competindo-lhe especialmente...". Na mesma oportunidade, o Ministério Público deverá comunicar a promoção de arquivamento à vítima, ao investigado e à autoridade policial. Encaminhará, por fim, os autos ao órgão revisional do Ministério Público para a devida homologação.

Prevê ainda o novo dispositivo que a vítima, caso não concorde com as razões da promoção de arquivamento, poderá provocar o órgão revisor do Ministério Público para desconstituir a promoção de arquivamento. O órgão revisional, ao analisar a promoção de arquivamento, concordando com as razões do promotor natural, promoverá a homologação, caso contrário, designará outro órgão ministerial para promover a ação penal.

> **Art.** 28. Se o órgão do Ministério Público, ao invés de apresentar a denúncia, requerer o arquivamento do inquérito policial ou de quaisquer peças de informação, o juiz, no caso de considerar improcedentes as razões invocadas, fará remessa do inquérito ou peças de informação ao procurador-geral, e este oferecerá a denúncia, designará outro órgão do Ministério Público para oferecê-la, ou insistirá no pedido de arquivamento, ao qual só então estará o juiz obrigado a atender.

É importante ressaltar que o procedimento previsto no art. 28 do Código de Processo Penal **não é aplicado** aos casos de competência originária dos Tribunais de Justiça, por ausência de expressa disposição legal. Vejamos o que diz o Superior Tribunal de Justiça a esse respeito:

> PROCESSUAL PENAL. INQUÉRITO E QUEBRA DE SIGILO FISCAL. CRIME TRIBUTÁRIO MATERIAL. SÚMULA VINCULANTE 24/STF. AUSÊNCIA DE LANÇAMENTO. ARQUIVAMENTO.
> **1.** Trata-se de pedido de instauração de inquérito e de quebra de sigilo fiscal para apurar supostas irregularidades nas declarações anuais de ajuste de imposto de renda de magistrados do TJ/BA, encontradas a partir de procedimento instaurado pela Corregedoria Nacional de Justiça.

2. Hipótese em que o requerimento ministerial não indicava qual seria o crime a ser investigado, mas apenas fazia referências a supostas irregularidades nas declarações de imposto de renda. O Ministério Público foi instado a especificar o crime a ser investigado e a manifestar-se acerca da existência de lançamento, caso se tratasse de crime tributário material.

3. Após realizar diligências investigatórias, requereu o Parquet o arquivamento, sob o argumento de que, nos termos da Súmula Vinculante 24 do STF, não poderia haver a investigação de crimes tributários, já que não há lançamento definitivo e inexistem indícios de outras infrações penais.

4. A jurisprudência desta Corte é no sentido de que, nesta instância especial, os membros do Ministério Público Federal atuam por delegação do Procurador-Geral da República, de sorte que não há falar em aplicação do art. 28 do CPP, por isso que, nos feitos de competência originária, o pedido de arquivamento feito pelo Ministério Público é irrecusável. Precedentes do STF.

Inquérito arquivado.

(Inq 967/DF, Rel. Ministro HUMBERTO MARTINS, Data do julgamento:18/03/2015, DJe 30/03/2015).

Assim sendo, nesses casos, não concordando o Tribunal com a promoção de arquivamento, não há alternativa legal que enseje a submissão do arquivamento ao chefe do Ministério Público, porquanto a atribuição para a promoção de arquivamento é do próprio Procurador-Geral de Justiça.

A) ARQUIVAMENTO IMPLÍCITO

É uma construção doutrinária, não prevista em lei, assim definido por Afrânio Silva Jardim: "é o fenômeno de ordem processual decorrente de o titular da ação penal deixar de incluir na denúncia algum fato investigado ou algum dos indiciados, sem expressa manifestação ou justificação deste procedimento. Este arquivamento se consuma quando o Juiz não se pronuncia na forma do art. 28 com relação ao que foi omitido na peça acusatória. Melhor seria dizer arquivamento tácito".[19]Diante de uma investigação relativa a vários fatos em curso, se o Ministério Público deixar de promover a ação penal em relação a um deles, sem a justificativa devida e, tampouco, adotar qualquer outro procedimento, seja promovendo ex-

---

[19] JARDIM, Afrânio Silva. Direito processual penal. 11. Ed. Rio de Janeiro: Forense, 2003. P.170.

pressamente o arquivamento, seja requisitando outras diligências investigatórias, trata-se do chamado **arquivamento implícito objetivo**.

Lado outro, ocorreria o **arquivamento implícito subjetivo**, quando o Ministério Público, diante da notícia de um ou mais crimes praticados em coautoria, deixasse de promover a ação penal em relação a um ou mais autores sem, contudo, promover o arquivamento quando ao autor que foi omitido ou mesmo requisitar novas diligências para apurar a respectiva autoria.

Por ser de origem doutrinária, conforme leciona Guilherme de Souza Nucci "não existe, tecnicamente, pedido de arquivamento implícito ou tácito. É indispensável que o promotor se manifeste claramente a respeito de casa um dos indiciados, fazendo o mesmo no tocante a cada um dos delitos imputados a eles durante o inquérito" [20]No caso de omissão injustificada do Ministério Público, deverá o magistrado devolver os autos ao promotor natural para que sane a omissão e adote as providências devidas, seja promovendo o pertinente aditamento à denúncia, seja promovendo o arquivamento, seja requisitando diligências outras para prosseguir nas investigações em relação aos fatos ou autores que não constaram da inicial acusatória.

Vejamos o que diz a jurisprudência do Superior Tribunal de Justiça a respeito.

> PENAL E PROCESSUAL PENAL. HABEAS CORPUS. PECULATO. TRANCAMENTO DA AÇÃO PENAL. AUSÊNCIA DE JUSTA CAUSA. INEXISTÊNCIA DE INDÍCIOS DELITIVOS. ILEGALIDADE NÃO CONFIGURADA. ARQUIVAMENTO IMPLÍCITO. NÃO CABIMENTO. ADITAMENTO. DENÚNCIA. POSSIBILIDADE. RECURSO IMPROVIDO.
>
> **1.** Não padece de inépcia a denúncia que descreve os fatos tidos por criminosos, possibilitando identificar os elementos probatório mínimos para a caracterização do delito e o pleno exercício da garantias constitucionais do contraditório e ampla defesa, e conformidade com o art. 41, CPP.
>
> **2.** Na hipótese, há a descrição da conduta típica, apontando que o recorrente, valendo-se da função pública que exerce, desviou o uso de viaturas da Polícia Civil para realizar serviços de segurança privada na zona rural da Cidade de Itapeva no período entre 2009 e 2010.
>
> **3.** Nos termos dos precedentes desta Corte não se admite o arquivamento implícito de ação penal pública no ordenamento jurídico brasileiro.

---

20 NUCCI, Guilherme de Souza. Código de Processo Penal comentado. 18. ed. Rio de Janeiro: Forense, 2019.

4. É cabível o aditamento da denúncia a qualquer tempo, desde que antes de prolatada a sentença e possibilitado ao réu o exercício do contraditório e da ampla defesa.

5. Recurso em habeas corpus improvido.

(RHC 48710 / SP. Rel.Min. NEFI CORDEIRO (1159). Data do Julgamento: 05/05/2016. Data da Publicação/Fonte: DJe 16/05/2016).

B) ARQUIVAMENTO INDIRETO

O arquivamento indireto é caracterizado quando o Ministério Público, ao receber os autos da investigação, deixa de promover a ação penal sob o argumento de que o juízo perante o qual oficia não é competente para processar e julgar os fatos, pugnando pelo declínio da competência em favor do juízo que entende ser o competente.

Vejamos que tal modalidade de arquivamento é **reconhecida** pelo Superior Tribunal de Justiça:

RECURSO ESPECIAL. ALEGAÇÃO DE INCONSTITUCIONALIDADE DE LEI. IMPOSSIBILIDADE. HOMICÍDIO PRATICADO POR POLICIAL MILITAR DE SERVIÇO CONTRA CIVIL. EXCLUDENTES DE ILICITUDE. VERIFICAÇÃO. COMPETÊNCIA DA JUSTIÇA COMUM ESTADUAL. RECURSO ESPECIAL CONHECIDO EM PARTE E, NESSA EXTENSÃO, NÃO PROVIDO.

1. O recurso especial não se destina ao controle da constitucionalidade. Embora isso possa ser feito, em qualquer grau de jurisdição, de maneira difusa, não há como pretender o exame da constitucionalidade de lei infraconstitucional como um dos pedidos constantes da irresignação, sob pena de usurpação da competência do STF.

2. Em conformidade com a Constituição da República (art. 125, § 4º) e com as normas infraconstitucionais que regulam a matéria (arts. 9º, parágrafo único, do CPM e art. 82 do CPPM), a competência para processar e julgar policiais militares acusados da prática de crimes dolosos contra a vida é do Tribunal do Júri.

3. Não é conforme ao direito a iniciativa do juiz militar que, em face de pedido do Ministério Público para a declinação de competência para a jurisdição criminal comum, arquiva o IPM, sem a observância do procedimento previsto no art. 397 do CPPM (Decreto-Lei n. 1.002/1969), em tudo similar ao mecanismo previsto no art. 28 do CPP, que determina a remessa dos autos ao Procurador-Geral em caso de discordância judicial das razões apresentadas pelo órgão de acusação (arquivamento indireto). Precedente.

4. Sob diversa angulação, no restrito exame da competência mínima, não pode o juiz avançar - em âmbito inquisitorial, ausente a imputação formalizada em denúncia do órgão ministerial - na verificação de causas justificantes da conduta investigada, quando, ante a sua adequação típica, seja possível de plano visualizar a incompetência absoluta da justiça militar, ratione materiae, para o processo e o julgamento do caso. 5. Não se há, também, de conferir grau de imutabilidade a decisão proferida por juízo constitucionalmente incompetente, notadamente porque lançada em fase ainda investigativa, em que não há ação e, portanto, não há processo e menos ainda jurisdição, máxime em situação como a versada nos autos, na qual, como destacado, o Ministério Público Militar não pleiteou o arquivamento do inquérito, mas tão somente a sua remessa para o Juízo comum estadual, competente para o exame da causa.

6. Recurso especial conhecido em parte e, nessa extensão, não provido. (REsp 1834453/ SP. RECURSO ESPECIAL 2019/0251523-6. Relator(a) Ministro ROGERIO SCHIETTI CRUZ (1158). Órgão Julgador- SEXTA TURMA. Data do Julgamento 10/12/2019.

C) ARQUIVAMENTO DO INQUÉRITO NAS HIPÓTESES DE CAUSAS DE COMPETÊNCIA ORIGINÁRIA

De acordo com o disposto no artigo 1°, caput c/c artigo 3°, inciso I da lei 8.038/90, e segundo o entendimento do Supremo Tribunal Federal a respeito do tema, uma vez promovido o arquivamento do inquérito originário por parte do Ministério Público, não haverá necessidade de submissão dessa promoção de arquivamento a controle jurisdicional, **salvo quando o arquivamento versar sobre matéria sob a qual incida coisa julgada material.**

Inquérito 2341/ MT - MATO GROSSO QUESTÃO DE ORDEM NO INQUÉRITO Relator(a): Min. GILMAR MENDES Julgamento: 28/06/2007 Órgão Julgador: Tribunal Pleno

EMENTA: 1. Questão de Ordem em Inquérito. 2. Inquérito instaurado em face do Deputado Federal MÁRIO SÍLVIO MENDES NEGROMONTE supostamente envolvido nas práticas delituosas sob investigação na denominada "Operação Sanguessuga". 3. O Ministério Público Federal (MPF), em parecer da lavra do Procurador-Geral da República (PGR), Dr. Antonio Fernando Barros e Silva de Souza, requereu o arquivamento do feito. 4. Na hipótese de existência de pronunciamento do Chefe do Ministério Público Federal pelo arquivamento do inquérito, tem-se, em princípio, um juízo negativo acerca da necessidade de apuração da prática delitiva exercida pelo órgão que, de modo legítimo e exclusivo, detém a opinio delicti a partir da qual é possível, ou não, instrumentalizar a persecução criminal. 5. A jurisprudência do Supremo Tribunal Federal assevera que o pronunciamento de arquivamento, em regra, deve ser acolhido sem que se questione ou se entre no mérito da avaliação deduzida pelo titular da ação penal. Precedentes citados: INQ nº 510/DF, Rel. Min. Celso de Mello, Plenário, unânime, DJ 19.4.1991; INQ nº 719/AC, Rel. Min. Sydney Sanches, Plenário, unânime, DJ 24.9.1993; INQ nº 851/SP, Rel. Min. Néri da Silveira, Plenário, unânime, DJ 6.6.1997; HC nº 75.907/RJ, Rel. Min. Sepúlveda Pertence, 1º Turma, maioria, DJ 9.4.1999; HC nº 80.560/GO, Rel. Min. Sepúlveda Pertence, 1º Turma, unânime, DJ 30.3.2001; INQ nº 1.538/PR, Rel. Min. Sepúlveda Pertence, Plenário, unânime, DJ 14.9.2001; HC nº 80.263/SP, Rel. Min. Sepúlveda Pertence, Plenário, unânime, DJ 27.6.2003; INQ nº 1.608/PA, Rel. Min. Marco Aurélio, Plenário, unânime, DJ 6.8.2004; INQ nº 1.884/RS, Rel. Min. Marco Aurélio, Plenário, maioria, DJ 27.8.2004; INQ (QO) nº 2.044/SC, Rel. Min. Sepúlveda Pertence, Plenário, maioria, DJ 8.4.2005; e HC nº 83.343/SP, 1º Turma, unânime, DJ 19.8.2005. 6. Esses julgados ressalvam, contudo, duas hipóteses em que a determinação judicial do arquivamento possa gerar coisa julgada material, a saber: prescrição da pretensão punitiva e atipicidade da conduta. Constata-se, portanto, que apenas nas hipóteses de atipicidade da conduta e extinção da punibilidade poderá o Tribunal analisar o mérito das alegações trazidas pelo PGR. 7. No caso concreto ora em apreço, o pedido de arquivamento formulado pelo Procurador-Geral da República lastreou-se no argumento de não haver base empírica que indicasse a participação do parlamentar nos fatos apurados. 8. Questão de ordem resolvida no sentido do arquivamento destes autos, nos termos do parecer do MPF.

- **Limites da Coisa Julgada da Sentença Homologatória de Arquivamento**

A coisa julgada é o provimento jurisdicional que se torna imutável, dentro ou fora do processo, após o exaurimento das instâncias recursais. Para a definição dos limites da coisa julgada é importante diferenciarmos dois conceitos:

- Coisa julgada formal: imutabilidade da sentença **dentro dos limites do processo**, esgotadas as instâncias recursais. A coisa julgada formal representa a preclusão máxima, nela extingue-se o direito ao processo. Nesse processo, o serviço jurisdicional foi prestado (julgando-se o mérito ou não, se o caso de sentença terminativa).

- Coisa julgada material: imutabilidade da sentença **para além dos limites do processo**, esgotadas as instâncias recursais. Essa imutabilidade da sentença refere-se tanto ao mesmo processo ou a qualquer outro, entre as mesmas partes. Em razão da coisa julgada material, o juiz não pode voltar a julgar, as partes não podem litigar novamente, e tampouco o legislador pode regular de forma diversa a relação jurídica. A sentença penal condenatória acobertada pela coisa julgada material pode eventualmente ser rescindida nos casos previstos em sede de Revisão Criminal.

A definição dos limites da coisa julgada da sentença homologatória da promoção de arquivamento dependerá do fundamento jurídico que embasou a decisão e será fundamental para se saber se o inquérito policial, uma vez arquivado, poderá ser objeto de desarquivamento (art. 18 do Código de Processo Penal).

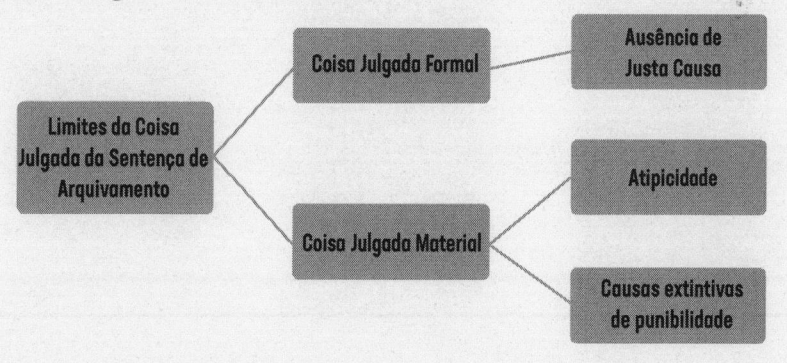

Assim, se a promoção de arquivamento for lastreada na hipótese contida no inciso III do art. 395 do Código de Processo Penal, relativa à ausência de justa causa, a sentença fará coisa julgada formal.

A hipótese de ausência de justa causa que desdobra na ocorrência da coisa julgada formal tem que ser baseada em juízo de **incerteza** quando à existência de elementos de convicção sobre autoria e/ou materialidade suficientes para a deflagração da ação penal.

Ao contrário, se a alegação de ausência de justa causa for lastreada em juízo de **certeza** acerca da existência de provas no sentido de que **o investigado não foi o autor** da infração ou acerca da existência de provas no sentido de que **os fatos não ocorreram**, a sentença faz coisa julgada material.

De outro modo, se a promoção de arquivamento se sustentar nas hipóteses previstas nos incisos III e IV do art. 397 do Código de Processo Penal (atipicidade ou causa extintiva de punibilidade, a sentença está acobertada pela coisa julgada material.

Quando a promoção de arquivamento estiver fundamentada em causa excludente de ilicitude, conforme autoriza o art. 397, inciso I do Código de Processo Penal, a sentença faz coisa julgada formal ou material? A esse respeito, a jurisprudência se divide:

- Supremo Tribunal Federal - Coisa julgada formal.
- Superior Tribunal de Justiça - Coisa julgada material.

Supremo Tribunal Federal

HC 87395

Relator Min. Ricardo Lewandowski

EMENTA: PENAL. PROCESSO PENAL. HABEAS CORPUS. HOMICÍDIO. LEGÍTIMA DEFESA. FRAUDE PROCESSUAL. ARQUIVAMENTO DE INQUÉRITO POLICIAL. DESARQUIVAMENTO POSTERIOR. NOVOS ELEMENTOS DE CONVICÇÃO COLHIDOS PELO MINISTÉRIO PÚBLICO. POSSIBILIDADE. ORDEM DENEGADA.

I - O arquivamento de inquérito policial não faz coisa julgada nem causa a preclusão. II - **Contrariamente ao que ocorre quando o arquivamento se dá por atipicidade do fato, a superveniência de novas provas relativamente a alguma excludente de ilicitude admite o desencadeamento de novas investigações**. III - Ordem denegada.

Superior Tribunal de Justiça

RHC 46.666 - MS

Rel. Min. Sebastião Reis Júnior

EMENTA RECURSO ORDINÁRIO EM HABEAS CORPUS. ART. 1º, §§ 2º E 4º, DA LEI N. 9.455/1997. TRANCAMENTO DA AÇÃO PENAL. BIS IN IDEM. OCORRÊNCIA. DECISÃO DA JUSTIÇA MILITAR QUE DETERMINOU O ARQUIVAMENTO DE INQUÉRITO POLICIAL MILITAR COM BASE EM EXCLUDENTE DE ILICITUDE. COISA JULGADA MATERIAL. OFERECIMENTO DE DENÚNCIA POSTERIOR PELOS MESMOS FATOS. IMPOSSIBILIDADE. CONSTRANGIMENTO ILEGAL EVIDENCIADO. 1. A par da atipicidade da conduta e da presença de causa extintiva da punibilidade, o arquivamento de inquérito policial lastreado em circunstância excludente de ilicitude também produz coisa julgada material. 2. **Levando-se em consideração que o arquivamento com base na atipicidade do fato faz coisa julgada formal e material, a decisão que arquiva o inquérito por considerar a conduta lícita também o faz, isso porque nas duas situações não existe crime e há manifestação a respeito da matéria de mérito**. 3. A mera qualificação diversa do crime, que permanece essencialmente o mesmo, não constitui fato ensejador da denúncia após o primeiro arquivamento. 4. Recurso provido para determinar o trancamento da ação penal.

Agora vejamos questão recente a respeito do assunto:

Ano: 2019 Banca: CESPE Órgão: TJ-AM Prova: CESPE - 2019 - TJ-AM - Assistente Judiciário

Texto associado

Jaime foi preso em flagrante por ter furtado uma bicicleta havia dois meses. Conduzido à delegacia, Jaime, em depoimento ao delegado, no auto de prisão em flagrante, confessou que era o autor do furto. Na audiência de custódia, o Ministério Público requereu a conversão da prisão em flagrante em prisão preventiva, sob o argumento da gravidade abstrata do delito praticado. No entanto, após ouvir a defesa, o juiz relaxou a prisão em flagrante, com fundamento de que não estava presente o requisito legal da atualidade do flagrante, em razão do lapso temporal de dois meses entre a consumação do crime e a prisão do autor. Dias depois, em nova diligência no inquérito policial instaurado pelo delegado para apurar o caso, Jaime, já em liberdade, retratou-se da confissão, alegando que havia pegado a bicicleta de Abel como forma de pagamento de uma dívida. Ao ser ouvido, Abel confirmou a narrativa de Jaime e afirmou, ainda, que registrou boletim de ocorrência do furto da bicicleta em retaliação à conduta de Jaime, seu credor. Por fim, o juiz competente arquivou o inquérito policial a requerimento de membro do Ministério Público, por atipicidade material da conduta, sob o fundamento de ter havido entendimento mútuo e pacífico entre Jaime e Abel acerca da questão, nos termos do relatório final produzido pelo delegado.

A respeito da situação hipotética precedente, julgue o item a seguir.

> A decisão de arquivamento do inquérito por atipicidade impede que Jaime seja denunciado posteriormente pela mesma conduta, ainda que sobrevenham novos elementos de informação.
> **Certo** ou Errado

D) DESARQUIVAMENTO DO INQUÉRITO POLICIAL

O Código de Processo Penal, no seu artigo 18, autoriza o desarquivamento do inquérito policial nos seguintes termos:

> **Art.** 18. Depois de ordenado o arquivamento do inquérito pela autoridade judiciária, por falta de base para a denúncia, a autoridade policial poderá proceder a novas pesquisas, se de outras provas tiver notícia.

Assim, nos casos em que a promoção de arquivamento se der por ausência de justa causa, a notícia acerca da existência de outras provas vai autorizar o desarquivamento do inquérito policial.

A definição de nova prova que autoriza o desarquivamento do inquérito policial é aquela que tenha aptidão para mudar o cenário probatório resultante da investigação que já tinha sido concluída e devidamente arquivada por falta de elementos de convicção suficientes para a deflagração da ação penal.

Dessa forma, tendo vindo aos autos notícia de nova prova que possa mudar a opinio delicti, dando ensejo ao início da persecução penal, o juiz determinará o desarquivamento do inquérito policial para prosseguimento nas apurações.

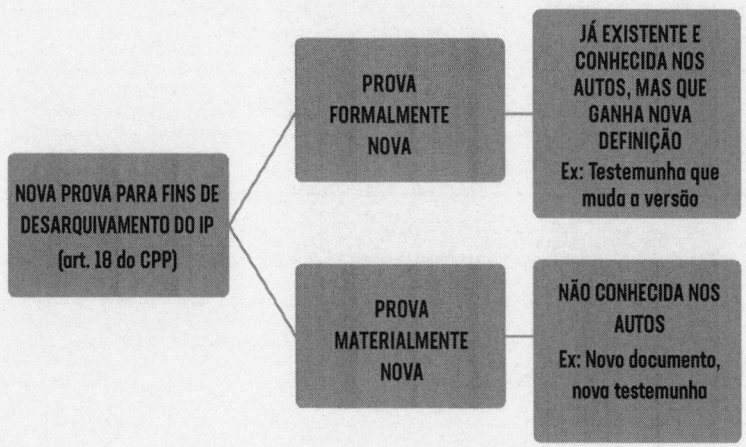

Para autorizar o desarquivamento do inquérito policial, não importa se a prova nova é formal ou substancialmente nova, o que importa é que tenha aptidão para mudar o cenário probatório que se consolidou após o término da investigação e ensejou a promoção de arquivamento. Além disso, basta que a autoridade policial tenha **a notícia** de uma nova prova, que, por sua vez, deverá ser investigada e, uma vez confirmada, poderá dar ensejo à propositura da ação penal.

A esse respeito, é, inclusive, o teor da Súmula 524 do Supremo Tribunal Federal:

> Arquivado o inquérito policial, por despacho do juiz, a requerimento do promotor de justiça, não pode a ação penal ser iniciada, sem novas provas".

Vejamos como é cobrado em concurso:

Ano: 2019 Banca: VUNESP Órgão: TJ-RS Prova: VUNESP - 2019 - TJ-RS - Titular de Serviços de Notas e de Registros - Remoção

Nos estritos termos do art. 18 do CPP, é correto afirmar que depois de ordenado o arquivamento do inquérito pela autoridade judiciária, por falta de a base para a denúncia,

A) a autoridade policial tem autonomia para seguir nas investigações, complementando-as, mas não pode repetir a produção das provas que já constam dos autos.

B) a autoridade policial poderá proceder a novas pesquisas, se de outras provas tiver notícia. (Art. 18 do Código de Processo Penal)

C) não existe mais possibilidade de a autoridade policial investigar o fato.

D) fica a autoridade policial impedida de investigar o mesmo indiciado com relação ao mesmo fato, podendo, contudo, continuar com a investigação de novos suspeitos.

E) apenas mediante nova requisição ministerial ou judicial específica a autoridade policial pode proceder a novas investigações.

CAPÍTULO 3 - ACORDO DE NÃO PERSECUÇÃO PENAL

3.1. CONCEITO

O acordo de não persecução penal é um instituto pré-processual, com natureza negocial e despenalizadora. A priori foi previsto pela Resolução n.º 181 do Conselho Nacional do Ministério Público, modificada pela Resolução abaixo:

> **Art. 18.** Não sendo o caso de arquivamento, o Ministério Público poderá propor ao investigado **acordo de não persecução penal** quando, cominada pena mínima inferior a 4 (quatro) anos e o crime não for cometido com violência ou grave ameaça a pessoa, o investigado tiver confessado formal e circunstanciadamente a sua prática, mediante as seguintes condições, ajustadas cumulativa ou alternativamente: (Redação dada pela Resolução n° 183, de 24 de janeiro de 2018).

Com o advento do "Pacote anticrime" (Lei 13.964/2019), o acordo de não persecução penal foi inaugurado de forma expressa no Código de Processo Penal, vejamos:

> **Art. 28-A.** Não sendo caso de arquivamento e tendo o investigado confessado formal e circunstancialmente a prática de infração penal sem violência ou grave ameaça e com pena mínima inferior a 4 (quatro) anos, o Ministério Público poderá propor acordo de não persecução penal, desde que necessário e suficiente para reprovação e prevenção do crime, mediante as seguintes condições ajustadas cumulativa e alternativamente: [...] (Incluído pela Lei n° 13.964, de 2019)

O eminente jurista Rogério Sanches Cunha define o acordo de não persecução penal como um "[...] *ajuste obrigacional* celebrado entre o órgão de acusação e o investigado (assistido por advogado), devidamente homologado pelo juiz, no qual o indigitado assume sua responsabilidade, aceitando cumprir, desde logo, condições menos severas do que a sanção penal aplicável ao fato a ele imputado"[21].

---

21 CUNHA, Rogério Sanches. Pacote Anticrime: Lei n° 13.964/2019 – Comentários ao CP, CPP e LEP. Salvador: Juspodivm, 2020, p. 127.

A doutrina em geral tem considerado o acordo de não persecução penal como um instrumento de um verdadeiro negócio jurídico de natureza processual ou pré-processual, pois ainda situado na fase preliminar ao ajuizamento da ação penal.

3.2. PRINCÍPIO DA OPORTUNIDADE

A doutrina majoritária entende que um dos princípios formadores da ação penal pública é o princípio da obrigatoriedade, conforme veremos no título adiante. O princípio da obrigatoriedade da ação penal coaduna que o Ministério Público, diante da análise de um fato típico, estando presentes elementos de informativos atinentes à autoria e materialidade delitivas e não tendo sido identificadas causas extintivas da punibilidade não poderá deixar de promover a ação penal.

Conforme preconiza Renato Brasileiro, o acordo de não persecução penal é uma exceção ao princípio da obrigatoriedade da ação penal e "guarda relação muito próxima com o princípio da oportunidade"[22]. Tal princípio fundamenta-se no pilar da intervenção mínima estatal, competindo ao Estado cuidar de bens juridicamente relevantes. Nos casos irrelevantes, ao vislumbrar que outras medidas poderão ser mais eficazes no sistema de justiça criminal, o Ministério Público pode deixar de promover o ius puniendi por meio da ação penal.

No âmbito do acordo de não persecução penal, o Ministério Público, na qualidade dominus litis, poderá, mediante análise própria, deixar de ajuizar a ação penal, promovendo outras ações e estabelecendo medidas mais apropriadas para cada caso concreto. Com isso, distante das instâncias judiciais penais (ultima ratio), o acordo de não persecução penal traz economia e eficácia ao sistema judiciário.

Esse instituto não é uma exclusividade no Brasil e tem sido cada vez mais frequente a aplicação do princípio da oportunidade em outros países, conforme leciona Antônio Suxberger[23]:

---

22 LIMA, Renato Brasileiro de. Manual de processo penal: volume único. 6ª edição. Salvador: Ed. JusPodivm, 2018, p. 197.

23 SUXBERGER, Antônio Henrique Graciano. A superação do dogma da obrigatoriedade da ação penal: a oportunidade como consequência estrutural e funcional do sistema de justiça criminal. Revista do Ministério Público do Estado de Goiás, Goiânia, n. 34, p. 35-50, 2018.

"A oportunidade da ação penal já é uma realidade nos países europeu-continentais de onde o Brasil tradicionalmente busca inspiração para suas soluções dogmáticas. Mesmo no campo normativo, é possível aferir a afirmação da oportunidade tanto na atuação cível do Ministério Público quanto também em atos normativos internacionais que vinculam a atuação estatal na realização da justiça criminal."

3.3. APLICABILIDADE DA NORMA QUE DISCIPLINA O ACORDO DE NÃO PERSECUÇÃO PENAL

A norma contida no art. 28-A do Código de Processo Penal, ao criar esse procedimento pré-processual tem conteúdo **híbrido** (caráter processual e material de forma simultânea). Isso porque o integral cumprimento das condições culmina em causa extintiva de punibilidade. Nesse caso, importante se atentar à disciplina que regerá a aplicabilidade da norma que trata do acordo de não persecução penal no tempo.

Por ter caráter híbrido, o conteúdo material da norma prevalece e sua eficácia temporal é regulada pelo art. 2º do Código Penal, que dispõe sobre a retroatividade da norma penal mais benéfica, vejamos:

> **Art.** 2º - Ninguém pode ser punido por fato que lei posterior deixa de considerar crime, cessando em virtude dela a execução e os efeitos penais da sentença condenatória.
> Parágrafo único - A lei posterior, que de qualquer modo favorecer o agente, aplica-se aos fatos anteriores, ainda que decididos por sentença condenatória transitada em julgado.

Esse é, inclusive, a tese fixada em julgamento da 1a. Turma do Supremo Tribunal Federal, vejamos:

> **SUPREMO TRIBUNAL FEDERAL**
> 1ª Turma HABEAS CORPUS 191.464
> RELATOR : MIN. ROBERTO BARROSO
> Data da decisão: 11/11/2020 - DJE: 26/11/2020

EMENTA: DIREITO PENAL E PROCESSUAL PENAL. AGRAVO REGIMENTAL EM HABEAS CORPUS. ACORDO DE NÃO PERSECUÇÃO PENAL (ART. 28-A DO CPP). RETROATIVIDADE ATÉ O RECEBIMENTO DA DENÚNCIA. 1. A Lei nº 13.964/2019, no ponto em que institui o acordo de não persecução penal (ANPP), é considerada lei penal de natureza híbrida, admitindo conformação entre a retroatividade penal benéfica e o tempus regit actum. 2. O ANPP se esgota na etapa pré-processual, sobretudo porque a consequência da sua recusa, sua não homologação ou seu descumprimento é inaugurar a fase de oferecimento e de recebimento da denúncia. 3. O recebimento da denúncia encerra a etapa pré-processual, devendo ser considerados válidos os atos praticados em conformidade com a lei então vigente. Dessa forma, a retroatividade penal benéfica incide para permitir que o ANPP seja viabilizado a fatos anteriores à Lei nº 13.964/2019, desde que não recebida a denúncia. 4. Na hipótese concreta, ao tempo da entrada em vigor da Lei nº 13.964/2019, havia sentença penal condenatória e sua confirmação em sede recursal, o que inviabiliza restaurar fase da persecução penal já encerrada para admitir-se o ANPP. 5. Agravo regimental a que se nega provimento com a fixação da seguinte tese: "o acordo de não persecução penal (ANPP) aplica-se a fatos ocorridos antes da Lei nº 13.964/2019, desde que não recebida a denúncia"

Ademais, a 6ª Turma do Superior Tribunal de Justiça também compartilha desse entendimento, a saber:

SUPERIOR TRIBUNAL DE JUSTIÇA
6ª Turma AgRg no HC 575.395/RN
Relator: Min. Nefi Cordeiro
Data do Julgamento: 8.9.2020 - DJe 14.9.2020
AGRAVO REGIMENTAL NO HABEAS CORPUS. FRAUDE À LICITAÇÃO. FALSIDADE IDEOLÓGICA. ACORDO DE NÃO PERSECUÇÃO PENAL. PACOTE ANTICRIME. ART. 28-A DO CÓDIGO DE PROCESSO PENAL. NORMA PENAL DE NATURA MISTA. RETROATIVIDADE A FAVOR DO RÉU. NECESSIDADE DE INTIMAÇÃO DO MINISTÉRIO PÚBLICO. DECISÃO RECONSIDERADA. AGRAVO REGIMENTAL PROVIDO. 1. É reconsiderada a decisão inicial porque o cumprimento integral do acordo de não persecução penal gera a extinção da punibilidade (art. 28-A, § 13, do CPP), de modo que como norma de natureza jurídica mista e mais benéfica ao réu, deve retroagir em seu benefício em processos não transitados em julgado (art. 5º, XL, da CF). 2. Agravo regimental provido, determinando a baixa dos autos ao juízo de origem para que suspenda a ação penal e intime o Ministério Público acerca de eventual interesse na propositura de acordo de não persecução penal, nos termos do art. 28-A do CPP (introduzido pelo Pacote Anticrime - Lei n. 13.964/2019)

3.4. TITULARIDADE E PRESSUPOSTOS

O ANPP é de titularidade do Ministério Público, conforme preconiza o art. 28-A, caput:

> **Art.** 28-A. Não sendo caso de arquivamento e tendo o investigado confessado formal e circunstancialmente a prática de infração penal sem violência ou grave ameaça e com pena mínima inferior a 4 (quatro) anos, **o Ministério Público poderá propor acordo de não persecução penal** [...]

Visto isso, o Ministério Público, no caso de procedimentos investigatórios, não sendo caso de arquivamento dos autos, poderá propor acordo de não persecução penal, desde que estejam cumulativamente cumpridos os seguintes **pressupostos**:

* Procedimento investigatório

Atenção: não necessariamente inquérito policial;

* Tratar-se de hipótese de oferecimento da denúncia

Atenção: não pode ser hipótese de arquivamento dos autos de investigação;

* A pena mínima privativa de liberdade cominada à infração penal deve ser inferior a 4 (quatro) anos;

Atenção: deverão ser consideradas as causas de aumento e diminuição aplicáveis ao caso concreto (art. 28-A, § 1º);

* Existência de confissão formal e circunstanciada;
* Infração penal praticada sem violência ou grave ameaça;
* O acordo de não-persecução penal deve ser **necessário** e **suficiente** para reprovação e prevenção do crime.

3.5. VEDAÇÕES

O acordo não será cabível, contudo, nas seguintes hipóteses contidas o § 2º do art. 28-A do Código de Processo Penal, a seguir:

* Se for cabível transação penal de competência dos juizados especiais criminais;
* Se o investigado for reincidente ou se houver elementos probatórios que indiquem conduta criminal habitual, reiterada ou profissional, exceto se insignificantes as infrações penais pretéritas;

- Ter sido o agente beneficiado nos 5 (cinco) anos anteriores ao cometimento da infração, em acordo de não persecução penal, transação penal ou suspensão condicional do processo.

Atenção: O marco temporal é o cometimento da infração e não o momento da celebração do acordo de não persecução penal.

- Nos crimes praticados no âmbito de violência doméstica ou familiar, ou praticado contra a mulher por razões da condição de sexo feminino, em favor do agressor

3.6. RECUSA NA OFERTA

Havendo recusa por parte do Ministério Público em propor o acordo, o investigado poderá requerer a remessa dos autos à instância revisora do Ministério Público.

> **Art.** 28-A: § 14. No caso de recusa, por parte do Ministério Público, em propor o acordo de não persecução penal, o investigado poderá requerer a remessa dos autos a órgão superior, na forma do art. 28 deste Código". Com a suspensão da eficácia da nova redação do art. 28 do Código de Processo Penal pelo Supremo Tribunal Federal, deve ser mantido o procedimento previsto na redação anterior que se encontra em vigor, com a remessa dos autos ao chefe o Ministério Público.

3.7. CONDIÇÕES DO ACORDO

Em regra, as condições do acordo não são obrigações cumulativas, porém, a depender da infração penal, das circunstâncias e das condições pessoais do investigado, as condições poderão ser cumulativas ou alternativamente estabelecidas.

Conforme dispõe o § 3º art. 28-A do Código de Processo Penal:

a. Reparar o dano ou restituir a coisa à vítima, exceto impossibilidade de fazê-lo;

b. Renunciar voluntariamente a bens e direitos indicados pelo Ministério Público como instrumentos, produto ou proveito do crime;

c. Prestar serviço à comunidade ou a entidades públicas por período correspondente à pena mínima cominada ao delito diminuída de um a dois terços, em local a ser indicado pelo juízo da execução;

d. Pagar prestação pecuniária a entidade pública ou de interesse social, a ser indicada pelo juízo da execução, que tenha, preferencialmente, como função proteger bens jurídicos iguais ou semelhantes aos aparentemente lesados pelo delito, ou

e. Cumprir, por prazo determinado, outra condição indicada pelo Ministério Público, desde que proporcional e compatível com a infração penal imputada.

3.8. HOMOLOGAÇÃO DO ACORDO

O acordo de não persecução penal, uma vez formalizado nos termos do disposto no art. 28- A, § 3º do Código de Processo Penal será homologado pelo juiz, em audiência, conforme determina o § 4º do mesmo artigo.

> § 4º Para a homologação do acordo de não persecução penal, será realizada audiência na qual o juiz deverá verificar a sua voluntariedade, por meio da oitiva do investigado na presença do seu defensor, e sua legalidade. (Incluído pela Lei nº 13.964, de 2019)

Ao analisar os termos do ANPP, o juiz poderá homologá-lo, ou não. Caso o juiz considere inadequadas, insuficientes ou abusivas as condições dispostas no acordo de não persecução penal, remeterá os autos ao Ministério Público para que seja reformulada a proposta de acordo, com concordância do investigado e seu defensor (art.28-A, §5º do Código do Processo Penal).

Se, na interpretação do ANPP, o juiz entender que não é hipótese de celebração do acordo, pelo não cabimento, devolverá os autos ao Ministério Público, para realização de novas diligências investigatórias ou oferecimento de denúncia (art. 28-A, § 8º).

Registre-se que o Supremo Tribunal Federal, em 23/08/23, declarou a constitucionalidade dos dispositivos contidos nos §§ 5º, 7º e 8º do art. 28-A da Lei 13.694/2019.

Nesse caso, conforme lição de Rogério Sanches[24], por analogia ao artigo 28 do Código de Processo Penal, se o Ministério Público não concordar com a decisão do juiz e se recusar a oferecer denúncia, remeterá os autos à análise do Procurador-Geral para definição da matéria.

---

24 CUNHA, Rogério Sanches. Pacote Anticrime: Lei nº 13.964/2019 – Comentários ao CP, CPP e LEP. Salvador: Juspodivm, 2020, p. 127.

Com relação à aplicação do art. 28 do CPP, cumpre ressaltar que o mesmo rito é aplicado, por entendimento do STF, no instituto da suspensão condicional do processo, conforme sumulado no Enunciado 696:

> Reunidos os pressupostos legais permissivos da suspensão condicional do processo, mas se recusando o promotor de justiça a propô-la, o juiz, dissentindo, remeterá a questão ao Procurador-Geral, aplicando-se por analogia o art. 28 do Código de Processo Penal.

[Atenção!]

Caso não haja homologação do acordo, a Lei 13.964/2019 incluiu o inciso XXV ao art. 581 do Código de Processo Penal que, ao disciplinar o recurso em sentido estrito, passou a prever:

> **Art.** 581. Caberá recurso, no sentido estrito, da decisão, despacho ou sentença:
> [...]
> XXV - que recusar homologação à proposta de acordo de não persecução penal, previsto no art. 28-A desta Lei. (Incluído pela Lei n° 13.964, de 2019)

[Fim de atenção!]

Conforme preconiza o §6º do Art. 28-A do CPP, caso o juiz homologue o acordo, devolverá os autos ao Ministério Público, para que se dê início a sua execução perante o juízo de execução penal.

> § 6º Homologado judicialmente o acordo de não persecução penal, o juiz devolverá os autos ao Ministério Público para que inicie sua execução perante o juízo de execução penal.

3.9. DESCUMPRIMENTO DO ACORDO

Caso o investigado não cumpra com as condições pactuadas no acordo, cabe ao Ministério Público requisitar que o juízo que o homologou declare sua rescisão. Feito isso, o Ministério Público oferecerá a denúncia com relação ao autor que descumpriu o acordo e dará início à ação penal.

Cumpre ressaltar que o descumprimento do acordo não culmina em sanções penais, por possuir natureza de negócio jurídico consensual. Diante disso, inexistindo condenação ou reincidência, descumprido o acordo, deve o Ministério Público promover a ação penal em face do autor, conforme disposição do art. 28-A, parágrafos abaixo, do CPP:

> § 10. Descumpridas quaisquer das condições estipuladas no acordo de não persecução penal, o Ministério Público deverá comunicar ao juízo, para fins de sua rescisão e posterior oferecimento de denúncia.

Ressalta-se que, outra consequência do descumprimento do acordo é a inviabilidade do cabimento de suspensão condicional do processo, conforme dispõe o §11ª do art. 28-A do Código de Processo Penal, a seguir:

> § 11. O descumprimento do acordo de não persecução penal pelo investigado também poderá ser utilizado pelo Ministério Público como justificativa para o eventual não oferecimento de suspensão condicional do processo.

3.10. ANTECEDENTES CRIMINAIS

A celebração e o cumprimento do acordo de não persecução penal **não poderão constar na certidão de antecedentes criminais**, exceto para justificar o não cabimento de acordo, no caso de o agente ter sido beneficiado nos 5 (cinco) anos anteriores ao cometimento da infração, com acordo de não persecução penal diverso, transação penal ou suspensão condicional do processo artigo.

3.11. EXTINÇÃO DA PUNIBILIDADE

> § 13. Cumprido integralmente o acordo de não persecução penal, o juízo competente decretará a extinção de punibilidade. **(Incluído pela Lei nº 13.964, de 2019) (Vigência)**

3.12. QUADRO SINÓPTICO DA COMPETÊNCIA

- PROCESSAMENTO - HOMOLOGAÇÃO	Juízo das garantias, conforme o art. 3º- B, inciso XVII do Código de Processo Penal
- EXECUÇÃO - ACOMPANHAMENTO DO CUMPRIMENTO	Juízo da execução penal (Art. 28-A, § 6º do Código de Processo Penal
- EXTINÇÃO DA PUNIBILIDADE	Juízo das garantias (Art. 28-A, § 13 do Código de Processo Penal
- RESCISÃO - DESCUMPRIMENTO DAS CONDIÇÕES	Juízo das garantias (Art. 28-A, § 10 do Código de Processo Penal)

QUESTÕES DE CONCURSOS

1. **Ano: 2019 Banca: CESPE Órgão: TJ-AM Prova: CESPE - 2019 - TJ-AM - Assistente Judiciário. A respeito de ação penal e do disposto na Lei de Juizados Especiais Cíveis e Criminais (Lei n.º 9.099/1995), julgue o item seguinte.**

   O inquérito policial é dispensável para a promoção da ação penal desde que a denúncia esteja minimamente consubstanciada nos elementos exigidos em lei. ( )

2. **Ano: 2019 Banca: FGV Órgão: TJ-CE Prova: FGV - 2019 - TJ-CE - Técnico Judiciário - Área Judiciária.**

   Lauro figura como indiciado em inquérito policial em que se investiga a prática do crime de concussão. Intimado a comparecer na Delegacia para prestar declarações, fica preocupado com as medidas que poderiam ser determinadas pela autoridade policial, razão pela qual procura seu advogado.

   Com base nas informações expostas, a defesa técnica de Lauro deverá esclarecer que:

   A) A reprodução simulada dos fatos poderá ser determinada pela autoridade policial, não podendo, contudo, ser Lauro obrigado a participar contra sua vontade; (Princípio da Presunção da Inocência)

   B) A defesa técnica do indiciado não poderá ter acesso às peças de informação constantes do inquérito, ainda que já documentadas, em razão do caráter sigiloso do procedimento;

   C) O indiciado e o eventual ofendido, diante do caráter inquisitivo do inquérito policial, não poderão requerer a realização de diligências durante a fase de investigações;

   D) O procedimento investigatório, caso venha a ser arquivado com base na falta de justa causa, não poderá vir a ser desarquivado, ainda que surjam novas provas;

   E) A autoridade policial, em sendo de interesse das investigações, poderá determinar a incomunicabilidade do indiciado pelo prazo de 10 (dez) dias.

3. **Ano: 2018 Banca: COPS-UEL Órgão: PC-PR Prova: COPS-UEL - 2018 - PC-PR - Escrivão de Polícia**

Quanto ao inquérito policial, assinale a alternativa correta.

A) Em virtude do sistema inquisitivo que orienta o inquérito policial e do poder discricionário da autoridade policial, do despacho que indeferir o requerimento de abertura de inquérito policial não caberá recurso.

B) Nos casos de crime de ação penal de iniciativa privada, para instaurar o inquérito policial, a autoridade policial dependerá de requerimento de quem tenha qualidade para intentá-la, o qual consistirá na chamada queixa- -crime, que deverá ser apresentada por advogado munido de procuração com poderes especiais.

C) Notitia criminis de cognição indireta ou mediata ocorre quando a autoridade policial toma conhecimento de um fato aparentemente delituoso por meio de suas atividades habituais, como, por exemplo, pela imprensa ou em uma determinada investigação.

D) Uma das formas de se iniciar o inquérito policial é pela requisição do ofendido ou de quem tiver qualidade para representá-lo, constituindo uma hipótese do que se denomina notitia criminis de cognição indireta ou mediata.

E) Conforme determina o Código de Processo Penal, logo que tiver conhecimento da prática da infração penal, a autoridade policial deverá dirigir-se ao local, providenciando para que não se alterem o estado e a conservação das coisas, até a chegada dos peritos criminais.

4. **Ano: 2019 Banca: CESPE Órgão: TJ-AM Prova: CESPE - 2019 - TJ-AM - Assistente Judiciário.**

Texto associado

Jaime foi preso em flagrante por ter furtado uma bicicleta havia dois meses. Conduzido à delegacia, Jaime, em depoimento ao delegado, no auto de prisão em flagrante, confessou que era o autor do furto. Na audiência de custódia, o Ministério Público requereu a conversão da prisão em flagrante em prisão preventiva, sob o argumento da gravidade abstrata do delito praticado. No entanto, após ouvir a defesa, o juiz relaxou a prisão em flagrante, com fundamento de que não estava presente o requisito legal da atualidade do flagrante, em razão do lapso temporal de dois meses entre a consumação do crime e a prisão do autor. Dias depois, em nova diligência no inquérito policial instaurado pelo delegado para apurar o caso, Jaime, já em liberdade, retratou-se da confissão, alegando que havia pegado a bicicleta de Abel como forma de pagamento de uma dívida. Ao ser ouvido, Abel confirmou a narrativa de Jaime e afirmou, ainda, que registrou boletim de ocorrência do furto da bicicleta em retaliação à conduta de Jaime, seu credor. Por fim, o juiz competente arquivou o inquérito policial a requerimento de membro do Ministério Público, por atipicidade material da conduta, sob o fundamento de ter havido entendimento mútuo e pacífico entre Jaime e Abel acerca da questão, nos termos do relatório final produzido pelo delegado.

A respeito da situação hipotética precedente, julgue o item a seguir.

O delegado de polícia não poderia deixar de lavrar o auto de prisão em flagrante de Jaime, mesmo que tivesse observado a ausência da atualidade do flagrante, nem caberia a ele sugerir o arquivamento do inquérito em relatório final, uma vez que a ação do delegado em sede de investigações policiais é regida pelo princípio do in dubio pro societate e deve fazer prevalecer o interesse público sobre o individual. (   )

5. **CEBRASPE (CESPE) - Procurador do Estado de Sergipe/2017**

Com relação ao inquérito policial, assinale a opção correta.

A)   Poderá ser decretada pelo magistrado a prisão preventiva fundamentada exclusivamente no clamor social provocado pelo indiciado.

B)   É vedado à autoridade policial o prosseguimento das investigações após o início do processo criminal.

C)   A vítima, em decorrência do seu direito líquido e certo, pode, na ação penal pública, impetrar mandado de segurança contra o arquivamento do inquérito.

D)   O indiciamento pode ser determinado pelo membro do MINISTÉRIO PÚBLICO quando a autoridade policial se recusar a fazê-lo.

E)   É cabível o trancamento de inquérito policial quando sua duração for desarrazoadamente excessiva, o que permite a reabertura, caso surjam novas provas.

6. **CEBRASPE (CESPE) - Analista Judiciário (TRE BA)/Judiciária/2017**

A instauração de inquérito penal independe da manifestação do ofendido no caso de crime de ação penal

A)   pública incondicionada.

B)   privada, se o ofendido for incapaz.

C)   privada.

D)   pública condicionada.

E)   pública condicionada, se o ofendido houver falecido.

7. **FCC - Oficial de Polícia Civil (PC AP)/2017**

No âmbito do inquérito policial, incumbe à autoridade policial:

A)   arquivar o inquérito policial.

B)   assegurar o sigilo necessário à elucidação do fato.

C)   decretar a prisão preventiva.

D)   presidir a audiência de custódia.

E)   oferecer a denúncia.

8. CEBRASPE (CESPE) - Procurador do Estado de Sergipe/2017

A respeito de inquérito policial, assinale a opção correta.

A) O arquivamento desse tipo de investigação criminal nunca faz coisa julgada material, podendo a investigação ser desarquivada a qualquer tempo, se surgirem novas provas.

B) A prorrogação de prazo em inquéritos policiais para ulteriores diligências é possível quando o fato for de difícil elucidação, ainda que o indiciado esteja preso.

C) O arquivamento desse conjunto de atos e diligências pode ser determinado, de ofício, pelo magistrado.

D) O inquérito policial, por ser uma peça investigatória obrigatória, não pode ser dispensado quando da propositura da ação penal.

E) O inquérito policial pode ser instaurado com base em denúncia anônima, desde que comprovada por elementos informativos prévios que denotem a verossimilhança da comunicação.

9. CEBRASPE (CESPE) - Analista Judiciário (STJ)/Judiciária/"Sem Especialidade"/2018

Acerca do inquérito policial, do acusado e seu defensor e da ação penal, julgue o item que se segue.

Em se tratando de crimes que se processam mediante ação penal pública incondicionada, o inquérito policial poderá ser instaurado de ofício pela autoridade policial. ( )

10. CEBRASPE (CESPE) - Agente de Polícia Federal/2018

Depois de adquirir um revólver calibre 38, que sabia ser produto de crime, José passou a portá-lo municiado, sem autorização e em desacordo com determinação legal. O comportamento suspeito de José levou-o a ser abordado em operação policial de rotina. Sem a autorização de porte de arma de fogo, José foi conduzido à delegacia, onde foi instaurado inquérito policial.

Tendo como referência essa situação hipotética, julgue o item seguinte.

O inquérito instaurado contra José é procedimento de natureza administrativa, cuja finalidade é obter informações a respeito da autoria e da materialidade do delito. ( )

11. CEBRASPE (CESPE) - Escrivão de Polícia Federal/2018

João integra uma organização criminosa que, além de contrabandear e armazenar, vende, clandestinamente, cigarros de origem estrangeira nas ruas de determinada cidade brasileira.

A partir dessa situação hipotética, julgue o item subsequente.

Caso haja indício de transnacionalidade no crime de contrabando praticado, a competência para apurar e julgar o delito é da justiça federal e, se João estiver preso, a Polícia Federal deverá concluir o inquérito em até dez dias. ( )

12. CEBRASPE (CESPE) - Papiloscopista Policial Federal/2018

Na tentativa de entrar em território brasileiro com drogas ilícitas a bordo de um veículo, um traficante disparou um tiro contra agente policial federal que estava em missão em unidade fronteiriça. Após troca de tiros, outros agentes prenderam o traficante em flagrante, conduziram-no à autoridade policial local e levaram o colega ferido ao hospital da região.

Nessa situação hipotética,

ao tomar conhecimento do homicídio, cuja ação penal é pública incondicionada, a autoridade policial terá de instaurar o inquérito de ofício, o qual terá como peça inaugural uma portaria que conterá o objeto de investigação, as circunstâncias conhecidas e as diligências iniciais que serão cumpridas. (   )

13. FCC - Agente Penitenciário (IAPEN)/2018

Segundo determina o Código de Processo Penal, logo que tiver conhecimento da prática da infração penal, a autoridade policial deverá

A) dirigir-se ao local dos fatos, providenciando para que não se alterem o estado e conservação das coisas, até a chegada da imprensa.

B) realizar exame criminológico no indiciado, no caso de indícios de crime contra a dignidade sexual.

C) presidir a audiência de suspensão condicional do processo, apresentando o preso em até 24 horas à autoridade judicial responsável.

D) apreender os objetos que tiverem relação com o fato, após liberados pelos peritos criminais.

E) propor ao indiciado acordo de delação premiada e, caso aceite, determinar o arquivamento do inquérito policial.

14. CEBRASPE (CESPE) - Advogado (EBSERH)/2018

Quanto ao inquérito policial, à ação penal, às regras de fixação de competência e às disposições processuais penais relacionadas aos meios de prova, julgue o item a seguir.

A denúncia anônima de fatos graves, por si só, impõe a imediata instauração de inquérito policial, no âmbito do qual a autoridade policial deverá verificar se a notícia é materialmente verdadeira. (   )

15. VUNESP - Agente Policial (PC SP)/2018

O inquérito policial deverá terminar no prazo de

A) 20 (vinte) dias, se o indiciado tiver sido preso em flagrante, ou estiver preso preventivamente, contado o prazo, nesta hipótese, a partir do dia em que ocorreu o crime; ou no prazo de 40 (quarenta) dias, quando estiver solto, mediante fiança ou sem ela.

B) 20 (vinte) dias, se o indiciado tiver sido preso em flagrante, ou estiver preso preventivamente, contado o prazo, nesta hipótese, a partir do dia em que se executar a ordem de prisão; ou no prazo de 40 (quarenta) dias, quando estiver solto, mediante fiança ou sem ela.

C) 10 (dez) dias, se o indiciado tiver sido preso em flagrante, ou estiver preso preventivamente, contado o prazo, nesta hipótese, a partir do dia em que se executar a ordem de prisão; ou no prazo de 30 (trinta) dias, quando estiver solto, mediante fiança ou sem ela.

D) 30 (trinta) dias, estando o indiciado preso em flagrante, ou preso preventivamente, contado o prazo, nesta hipótese, a partir do dia em que se executar a ordem de prisão; ou no prazo de 60 (sessenta) dias, quando estiver solto, mediante fiança ou sem ela.

E) 10 (dez) dias, se o indiciado tiver sido preso em flagrante, ou estiver preso preventivamente, contado o prazo, nesta hipótese, a partir do dia em que ocorreu o crime; ou no prazo de 40 (quarenta) dias, quando estiver solto, mediante fiança ou sem ela.

16. CEBRASPE (CESPE) - Delegado de Polícia (PC MA)/2018

Em inquérito policial para apurar a prática de crime de furto, a autoridade policial reuniu provas suficientes de que o indiciado teria adquirido imóveis e veículos – todos registrados em seu nome – com recurso proveniente do crime. Nessa situação, a autoridade policial poderá

A) representar à autoridade judiciária competente, requerendo o sequestro dos referidos bens.

B) enviar ofício ao juízo ou ao MINISTÉRIO PÚBLICO para que sejam decretadas as medidas cabíveis, visto que a lei não lhe assegura competência para promover a restrição dos direitos de propriedade do indiciado.

C) realizar a busca e apreensão dos citados bens, independentemente de autorização judicial.

D) proceder à busca e apreensão dos referidos bens, desde que mediante anuência do MINISTÉRIO PÚBLICO.

E) determinar, de ofício, o arresto ou a hipoteca legal, em decisão fundamentada, e proceder à apreensão dos citados bens.

17. **Ano: 2022 Banca: INSTITUTO AOCP Órgão: PC-GO Prova: INSTITUTO AOCP - 2022 - PC-GO - Agente de Polícia.**

Sobre o inquérito policial, assinale a alternativa INCORRETA.

A) Do despacho que indeferir o requerimento de abertura de inquérito caberá recurso para o chefe de Polícia.

B) Logo que tiver conhecimento da prática da infração penal, a autoridade policial deverá apreender os objetos que tiverem relação com o fato, após liberados pelos peritos criminais.

C) Se necessário à prevenção e à repressão dos crimes relacionados ao tráfico de pessoas, o membro do Ministério Público ou o delegado de polícia poderão requisitar, mediante autorização judicial, às empresas prestadoras de serviço de telecomunicações e/ou telemática que disponibilizem imediatamente os meios técnicos adequados - como sinais, informações e outros - que permitam a localização da vítima ou dos suspeitos do delito em curso.

D) Depois de ordenado o arquivamento do inquérito pela autoridade judiciária, por falta de base para a denúncia, a autoridade policial não poderá proceder a novas pesquisas, se de outras provas tiver notícia.

E) O Ministério Público não poderá requerer a devolução do inquérito à autoridade policial, senão para novas diligências, imprescindíveis ao oferecimento da denúncia.

18. **Ano: 2022 Banca: FGV Órgão: TCE-TO Prova: FGV - 2022 - TCE-TO - Analista Técnico - Direito.**

Em relação ao arquivamento do inquérito policial ou peças de informação, é correto afirmar que:

A) o juiz possui a prerrogativa de anuir ou discordar do pedido de arquivamento veiculado pelo Ministério Público, sendo cabível, em caso de concordância, a prévia submissão ao procurador-geral de Justiça;

B) permitir reexame judicial quanto ao mérito do pedido de arquivamento do inquérito policial, por via recursal ou autônoma, importa em violação da prerrogativa do Ministério Público;

C) a vítima de crime de ação penal pública incondicionada tem direito líquido e certo a impedir o arquivamento do inquérito policial ou das peças de informação;

D) não é da competência do juiz estadual determinar o arquivamento que investiga fato que possa ter adequação típica de crime doloso contra a vida praticado por militar contra civil;

E) a decisão de homologação de arquivamento de inquérito policial ou de peças de informação, fulcrada na inexistência do fato, não admite controle judicial.

19. **Ano: 2022 Banca: IBFC Órgão: PC-BA Prova: IBFC - 2022 - PC-BA - Investigador de Polícia Civil**

Relativamente à vedação imposta pela lei processual penal à autoridade policial, pode ser mencionada:

A) a autoridade deverá assegurar no inquérito o sigilo necessário à elucidação do fato

B) a autoridade policial não poderá mandar arquivar autos de inquérito

C) a autoridade deverá assegurar no inquérito o sigilo exigido pelo interesse da sociedade

D) o militar, suspeito do cometimento de crime castrense, sujeita-se à possível instauração de inquérito policial militar

E) o Ministério Público não poderá requerer a devolução do inquérito à autoridade policial, senão para novas diligências, imprescindíveis ao oferecimento da denúncia.

20. **Ano: 2022 Banca: TRF - 3ª REGIÃO Órgão: TRF - 3ª REGIÃO Prova: TRF - 3ª REGIÃO - 2022 - TRF - 3ª REGIÃO - Juiz Substituto**

Sobre o inquérito policial, é CORRETO afirmar que:

A) O indiciamento, quando não realizado pela autoridade policial, deve ser determinado pelo magistrado, de ofício ou atendendo a requerimento do Ministério Público, na decisão de recebimento da denúncia.

B) Embora a existência de inquéritos policiais e ações penais em curso não possa ser considerada maus antecedentes, pode ser utilizada para agravar a pena-base como indicativo de personalidade voltada para a prática de crimes.

C) O pedido de arquivamento de inquérito policial fundamentado na ausência de elementos que permitam ao Procurador-Geral da República formar a opínio delicti não pode ser recusado pelo Supremo Tribunal Federal. Apenas nas hipóteses em que o fundamento for a atipicidade da conduta ou a extinção da punibilidade, pode o Supremo Tribunal Federal analisar o mérito do pedido.

D) Notícia anônima detalhada, contendo narração de fatos específicos, constitui elemento idôneo para instauração de inquérito policial, cujo objetivo será buscar indícios que corroborem a narrativa.

21. **CESPE / CEBRASPE - 2022 - PG-DF - Procurador do Distrito Federal, Categoria I**

Em relação à ação penal e ao acordo de não persecução penal, julgue o item que se segue.

Preenchidos os requisitos legais, o Ministério Público poderá propor acordo de não persecução penal desde que suficiente e necessário para a prevenção e reprovação do crime, oferecendo, como uma das obrigações a serem cumpridas pelo investigado, prestação de serviço à comunidade ou a entidades públicas por período correspondente à pena mínima cominada ao delito. ( )

22. **INSTITUTO AOCP - 2022 - Governo do Distrito Federal - Policial Penal**

    Sobre o direito processual penal, julgue o item a seguir.

    Josefina firmou acordo de não persecução penal com o MINISTÉRIO PÚBLICO, em razão da prática de corrupção passiva. Homologado judicialmente o acordo, o juiz deverá devolver os autos ao MINISTÉRIO PÚBLICO para que inicie sua execução perante o juízo da vara cível. ( )

23. **CESPE / CEBRASPE - 2022 - DPE-RS - Defensor Público**

    Quanto ao acordo de não persecução penal, julgue o item a seguir.

    Presentes os requisitos para a realização do acordo de não persecução penal, a autoridade judiciária poderá impor ao Ministério Público a obrigação de ofertar o acordo. ( )

24. **CESPE / CEBRASPE - 2022 - DPE-RS - Defensor Público**

    Quanto ao acordo de não persecução penal, julgue o item a seguir.

    A confissão exigida no acordo de não persecução penal não pode ser considerada como meio de prova apto a condenar o corréu que não se submeta ao acordo. ( )

GABARITO

1. Verdadeiro	5. E	9. Verdadeiro	13. D	17. D	21. Falso
2. A	6. A	10. Verdadeiro	14. Falso	18. B	22. Falso
3. E	7. B	11. Falso	15. C	19. B	23. Falso
4. Falso	8. E	12. Verdadeiro	16. A	20. C	24. Verdadeiro

AÇÃO PENAL

O Estado assume, como parte de sua soberania, o direito de punir e o faz por meio do monopólio da Justiça, proibindo que o próprio titular de um direito lesado realize justiça por seus próprios meios. Assim sendo, deve assegurar aos jurisdicionados o instrumento para a garantia ao direito de acesso ao Poder Judiciário e ver o direito objetivo aplicado pelo estado-juiz ao caso concreto.

A ação penal é o instrumento que assegura o exercício a essa garantia, nos termos em que dispõe o artigo 5º, incisos XXXV e inciso LIV:

> XXXV - a lei não excluirá da apreciação do Poder Judiciário lesão ou ameaça a direito;
> e
> LIV - ninguém será privado da liberdade ou de seus bens sem o devido processo legal;

A ação penal, nos termos em que estabelece o art. 129, inciso I da Constituição Federal, é de titularidade do Ministério Público, podendo, nos casos que a lei autorizar, ser de titularidade do ofendido. Conforme bem aponta Guilherme de Souza Nucci: "o prisma da ação penal pública- condicionada ou incondicionada- volta-se ao interesse da sociedade na apuração e punição do infrator. Quando se permite ao ofendido o direito de representar, legitimando o Ministério Público a atuar, nada mais se faz que resguardar a mescla de interesses público e privado"[25].

CAPÍTULO 1 - CONDIÇÕES DA AÇÃO PENAL

Para o regular exercício da ação penal devem estar presentes as condições da ação, sem as quais a relação processual não se aperfeiçoa e jus puniendi do Estado não pode ser exercido de forma legítima. São condições para o exercício da ação penal as seguintes:

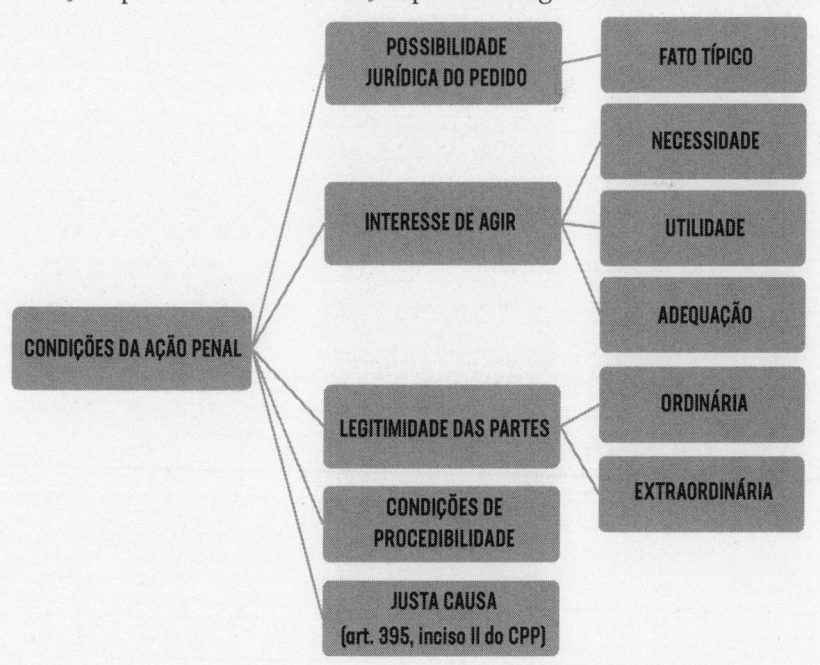

---

25 NUCCI, Guilherme de Souza. Código de Processo Penal comentado. 18. ed. Rio de Janeiro: Forense, 2019.

1.1. POSSIBILIDADE JURÍDICA DO PEDIDO

Para a aferição da possibilidade jurídica do pedido, há que se constatar a existência de um fato penalmente típico, para o integral atendimento do disposto no princípio da legalidade penal, insculpido no art. 1º do Código Penal. Nesse primeiro momento da persecução penal, para a aferição da possibilidade jurídica do pedido, não é necessária a busca a respeito dos demais elementos que caracterizam o fato criminoso, concernentes à ilicitude e à culpabilidade, segundo o entendimento da doutrina dominante. Ilicitude e a culpabilidade serão aferidas no momento apropriado da análise do mérito da causa, porque demandam dilação probatória diferenciada. Havendo a presença de fato típico, aperfeiçoada está a condição da ação da qual tratamos.

1.2. INTERESSE DE AGIR

Para que esteja presente o interesse de agir do Estado para dar seguimento à persecução penal, conforme nos ensina Cintra, Grinover e Dinamarco : "essa condição se assenta na premissa de que, tendo embora o Estado o interesse no exercício da jurisdição (função indispensável para manter a paz e a ordem na sociedade), não lhe convém acionar o aparato judiciário sem que dessa atividade se posa extrair algum resultado útil". O interesse de agir do Estado deve estar vinculado à observância do seguinte trinômio: necessidade, utilidade e adequação"[26].

A necessidade da ação penal para a busca da resposta estatal diante da prática de uma infração penal é inerente a toda ação penal, enquanto instrumento previsto para o exercício do jus puniendi do Estado, nos termos em que dispõe o inciso LIV do art. 5º da Constituição Federal, diante do postulado do devido processo legal.

A utilidade será aferida na medida em que a ação penal precisa ser apta a satisfazer a pretensão posta em julgamento, ou seja, a atingir o efeito concreto que foi pleiteado ao poder judiciário.

A adequação, por sua vez, se constata na medida em forem observados pelo titular da ação penal os procedimentos previstos em lei.

---

26 CINTRA, **Antônio Carlos** de **Araújo**; GRINOVER, Ada Pellegrini; DINAMARCO, Cândido Rangel. Teoria Geral do Processo. 18ª EDIÇÃO. São Paulo: Malheiros, 2010. P. 259.

1.3. LEGITIMIDADE DE PARTES

Na promoção da ação penal devem ser observadas a legitimidade das partes para figurarem tanto no polo ativo quanto passivo da ação penal.

No Processo Penal, o legitimado ativo ordinário é o Ministério Público (art. 129 da Constituição Federal), nas ações penais públicas. Excepcionalmente, nas hipóteses autorizadas em lei, surge o ofendido (pessoa física ou jurídica) como legitimado extraordinário, assumindo a titularidade das ações penais privadas.

O polo passivo, por força do princípio da intranscendência, é ocupado pela pessoa (física ou jurídica) contra quem se pretende a tutela penal, ou seja, o responsável pela prática da conduta típica.

1.4. CONDIÇÕES DE PROCEDIBILIDADE

As condições de procedibilidade são condições específicas de **natureza processual** que, nos termos da lei, devem estar presentes em certas ações penais para que o início da persecução seja autorizado.

EXEMPLOS DE CONDIÇÕES DE PROCEDIBILIDADE

a. Representação ou requisição do Ministro da Justiça - ação penal pública condicionada

b. Laudo de constatação de substância entorpecente para a ação penal a respeito de crimes previstos na Lei 11.343/2011.

c. Laudo pericial de contrafação, para as ações penais por crimes contra a propriedade imaterial.

d. Realização de audiência de conciliação nos casos de crime contra a honra.

e. Sentença onde o falso testemunho foi proferido.

f. Novas provas no caso do desarquivamento do inquérito policial e após a preclusão da decisão de pronúncia no procedimento do julgamento dos crimes dolosos contra a vida.

g. Autorização da Câmara dos Deputados por 2/3 de seus membros, para processos contra as autoridades previstas no art. 51, I da CF- tratamento simétrico em relação às Câmaras Legislativas.

h. Qualidade de militar da ativa regular para o processo dos crimes de deserção.

i. Trânsito em julgado da sentença anulatória do casamento, nos casos do crime previsto no art. 236, parágrafo único do Código Penal.

j. Finalização de processo administrativo para apuração de crime contra a ordem tributária - (art. 1º, incisos I a IV, da Lei nº 8.137/90) *Súmula Vinculante 24 do STF

k. Ingresso no território nacional do indivíduo que praticou crime no exterior- art. 7º, § 2º, "a", do Código Penal.

CAPÍTULO 2 - CLASSIFICAÇÕES DA AÇÃO PENAL

Um dos principais aspectos, no que tange à classificação das ações penais é com relação ao titular do direto de ação (legitimidade ativa). Conforme preconiza o art. 100, caput, do Código Pena. Nesse escopo as ações penais classificam-se em: públicas e privadas.

Vejamos esse seguinte esquema:

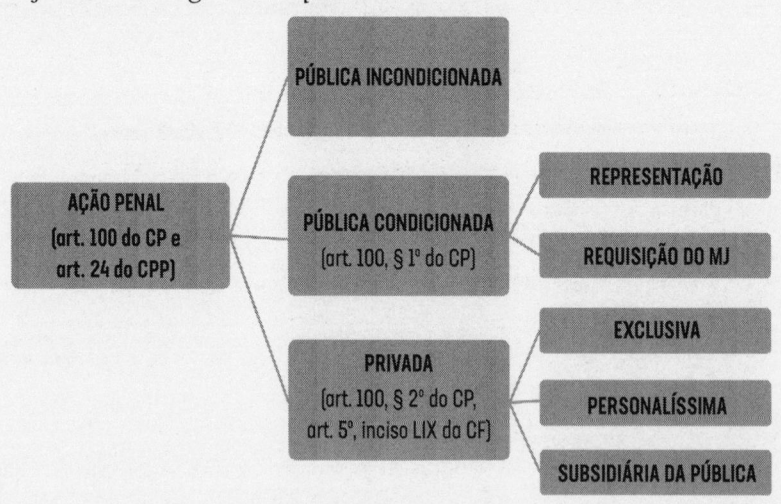

2.1. AÇÃO PENAL PÚBLICA

A ação penal pública, conforme consta no Código Penal, se subdivide nas seguintes espécies: pública incondicionada, pública condicionada à representação e pública condicionada à requisição do Ministro da Justiça

> **Art.** 100 - A ação penal é pública, salvo quando a lei expressamente a declara privativa do ofendido.

A ação penal pública obedece aos seguintes princípios, esquematizados a seguir e narrados brevemente nos tópicos subsequentes.

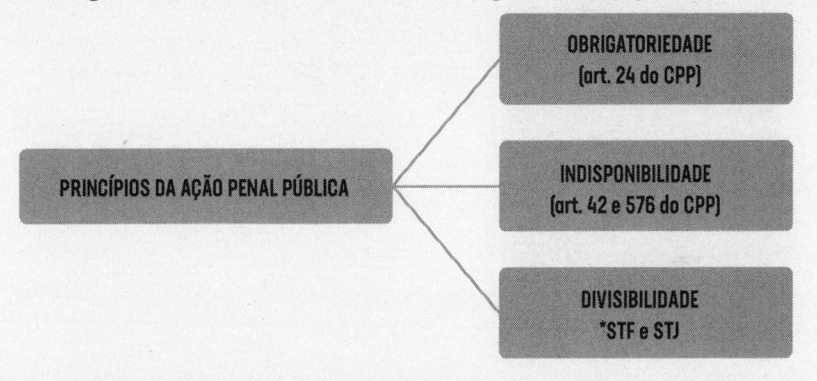

- **PRINCÍPIO DA OBRIGATORIEDADE:**

O princípio da obrigatoriedade da ação penal exprime o mandamento de que o Ministério Público, diante da análise de um fato típico, estando presentes elementos de informativos atinentes à autoria e materialidade delitivas e não tendo disso identificadas causas extintivas da punibilidade não pode deixar de promover a ação penal.

Quando se tratar da ação penal pública condicionada, a obrigatoriedade da propositura da ação penal depende do adimplemento prévio da condição de procedibilidade referente à representação ou à requisição do Ministro da Justiça.

Como regra, está o titular da ação penal obrigado a ajuizar a ação penal, mas de modo excepcional, prevê o constituinte e o legislador ordinário algumas hipóteses em que, segundo a doutrina, ocorre um abrandamento ou mitigação dessa obrigatoriedade ou o que também se chama de discricionariedade regrada. Em tais hipóteses, o Ministério Público, preenchidos os requisitos legais típicos de cada instituto, poderá deixar de propor a ação penal, oferecendo aos autores dos fatos típicos medidas alternativas à persecução penal judicial.

A primeira hipótese em que há tal mitigação ocorre no instituto da Transação Penal, previsto no art. 98, inciso I da Constituição Federal e regulamentado pelas Leis 9.099/95 e 10.259/2001.

O acordo de leniência, previsto no art. 87 da Lei 12.579/2011, autorizado diante da prática de crimes contra a ordem econômica segue a mesma tendência.

O instituto da colaboração premiada, regulamentado no art. 4º., § 4º., da Lei 12.850/2013, a chamada Lei de Organizações Criminosas, representa outro instrumento por meio do qual se constata o abrandamento da obrigatoriedade da propositura da ação penal.

Com recentíssima edição da Lei 13.964/2019 criou-se outro mecanismo de mitigação do princípio da obrigatoriedade da ação penal, com o instituto do acordo de não persecução penal, regulamentado no novo art. 28-A do Código de Processo Penal, do qual trataremos em capítulo específico.

- **PRINCÍPIO DA INDISPONIBILIDADE:**

Por força do princípio da indisponibilidade, em absoluta coerência com o princípio da obrigatoriedade da ação penal, o Ministério Público não pode desistir da ação penal já proposta, conforme vedação legal contida no art. 42 do Código de Processo Penal:

> **Art.** 42. O Ministério Público não poderá desistir da ação penal.

É importante frisar que o Ministério Público, no exercício de sua prerrogativa de independência funcional, que lhe é assegurado no art. 127, § 1º da Constituição Federal, não está vinculado ao pedido de procedência da pretensão punitiva do Estado formulado na inicial acusatória.

Assim, se ao término da ação penal, não restarem colhidos elementos de convicção aptos a sustentar o pedido condenatório, o Ministério Público pode e deve pugnar pela improcedência da pretensão punitiva estatal, providência essa que **não implica em desistência da ação penal**.

A vedação da indisponibilidade da ação penal está reforçada ainda em fase recursal, por força do que dispõe o art. 576 do Código de Processo Penal, que assim dispõe:

> **Art.** 576. O Ministério Público não poderá desistir de recurso que haja interposto.

- **PRINCÍPIO DA INDIVISIBILIDADE:**

Por força desse princípio, havendo a notícia da prática de mais de um autor para determinado fato, o Ministério Público não está obrigado a promover a ação penal em relação a todos de forma simultânea.

Poderá o membro do Parquet optar, desde que o faça de forma justificada, por cindir o feito promovendo a ação em desfavor de determinados autores em um primeiro momento, deixando os demais para outra oportunidade, seja por carência de maiores elementos informativos no tocante às respectivas autorias, seja para o fim de buscar a estratégia processual mais eficaz ao caso concreto, seja para evitar excessos de prazos de prisão de parte dos envolvidos.

2.2. AÇÃO PENAL PÚBLICA INCONDICIONADA:

É **a regra** no processo penal e independe da manifestação da vontade da vítima ou de terceiros para que o Ministério Público a exerça, evidenciando a prevalência do interesse público do bem jurídico que visa tutelar. A disciplina da ação penal pública está contida tanto no Código Penal, quanto no Código de Processo Penal, nos termos abaixo:

CÓDIGO PENAL

Art. 100 - A ação penal é pública, salvo quando a lei expressamente a declara privativa do ofendido.

CÓDIGO DE PROCESSO PENAL

Art. 24. Nos crimes de ação pública, esta será promovida por denúncia do Ministério Público, mas dependerá, quando a lei o exigir, de requisição do Ministro da Justiça, ou de representação do ofendido ou de quem tiver qualidade para representá-lo. § 2o Seja qual for o crime, quando praticado em detrimento do patrimônio ou interesse da União, Estado e Município, a ação penal será pública

2.3. AÇÃO PENAL PÚBLICA CONDICIONADA

Na ação penal pública condicionada, embora ainda inequívoco o interesse público do bem juridicamente tutelado, o Estado cede ao particular a prerrogativa de interferir no exercício de seu jus puniendi, dando-lhe a oportunidade de manifestar sua vontade a respeito do início da ação penal. Trata-se das hipóteses de ação penal pública condicionada, nos termos do previsto no § 1º do art. 100 do Código Penal:

Art. 100 - A ação penal é pública, salvo quando a lei expressamente a declara privativa do ofendido.

> § 1º - **A ação pública é promovida pelo Ministério Público, dependendo, quando a lei o exige, de representação do ofendido ou de requisição do Ministro da Justiça.**

A) REPRESENTAÇÃO

A representação é a manifestação de vontade do ofendido ou das pessoas legalmente legitimadas a representá-lo, no sentido de que tem interesse na persecução penal por fato do qual tenha sido vítima.

Trata-se de condição de procedibilidade, sem a qual a persecução penal não pode ser iniciada, sendo sua ausência, nos casos em que a lei a exigir, causa de rejeição da inicial acusatória, conforme dispõe o art. 395, inciso II do Código de Processo Penal.

A representação poderá ser feita perante a autoridade policial, o Ministério Público ou o Poder Judiciário e, segundo entendimento jurisprudencial dominante, independe de qualquer formalidade específica, a despeito do que dispõe o art. 39 do Código de Processo Penal, bastando que dela se extraia a vontade inequívoca de representar e apontando elementos informativos mínimos acerca das circunstâncias em que os fatos se deram. Vejamos o que diz o Superior Tribunal de Justiça a esse respeito:

> AgRg no RHC 118489 / BA
> AGRAVO REGIMENTAL NO RECURSO ORDINÁRIO EM HABEAS CORPUS 2019/0292158-8
> Relator(a) Ministro RIBEIRO DANTAS (1181)
> Órgão Julgador T5 - QUINTA TURMA
> Data do Julgamento 12/11/2019
> Data da Publicação/Fonte DJe 25/11/2019
> Ementa
> PROCESSO PENAL. AGRAVO REGIMENTAL NO RECURSO EM HABEAS CORPUS. LESÃO CORPORAL CULPOSA NO TRÂNSITO. AUSÊNCIA DE REPRESENTAÇÃO EXPRESSA DA VÍTIMA. PRESCINDIBILIDADE. ATO QUE DISPENSA FORMALIDADES. AGRAVO DESPROVIDO.

1. Nos termos do entendimento desta Corte Superior, tem-se que, quando a ação penal pública depender de representação do ofendido ou de seu representante legal, tal manifestação de vontade, condição específica de procedibilidade sem a qual é inviável a propositura do processo criminal pelo dominus litis, não exige maiores formalidades, sendo desnecessário que haja uma peça escrita nos autos do inquérito ou da ação penal com nomen iuris de representação, bastando que reste inequívoco o seu interesse na persecução penal.
2. No caso, as instâncias ordinárias esclareceram que a vítima sobrevivente, não obstante a ausência de peça formalizada nos autos, demonstrou de forma tácita e clara a intenção de ver a suposta autora do fato delituoso processada criminalmente, tendo comparecido à delegacia para prestar declarações minuciosas sobre o acidente, além de ter realizado o exame de corpo de delito. 3. "Não se mostra possível modificar o que ficou estabelecido pelas instâncias de origem sem que se faça necessário um amplo e aprofundado reexame do acervo probatório, procedimento vedado na via eleita."(AgRg no HC 233.479/MG, Rel. Ministro ANTONIO SALDANHA PALHEIRO, SEXTA TURMA, julgado em 15/12/2016, DJe 2/2/2017).
4. Agravo regimental desprovido.

Além disso, se a representação for ofertada perante o Ministério Público e diante das informações prestadas for possível desde logo aferir existência de justa causa para a propositura da ação penal, o inquérito policial poderá ser dispensado, devendo a inicial acusatória se ofertada no prazo de 15 (quinze) dias, conforme dispõe o § 5º do art. 39 do Código de Processo Penal.

- PRAZO PARA OFERTA DA REPRESENTAÇÃO:

A representação está sujeita à observância do prazo decadencial de **seis meses**, que se conta a partir do conhecimento da autoria delitiva, conforme disposto nos arts. 103 do Código Penal e 38 do Código de Processo Penal, a seguir:

Decadência do direito de queixa ou de representação

Código Penal

Art. 103 - Salvo disposição expressa em contrário, o ofendido **decai** do direito de queixa ou de representação se não o exerce dentro do prazo de **6 (seis) meses**, contado do dia em que **veio a saber quem é o autor do crime**, ou, no caso do § 3º do art. 100 deste Código, do dia em que se esgota o prazo para oferecimento da denúncia.

Decadência do direito de queixa ou de representação

Código de Processo Penal

Art. 38. Salvo disposição em contrário, o ofendido, ou seu representante legal, **decairá** no direito de queixa ou de representação, se não o exercer dentro do prazo de **seis meses**, contado do dia em que **vier a saber quem é o autor do crime**, ou, no caso do art. 29, do dia em que se esgotar o prazo para o oferecimento da denúncia.

O prazo decadencial tem natureza **material**, incluindo-se, em seu cômputo, o dia do início. Uma vez iniciado, **não se suspende, não se interrompe, tampouco se prorroga** e seu decurso sem a oferta de representação é causa extintiva de punibilidade, nos termos do art. 107, inciso IV do Código Penal.

- TITULARIDADE DA REPRESENTAÇÃO

A representação pode ser ofertada pelo próprio ofendido, se maior de 18 (dezoito) anos e capaz, ou por pessoa que esteja legalmente apto a representá-lo em casos de incapacidade ou sucedê-lo, em caso de ausência.

Vejamos o que diz o art. 33 do Código de Processo Penal:

Art. 33. Se o ofendido for menor de 18 anos, ou mentalmente enfermo, ou retardado mental, e não tiver representante legal, ou colidirem os interesses deste com os daquele, o direito de queixa poderá ser exercido por curador especial, nomeado, de ofício ou a requerimento do Ministério Público, pelo juiz competente para o processo penal.

Podemos concluir, então, que caso o ofendido seja **menor de idade** ou **incapaz por enfermidade mental**, o direito de representação será exercido por seu representante legal, independentemente de sua vontade.

No entanto, **não havendo representante legal**, o direito de representação será exercido por **curador especial** nomeado pelo juiz, de ofício ou mediante requerimento do Ministério Público. Devemos estar atentos ao fato de que o curador especial **não** está obrigado a ofertar a representação, sendo apenas a pessoa designada para fazer a avaliação da conveniência e oportunidade do exercício de tal direito em substituição ao ofendido que está incapacitado de exercê-lo.

A contagem do prazo para o exercício do direito de representação é exercida de forma autônoma em relação ao menor/incapaz e seu representante legal. Assim, conforme nos ensina o professor Norberto Avena, trata-se do caso de o prazo decadencial fluir apenas para o representante legal. Caso esse prazo se esgote, não há mais como exercer o direito de representação. Com a maioridade ou com a recuperação de sua enfermidade, dar-se-á o início do prazo de seis meses para representação.[27] A esse respeito é o teor do enunciado da Súmula 594 do Supremo Tribunal Federal:

> Os direitos de queixa e de representação podem ser exercidos, independentemente, pelo ofendido ou por seu representante legal.

A contagem do prazo, portanto, é feita de forma autônoma para cada um deles. Vejamos ementa de julgado a esse respeito:

> HC 115341 / SP - SÃO PAULO HABEAS CORPUS Relator(a): Min. DIAS TOFFOLI Julgamento: 14/10/2014 Órgão Julgador: Primeira Turma EMENTA Habeas corpus. Penal. Atentado violento ao pudor (CP, art. 214 na redação anterior à Lei nº 12.015/09). Ofendida menor de 18 anos. Representação. Prazo. Contagem. Dualidade. Súmula nº 594 da Suprema Corte. Decadência. Não ocorrência. Ordem denegada. 1. Na ocorrência do delito descrito no art. 214 do Código Penal – antes da revogação pela Lei nº 12.015/2009 -, o prazo decadencial para a apresentação de queixa ou de representação era de 6 meses após a vítima completar a maioridade, em decorrência da dupla titularidade. 2. Esta Suprema Corte tem reconhecido a dualidade de titulares do direito de representar ou oferecer queixa, cada um com o respectivo prazo: um para o ofendido e outro para seu representante legal. Súmula nº 594 do STF. Precedentes. 3. Ordem denegada.

Já no caso de **ausência** do ofendido, o § 1º do art. 24 do Código de Processo Penal estabelece a seguinte regra:

> **Art.** 24. Nos crimes de ação pública, esta será promovida por denúncia do Ministério Público, mas dependerá, quando a lei o exigir, de requisição do Ministro da Justiça, ou de representação do ofendido ou de quem tiver qualidade para representá-lo.
>
> § 1o No caso de morte do ofendido ou quando declarado ausente por decisão judicial, o direito de representação passará ao cônjuge, ascendente, descendente ou irmão. (Parágrafo único renumerado pela Lei nº 8.699, de 27.8.1993).

---

27 AVENA, Norberto. Processo Penal. 12. ed. São Paulo: Método, 2020.

A lista de preferência acima deverá ser seguida no caso de ausência do ofendido e, havendo colidência de interesses entre os colegitimados, deverá prevalecer a vontade daquele quem quer representar, conforme dispõe o art. 36 do Código de Processo Penal, aplicado analogicamente ao caso, já que o dispositivo se refere **expressamente ao direito de queixa**:

> **Art.** 36. Se comparecer mais de uma pessoa com direito de queixa, terá preferência o cônjuge**, e, em seguida, o parente mais próximo na ordem de enumeração constante do art. 31, podendo, entretanto, qualquer delas prosseguir na ação, caso o querelante desista da instância ou a abandone.

* RETRATAÇÃO DA REPRESENTAÇÃO

A representação, enquanto manifestação de vontade no sentido de ver iniciada a persecução penal pode ser retratável, segundo autorizam o Código Penal e o Código de Processo Penal em seus artigos 102 e 25, respectivamente. O **oferecimento** da denúncia, como regra, é o marco final dentro do qual a representação pode ser retratada.

> **CÓDIGO PENAL**
>
> **Art.** 102 - A representação será irretratável, depois de oferecida a denúncia.

> **CÓDIGO DE PROCESSO PENAL**
>
> **Art.** 25. A representação será irretratável, depois de oferecida a denúncia.

Entretanto, segundo o disposto no **art. 16 da Lei 11.340/2006- Lei Maria da Penha**, as regras para a retratação da representação são distintas. Nesse caso, a retratação pode ser ofertada até o **recebimento** da denúncia, seguindo, ademais, o procedimento abaixo:

> **Art.** 16. Nas ações penais públicas condicionadas à representação da ofendida de que trata esta Lei, só será admitida a renúncia à representação **perante o juiz**, em **audiência especialmente designada com tal finalidade**, **antes do recebimento da denúncia** e ouvido o Ministério Público.

Vejamos com o Superior Tribunal de Justiça se pronunciou a respeito:

AgRg no AREsp 1502008 / DF

Rel. Min. REYNALDO SOARES DA FONSECA (1170)
Data do Julgamento
08/10/2019
Data da Publicação/Fonte
DJe 14/10/2019AGRAVO REGIMENTAL. AMEAÇA NO ÂMBITO DOMÉSTICO. AUDIÊNCIA. ART. 16 DA LEI N. 11.340/2006. RECONCILIAÇÃO. IRRELE-VÂNCIA. SÚM. N. 83. FUNDAMENTO INATACADO. 1. Os recursos devem impugnar, de maneira específica e pormenorizada, os fundamentos da decisão contra a qual se insurgem, sob pena de vê-los mantidos. Não são suficientes alegações genéricas sobre as razões que levaram à inadmissão do agravo ou do recurso especial ou a insistência do mérito da controvérsia, como ocorreu na hipótese.
2. E o entendimento do STJ é de que "não basta, para afastar o óbice da Súmula nº 83/STJ, a alegação genérica de que o acórdão recorrido não está em consonância com a jurisprudência desta Corte, devendo a parte recorrente demonstrar que outra é a positivação do direito na jurisprudência desta Corte, com a indicação de precedentes con-temporâneos ou supervenientes aos referidos na decisão agravada" (AgRg no AREsp n. 238.064/RJ, Rel. Ministro RICARDO VILLAS BÔAS CUEVA, Terceira Turma, DJe 18/8/2014).
3. **No que tange ao crime de ameaça, conforme a dicção do art. 16 da Lei n. 11.340/2006, "nas ações penais públicas condicionadas à representação da ofendida de que trata esta Lei, só será admitida a renúncia à representação perante o juiz, em audiência especialmente designada com tal finalidade, antes do recebimento da denúncia e ouvido o Ministério Público", inocorrente no caso dos autos. 4. No caso, consta dos autos que da análise das declarações prestadas pela vítima em audiência de instrução, não há qualquer manifestação da mesma acerca de eventual desinteresse quanto ao prosseguimento do presente feito. Irrelevante, pois, a posterior reconciliação do casal.**
5. Agravo regimental a que se nega provimento.

Por fim, cumpre registrar que, segundo a doutrina dominante, é pos-sível a "retratação da retratação", desde que feita dentro do prazo de-cadencial de seis meses.

- EFICÁCIA OBJETIVA DA REPRESENTAÇÃO

A representação, uma vez ofertada, em obediência ao princípio da obrigatoriedade da ação penal, **se estende a todos os supostos autores** da suposta infração penal, ainda que o ofendido a tenha direcionado a apenas um deles.

No entanto, isso não se aplica a outros fatos que forem descobertos após a oferta de representação. Para cada fato, haverá necessidade de uma representação distinta.

Vejamos:

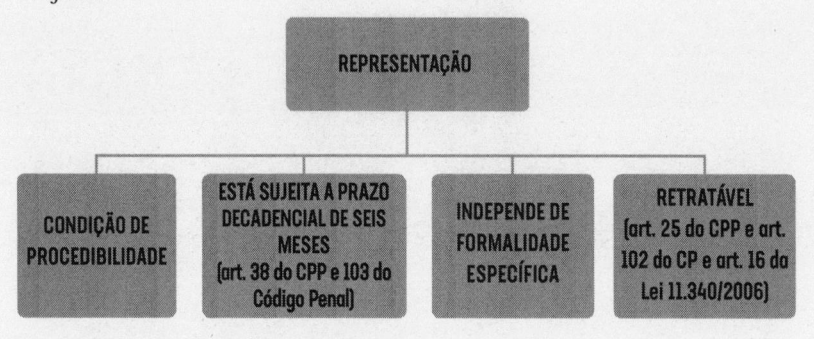

B) AÇÃO PENAL PUBLICA CONDICIONADA À REQUISIÇÃO DO MINISTRO DA JUSTIÇA

A requisição do Ministro da Justiça é condição de procedibilidade para o exercício da ação penal relativa a determinados crimes e segundo Roberto Avena está relacionada à conveniência política para apurar determinado crime ou não.[28]

Diferentemente da representação, a requisição não está sujeita a prazo decadencial, podendo ser apresentada pelo Ministro da Justiça a qualquer tempo, desde que não tenha ocorrido a extinção da punibilidade dos fatos.

O ato de requisição deve ser dirigido ao Ministério Público, que não está vinculado ao seu conteúdo, podendo tomar quaisquer das providências que lhe foram cabíveis no âmbito de sua independência funcional.

Entre nós, são crimes que se processam mediante requisição do Ministro da Justiça, os seguintes:

- Crimes cometidos por estrangeiros contra brasileiros no exterior - Art. 7º, § 3º do CP;
- Crime de Injúria praticado contra o Presidente da República - art. 141, inciso I, c/c art. 145 do Código Penal)

---

28 **AVENA**, Norberto. Processo Penal. 12. ed. São Paulo: Método, 2020.

- Crimes de Calúnia ou Difamação contra o Presidente da República, do Senado Federal, da Câmara dos Deputados ou do Supremo Tribunal Federal - Art. 26 da Lei de Segurança Nacional

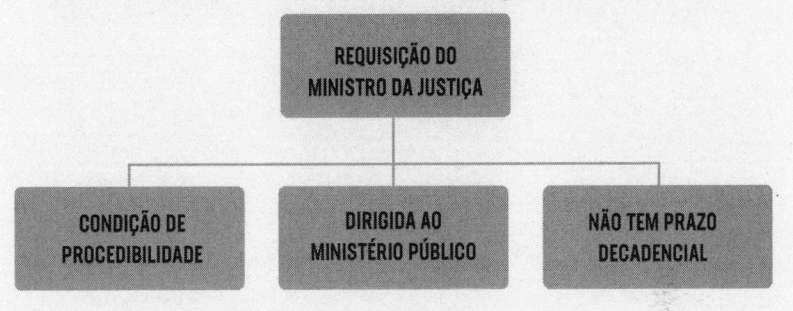

- PRAZOS PARA OFERECIMENTO DA DENÚNCIA

O Código de Processo Penal regulamenta os prazos para o oferecimento da inicial acusatória nos seguintes termos:

> **Art.** 46. O prazo para oferecimento da denúncia, estando o **réu preso**, será de **5 dias**, contado da data em que o órgão do Ministério Público receber os autos do inquérito policial, e de **15 dias**, se o **réu estiver solto ou afiançado**. No último caso, se houver devolução do inquérito à autoridade policial (art. 16), contar-se-á o prazo da data em que o órgão do Ministério Público receber novamente os autos.
> § 1o Quando o Ministério Público dispensar o inquérito policial, o prazo para o oferecimento da denúncia contar-se-á da data em que tiver recebido as peças de informações ou a representação.

A legislação especial, por vezes, estabelece prazos diferenciados para o oferecimento da inicial acusatória que tomam lugar dos prazos estabelecidos no art. 46 do Código de Processo Penal.

Embora a observância dos prazos para oferecimento da denúncia seja medida recomendável, sendo que eventual excesso não justificado pode, inclusive, acarretar constrangimento ilegal, segundo jurisprudência dominante dos Tribunais Superiores, não são prazos peremptórios, o que quer dizer que sua inobservância **não gera preclusão**, tratando-se, portanto, de prazos impróprios.

Vejamos o quadro geral de prazos para oferecimento da denúncia:

PRAZOS PARA OFERECIMENTO DA DENÚNCIA

Art. 46 do Código de Processo Penal Investigado preso: 5 dias Investigado solto: 15 dias	Art. 54 da Lei de Tóxicos 10 dias	Art. 357 do Código Eleitoral 10 dias	Art. 10, § 2º da Lei de Crimes contra a a Economia Popular 2 dias

A contagem dos prazos acima referidos se faz da data em que o Ministério Público recebe os autos do inquérito policial ou das peças de informação, nos termos do que dispõe o art. 798, § 1º do Código de Processo Penal, pois trata-se de **prazos de natureza processual**.

> **Art.** 798. Todos os prazos correrão em cartório e serão contínuos e peremptórios, não se interrompendo por férias, domingo ou dia feriado.
> § 1 Não se computará no prazo o dia do começo, incluindo-se, porém, o do vencimento.

2.4. AÇÃO PENAL PRIVADA

O Estado, em situações excepcionais, concede ao ofendido a qualidade de legitimado extraordinário, que, atuando como **substituto processual**, terá legitimidade para a propositura da ação penal. Nos casos de legitimados incapazes, seus representantes legais atuam como **representantes processuais**. No caso da ausência do legitimado, os representantes legais atuam como **sucessores processuais**.

A parte autora, na ação penal privada, é denominada **querelante** e no polo passivo, temos o **querelado**.

No nosso ordenamento jurídico temos três espécies de ação penal privada:

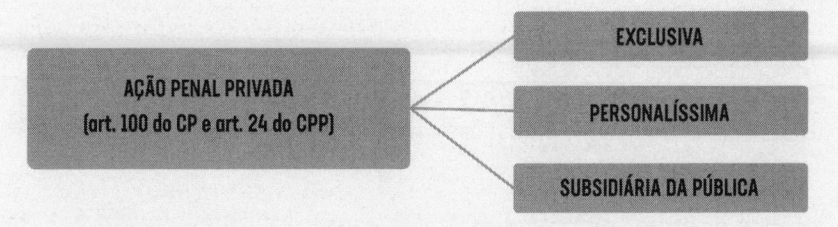

- AÇÃO PRIVADA EXCLUSIVA: é aquela cuja titularidade pode ser exercida pelo ofendido e de seus representantes ou sucessores legais;
- AÇÃO PENAL PRIVADA PERSONALÍSSIMA: é aquela cuja titularidade é intransmissível, somente podendo ser exercida pessoalmente pelo próprio ofendido, não admitindo representação ou sucessão processuais.
- AÇÃO PENAL PRIVADA SUBSIDIÁRIA DA PÚBLICA: espécie de ação penal privada em que o ofendido passa a ter a colegitimidade para a propositura de ação penal, nos casos de ação penal pública incondicionada, uma vez constatada a inércia imotivada do Ministério Público.
- Merecem destaque os seguintes princípios da ação privada:

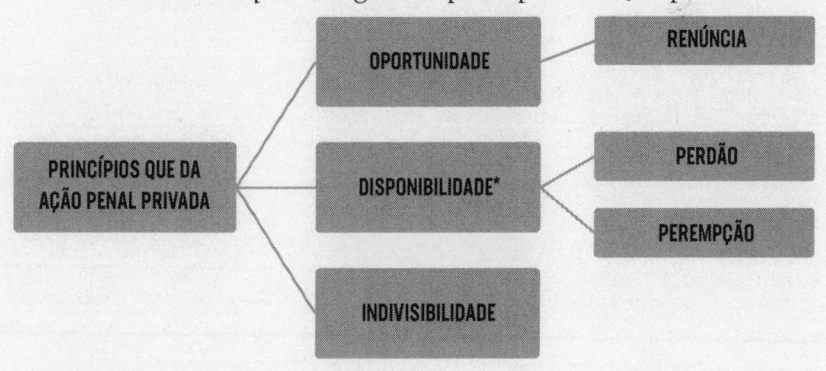

- PRINCÍPIO DA OPORTUNIDADE

Enquanto na **ação penal pública** é regido pelo **princípio da obrigatoriedade** da ação penal, não cabendo ao Ministério Público exercer qualquer juízo de conveniência e oportunidade na propositura da ação penal, na ação penal privada essa situação se inverte.

A lei concede ao ofendido (ou seus representantes legais ou seus sucessores) avaliar se, diante de elementos de convicção acerca da autoria e materialidade de determinada infração penal que lhe vitimou, lhe convém dar ou não início à persecução penal. Em havendo por parte do ofendido um juízo negativo acerca dessa conveniência e oportunidade, o instrumento legal por meio do qual a parte poderá renunciar ao direito de ver iniciada a ação penal é a **renúncia** ao direito de queixa.

- PRINCÍPIO DA DISPONIBILIDADE

É um desdobramento do princípio da oportunidade, onde o ofendido (ou seus representantes legais ou seus sucessores) farão juízo de conveniência e oportunidade para o **prosseguimento** da ação penal já ajuizada. Os instrumentos processuais dos quais o ofendido pode se utilizar para dispor da ação penal já proposta são o **perdão** (art. 51 do Código de Processo Penal) e a **perempção** (art. 60 do Código de Processo Penal).

- PRINCÍPIO DA INDIVISIBILIDADE:

Ao ofendido, ao tempo em que lhe é concedido o direito de avaliar a conveniência e oportunidade para o ajuizamento e o prosseguimento da ação penal, no que diz respeito às pessoas contra as quais o fará, esse juízo está vedado. Assim, conforme dispõe o art. 48 do Código de Processo Penal, na hipótese de coautoria delitiva, havendo renúncia ao direito de queixa, a renúncia se estende a todos os autores, nos seguintes termos:

> **Art.** 48. A queixa contra qualquer dos autores do crime obrigará ao processo de todos, e o Ministério Público velará pela sua indivisibilidade.

Por força da segunda parte do mesmo dispositivo, atuará o Ministério Público como fiscal do princípio da indivisibilidade, acompanhando todos os termos da ação pena privada, podendo, inclusive, aditar a queixa-crime, conforme dispõe o art. 45 do Código de Processo Penal.

> **Art.** 45. A queixa, ainda quando a ação penal for privativa do ofendido, poderá ser **aditada* pelo Ministério Público**, a quem caberá intervir em todos os termos subsequentes do processo

O aditamento à queixa, nos termos do que dispõe o § 2º do art. 46 do Código de Processo Penal, poderá ser ofertado pelo Parquet no prazo de 3 (três) dias e inclui o aditamento quando a erros na inicial acusatória ou quanto a ajustes quanto a circunstâncias fáticas.

No que diz respeito à possibilidade de o Ministério Público aditar a queixa-crime para incluir corréu, a doutrina diverge. A **corrente mi-**

noritária entende o art. 48 do Código de Processo Penal, ao estabelecer que o Ministério Público velará pela observância do princípio da indivisibilidade, poderia promover o aditamento da inicial acusatória privada, em qualquer hipótese, inclusive, para incluir corréus. Esse é o entendimento de Paulo Rangel e Tourinho Filho.

No entanto, para a **corrente majoritária**, composta por Renato Brasileiro, Nestor Távora e Norberto Avena, o Ministério Público não pode aditar a queixa-crime para incluir novos réus. Isso decorre do fato de que falece ao Parquet, legitimidade ad causam para tal procedimento, e, se assim o fizesse, usurparia da legitimidade do ofendido, desrespeitando-se, outrossim, o princípio da disponibilidade que é próprio da ação penal privada. Esse é o entendimento, inclusive, do **Superior Tribunal de Justiça**.

> **Art.** 46. O prazo para oferecimento da denúncia, estando o réu preso, será de 5 dias, contado da data em que o órgão do Ministério Público receber os autos do inquérito policial, e de 15 dias, se o réu estiver solto ou afiançado. No último caso, se houver devolução do inquérito à autoridade policial (art. 16), contar-se-á o prazo da data em que o órgão do Ministério Público receber novamente os autos.
>
> § 1º Quando o Ministério Público dispensar o inquérito policial, o prazo para o oferecimento da denúncia contar-se-á da data em que tiver recebido as peças de informações ou a representação
>
> § 2º O prazo para o aditamento da queixa será de 3 dias, contado da data em que o órgão do Ministério Público receber os autos, e, se este não se pronunciar dentro do tríduo, entender-se-á que não tem o que aditar, prosseguindo-se nos demais termos do processo.

A extensão do **aditamento à denúncia** é apenas para corrigir erros formais, não podendo o Ministério Público, em substituição à iniciativa do querelante, incluir coautor ou novos fatos , pois conforme nos ensina Nucci, o promotor não pode substituir -se ao ofendido, no intuito de processar quaisquer dos agressores, quando a ação penal for exclusivamente privada[29]Caso o Ministério Público verifique que houve omissão por parte do querelante em promover a ação penal em desfavor de algum coautor, deverá apenas requerer ao juiz que determine a intimação do querelante para sanar a omissão e caso não o faça, será reconhecida a renúncia ao direito de queixa em relação ao coautor omitido que, por sua vez, conforme já estudamos, se estende aos demais.

---

29 NUCCI, Guilherme de Souza. Código de Processo Penal comentado. 18. ed. Rio de Janeiro: Forense, 2019.

Vejamos o que diz o Superior Tribunal de Justiça a respeito:

HABEAS CORPUS Nº 85.039 - SP (2007/0137560-0)
RELATOR : MINISTRO FELIX FISCHER
EMENTA
PROCESSUAL PENAL. HABEAS CORPUS. ESTUPRO. ALEGADA
INÉPCIA DA QUEIXA. PROLAÇÃO DE SENTENÇA. PRECLUSÃO.
PROCURAÇÃO. AUSÊNCIA DE PODERES ESPECÍFICOS. QUEIXA ASSINADA
PELA VÍTIMA. DESNECESSIDADE. AÇÃO PENAL PRIVADA. ADITAMENTO.
MINISTÉRIO PÚBLICO. POSSIBILIDADE.
I - Resta preclusa a alegação de inépcia da queixa, se a quaestio não foi
suscitada antes da prolação da sentença (Precedentes do STF e STJ).
II - Se a queixa vem subscrita pelas vítimas, além do respectivo advo-
gado, fica suprida a necessidade de outorga de poderes específicos
na procuração (Precedentes).
III - Nos termos do artigo 45 do CPP, a queixa **poderá ser aditada pelo
Ministério Público, ainda que se trate de ação penal privativa do
ofendido, desde que não proceda à inclusão de coautor ou partícipe,
tampouco inove quanto aos fatos descritos**, hipóteses, por sua vez,
inocorrentes na espécie.
Ordem denegada.

- **PRAZO E TITULARIDADE PARA OFERECIMENTO DA QUEIXA-CRIME**

Todas as regras atinentes à legitimidade para o oferecimento da queixa e os respectivos prazos são as mesmas que já estudamos por ocasião
do estudo da representação.

A oferta da queixa-crime está sujeita à observância do prazo decadencial de seis meses, que e se conta a partir do conhecimento da autoria delitiva, nos mesmos moldes do que ocorre com a representação,
conforme disposto nos arts. 103 do Código Penal e 38 do Código de
Processo Penal, a seguir:

Decadência do direito de queixa ou de representação

Código Penal

Art. 103 - Salvo disposição expressa em contrário, o ofendido **decai**
do direito de queixa ou de representação se não o exerce dentro do
prazo de **6 (seis) meses**, contado do dia em que **veio a saber quem
é o autor do crime**, ou, no caso do § 3º do art. 100 deste Código,
do dia em que se esgota o prazo para oferecimento da denúncia.

O prazo decadencial tem natureza material, incluindo-se, em seu cômputo, o dia do início. Uma vez iniciado, **não se suspende**, **não se interrompe**, **tampouco se prorroga** e seu decurso sem a oferta de representação é causa extintiva de punibilidade, nos termos do art. 107, inciso IV do Código Penal.

[Atenção!]

A jurisprudência dominante dos Tribunais Superiores é no sentido de que ainda que o direito de queixa tenha sido exercido diante de juízo incompetente, não há falar em decadência, se observado o prazo do artigo 103 do Código Penal.

[Fim de atenção]

Todas as regras atinentes à legitimidade para o oferecimento da queixa são as mesmas que já estudamos por ocasião do estudo da representação. Observe como o assunto tem sido cobrado em provas de concurso:

Ano: 2019 Banca: NC-UFPR Órgão: TJ-PR Prova: NC-UFPR - 2019 - TJ-PR - Titular de Serviços de Notas e de Registros - Remoção

Na internet, em uma rede social, o empresário José Alfredo foi vítima de um crime de calúnia. A publicação caluniosa foi vista, curtida e comentada por milhares de pessoas. Todavia, o ofendido não tem certeza em relação à autoria do crime. Com base nessas informações, considere as seguintes afirmativas:

1. O prazo para o oferecimento da queixa será de 6 meses, contado da data em que a vítima vier a saber quem é o autor do crime.

2. Em relação aos crimes de ação penal de iniciativa privada, a vítima pode requerer a instauração de inquérito policial.

3. A queixa, ainda quando a ação penal for privativa do ofendido, poderá ser aditada pelo Ministério Público.

- RENÚNCIA AO DIREITO DE QUEIXA (ARTS. 49 E 50 DO CÓDIGO DE PROCESSO PENAL)

A renúncia, instrumento por meio do qual o ofendido exercerá o direito de não propor a ação penal, tendo natureza jurídica de causa impeditiva da ação penal e seu reconhecimento é causa extintiva de punibilidade, nos termos no art. 107, inciso V do Código Penal. A renúncia tem como oportunidade final para sua oferta o recebimento da queixa-crime pelo juízo.

Trata-se de ato unilateral, que independe de aceitação do suspeito da infração penal, no entanto, a renúncia do direito de queixa em relação a um dos autores, por força do princípio da indivisibilidade, a todos se estenderá, conforme estabelece o art. 49 do Código de Processo Penal:

> **Art.** 49. A renúncia ao exercício do direito de queixa, em relação a um dos autores do crime, a todos se estenderá.

A renúncia pode ser feita tanto de forma expressa, quanto tacitamente, nos termos do art. 104 do Código de Processo Penal.

> **Art.** 104 - O direito de queixa não pode ser exercido quando renunciado expressa ou tacitamente.
> Parágrafo único - Importa renúncia tácita ao direito de queixa a prática de ato incompatível com a vontade de exercê-lo; não a implica, todavia, o fato de receber o ofendido a indenização do dano causado pelo crime.

O parágrafo único do referido dispositivo, ao esclarecer o que venha a ser renúncia tácita, ressalva que o recebimento de indenização cível pelos danos causados **não é causa que implica em renúncia**. Todavia, é importantíssimo atentar à regra legal especial que excepciona tal situação. O art. 74, § único da Lei 90.99/95 dispõe o seguinte a esse respeito:

> **Art.** 74. A composição dos danos civis será reduzida a escrito e, homologada pelo Juiz mediante sentença irrecorrível, terá eficácia de título a ser executado no juízo civil competente.
> **Parágrafo único. Tratando-se de ação penal de iniciativa privada ou de ação penal pública condicionada à representação, o acordo homologado acarreta a renúncia ao direito de queixa ou representação.**

Destarte, como regra, o recebimento de indenização pelo ofendido pelos danos causados pelo autor do fato não implica em renúncia ao direito de queixa. No entanto, em se tratando de infrações penais de competência dos Juizados Especiais Criminais, a composição civil entre autor do fato e vítima implica, da parte desta, a renúncia ao direito de queixa ou representação.

- PERDÃO (ARTS. 51 A 59 DO CÓDIGO DE PROCESSO PENAL)

O perdão, por sua vez, é um dos institutos por meio dos quais o ofendido exercerá o direito de não dar seguimento à **ação penal privada exclusiva**, tem natureza jurídica de causa extintiva da ação penal e seu reconhecimento implica em extinção de punibilidade, nos termos no art. 107, inciso V do Código Penal.

> **Art.** 105 - O perdão do ofendido, nos crimes em que somente se procede mediante queixa, obsta ao prosseguimento da ação.

Em obediência ao **princípio da indivisibilidade**, o perdão ofertado a um dos querelados **aproveita aos demais**, no entanto, caso a ação penal tenha mais de um autor, cada um deles poderá exercer o perdão de modo individualizado, em harmonia com o que dispõe o **princípio da oportunidade** sendo que a oferta do perdão por um dos querelados não prejudica o direito dos demais em avaliar a conveniência e oportunidade de ofertá-lo ou não. Vejamos o que dispõe o art. 106, incisos I e II do Código Penal:

> **Art.** 106 - O perdão, no processo ou fora dele, expresso ou tácito:
> I - se concedido a qualquer dos querelados, a todos aproveita;
> II - se concedido por um dos ofendidos, não prejudica o direito dos outros;
> O perdão, ao contrário da representação, é **ato bilateral**, que para operar seus efeitos, depende de aceitação individual de cada um dos querelados, nos termos do art. 106, inciso III do Código de Processo Penal e art. 51 do Código de Processo Penal:
> **Art.** 106 [...]
> III - se o querelado o recusa, não produz efeito.

> **Art. 51.** O perdão concedido a um dos querelados aproveitará a todos, **sem que produza, todavia, efeito em relação ao que o recusar**.

O perdão, da mesma forma que a renúncia, pode ser manifestado de forma expressa, ou tácita, podendo ser ofertado após o recebimento da queixa-crime e até o trânsito em julgado da sentença condenatória, conforme dispõe os §§ 1º e 2º do art. 106 do Código Penal:

> **Art. 106** [...]
> § 1º - Perdão tácito é o que resulta da prática de ato incompatível com a vontade de prosseguir na ação.
> § 2º - Não é admissível o perdão depois que passa em julgado a sentença condenatória.

- Além disso, uma vez ofertado o perdão pelo ofendido, o autor do fato será intimado a sobre ele se pronunciar e uma vez escoado o prazo legal sem sua manifestação, o perdão será considerado aceito, extinguindo-se a punibilidade, nos termos do art. 58 do Código de Processo Penal.

> **Art. 58.** Concedido o perdão, mediante declaração expressa nos autos, o querelado será intimado a dizer, dentro de três dias, se o aceita, devendo, ao mesmo tempo, ser cientificado de que o seu silêncio importará aceitação.
> Parágrafo único. Aceito o perdão, o juiz julgará extinta a punibilidade.

Vejamos, por fim, outras regras gerais contidas no Código de Processo Penal a respeito do instituto do perdão:

> **Art. 52.** Se o querelante for menor de 21 e maior de 18 anos, o direito de perdão poderá ser exercido por ele ou por seu representante legal, mas o perdão concedido por um, havendo oposição do outro, não produzirá efeito.
> **Art. 53.** Se o querelado for mentalmente enfermo ou retardado mental e não tiver representante legal, ou colidirem os interesses deste com os do querelado, a aceitação do perdão caberá ao curador que o juiz lhe nomear.
> **Art. 54.** Se o querelado for menor de 21 anos, observar-se-á, quanto à aceitação do perdão, o disposto no art. 52.
> **Art. 55.** O perdão poderá ser aceito por procurador com poderes especiais.

> **Art.** 56. Aplicar-se-á ao perdão extraprocessual expresso o disposto no art. 50.
>
> **Art.** 57. A renúncia tácita e o perdão tácito admitirão todos os meios de prova.

- PEREMPÇÃO (ART. 60 DO CÓDIGO DE PROCESSO PENAL)

A perempção é fenômeno processual que ocorre **apenas** na **ação penal privada exclusiva** que tem como consequência a perda do direito de prosseguir na ação penal por parte do autor desidioso. Tem natureza jurídica de causa extintiva do processo e, uma vez constatada, é causa extintiva de punibilidade, conforme dispõe o art. 107, inciso IV do Código Penal. O art. 60 do Código de Processo Penal estabelece as hipóteses **taxativas** em que será reconhecida a perempção:

> **Art.** 60. Nos casos em que somente se procede mediante queixa, considerar-se-á perempta a ação penal:
>
> I - quando, iniciada esta, o querelante deixar de promover o andamento do processo durante 30 dias seguidos;
>
> II - quando, falecendo o querelante, ou sobrevindo sua incapacidade, não comparecer em juízo, para prosseguir no processo, dentro do prazo de 60 (sessenta) dias, qualquer das pessoas a quem couber fazê-lo, ressalvado o disposto no art. 36;
>
> III - quando o querelante deixar de comparecer, sem motivo justificado, a qualquer ato do processo a que deva estar presente, ou deixar de formular o pedido de condenação nas alegações finais;
>
> IV - quando, sendo o querelante pessoa jurídica, esta se extinguir sem deixar sucessor.

A) AÇÃO PENAL PRIVADA PERSONALÍSSIMA

Na ação penal privada personalíssima, o direito de queixa somente pode ser exercido pessoalmente pelo ofendido, não sendo admitidas as hipóteses de representação ou sucessão, previstas para as ações penais privadas exclusivas. A única hipótese de ação personalíssima que temos no nosso ordenamento jurídico penal é a prevista no art. 236 do Código Penal:

> **Induzimento a erro essencial e ocultação de impedimento**
>
> **Art.** 236 - Contrair casamento, induzindo em erro essencial o outro contraente, ou ocultando-lhe impedimento que não seja casamento anterior:
>
> Pena - detenção, de seis meses a dois anos.

> Parágrafo único - A ação penal depende de queixa do contraente enganado e não pode ser intentada senão depois de transitar em julgado a sentença que, por motivo de erro ou impedimento, anule o casamento.

B) AÇÃO PENAL PRIVADA SUBSIDIÁRIA

A ação penal privada subsidiária da pública tem assento constitucional e é autorizada quando caracterizada omissão injustificada do Ministério Público em dar início à persecução penal. Além da previsão constitucional, o Código Penal, o Código de Processo Penal e a nova Lei de Abuso de Autoridade regulamentam a ação penal privada subsidiária. Vejamos:

CONSTITUIÇÃO FEDERAL

art. 5°, inciso LIX,
LIX - será admitida ação privada nos crimes de ação pública, se esta não for intentada no prazo legal.

CODIGO PENAL

Art. 100 - A ação penal é pública, salvo quando a lei expressamente a declara privativa do ofendido.
§ 3° - A ação de iniciativa privada pode intentar-se nos crimes de ação pública, se o Ministério Público não oferece denúncia no prazo legal.

CODIGO DE PROCESSO PENAL

Art. 29. Será admitida ação privada nos crimes de ação pública, se esta não for intentada no prazo legal, cabendo ao Ministério Público aditar a queixa*, repudiá-la** e oferecer denúncia substitutiva***, intervir em todos os termos do processo, fornecer elementos de prova, interpor recurso e, a todo tempo, no caso de negligência do querelante, retomar a ação como parte principal.

LEI DE ABUSO DE AUTORIDADE - Lei 13.869/2019

Art. 3° Os crimes previstos nesta Lei são de ação penal pública incondicionada.

§ 1° Será admitida ação privada se a ação penal pública não for intentada no prazo legal, cabendo ao Ministério Público aditar a queixa, repudiá-la e oferecer denúncia substitutiva, intervir em todos os termos do processo, fornecer elementos de prova, interpor recurso e, a todo tempo, no caso de negligência do querelante, retomar a ação como parte principal.

§ 2° A ação privada subsidiária será exercida no prazo de 6 (seis) meses, contado da data em que se esgotar o prazo para oferecimento da denúncia.

Na ação penal privada subsidiária, o que ocorre é que havendo inércia injustificada do Ministério Público, após transcorrido o prazo para o ajuizamento da ação penal, abre-se a possibilidade ao ofendido, como colegitimado para o exercício da ação penal.

Nesses casos, a natureza da ação permanece pública, sendo regida por todos os princípios que regem a ação penal pública, a titularidade da ação penal permanece com o Ministério Público, **mas durante o prazo decadencial de seis meses**, o ofendido tem a faculdade de propor a ação penal privada subsidiária, uma vez constada a inércia do promotor.

Observe-se, contudo, com atenção, que apesar da natureza do prazo para a oferta de queixa subsidiária ser decadencial, o transcurso de tal prazo, apesar de implicar em renúncia do direito de queixa subsidiária pelo ofendido, **não acarreta a extinção da punibilidade**.

A inércia do órgão ministerial que justifica o ajuizamento da ação privada subsidiária deve ser absoluta, quando ao receber os autos do inquérito policial, o promotor deixa de promover qualquer ato que possa dar seguimento à persecução penal. Assim sendo, o requerimento de diligências, a determinação de arquivamento dos autos, o requerimento de declínio de competências do juízo **não são** atos que caracterizam inércia apta a dar ensejo à propositura da ação privada subsidiária.

Lado outro, uma vez proposta a queixa subsidiária, nas hipóteses em que autorizadas, o art. 29 do Código de Processo Penal determina que o Ministério Público intervenha nos seguintes termos:

Art. 29. Será admitida ação privada nos crimes de ação pública, se esta não for intentada no prazo legal, cabendo ao Ministério Público aditar a queixa*, repudiá-la** e oferecer denúncia substitutiva***, intervir em todos os termos do processo, fornecer elementos de prova, interpor recurso e, a todo tempo, no caso de negligência do querelante, retomar a ação como parte principal.

Assim, poderá o Ministério Público aditar a queixa substitutiva em qualquer aspecto, seja objetivo, seja subjetivo, para corrigir falhar, incluir novos fatos ou novos autores. Poderá, alternativamente, repudiar a queixa-crime, oferecendo outra em seu lugar. Deverá intervir em todos os termos do processo e, em caso de desídia do querelante, retomará a titularidade como parte principal.

2.5. OUTRAS CLASSIFICAÇÕES DA AÇÃO PENAL

AÇÃO PENAL POPULAR	Prevista na Lei 10.79/1950 é opção dada ao cidadão de ajuizar perante o Senado Federal, a persecução penal pela prática de crimes de responsabilidade ali definidos e que tenham sido praticados pelas autoridades elencadas em seu art. 2º e pelo art. 52, incisos I e II da Constituição Federal. A doutrina majoritária, no entanto, entende que essa espécie de ação penal popular não existe como forma autônoma de ação penal
AÇÃO PENAL SECUNDÁRIA	Ocorre nos casos em que a lei estabelece um titular para a ação penal, para o ajuizamento de determinada demanda. No entanto, diante do surgimento de certas circunstâncias, prevê, de forma **subsidiária, portanto, secundária uma outra espécie de ação para a mesma infração.** Ex.: Crime de lesão corporal. Caso seja lesão leve, a ação penal é pública condicionada à representação, se for grave, gravíssima, ou praticada em situação de violência doméstica contra a mulher passa a ser pública incondicionada.
AÇÃO DE PREVENÇÃO PENAL	É ação penal proposta contra o inimputável (art. 26 do Código Penal), na qual se postula a procedência da pretensão punitiva do estado com a aplicação de medida de segurança.

QUESTÕES DE CONCURSOS

1. **Com. Exam. (MPE RS) - Promotor de Justiça (MPE RS)/2017/XLVIII**

   Deoclécio foi vítima de furto de um par de tênis, em 15 de janeiro de 2016, data em que tomou conhecimento que o autor do crime era Hermenegildo. O Promotor de Justiça teve vista do inquérito policial em 1º de março de 2016, uma terça-feira. Tratando-se de indiciado solto, o prazo para o Promotor de Justiça manifestar-se encerrou em 16 de março de 2016, uma quarta-feira. Como o Promotor de Justiça permanecia sem manifestar-se nos autos do inquérito, em 08 de setembro de 2016, 6 meses e sete dias após o fato, Deoclécio ajuíza Queixa-Crime (ação penal privada subsidiária da pública) contra Hermenegildo, imputando-lhe a prática de furto. No curso da instrução são indiscutivelmente provadas a materialidade e a autoria do crime que recai sobre Hermenegildo. Em alegações finais, Deoclécio, por seu advogado munido de procuração com poderes especiais para tanto, concede perdão ao querelado, invocando o art. 58 do Código de Processo Penal que diz: "Concedido o perdão, mediante declaração expressa nos autos, o querelado será intimado a dizer, dentro de três dias, se o aceita, devendo, ao mesmo tempo, ser cientificado de que o seu silêncio importará aceitação.". Também em alegações finais, Hermenegildo aceita o perdão oferecido.

   Com base nesses dados fáticos, assinale a alternativa correta.

   A) Hermenegildo decaiu do direito de queixa, eis que entre a data do fato, momento que tomou conhecimento da autoria, e o oferecimento da queixa-crime transcorreram mais de 6 meses.

   B) Hermenegildo decaiu do direito de queixa, eis que entre a data da vista ao Promotor de Justiça e o oferecimento da queixa-crime transcorreram mais de 6 meses.

   C) Como a ação é privada, aceito o perdão o juiz julgará extinta a punibilidade.

   D) Não é admissível o perdão dada a natureza do crime.

   E) O perdão é ato personalíssimo e, portanto, não pode ser concedido através de advogado, mesmo com procuração.

2. **Com. Exam. (MPE SP) - Promotor de Justiça (MPE SP)/2017/92º**

   Assinale a alternativa correta.

   A) O perdão do querelante a um dos querelados, em razão do princípio da indivisibilidade da ação penal, beneficia aos demais.

   B) Nos crimes de ação pública condicionada, oferecida a representação contra um dos autores do crime, o Ministério Público deverá oferecer denúncia contra todos os autores.

   C) O prazo decadencial para o oferecimento de queixa crime começa a fluir para o cônjuge, ascendente, descendente ou irmão a partir da morte do ofendido.

   D) No caso de infração de menor potencial lesivo, a composição amigável dos danos civis homologada pelo juízo, acarreta a renúncia ao direito de queixa ou representação.

   E) A decadência e a perempção são formas de extinção da punibilidade que só ocorrem na ação privada em que vigora o princípio da oportunidade.

3. **CONSULPLAN - Analista Judiciário (TRF 2ª Região)/Judiciária/Oficial de Justiça Avaliador Federal/2017**

Sobre o tema Ação Penal, analise as afirmativas a seguir.

I. Seja qual for o crime, quando praticado em detrimento do patrimônio ou interesse da União, Estado e Município, a ação penal será pública.

II. A representação será irretratável, depois de recebida a denúncia.

III. O Ministério Público não poderá desistir da ação penal.

Estão corretas as afirmativas

A) I, II e III.
B) I e II, apenas.
C) I e III, apenas.
D) II e III, apenas.

4. **IOBV - Oficial Policial Militar (PM SC)/2017**

A ação penal é o direto público subjetivo de requerer ao Estado a aplicação do direito penal objetivo a um determinado caso concreto. As ações penais são classificadas em função da qualidade do sujeito que detém a titularidade do bem jurídico tutelado. Em relação à ação penal, assinale a alternativa correta:

A) Nos casos em que se procede mediante queixa, considera perempta a ação penal quando, falecendo o querelante, ou sobrevindo sua incapacidade, não comparecer em juízo para prosseguir no processo, dentro do prazo de 30 (trinta) dias, qualquer pessoa a quem couber fazê-lo.

B) No caso de morte do acusado, o juiz, tendo vista da certidão de óbito, declarará extinta a punibilidade independente da manifestação do Ministério Público.

C) A ação pública será promovida pelo Ministério Público, mas dependerá de requisição do Ministro da Justiça, nas ocasiões em que a lei assim exigir.

D) A decisão que julgar extinta a punibilidade obsta a propositura da ação civil.

E) Quando o titular do direito à reparação do dano não puder arcar com as custas processuais sem o prejuízo do sustento próprio e de sua família, a ação civil será promovida, a seu requerimento, pelo defensor público ou dativo.

5. **CEBRASPE (CESPE) - Soldado Policial Militar (PM AL)/Combatente/2017**

Julgue o próximo item, relativo à ação penal prevista no Código de Processo Penal brasileiro.

Na ação penal pública incondicionada, a atuação do Ministério Público depende de manifestação da vítima ou de terceiros. ( )

6. **CONSULPLAN - Analista Judiciário (TRE RJ)/Judiciária/2017**

Sobre Ação Penal Privada, analise as afirmativas a seguir.

I.   Apesar de não existir vedação expressa no Código Penal, não é admitida ação privada subsidiária em crimes praticados mediante violência ou grave ameaça.

II. É condição para o exercício da ação penal a representação do ofendido no caso de crimes em que a ação penal é de iniciativa privada.

III. Não se admite a ação privada subsidiária em caso de arquivamento do inquérito policial.

IV. Na ação penal privada subsidiária da pública, no caso de negligência do querelante, pode o Ministério Público retomar a ação como parte principal.

Estão **corretas** apenas as afirmativas

A) I e II.
B) I e IV.
C) II e III.
D) III e IV.

7. **IBADE - Agente de Polícia Civil (PC AC)/2017 (e mais 2 concursos)**

Considerando a regência legal e a orientação jurisprudencial no que tange à ação penal , assinale a alternativa **correta**

A) Na ação penal pública Incondicionada o delegado de polícia para instaurar inquérito necessita da representação da vítima ou ofendido.

B) Após O recebimento da denúncia a representação torna-se irretratável.

C) A representação é uma condição específica de procedibilidade.

D) Na ação penal privada subsidiária da pública, a desídia do querelante não autoriza a retomada da ação pelo Ministério Público.

E) No crime de lesão corporal leve no âmbito da violência doméstica contra mulher a ação penal é pública condicionada à representação.

8. **NUCEPE UESPI - Agente de Polícia Civil (PC PI)/2018**

No que diz respeito à Ação Penal, marque a alternativa CORRETA.

A) As Ações Penais Públicas Condicionadas, dependem do ofendido, nos casos de representação e do Ministro da Justiça, nos casos de requisição.

B) A Ação Penal Pública poderá ser proposta pelo Ministério Público, por advogado público ou particular.

C) Apenas a Ação Penal Pública Incondicionada poderá ser proposta pelo Ministério Público.

D) A ação de iniciativa privada se diferencia da ação pública, no que tange ao direito de agir, uma vez que, o direito de ação e a própria ação passam a ser de natureza privada.

E) A titularidade da ação privada personalíssima é exclusiva ao ofendido e ao seu representante legal.

9. FCC - Analista Judiciário (TRE PR)/Judiciária/2017

Sobre as diversas modalidades de ação penal, é **correto** afirmar:

A) Em caso de morte do ofendido, o direito de intentar a ação privada propriamente dita se transmite ao cônjuge, ascendente, descendente ou irmão da vítima.

B) O prazo decadencial para o oferecimento da requisição pelo Ministro da Justiça na ação penal condicionada é de seis meses.

C) A ação penal privada subsidiária da pública fere o comando constitucional que atribui ao Ministério Público a titularidade da ação penal.

D) Com a revogação do crime de adultério, deixou de existir no ordenamento jurídico brasileiro a chamada ação penal privada personalíssima.

E) A perempção poderá ser reconhecida em qualquer momento do inquérito policial, bem como antes ou, ainda, após iniciada a ação penal.

10. IBFC - Oficial de Justiça (TJ PE)/2017

Sobre a ação penal privada, analise os itens abaixo.

I. A ação penal privada é uma modalidade de procedimento criminal cuja iniciativa é de exclusividade da vítima por meio do oferecimento de Queixa-crime. É observável apenas quando do cometimento de crimes contra a honra e dignidade sexual.

II. Ocorrerá a perempção do direito de ação quando o querelante se abster de fazer pedido condenatório na exordial acusatória.

III. Na hipótese de falecimento do ofendido, terão legitimidade para propor a ação penal privada o cônjuge da vítima, seus ascendentes, descendentes e irmãos, nesta ordem.

IV. O prazo para o exercício do direito de Queixa é de 6 (seis) meses, contados da data de consumação do delito.

Assinale a alternativa **correta**.

A) Apenas I e II estão corretos

B) Apenas I e IV estão corretos

C) Apenas II e III estão corretos

D) Apenas II e IV estão incorretos

E) I, II, III e IV estão corretos

11. CEBRASPE (CESPE) - Soldado Policial Militar (PM AL)/Combatente/2017

Julgue o próximo item, relativo à ação penal prevista no Código de Processo Penal brasileiro.

As fundações legalmente constituídas podem exercer a ação penal. ( )

12. Instituto AOCP - Agente (ITEP RN)/Necrópsia/2018

No que se refere à ação penal, de acordo com o Código de Processo Penal, é correto afirmar que

A) o Ministério Público é o titular exclusivo de todos os tipos de ação penal, dependendo, porém, nos casos de ação penal privada, de anuência do ofendido para o início do processo crime.

B) nos crimes de ação penal pública condicionada, uma vez oferecida a representação, esta se torna irretratável.

C) nas ações penais privadas, vindo o ofendido a falecer, o processo crime será declarado extinto.

D) o Ministério Público é o titular exclusivo da ação penal pública, dependendo, porém, nos casos previstos em lei, da representação do ofendido ou de quem tenha qualidade para representá-lo, ou de requisição do Ministro da Justiça.

E) o Ministério Público poderá ingressar com a ação penal privada se o ofendido ou seu representante legal não o fizerem no prazo de 06 (seis) meses.

13. CEBRASPE (CESPE) - Defensor Público do Estado de Alagoas/2017

Assinale a opção que apresenta causa que acarreta a extinção da punibilidade, extensível aos coautores e partícipes.

A) morte do agente

B) perempção

C) perdão judicial

D) retração do querelado na calúnia

E) prescrição ao agente menor de vinte e um anos

14. FGV - Procurador (ALERJ)/2017

Paulo praticou determinada conduta prevista como crime, prevendo a legislação então vigente que a ação respectiva ostenta a natureza privada. Três meses depois do ocorrido, em razão de mudança legislativa, o crime praticado por Paulo passou a ser de ação penal pública incondicionada. Um ano após os fatos criminosos, o Ministério Público ofereceu denúncia contra Paulo em razão daquele comportamento, tendo em vista que o ofendido não havia proposto queixa em momento anterior.

De acordo com a situação acima exposta, é correto afirmar que o juiz deve:

A) receber a denúncia, sendo o Ministério Público parte legítima, eis que a nova lei deve ser imediatamente aplicada;

B) rejeitar a denúncia, eis que o Ministério Público não deflagrou a ação penal no prazo de seis meses;

C) rejeitar a denúncia, porque especificamente o delito praticado por Paulo, apesar da alteração legislativa, continua sendo de ação penal privada, reconhecendo a prescrição;

D) rejeitar a denúncia, porque especificamente o delito praticado por Paulo, apesar da alteração legislativa, continua sendo de ação penal privada, reconhecendo a decadência;

E) receber a denúncia, porquanto, com a mudança legislativa, tanto o ofendido como o Ministério Público poderiam deflagrar a ação penal respectiva.

15. CEBRASPE (CESPE) - Soldado Policial Militar (PM AL)/Combatente/2017

Julgue o próximo item, relativo à ação penal prevista no Código de Processo Penal brasileiro.

Na hipótese de o Ministério Público determinar a devolução dos autos à autoridade policial para a realização de diligências imprescindíveis à verificação da materialidade da infração penal, será admitida a ação penal privada subsidiária da pública. (   )

16. FAURGS - Analista Judiciário (TJ RS)/Judiciária/Ciências Jurídicas e Sociais/2017

Em se tratando da ação penal, é **correto** afirmar que:

A) nas ações penais de natureza pública condicionada à representação, a vítima poderá retratar-se da representação a qualquer tempo, desde que não tenha sido proferida sentença de mérito no processo.

B) a ação penal privada subsidiária poderá ser intentada nos casos de ação penal pública, inclusive quando houver pedido de arquivamento do inquérito policial pelo órgão acusatório.

C) nas ações penais de natureza pública incondicionada, quando do oferecimento da denúncia, o Ministério Público deverá expor sinteticamente o fato criminoso, bem como indicar a qualificação do acusado, podendo complementar a peça acusatória ou apresentar rol de testemunhas no prazo de 15 dias.

D) nas ações penais públicas incondicionadas, o inquérito policial é elemento indispensável para a propositura da denúncia, não se admitindo que o Ministério Público faça uso de outros meios de informação para sustentar o oferecimento da acusação.

E) nas ações penais privadas movidas mediante queixa, havendo pluralidade de autores, a queixa não poderá ser movida de forma seletiva contra apenas alguns desses autores, sendo que a renúncia ao exercício do direito de queixa, em relação a qualquer um deles, aproveitará a todos.

17. CEBRASPE (CESPE) - Soldado Policial Militar (PM AL)/Combatente/2017

Antônio, depois de presenciar um homicídio que ocorreu próximo de sua residência, foi à delegacia de polícia mais próxima e comunicou o crime à autoridade policial, por escrito.

A respeito dessa situação hipotética e de aspectos legais a ela relacionados, julgue o item a seguir.

Como o crime de homicídio é de ação pública condicionada à representação, a autoridade policial não poderá instaurar o inquérito de ofício. (   )

18. FUNRIO - Soldado (PM GO)/2017

A respeito dos crimes de ação penal pública, é CORRETO afirmar que:

A) no caso de morte do ofendido, o direito de representação poderá ser exercido apenas pelos seus descendentes.

B) no caso de declaração de ausência do ofendido, o direito de representação poderá ser exercido apenas por seu cônjuge ou seus descendentes.

C) a ação dependerá, quando a lei o exigir, de requisição do Ministro da Justiça.

D) não se admite a ação penal privada em tais casos.

E) apenas assumem tal natureza os crimes contra interesse da União, Estado ou Município.

19. VUNESP - Procurador Legislativo (CM Cotia)/2017

A, empresário do ramo de confecção têxtil, teve sua marca reproduzida, sem autorização, em diversas camisetas. Instaurado inquérito policial, constatou-se que a empresa que confeccionou as camisetas era de propriedade de B - por coincidência, sobrinho de A - e um terceiro C. B, ouvido pela Autoridade Policial, alegou desconhecer que a marca reproduzida era de propriedade do tio. Afirmou, ademais, não saber que reproduzir ou imitar marca, sem autorização do titular, seria crime. C, por sua vez, disse que achava que a reprodução da marca contava com a autorização, já que o titular era o tio de seu sócio. Finalizado o inquérito policial, identificados os supostos autores do crime contra o registro de marca (processável por ação penal privada), A propôs queixa-crime apenas contra C, deixando de fora B, seu sobrinho. Da identificação dos supostos autores do crime à propositura da queixa-crime transcorreram 04 (quatro) meses. Mas, da instauração do inquérito policial à propositura da queixa-crime transcorreu período superior a 06 (seis) meses.

A respeito da situação hipotética, afirma-se corretamente que,

A) uma vez transcorrido período superior a 06 (seis) meses entre a instauração do inquérito policial e a propositura da queixa-crime, A decaiu do direito de processar os autores do fato.

B) uma vez transcorrido período superior a 30 (trinta) dias entre a identificação dos autores e a propositura da queixa-crime, a ação penal está perempta.

C) por se tratar de crime de ação penal privada, incabível instauração de inquérito policial, devendo a investigação ficar a cargo do ofendido.

D) nas ações penais privadas, aplica-se o princípio da indivisibilidade, segundo o qual a queixa contra qualquer dos autores obriga processar a todos, exceto quando há perdão ou renúncia por parentesco.

E) ao deixar de propor queixa-crime em face de B, A, tacitamente, renunciou a seu direito de queixa que, por expressa previsão legal, estende-se a C.

20. CEBRASPE (CESPE) - Agente de Segurança Penitenciária (SJDH PE)/2017

Em se tratando de ação penal, conceitua-se denúncia como:

A) instrumento jurídico pelo qual o ofendido ou qualquer outra pessoa dá publicidade a um ato criminoso, com vistas à instauração de investigação na qual se apure a autoria do ato.

B) ato em que o ofendido recorre ao Poder Judiciário para requerer a punição do autor de um ato criminoso.

C) instrumento processual pelo qual o Ministério Público invoca a jurisdição penal para imputar a acusado de crime de ação pública a prática dessa conduta criminosa.

D) instrumento jurídico pelo qual o cidadão comunica ao Poder Judiciário a prática de um ato criminoso, para que se proceda às investigações.

E) ato de se comunicar a prática de uma conduta criminosa à autoridade policial, para a instauração de inquérito policial para apurar a materialidade do ato e sua autoria.

21. CEBRASPE (CESPE) - Agente de Segurança Penitenciária (SJDH PE)/2017

Em uma ação penal de iniciativa privada subsidiária da iniciativa pública, o querelante deixou de comparecer, sem motivo justificado, a um ato processual no qual sua presença era indispensável.

Nessa situação hipotética, a providência processual cabível é:

A) ordenar a intimação pessoal do querelante para que ele manifeste interesse em prosseguir com a ação penal.

B) prosseguir com a ação penal e abrir vista às partes para apresentarem alegações finais.

C) declarar extinta a punibilidade e extinguir a ação penal.

D) determinar a intimação do Ministério Público para assumir a titularidade da ação penal.

E) suspender o curso da ação penal e aguardar o pronunciamento do querelante.

22. FGV - OAB UNIFICADO - Nacional/XXIV Exame/2017

Tiago, funcionário público, foi vítima de crime de difamação em razão de suas funções. Após Tiago narrar os fatos em sede policial e demonstrar interesse em ver o autor do fato responsabilizado, é instaurado inquérito policial para investigar a notícia de crime. Quando da elaboração do relatório conclusivo, a autoridade policial conclui pela prática delitiva da difamação, majorada por ser contra funcionário público em razão de suas funções, bem como identifica João como autor do delito. Tiago, então, procura seu advogado e informa a este as conclusões 1 (um) mês após os fatos.

Considerando apenas as informações narradas, o advogado de Tiago, de acordo com a jurisprudência do Supremo Tribunal Federal, deverá esclarecer que

A) caberá ao Ministério Público oferecer denúncia em face de João após representação do ofendido, mas Tiago não poderá optar por oferecer queixa-crime.

B) caberá a Tiago, assistido por seu advogado, oferecer queixa-crime, não podendo o ofendido optar por oferecer representação para o Ministério Público apresentar denúncia.

C) Tiago poderá optar por oferecer queixa-crime, assistido por advogado, ou oferecer representação ao Ministério Público, para que seja analisada a possibilidade de oferecimento de denúncia.

D) caberá ao Ministério Público oferecer denúncia, independentemente de representação do ofendido.

23. CEBRASPE (CESPE) - Técnico Judiciário (TRF 1ª Região)/Administrativa/"Sem Especialidade"/2017

A respeito da ação penal, julgue o item a seguir.

O Ministério Público detém, privativamente, a legitimidade para propor ação penal pública, ainda que a proposição seja condicionada à representação do ofendido ou à requisição do ministro da Justiça. (   )

24. IBFC - Oficial de Justiça (TJ PE)/2017

A ação penal pública é de iniciativa exclusiva do Ministério Público e tem por objetivo dar concretude ao jus puniendi estatal.

Acerca dessa modalidade de ação penal, assinale a alternativa **correta**.

A) O prazo para oferecimento da denúncia é de 5 (cinco) dias, caso o acusado esteja preso, e de 20 (vinte) dias se estiver em liberdade

B) O Ministério Público poderá dispor da ação penal, podendo dela desistir sempre que achar adequado à defesa da coletividade, independentemente do eventual crime praticado pelo acusado

C) Quando do oferecimento da denúncia é imprescindível a qualificação do acusado

D) O direito de representação somente poderá ser exercido pessoalmente, vedada a sua realização por meio de procurador

E) Caberá ao Ministro da Justiça apresentar requisição para o prosseguimento de ação penal pública nos casos previstos em lei em que se verifica o cometimento de crimes em face do Presidente da República. A requisição é ato administrativo irrevogável e não há prazo legal para a sua apresentação

25. IBFC - Oficial de Justiça (TJ PE)/2017

A ação penal necessita de condições e requisitos para a sua subsistência. Tais elementos estão dispostos em lei e sua ausência no caso concreto gera a extinção da demanda.

Neste contexto, identifique e assinale a alternativa que **não** apresenta uma das condições legais da ação penal.

A) Justa causa

B) Legitimidade de parte

C) Possiblidade jurídica do pedido

D) Indivisibilidade da acusação

E) Interesse de agir

26. IBADE - Agente de Polícia Civil (PC AC)/2017 (e mais 2 concursos)

Sobre o tema "ação penal", assinale a alternativa que, embora não esgote toda a classificação, apresenta classificações corretas das ações penais quanto ao exercício.

A) Ação penal privada personalíssima, comum e subsidiária da pública.

B) Ação penal pública, condicionada à requisição e condicionada à reclamação.

C) Ação penal privada Incondicionada e ação penal pública condicionada.

D) Ação penal pública condicionada à representação e a reclamação.

E) Ação penal pública personalíssima e ação penal pública subsidiária da ação privada.

27. Fundação La Salle - Agente Penitenciário (SUSEPE RS)/2017

O órgão do Ministério Público dispensará o inquérito policial, se com a representação forem oferecidos elementos que o habilitem a promover a ação penal, e, neste caso, oferecerá a denúncia no prazo de:

A) 05 (cinco) dias.

B) 10 (dez) dias.

C) 15 (quinze) dias.

D) 30 (trinta) dias.

E) 45 (quarenta e cinco) dias.

28. CEBRASPE (CESPE) - Técnico Judiciário (TRF 1ª Região)/Administrativa/"Sem Especialidade"/2017

A respeito da ação penal, julgue o item a seguir.

Desde o advento da Lei n.º 11.719/2008, que alterou dispositivos do Código de Processo Penal, as condições da ação penal são a possibilidade jurídica do pedido, o interesse de agir e a legitimidade. (   )

29. IBFC - Oficial (CBM SE)/Cadete - Aluno Oficial/2018

Assinale a alternativa **correta** sobre quais são as condições gerais da ação penal.

A) Causa de pedir, Legitimidade ad causam e Interesse de agir

B) Pedido, Legitimidade ad causam e Interesse de agir

C) Possibilidade jurídica do pedido, Legitimidade ad causam e Interesse de agir

D) Capacidade postulatória, Legitimidade ad causam e Interesse de agir

30. GUALIMP - Procurador Jurídico (CM Nova Venécia)/2018

De acordo com o Código de Processo Penal, marque a alternativa correta no que se refere à Ação Penal:

A) A representação é retratável, ainda que já oferecida à denúncia.

B) Ao ofendido, a quem tenha qualidade para representá-lo ou ao Ministério Público caberá intentar a ação privada.

C) É facultado ao Ministério Público a desistência da Ação Penal.

D) A renúncia ao exercício do direito de queixa, em relação a um dos autores do crime, a todos se estenderá.

31. ACESSE - Consultor Jurídico (CM Curitibanos)/2018

Conforme dispõe expressamente o Código de Processo Penal (Decreto-Lei Nº3.689 de 03.10.1941), em relação a Ação Penal, em seu artigo 46, o prazo para oferecimento da denúncia, estando o réu preso, será de:

A) 03 (três) dias, contado da data em que o órgão do Ministério Público receber os autos do inquérito policial,

B) 05 (cinco) dias, contado da data em que o órgão do Ministério Público receber os autos do inquérito policial.

C) 10 (dez) dias, contado da data em que o órgão do Ministério Público receber os autos do inquérito policial.

D) 15 (quinze) dias, contado da data em que o órgão do Ministério Público receber os autos do inquérito policial.

32. IBFC - Soldado (PM PB)/Combatente/2018

Relativamente à ação penal, assinale a alternativa **correta:**

A) o Promotor de Justiça poderá abrir mão do inquérito policial, caso tenham sido apresentadas informações que o permitam iniciar o processo penal, e, nesta hipótese, deverá oferecer a denúncia no prazo de trinta dias.

B) as ações penais em que se apure a prática de contravenção deverão ser intentadas mediante a iniciativa do Promotor de Justiça, mas dependerão, quando a norma determinar, de manifestação prévia do Ministro da Justiça.

C) Seja qual for o crime, quando praticado em detrimento do interesse ou do patrimônio dos entes federativos, a ação penal será pública.

D) Se a vítima for maior de 60 anos, o direito de representação poderá ser exercido por qualquer pessoa, independente de mandato específico.

33. VUNESP - Escrivão de Polícia (PC BA)/2018

Segundo o art. 25 do Código de Processo Penal, "a representação será irretratável, depois de oferecida a denúncia". Com isso, o legislador quis afirmar que

A) a Autoridade Policial não poderá representar pela decretação da prisão preventiva.

B) pedida a instauração de inquérito por parte da vítima, não poderá mais ser oferecida a representação.

C) após o Ministério Público oferecer a denúncia, a vítima não poderá desautorizar o Ministério Público a proceder com a ação penal.

D) a denúncia não poderá ser aditada.

E) a vítima não poderá ser representada pelo ascendente, descendente, cônjuge ou irmão após o oferecimento da denúncia.

34. UERR - Agente (SETRABES)/Sócio-Orientador/2018

Ação penal cuja característica essencial é que no caso de incapacidade, morte ou ausência da vítima, o representante legal desta ou o cônjuge, companheiro, ascendente, descendente e irmão poderá ingressar:

A) pública incondicionada.

B) pública condicionada.

C) exclusivamente privada.

D) privada personalíssima.

E) privada subsidiária da pública.

35. FCC - Promotor de Justiça (MPE PB)/2018/XV

No caso de morte do ofendido, a ordem preferencial para se exercer o direito de queixa, segundo o que dispõe o Código de Processo Penal, é

A) ascendente, descendente e cônjuge.

B) cônjuge, ascendente, descendente e irmão.

C) descendente, ascendente e irmão.

D) ascendente, descendente e representante legal.

E) cônjuge, descendente, ascendente e tutor ou curador.

36. FCC - Defensor Público do Estado do Maranhão/2018

Roberto foi preso em flagrante pela suposta participação no delito de furto de uma bicicleta. Na lavratura do respectivo auto foram ouvidos os policiais responsáveis pela prisão e o indiciado. A prisão em flagrante foi convertida em prisão preventiva em sede de audiência de custódia. Concluídas as investigações e relatado o inquérito policial, os autos foram encaminhados ao Ministério Público. Ao analisar o caso, no entanto, o Promotor de Justiça entendeu haver diligência imprescindível para o oferecimento da denúncia, consistente na oitiva da vítima proprietária da bicicleta, eis que Roberto disse ter com ela negociado a compra do referido objeto. Nesse caso, deverá o Promotor de Justiça

A) determinar o arquivamento do inquérito policial.

B) denunciar Roberto e solicitar o prazo de 30 dias para eventual aditamento da denúncia.

C) intimar a vítima para que compareça ao Ministério Público no prazo de 60 dias, sob pena de crime de desobediência, requerendo a manutenção da custódia cautelar de Roberto.

D) oferecer transação penal, nos termos do art. 89 da Lei no 9.099/95.

E) requerer o retorno dos autos à Delegacia de origem para que seja realizada a oitiva da vítima e a imediata soltura do indiciado.

37. CEBRASPE (CESPE) - Analista Judiciário (STJ)/Judiciária/Oficial de Justiça Avaliador Federal/2018

Considerando a doutrina e a jurisprudência dos tribunais superiores acerca dos crimes em espécie, julgue o seguinte item.

Situação hipotética: Um servidor público, no exercício de suas funções, foi vítima de injúria e difamação. **Assertiva:** Nessa situação, será concorrente a legitimidade do servidor ofendido, mediante queixa, e do Ministério Público, condicionada à representação do ofendido, para a ação penal correspondente. (   )

38. FGV - Técnico Judiciário (TJ AL)/Judiciária/2018

Guilherme Nucci define ação penal como "o direito do Estado- acusação ou da vítima de ingressar em juízo, solicitando a prestação jurisdicional, representada pela aplicação das normas de direito penal ao caso concreto". Tradicionalmente, a doutrina classifica as ações penais como públicas e privadas, que possuem diferentes tratamentos a partir de sua natureza.

Assim, de acordo com as previsões do Código de Processo Penal e da doutrina, são aplicáveis às ações penais de natureza privada os princípios da:

A) conveniência, indisponibilidade e indivisibilidade;

B) conveniência, indisponibilidade e divisibilidade;

C) oportunidade, disponibilidade e indivisibilidade;

D) oportunidade, disponibilidade e divisibilidade;

E) obrigatoriedade, disponibilidade e divisibilidade.

39. VUNESP - Investigador de Polícia (PC BA)/2018

A regra de que a ação penal será sempre pública, independentemente da natureza do crime,

A) vige quando o crime for praticado em detrimento de patrimônio ou interesse da União, Estado e Município.

B) não se aplica quando se tratar de contravenção penal praticada contra os costumes.

C) vigora para todas as infrações penais em obediência ao princípio constitucional da inafastabilidade da tutela jurisdicional.

D) decorre do fundamento da República Federativa do Brasil consistente no respeito à dignidade da pessoa humana, por isso aplica-se a todos os tipos penais.

E) não é válida quando o ofendido puder prover às despesas do processo, sem privar-se dos recursos indispensáveis ao próprio sustento ou da família.

40. FCC - Promotor de Justiça (MPE PB)/2018/XV

Para que a ação penal tenha justa causa e possibilite a ampla defesa do acusado, a denúncia deverá conter os seguintes requisitos essenciais:

A) Exposição do fato criminoso, com todas as suas circunstâncias, a qualificação do acusado ou esclarecimentos pelos quais se possa identificá-lo, a classificação do crime e, quando necessário, o rol das testemunhas.

B) Exposição do fato criminoso, com todas as suas circunstâncias, a qualificação do acusado ou esclarecimentos pelos quais se possa identificá-lo, a classificação do crime, o rol das testemunhas e o pedido de condenação.

C) Exposição do fato criminoso, com todas as suas circunstâncias, a qualificação do acusado ou esclarecimentos pelos quais se possa identificá-lo, a classificação do crime, o rol das testemunhas e pedido alternativo para o caso de desclassificação do crime.

D) Exposição do fato criminoso, com todas as suas circunstâncias, a qualificação do acusado e da vítima ou esclarecimentos pelos quais se possa identificá-los, a classificação do crime e o rol completo das provas que se pretende produzir.

E) Exposição do fato criminoso, com todas as suas circunstâncias, a qualificação do acusado ou esclarecimentos pelos quais se possa identificá-lo, a classificação do crime, o rol das testemunhas, o pedido de condenação e o procedimento a ser observado.

41. **IBFC - Oficial (PM SE)/Combatente/2018**

Relativamente à ação penal condicionada à requisição do Ministro da Justiça, assinale a alternativa incorreta:

A) Sua propositura não comporta prazo, podendo ser oferecida enquanto não extinta a punibilidade

B) O Ministério Público não está vinculado à requisição, de forma que, uma vez oferecida a requisição, pode o órgão ministerial deixar de denunciar

C) A ação penal condicionada à requisição do Ministro da Justiça não admite retratação

D) A ação penal condicionada à requisição do Ministro da Justiça deve ser oferecida dentro de 06 (seis) meses, sob pena de decadência

42. **IESES - Notário e Registrador (TJ CE)/Remoção/2018**

A manifestação do ofendido, ou de seu representante legal, indicando que não está mais interessado em continuar com a ação penal privada, após ter dado início a ela, é denominado de:

A) Perempção.

B) Renúncia.

C) Perdão.

D) Retratação.

43. **CEBRASPE (CESPE) - Soldado Policial Militar (PM AL)/Combatente/2018**

No que se refere à ação penal, julgue o item subsecutivo.

O titular da ação penal pública incondicionada é o Ministério Público. (   )

44. **FCC - Defensor Público (DPE AP)/2018**

Em caso de ação penal de iniciativa pública condicionada,

A) a ausência de representação impede o início do processo, mas permite a instauração de inquérito policial desde que mediante requisição judicial.

B) o direito de representação deve ser exercido dentro do prazo de seis meses, contado do dia em que vier a saber quem é o autor do crime.

C) o direito de representação é do ofendido, salvo nos crimes patrimoniais, que passa também ao cônjuge.

D) o direito de representação deve ser exercido pela FUNAI, quando o ofendido é indígena

E) a representação será retratável até a publicação da sentença.

45. **CESPE - 2018 - PM-AL - Soldado da Polícia Militar - No que se refere à ação penal, julgue o item subsecutivo.**

Em se tratando de crime que se processe mediante ação penal pública incondicionada, o perdão concedido pela vítima ao criminoso, antes do oferecimento da denúncia, impede o processamento da ação penal. (   )

46. FGV - 2018 - TJ-SC - Analista Jurídico

O Código de Processo Penal prevê uma série de institutos aplicáveis às ações penais de natureza privada. Sobre tais institutos, é **correto** afirmar que:

A) a renúncia ao exercício do direito de queixa ocorre antes do oferecimento da inicial acusatória, mas deverá ser expressa, seja através de declaração do ofendido seja por procurador com poderes especiais;

B) o perdão do ofendido oferecido a um dos querelados poderá a todos aproveitar, podendo, porém, ser recusado pelo beneficiário, ocasião em que não produzirá efeitos em relação a quem recusou;

C) a renúncia ao exercício do direito de queixa ocorre após o oferecimento da inicial acusatória, gerando extinção da punibilidade em relação a todos os querelados;

D) a decadência ocorrerá se o ofendido não oferecer queixa no prazo de 06 meses a contar da data dos fatos, sendo irrelevante a data da descoberta da autoria;

E) a perempção ocorre quando o querelante deixa de comparecer a atos processuais para os quais foi intimado, ainda que de maneira justificada.

47. FGV - 2018 - TJ-AL - Analista Judiciário - Oficial de Justiça Avaliador

Matheus foi vítima de crime de ação penal pública condicionada à representação. Logo após os fatos, compareceu em sede policial e, oralmente, manifestou ao Delegado o interesse em representar em face do autor dos fatos. Diante disso, foi oferecida denúncia pelo Ministério Público. Matheus, porém, se arrependeu e demonstrou interesse em se retratar da representação enquanto a denúncia não era recebida.

Considerando apenas as informações narradas, é correto afirmar que Matheus:

A) não poderá se retratar da representação, já que o Código de Processo Penal não admite retratação, independentemente do momento, uma vez realizada a representação perante autoridade policial;

B) poderá se retratar da representação, mesmo após o recebimento da denúncia, em razão do princípio da disponibilidade da ação penal pública condicionada à representação;

C) não precisa se retratar da representação, pois esta foi inválida, já que realizada oralmente;

D) poderá se retratar da representação, tendo em vista que a denúncia não foi recebida;

E) não poderá se retratar da representação, tendo em vista que a denúncia já foi oferecida.

48. CEBRASPE (CESPE) - Analista Judiciário (STJ)/Judiciária/"Sem Especialidade"/2018

Acerca do inquérito policial, do acusado e seu defensor e da ação penal, julgue o item que se segue.

O titular da ação penal pública condicionada é o Ministério Público. [   ]

49. **UEG - 2018 - PC-GO - Delegado de Polícia. Sobre o inquérito policial, segundo o Código de Processo Penal, tem-se o seguinte:**

A) A representação, no caso de ação penal pública condicionada, pode ser apresentada por procurador.

B) Em regra, irregularidade em ato praticado no inquérito policial gera a nulidade do processo penal dele decorrente.

C) A representação do ofendido é irretratável depois de recebida a denúncia.

D) Da decisão que indefere o requerimento de abertura de inquérito policial formulado pelo ofendido cabe recurso ao Ministério Público.

E) Se o investigado estiver preso em flagrante, o extrapolamento do prazo de conclusão gera nulidade da investigação.

50. **CESPE - 2018 - PC-MA - Delegado de Polícia Civil**

Um garoto de sete anos de idade foi atendido no pronto-socorro de um hospital com quadro de crise asmática. Embora tenha sido regularmente medicado, ele faleceu trinta e seis horas depois devido a insuficiência respiratória. A médica plantonista foi indiciada por homicídio culposo com imputação de negligência no atendimento. O promotor de justiça, após exaustivas diligências, que incluíram o parecer de renomado pneumologista e outras diligências realizadas pela própria assessoria médica do órgão acusador, pediu o arquivamento da peça inquisitória um mês depois de encerrado o prazo previsto em lei para a propositura da ação penal, a partir da apresentação do relatório final pelo delegado. Nesse ínterim, o pai da criança, inconformado com a demora do MP em promover a denúncia no prazo da lei, ajuizou ação penal privada subsidiária.

Acerca dessa situação hipotética e de aspectos a ela correlatos, assinale a opção correta à luz do entendimento dos tribunais superiores.

A) O simples fato de os autos terem ficado sem movimentação externa ao MP por prazo superior a quinze dias não autorizaria a propositura da ação penal privada.

B) Se os autos tiverem estado em diligência a cargo de órgão auxiliar técnico do MP para análise das questões médicas envolvidas, então não houve omissão e, por isso, esteve suspenso o prazo para o exercício da ação penal privada.

C) Caso a família da vítima tomasse ciência da realização de diligências no âmbito interno do MP para esclarecimento dos fatos e se manifestasse nos autos dessas diligências sem questioná-las, isso implicaria anuência, obstando o direito à ação penal privada.

D) O direito de propor ação penal privada subsidiária poderia ser exercido a qualquer tempo, desde que decorrido o prazo legal conferido ao MP.

E) Tendo a CF erigido como fundamental o direito da vítima e de sua família à aplicação da lei penal, a vítima e sua família podem tomar as rédeas da ação penal se o MP não o fizer no devido tempo.

GABARITO

1. D	11. Verdadeiro	21. D	31. B	41. D
2. D	12. D	22. C	32. C	42. C
3. C	13. B	23. Verdadeiro	33. C	43. Verdadeiro
4. C	14. D	24. E	34. C	44. B
5. Falso	15. Falso	25. D	35. B	45. Falso
6. D	16. E	26. A	36. E	46. B
7. C	17. Falso	27. C	37. Verdadeiro	47. E
8. A	18. C	28. Falso	38. Verdadeiro	48. Verdadeiro
9. A	19. E	29. C	39. A	49. A
10. C	20. C	30. D	40. A	50. E

COMPETÊNCIA

A função jurisdicional do Estado é aquela **exercida por todo juiz investido em seu cargo**, que tem como dever substituir a vontade das partes para a solução de um caso concreto posto em litígio. O instrumento por meio do qual tal função estatal é exercida é o devido processo legal.

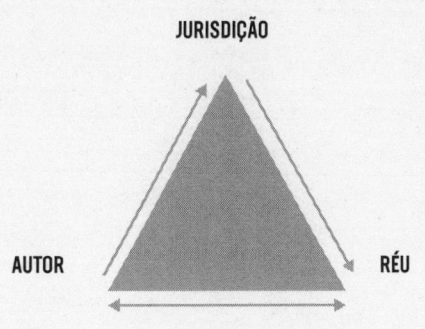

No exercício da jurisdição, o Estado, que atua em substituição das partes na aplicação da lei ao caso concreto, precisa estabelecer uma organização estrutural desse poder, surgindo a competência como a repartição prévia feita pelo legislador do poder de julgar.

Enquanto a jurisdição é um dos poderes exercidos pelo Estado, a competência é a limitação legal pré-estabelecida para o exercício dele, atendendo a critérios relativos à matéria, ao espaço e à pessoa.

A competência tem natureza jurídica de pressuposto de validade do processo, sob pena de nulidade, conforme dispõe o artigo 564, inciso I do Código de Processo Penal.

> **Art.** 564. A nulidade ocorrerá nos seguintes casos:
> I - por incompetência, suspeição ou suborno do juiz;

CAPÍTULO 1 - NATUREZA JURÍDICA DAS NORMAS QUE VERSAM SOBRE COMPETÊNCIA

A natureza jurídica das normas que versam sobre o exercício da jurisdição é **processual**, portanto, têm aplicabilidade imediata aos feitos novos e àqueles em andamento, independentemente da data em que os fatos em apuração aconteceram, sem prejuízo da validade dos atos praticados sob o comando da lei anterior.

COMPETÊNCIA ABSOLUTA	COMPETÊNCIA RELATIVA
Estabelecida por normas constitucionais, para o atendimento do interesse público.	Estabelecida por normas infraconstitucionais para o atendimento das partes.
Prejuízo presumido.	Prejuízo deve ser comprovado no caso concreto.
Improrrogável.	Prorrogável.
Pode ser arguida a qualquer tempo, no curso do processo e, em favor do réu, mesmo após o trânsito em julgado. (HC ou Revisão Criminal)	Deve ser arguida no momento próprio, sob pena de preclusão.
Pode ser invocada de ofício até a sentença.	Pode ser invocada de ofício até o término da instrução processual*
Art. 69, incisos III e VII do CPP.	Art. 69, incisos I, II, IV, V, VI do CPP.

JUSTIÇAS ESPECIAIS	JUSTIÇAS COMUNS
São criadas pelo texto constitucional em razão da especificidade de tratamento de determinada matéria.	Estabelecidas no texto constitucional para matérias que são atribuição residual em relação às justiças especiais.
Justiça Militar (art. 122 da CF) Justiça do Trabalho (art. 111 da CF) Justiça Eleitoral (art. 118 da CF) Justiça Política (art. 52, inciso II da CF)	Justiça Federal (art. 106 da CF) e Justiça Estadual (art. 125 da CF)

CAPÍTULO 2 - DEFINIÇÃO DE COMPETÊNCIA

A competência será determinada, de acordo com o que preconiza o art. 69 do Código de Processo Penal, a saber:

Art. 69. Determinará a competência jurisdicional:
I - o lugar da infração:
II - o domicílio ou residência do réu;
III - a natureza da infração;
IV - a distribuição;
V - a conexão ou continência;
VI - a prevenção;
VII - a prerrogativa de função.

- **Razão da matéria**: é estabelecida em razão da natureza da infração penal praticada. (Art. 69, inciso III do CPP) ;
- **Razão da pessoa:** é estabelecida em razão da função desempenhada pelo agente. (Art. 69, inciso VII do CPP);
- **Razão do local**: é estabelecida em razão do local onde a infração penal foi praticada. (Art. 69, inciso I do CPP);
- **Competência funcional**: distribuição feita pela lei entre diversos juízes da mesma instância ou de instâncias diversas para um **mesmo processo**.

- **Por fase do processo**: de acordo com a fase do processo, um órgão jurisdicional diferente vai conduzir o feito. Ex.: Processo de conhecimento/processo de execução penal; Procedimento do Júri (fase judicial/plenário)

- **Por objeto do juízo**: cada órgão jurisdicional pratica determinados atos processuais dentro de um mesmo processo, na mesma fase do procedimento. Ex.: procedimento do tribunal do júri (Júri profere a decisão de mérito e juiz presidente profere a sentença).;

- **Por grau de jurisdição**: divide a competência entre órgãos jurisdicionais superiores e inferiores.

2.1. COMPETÊNCIA INTERNACIONAL

No que diz respeito à aplicação da lei processual penal no espaço, vimos que a regra é **territorialidade**, sendo competente a autoridade judiciária brasileira para processar e julgar os atos praticados no seu território.

Excepcionalmente, há casos de **infrações praticadas no exterior** que são da competência da justiça brasileira (art. 7º do CP). Ainda temos os casos que, **praticados no Brasil**, submetem-se à jurisdição internacional de forma subsidiária[30].

Em 1998, foi aprovada na Conferência Diplomática de Plenipotenciários das Nações Unidas o Estatuto de Roma, por meio do qual foi criado o Tribunal Penal Internacional, conhecido como Corte de Haia, com sede em Haia, na Holanda.

A Corte de Haia, que entrou em vigor em 2002, nasceu como órgão jurisdicional penal internacional permanente. Tem competência para processar e julgar os responsáveis pela prática dos crimes que define, praticados no âmbito dos países signatários.

O Brasil aderiu ao Estatuto de Roma em 2000 e, em 2002, o Congresso Nacional aprovou o decreto legislativo 4.388/2002. Em 2004, foi promulgada a Emenda Constitucional 45/2004, acrescentando o § 4º do artigo 5º, reconhecendo a jurisdição do TRIBUNAL PENAL INTERNACIONAL.

> § 4º O Brasil se submete à jurisdição de Tribunal Penal Internacional a cuja criação tenha manifestado adesão. (Incluído pela Emenda Constitucional nº 45, de 2004)

> **Art.** 5º
> Crimes da competência do Tribunal

---

[30] Para saber mais, leia o Estatuto de Roma do Tribunal Penal Internacional, ratificado pelo **DECRETO Nº 4.388, DE 25 DE SETEMBRO DE 2002.**(consultado em 25/01/2023).

1. A competência do Tribunal restringir-se-á aos crimes mais graves, que afetam a comunidade internacional no seu conjunto. Nos termos do presente Estatuto, o Tribunal terá competência para julgar os seguintes crimes:

a) O crime de genocídio;

b) Crimes contra a humanidade;

c) Crimes de guerra;

d) O crime de agressão.

2. O Tribunal poderá exercer a sua competência em relação ao crime de agressão desde que, nos termos dos artigos 121 e 123, seja aprovada uma disposição em que se defina o crime e se enunciem as condições em que o Tribunal terá competência relativamente a este crime. Tal disposição deve ser compatível com as disposições pertinentes da Carta das Nações Unidas.

Art. 11
Competência *Ratione Temporis*

1. O Tribunal só terá competência relativamente aos crimes cometidos após a entrada em vigor do presente Estatuto.

2. Se um Estado se tornar Parte no presente Estatuto depois da sua entrada em vigor, o Tribunal só poderá exercer a sua competência em relação a crimes cometidos depois da entrada em vigor do presente Estatuto relativamente a esse Estado, a menos que este tenha feito uma declaração nos termos do parágrafo 3 do artigo 12.

O TPI atua de forma complementar às justiças dos estados signatários, somente sendo chamado a intervir quando as jurisdições locais não o fizerem.

Artigo 17
Questões Relativas à Admissibilidade

1. Tendo em consideração o décimo parágrafo do preâmbulo e o artigo 1, o Tribunal decidirá sobre a não admissibilidade de um caso se:

a) O caso for objeto de inquérito ou de procedimento criminal por parte de um Estado que tenha jurisdição sobre o mesmo, salvo se este não tiver vontade de levar a cabo o inquérito ou o procedimento ou, não tenha capacidade para o fazer;

b) O caso tiver sido objeto de inquérito por um Estado com jurisdição sobre ele e tal Estado tenha decidido não dar seguimento ao procedimento criminal contra a pessoa em causa, a menos que esta decisão resulte do fato de esse Estado não ter vontade de proceder criminalmente ou da sua incapacidade real para o fazer;

c) A pessoa em causa já tiver sido julgada pela conduta a que se refere a denúncia, e não puder ser julgada pelo Tribunal em virtude do disposto no parágrafo 3 **do artigo 20;**

d) O caso não for suficientemente grave para justificar a ulterior intervenção do Tribunal.

2. A fim de determinar se há ou não vontade de agir num determinado caso, o Tribunal, tendo em consideração as garantias de um processo equitativo reconhecidas pelo direito internacional, verificará a existência de uma ou mais das seguintes circunstâncias:

a) O processo ter sido instaurado ou estar pendente ou a decisão ter sido proferida no Estado com o propósito de subtrair a pessoa em causa à sua responsabilidade criminal por crimes da competência do Tribunal, nos termos do disposto no artigo 5;

b) Ter havido demora injustificada no processamento, a qual, dadas as circunstâncias, se mostra incompatível com a intenção de fazer responder a pessoa em causa perante a justiça;

c) O processo não ter sido ou não estar sendo conduzido de maneira independente ou imparcial, e ter estado ou estar sendo conduzido de uma maneira que, dadas as circunstâncias, seja incompatível com a intenção de levar a pessoa em causa perante a justiça;

3. A fim de determinar se há incapacidade de agir num determinado caso, o Tribunal verificará se o Estado, por colapso total ou substancial da respectiva administração da justiça ou por indisponibilidade desta, não estará em condições de fazer comparecer o acusado, de reunir os meios de prova e depoimentos necessários ou não estará, por outros motivos, em condições de concluir o processo.

- **TRIBUNAIS CRIADOS PARA TRATAR DE VIOLAÇÕES A DIREITOS HUMANOS** Conselho de Segurança da ONU

Tribunal de Nuremberg- 1945	Crimes praticados por líderes alemães nazistas
Tribunal Militar Internacional para o Extremo Oriente- Tóquio- 1946/1948	Crimes praticados por líderes do império japonês
Tribunal Penal Internacional para a antiga Iugoslávia- 1993- Holanda	Crimes praticados nas guerras separatistas da Iugoslávia
Tribunal Penal Internacional para o Ruanda- 1994-Tanzânia	Crimes de genocídio praticados em Ruanda

Os tribunais foram criados pelo Conselho de Segurança da ONU sem a manifestação da soberania dos Estados signatários. Eram "tribunais" ad hoc, criados após a prática dos fatos violadores dos direitos humanos e em razão deles, o que representava violação do princípio do juiz natural (juízo de exceção).

2.2. COMPETÊNCIA EM RAZÃO DA MATÉRIA

Há que se pesquisar inicialmente se o crime é da competência da justiça criminal Especial ou Comum.

- **Justiças Especiais Criminais:** Militar, Eleitoral e Política
- **Justiças Comuns:** Federal e Estadual

JUSTIÇAS ESPECIAIS	JUSTIÇAS COMUNS
São criadas pelo texto constitucional em razão da especificidade de tratamento de determinada matéria.	Estabelecidas no texto constitucional para matérias que são atribuição residual em relação às justiças especiais.
Justiça Militar (art. 122 da CF) Justiça do Trabalho (art. 111 da CF) Justiça Eleitoral (art. 118 da CF) Justiça Política (art. 52, incisos I e II da CF)	Justiça Federal (art. 106 da CF) e Justiça Estadual (art. 125 da CF)

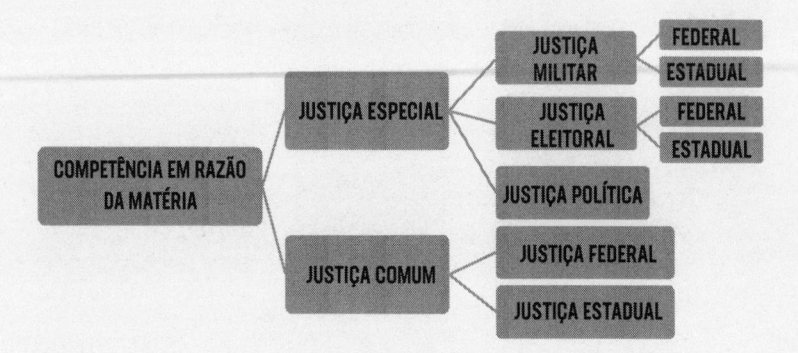

Conforme preconiza o art. 74 do Código de Processo penal, a competência em razão da matéria é assim prevista:

> **Art. 74.** A competência pela natureza da infração será regulada pelas leis de organização judiciária, salvo a competência privativa do Tribunal do Júri.
>
> § 1º Compete ao Tribunal do Júri o julgamento dos crimes previstos nos arts. 121, §§ 1º e 2º, 122, parágrafo único, 123, 124, 125, 126 e 127 do Código Penal, consumados ou tentados. (Redação dada pela Lei nº 263, de 23.2.1948)
>
> § 2º Se, iniciado o processo perante um juiz, houver desclassificação para infração da competência de outro, a este será remetido o processo, salvo se mais graduada for a jurisdição do primeiro, que, em tal caso, terá sua competência prorrogada.
>
> § 3º Se o juiz da pronúncia desclassificar a infração para outra atribuída à competência de juiz singular, observar-se-á o disposto no art. 410; mas, se a desclassificação for feita pelo próprio Tribunal do Júri, a seu presidente caberá proferir a sentença (art. 492, § 2o).

A) COMPETÊNCIA DA JUSTIÇA MILITAR

A competência da Justiça militar para apurar os crimes militares é definida pelo Código Penal Militar e pelas leis especiais. Partindo dessa premissa, vamos estudar os dispositivos legais.

A Constituição Federal organiza Justiça Militar, da seguinte forma:

> **Art. 122.** São órgãos da Justiça Militar:
> I - o Superior Tribunal Militar;
> II - os Tribunais e Juízes Militares instituídos por lei.

Art. 123. O Superior Tribunal Militar compor-se-á de **quinze Ministros** vitalícios, nomeados pelo Presidente da República, depois de aprovada a indicação pelo Senado Federal, sendo três dentre oficiais-generais da Marinha, quatro dentre oficiais-generais do Exército, três dentre oficiais-generais da Aeronáutica, todos da ativa e do posto mais elevado da carreira, e cinco dentre civis.

Parágrafo único. Os Ministros civis serão escolhidos pelo Presidente da República dentre brasileiros maiores de trinta e cinco anos, sendo:

I - três dentre advogados de notório saber jurídico e conduta ilibada, com mais de dez anos de efetiva atividade profissional;

II - dois, por escolha paritária, dentre juízes auditores e membros do Ministério Público da Justiça Militar.

Art. 124. À Justiça Militar compete processar e julgar os crimes militares definidos em lei.

Parágrafo único. A lei disporá sobre a organização, o funcionamento e a competência da Justiça Militar

Por sua vez, o Código Penal Militar define como crimes militares, os seguintes:

CÓDIGO PENAL MILITAR

Art. 9º Consideram-se crimes militares, em tempo de paz:

I - os crimes de que trata este Código, quando definidos de modo diverso na lei penal comum, ou nela não previstos, qualquer que seja o agente, salvo disposição especial;

II – os crimes previstos neste Código e os previstos na legislação penal, quando praticados: (Redação dada pela Lei nº 13.491, de 2017)

a) por militar em situação de atividade ou assemelhado, contra militar na mesma situação ou assemelhado;

b) por militar em situação de atividade ou assemelhado, em lugar sujeito à administração militar, contra militar da reserva, ou reformado, ou assemelhado, ou civil;

c) por militar em serviço, em comissão de natureza militar, ou em formatura, ainda que fora do lugar sujeito a administração militar contra militar da reserva, ou reformado, ou assemelhado, ou civil;

c) por militar em serviço ou atuando em razão da função, em comissão de natureza militar, ou em formatura, ainda que fora do lugar sujeito à administração militar contra militar da reserva, ou reformado, ou civil; (Redação dada pela Lei nº 9.299, de 8.8.1996)

d) por militar durante o período de manobras ou exercício, contra militar da reserva, ou reformado, ou assemelhado, ou civil;

e) por militar em situação de atividade, ou assemelhado, contra o patrimônio sob a administração militar, ou a ordem administrativa militar;

f) revogada. (Redação dada pela Lei nº 9.299, de 8.8.1996)

III - os crimes praticados por militar da reserva, ou reformado, ou por civil, contra as instituições militares, considerando-se como tais não só os compreendidos no inciso I, como os do inciso II, nos seguintes casos:

a) contra o patrimônio sob a administração militar, ou contra a ordem administrativa militar;

b) em lugar sujeito à administração militar contra militar em situação de atividade ou assemelhado, ou contra funcionário de Ministério militar ou da Justiça Militar, no exercício de função inerente ao seu cargo;

c) contra militar em formatura, ou durante o período de prontidão, vigilância, observação, exploração, exercício, acampamento, acantonamento ou manobras;

d) ainda que fora do lugar sujeito à administração militar, contra militar em função de natureza militar, ou no desempenho de serviço de vigilância, garantia e preservação da ordem pública, administrativa ou judiciária, quando legalmente requisitado para aquele fim, ou em obediência a determinação legal superior.

1º Os crimes de que trata este artigo, quando dolosos contra a vida e cometidos por militares contra civil, serão da competência do Tribunal do Júri. (Redação dada pela Lei nº 13.491, de 2017)

§ 2º Os crimes de que trata este artigo, quando dolosos contra a vida e cometidos por militares das Forças Armadas contra civil, serão da competência da Justiça Militar da União, se praticados no contexto: (Incluído pela Lei nº 13.491, de 2017)

I - do cumprimento de atribuições que lhes forem estabelecidas pelo Presidente da República ou pelo Ministro de Estado da Defesa; (Incluído pela Lei nº 13.491, de 2017)

II - de ação que envolva a segurança de instituição militar ou de missão militar, mesmo que não beligerante; ou (Incluído pela Lei nº 13.491, de 2017)

III - de atividade de natureza militar, de operação de paz, de garantia da lei e da ordem ou de atribuição subsidiária, realizadas em conformidade com o disposto no art. 142 da Constituição Federal e na forma dos seguintes diplomas legais: (Incluído pela Lei nº 13.491, de 2017)

a) Lei no 7.565, de 19 de dezembro de 1986 - Código Brasileiro de Aeronáutica; (Incluída pela Lei nº 13.491, de 2017)

b) Lei Complementar no 97, de 9 de junho de 1999; (Incluída pela Lei nº 13.491, de 2017)

c) Decreto-Lei no 1.002, de 21 de outubro de 1969 - Código de Processo Penal Militar; e (Incluída pela Lei nº 13.491, de 2017)

d) Lei no 4.737, de 15 de julho de 1965 - Código Eleitoral. (Incluída pela Lei nº 13.491, de 2017).

JUSTIÇA MILITAR DA UNIÃO	JUSTIÇA MILITAR DOS ESTADOS
Competente para processar e julgar crimes militares definidos no CPM e nas leis especiais. (alteração incluída pela lei 13.491/2017)	Competente para processar e julgar crimes militares no CPM e nas leis especiais. (alteração incluída pela lei 13.491/2017)
Competente para processar e julgar militares das Forças Armadas e civis que praticarem fatos em concurso com aqueles. (art. 142 da CF)	Competente para processar e julgar os militares dos estados - PM e Corpo de Bombeiros, não tendo competência para processar e julgar civis. (art. 125, § 4º da CF) *Art. 79 do CP e art. 102 do CPPM. **Ressalva a competência do Júri, quando a vítima for civil.
Não tem competência para processar infrações disciplinares. Nesse caso, a competência é da Justiça Federal.	Tem competência para processar e julgar infrações disciplinares. (art. 125, § 4º da CF- EC 45/2004)
Não tem competência para processar e julgar atos de improbidade praticados por militares. Compete à justiça comum.	Não tem competência para processar e julgar atos de improbidade praticados por militares. Compete à justiça comum.

A seguir seguem os entendimentos sumulados:

Superior Tribunal de Justiça

Súmula 53
COMPETE À JUSTIÇA COMUM ESTADUAL PROCESSAR E JULGAR CIVIL ACUSADO DE PRÁTICA DE CRIME CONTRA INSTITUIÇÕES MILITARES ESTADUAIS.

Súmula 90
COMPETE À JUSTIÇA ESTADUAL MILITAR PROCESSAR E JULGAR O POLICIAL MILITAR PELA PRATICA DO CRIME MILITAR, E A COMUM PELA PRATICA DO CRIME COMUM SIMULTANEO ÀQUELE.

*As súmulas 6, 75 e 172 perderam a eficácia em razão da alteração do CPM.

B) COMPETÊNCIA DA JUSTIÇA ELEITORAL

A organização da Justiça Eleitoral também é determinada pela Constituição Federal nos Arts. 118/121. À Justiça eleitoral compete apreciar as infrações eleitorais, ou seja, aquelas disciplinadas na legislação eleitoral (ratione legis)[31]

---

31 TÁVORA, Nestor; ALENCAR; Rosmar Rodrigues. Curso de direito processual penal. 2017. 12. Ed. Salvador: Ed. Juspodivm, 2017, p. 67.

São **órgãos** da Justiça Eleitoral, conforme art. 118 da Constituição Federal:

- Tribunal Superior Eleitoral;
- os Tribunais Regionais Eleitorais;
- os Juízes Eleitorais; e
- as Juntas Eleitorais.

A Constituição disserta acerca da organização da Justiça, conforme disposição abaixo:

> **Art. 119.** O Tribunal Superior Eleitoral compor-se-á, no **mínimo**, de **sete** membros, escolhidos:
> I - mediante eleição, pelo voto secreto:
> a) três juízes dentre os Ministros do Supremo Tribunal Federal;
> b) dois juízes dentre os Ministros do Superior Tribunal de Justiça;
> II - por nomeação do Presidente da República, dois juízes dentre seis advogados de notável saber jurídico e idoneidade moral, indicados pelo Supremo Tribunal Federal.
> Parágrafo único. O Tribunal Superior Eleitoral elegerá seu Presidente e o Vice-Presidente dentre os Ministros do Supremo Tribunal Federal, e o Corregedor Eleitoral dentre os Ministros do Superior Tribunal de Justiça.

Com relação aos Tribunais Regionais Eleitorais, assim dispõe a Carta Magna:

> **Art. 120.** Haverá um Tribunal Regional Eleitoral na Capital de cada Estado e no Distrito Federal.
> § 1º - Os Tribunais Regionais Eleitorais compor-se-ão:
> I - mediante eleição, pelo voto secreto:
> a) de **dois juízes** dentre os desembargadores do Tribunal de Justiça;
> b) de **dois juízes**, dentre juízes de direito, escolhidos pelo Tribunal de Justiça;
> II - **de um juiz do Tribunal Regional Federal** com sede na Capital do Estado ou no Distrito Federal, ou, não havendo, de juiz federal, escolhido, em qualquer caso, pelo Tribunal Regional Federal respectivo;
> III - por nomeação, pelo Presidente da República, de **dois juízes dentre seis advogados** de notável saber jurídico e idoneidade moral, indicados pelo Tribunal de Justiça.
> § 2º - O Tribunal Regional Eleitoral elegerá seu **Presidente** e o **Vice-Presidente**- dentre os desembargadores.

Ademais, a Constituição no art. 121 coaduna que Lei Complementar disporá sobre a organização e competência dos tribunais, dos juízes de direito e das juntas eleitorais, no entanto, até então o Congresso Nacional é omisso quanto à lei, existindo lacuna normativa. Diante disso, entende-se que o Código eleitoral (Lei 4.737/65), foi editado como lei ordinária e recepcionado pela Constituição Federal como Lei Complementar, no tocante **à organização judiciária e ao processo eleitoral**. No que diz respeito à definição de crimes, manteve status **de lei ordinária.**

Art. 121. Lei complementar disporá sobre a organização e competência dos tribunais, dos juízes de direito e das juntas eleitorais.

§ 1º - Os membros dos tribunais, os juízes de direito e os integrantes das juntas eleitorais, no exercício de suas funções, e no que lhes for aplicável, gozarão de plenas garantias e serão **inamovíveis**.

§ 2º - Os juízes dos tribunais eleitorais, salvo motivo justificado, servirão por dois anos, no mínimo, e nunca por mais de dois biênios consecutivos, sendo os substitutos escolhidos na mesma ocasião e pelo mesmo processo, em número igual para cada categoria.

§ 3º - São irrecorríveis as decisões do Tribunal Superior Eleitoral, salvo as que contrariarem esta Constituição e as denegatórias de habeas corpus ou mandado de segurança.

§ 4º - Das decisões dos Tribunais Regionais Eleitorais somente caberá recurso quando:

I - forem proferidas contra disposição expressa desta Constituição ou de lei;

II - ocorrer divergência na interpretação de lei entre dois ou mais tribunais eleitorais;

III - versarem sobre inelegibilidade ou expedição de diplomas nas eleições federais ou estaduais;

IV - anularem diplomas ou decretarem a perda de mandatos eletivos federais ou estaduais;

V - denegarem habeas corpus , mandado de segurança, habeas data ou mandado de injunção.

JUSTIÇA ELEITORAL FEDERAL	JUSTIÇA ELEITORAL ESTADUAL
Formada por **juízes federais**, que exercem mandatos de **dois** anos. (art. 121, § 2º da CF e art. 25 do Código Eleitoral)	Formada por **juízes estaduais**, que exercem mandatos de **dois** anos. (art. 121, § 2º da CF e art. 32 do Código Eleitoral)

Competente para processar e julgar crimes eleitorais praticados na esfera federal. (Eleições para cargos eletivos federais)	Competente para processar e julgar crimes eleitorais praticados nas esferas estaduais. (Eleições para cargos eletivos estaduais e municipais).

São da competência da Justiça Eleitoral os crimes que atentem contra o **processo eleitoral**, assim definidos os crimes previstos no Código Eleitoral e os conexos a eles (art. 78, inciso IV do CPP), bem como outros que a lei defina expressamente como crime eleitoral.

Crimes eleitorais conexos com crime doloso contra a vida	Compete à justiça eleitoral o julgamento do crime eleitoral e ao Tribunal do Júri compete o julgamento do crime doloso contra a vida.
Crimes eleitorais conexos com crimes comuns	**Todos** serão de competência da Justiça Eleitoral, por força do que dispõe o art. 78, inciso IV do CPP) STF- INQ- 4435 Investigados: Ex.: prefeito Eduardo Paes e Deputado Pedro Paulo Relator: Ministro Marco Aurélio Julgamento: 21/03/2019.

C) JUSTIÇA DO TRABALHO

Art. 114. Compete à Justiça do Trabalho processar e julgar:
(...)
IV os **mandados de segurança**, *habeas corpus* e *habeas data*, quando o ato questionado envolver matéria sujeita à sua jurisdição;

A Justiça do Trabalho não tem competência genérica para processar e julgar infrações penais praticadas contra a organização do trabalho. Esse é o entendimento do Supremo Tribunal Federal, ao dar aos incisos I, IV e IX do artigo 114 da CF interpretação conforme à Constituição, nos seguintes termos:

ADI 3684- MC/ DF - DISTRITO FEDERAL MEDIDA CAUTELAR NA AÇÃO DIRETA DE INCONSTITUCIONALIDADE Relator(a): Min. CEZAR PELUSO Julgamento: 01/02/2007 Órgão Julgador: Tribunal Pleno

D COMPETÊNCIA DA JUSTIÇA FEDERAL

São definidos como órgãos da Justiça Federal os Tribunais Regionais Federais e os Juízes Federais, que assim serão compostos, conforme Constituição Federal:

Art. 107. Os Tribunais Regionais Federais compõem-se de, no mínimo, sete juízes, recrutados, quando possível, na respectiva região e nomeados pelo Presidente da República dentre brasileiros com mais de trinta e menos de sessenta e cinco anos, sendo:

I - **um quinto** dentre **advogados** com mais de dez anos de efetiva atividade profissional e **membros do Ministério Público Federal** com mais de dez anos de carreira;

II - os demais, mediante promoção de **juízes federais** com mais de cinco anos de exercício, por antiguidade e merecimento, alternadamente.

Parágrafo único. A lei disciplinará a remoção ou a permuta de juízes dos Tribunais Regionais Federais e determinará sua jurisdição e sede.

§ 1º A lei disciplinará a remoção ou a permuta de juízes dos Tribunais Regionais Federais e determinará sua jurisdição e sede. (Renumerado pela Emenda Constitucional nº 45, de 2004)

§ 2º Os Tribunais Regionais Federais instalarão a justiça itinerante, com a realização de audiências e demais funções da atividade jurisdicional, nos limites territoriais da respectiva jurisdição, servindo-se de equipamentos públicos e comunitários. (Incluído pela Emenda Constitucional nº 45, de 2004)

§ 3º Os Tribunais Regionais Federais poderão funcionar descentralizadamente, constituindo Câmaras regionais, a fim de assegurar o pleno acesso do jurisdicionado à justiça em todas as fases do processo. (Incluído pela Emenda Constitucional nº 45, de 2004)

Parágrafo único. A lei disciplinará a remoção ou a permuta de juízes dos Tribunais Regionais Federais e determinará sua jurisdição e sede.

§ 1° A lei disciplinará a remoção ou a permuta de juízes dos Tribunais Regionais Federais e determinará sua jurisdição e sede. (Renumerado pela Emenda Constitucional n° 45, de 2004)

§ 2° Os Tribunais Regionais Federais instalarão a justiça itinerante, com a realização de audiências e demais funções da atividade jurisdicional, nos limites territoriais da respectiva jurisdição, servindo-se de equipamentos públicos e comunitários. (Incluído pela Emenda Constitucional n° 45, de 2004)

§ 3° Os Tribunais Regionais Federais poderão funcionar descentralizadamente, constituindo Câmaras regionais, a fim de assegurar o pleno acesso do jurisdicionado à justiça em todas as fases do processo. (Incluído pela Emenda Constitucional n° 45, de 2004)

Art. 108. Compete aos **Tribunais Regionais Federais**:

I - processar e julgar, originariamente:

a) os juízes federais da área de sua jurisdição, incluídos os da Justiça Militar e da Justiça do Trabalho, nos crimes comuns e de responsabilidade, e os membros do Ministério Público da União, ressalvada a competência da Justiça Eleitoral;

b) as revisões criminais e as ações rescisórias de julgados seus ou dos juízes federais da região;

c) os mandados de segurança e os habeas data **contra ato do próprio Tribunal ou de juiz federal;**

d) os habeas corpus, quando a autoridade coatora for juiz federal;

e) os conflitos de competência entre juízes federais vinculados ao Tribunal;

II - julgar, em grau de recurso, as causas decididas pelos juízes federais e pelos juízes estaduais no exercício da competência federal da área de sua jurisdição.

Art. 109. Aos **juízes federais** compete processar e julgar:

IV - os crimes políticos e as infrações penais praticadas em detrimento de bens, serviços ou interesse da União ou de suas entidades autárquicas ou empresas públicas, excluídas as contravenções e ressalvada a competência da Justiça Militar e da Justiça Eleitoral;

V - os crimes previstos em tratado ou convenção internacional, quando, iniciada a execução no País, o resultado tenha ou devesse ter ocorrido no estrangeiro, ou reciprocamente;

V-A as causas relativas a direitos humanos a que se refere o § 5° deste artigo; (Incluído pela Emenda Constitucional n° 45, de 2004)

VI - os crimes contra a organização do trabalho e, nos casos determinados por lei, contra o sistema financeiro e a ordem econômico-financeira;

VII - os habeas corpus, em matéria criminal de sua competência ou quando o constrangimento provier de autoridade cujos atos não estejam diretamente sujeitos a outra jurisdição;

VIII - os mandados de segurança e os habeas data **contra ato de autoridade federal, excetuados os casos de competência dos tribunais federais;**

IX - os crimes cometidos a bordo de navios ou aeronaves, ressalvada a competência da Justiça Militar;

X - os crimes de ingresso ou permanência irregular de estrangeiro, a execução de carta rogatória, após o "exequatur", e de sentença estrangeira, após a homologação, as causas referentes à nacionalidade, inclusive a respectiva opção, e à naturalização;

XI - a disputa sobre direitos indígenas.

- ### INCIDENTE DE DESLOCAMENTO DE COMPETÊNCIA

(art. 109, inciso V-A e § 5º da CF)

V- A as causas relativas a **direitos humanos** a que se refere o § 5º deste artigo;

§ 5º Nas hipóteses de grave violação de direitos humanos, o **Procurador-Geral da República**, com a finalidade de assegurar o cumprimento de obrigações decorrentes de tratados internacionais de direitos humanos dos quais o Brasil seja parte, poderá suscitar, perante o **Superior Tribunal de Justiça**, em qualquer fase do inquérito ou processo, incidente de deslocamento de competência para a Justiça Federal.

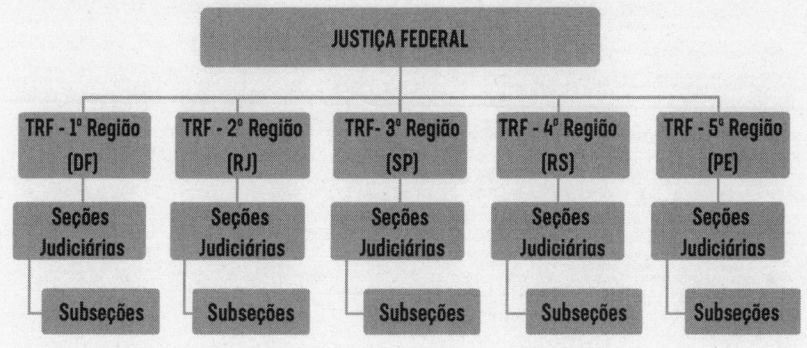

E quanto à Polícia Federal, onde estão previstas suas atribuições? Na Constituição Federal, vejamos:

Art. 144. A segurança pública, dever do Estado, direito e responsabilidade de todos, é exercida para a preservação da ordem pública e da incolumidade das pessoas e do patrimônio, através dos seguintes órgãos:

I - polícia federal;

[...]

1º A polícia federal, instituída por lei como órgão permanente, organizado e mantido pela União e estruturado em carreira, destina-se a:

I - apurar infrações penais contra a **ordem política e social** ou em detrimento de **bens**, **serviços** e **interesses** da **União** ou de suas **entidades autárquicas** e **empresas públicas**, assim como outras infrações cuja prática tenha repercussão **interestadual** ou **internacional** e exija repressão uniforme, segundo se dispuser em lei;

II - prevenir e reprimir **o tráfico ilícito** de entorpecentes e drogas afins, o **contrabando** e o **descaminho**, sem prejuízo da ação fazendária e de outros órgãos públicos nas respectivas áreas de competência;

III - exercer as funções **de polícia marítima**, **aérea** e de **fronteiras**;

IV - exercer, com exclusividade, as funções de **polícia judiciária da União**.

CRIMES POLÍTICOS (Art. 109, inciso IV, primeira parte, Lei de Segurança Nacional- Lei 7.170/83).	Algumas condutas tipificadas nesta lei também são tipificadas no CP e CPM, nesse caso, o elementar do tipo penal que atrai a competência da JF é a motivação política. Ex: Atentado contra a vida do ex-Presidente Jair Bolsonaro. *Atenção, nesse caso, a instância recursal não será o TRF, será o STF, por força do que dispõe o artigo 102, inciso II, "b" da CF.
CRIMES CONTRA BENS, SERVIÇOS OU INTERESSES DA UNIÃO, CONTRA AUTARQUIAS FEDERAIS, EMPRESAS PÚBLICAS. (art. 109, inciso IV da CF)	O bem jurídico dessas pessoas jurídicas de direito público deve ser atingido imediata e diretamente diante da análise do caso concreto, para atrair a competência da CF. Apesar do inciso IV não se referir às fundações públicas federais, o STF entende que estas se incluem no conceito de autarquias federais, atraindo a competência criminal para a JF. (STF- RE 215.741- Rel. Min. Maurício Correa. DJ 04/06/1999) Ex: Roubo praticado dentro de agência da Caixa Econômica Federal com subtração de patrimônio daquela, a competência é da JF. Se o roubo ocorrer dentro de uma agência da CEF, mas for subtraído patrimônio de particular, competência é da Justiça Estadual. Ex.: Furto praticado por meio de fraude ao sistema eletrônico da CEF, de onde se retira valores da conta de cliente. O prejuízo será suportado pela CEF, então, a competência é da JF. Ex.: Crimes praticados em agências dos Correios: Se for agência própria dos correios, a competência é da JF, se for franquia, é da JE. (STJ- AgRg - CC 164.656/MG- Rel. Min. Sebastião Reis Júnior- DJe- 29/04/2019.)

CONTRAVENÇÕES PENAIS (art. 109, inciso IV da CF)	A CF excepciona as contravenções penais da competência da Justiça Federal. Assim, as **contravenções penais são sempre de competência da Justiça Estadual** (JECrim) ainda que praticas em detrimento de bens jurídicos vinculados à União. Logo, os Juizados Especiais Criminais Federais NÃO têm competência para processar e julgar contravenções penais. [Art. 109, inciso IV da CF e art. 61 da Lei 9099/95]
CRIMES PRATICADOS CONTRA ENTIDADES DE FISCALIZAÇÃO PROFISSIONAL	**STF - ADI 1717- Rel. Min. Sidney Sanches- DJ 28/03/2003.** **OAB - STF - ADI- 3026- Rel. Min. Eros Grau- DJ 29/09/2006.**
CRIMES CONTRA A ORGANIZAÇÃO DO TRABALHO*, SISTEMA FINANCEIRO E ORDEM ECONÔMICA** (art. 109, inciso VI da CF)	· *Quando houver violação de direitos dos trabalhadores considerados coletivamente - **Súmula 115 do antigo TFR.** O STF assim considera o crime de redução à condição análoga de escravo. ** A lei deve especificar expressamente que o crime é da competência da Justiça Federal. · Crimes contra a Economia Popular- Justiça Estadual · Crimes contra o Sistema Financeiro Nacional- Lei 4.595/64 - Justiça Estadual · Crimes contra o Sistema Financeiro Nacional - Lei 7.49286 - Justiça Federal- Especial atenção para os crimes de estelionato para obtenção de empréstimo e para os financiamentos. · Crimes contra a Ordem Tributária- supressão de tributos federais - Justiça Federal · Crimes de Lavagem de Capitais - Justiça Federal, nas hipóteses do art. 2º, inciso III da Lei 9.613/98.
OS HABEAS CORPUS, EM MATÉRIA CRIMINAL DE SUA COMPETÊNCIA OU QUANDO O CONSTRANGIMENTO PROVIER DE AUTORIDADE CUJOS ATOS NÃO ESTEJAM DIRETAMENTE SUJEITOS A OUTRA JURISDIÇÃO. (art. 109, inciso VII da CF)	· Atos de autoridades federais não sujeitas à jurisdição do TRF. · Contra ato de Procurador da República - TRF · Contra ato de Membro do MPDFT :TRF ou TJDFT, no caso de trancamento de IP instaurado por requisição do MPDFT. · Contra ato de Membro do MPM: TRF ou STM, no caso de trancamento de IP instaurado por requisição do MPM.
OS MANDADOS DE SEGURANÇA E OS HABEAS DATA CONTRA ATO DE AUTORIDADE FEDERAL, EXCETUADOS OS CASOS DE COMPETÊNCIA DOS TRIBUNAIS FEDERAIS (art. 109, inciso VIII da CF)	· Mesmas regras para o HC.

OS CRIMES COMETIDOS A BORDO DE NAVIOS OU AERONAVES, RESSALVADA A COMPETÊNCIA DA JUSTIÇA MILITAR (art. 109, inciso IX da CF)	• O artigo 5º, § 1º e 2º do CP. A embarcação deve estar em situação de deslocamento internacional ou de potencial deslocamento internacional. • STJ - Caso Legacy x Gol • ATENÇÃO: No crime de tráfico de entorpecentes praticado em embarcação ou aeronave, não se exige o requisito da internacionalidade previsto no inciso V do art. 109 da CF, para que a competência seja da JF. No entanto, para que a competência seja da JF, o flagrante deve ocorrer a bordo da aeronave.
OS CRIMES DE INGRESSO OU PERMANÊNCIA IRREGULAR DE ESTRANGEIRO (art. 109, inciso X da CF)	• Crimes previstos no Estatuto do Estrangeiro- Lei 6.815/80 e artigos 309, 310 e 338 do CP.
Crimes praticados contra a Justiça Federal, Eleitoral, Militar e do Trabalho	• O crime é praticado contra serviço jurisdicional da União, portanto, de competência da Justiça Federal. • *Súmula 165 do STJ* - Compete à Justiça Federal processar e julgar crime de falso testemunho cometido no processo trabalhista. Esse entendimento se aplica a todos os ramos de justiças especiais.
Crimes praticados contra a Justiça Federal, Eleitoral, Militar e do Trabalho	• O crime é praticado contra serviço jurisdicional da União, portanto, de competência da Justiça Federal. • *Súmula 165 do STJ* - Compete à Justiça Federal processar e julgar crime de falso testemunho cometido no processo trabalhista. Esse entendimento se aplica a todos os ramos de justiças especiais.
Crimes praticados contra funcionários públicos federais	• Súmula 147 do STJ- Compete à Justiça Federal processar e julgar os crimes praticados contra funcionário público federal, quando relacionados com o exercício da função. (efetiva ou temporária). • Entretanto, crimes praticados contra Juízes do TJDFT ou Membros do MPDFT relacionados às respectivas funções são de competência da justiça comum. • STJ- 3ª Seção- CC 119.484/DF- Rel. Min. Marco Aurélio Bellizze. DJe. 25/04/2012.
Crime praticado por funcionário público federal	• Compete à Justiça Federal quando relacionado com o exercício da função. • Entretanto, servidor do TJDFT ou do MPDFT que praticam crimes relacionados às respectivas funções são processados perante a justiça comum do DF. • STF- 2º Turma- HC 93.019/DF - Rel. Min. Celso de Mello. DJe- 05/02/2014.
CRIMES DOLOSOS CONTRA A VIDA (Tribunal do Júri Federal- Decreto 253/67)	• Praticados tanto **contra** servidores públicos federais quanto **por** servidores públicos federais se relacionados ao exercício da função.

CRIMES CONTRA A FÉ PÚBLICA	· Crimes de **falsificação**: a competência será determinada pelo ente estatal responsável pela <u>emissão</u> do documento. · Crime de **uso de documento falso** por quem não falsificou o documento: a competência será determinada pela pessoa física ou jurídica <u>prejudicada</u> pelo uso.
EXECUÇÃO PENAL (Lei 11.671/2008)	· Quando o cumprimento da pena ocorrer em estabelecimentos prisionais federais, ainda que a sentença condenatória seja de presídio estadual, nas condições exigidas no art. 4°, caput e §§ 1° e 2° da Lei 11.671/2008).

E) COMPETÊNCIA DA JUSTIÇA ESTADUAL

A competência da justiça estadual tem caráter residual, ou seja, compete a essa apreciar todas as infrações que não sejam cabíveis de apreciação pela justiça federal e pela justiça especializada (militar ou eleitoral).

Acerca do tema, a Constituição Federal assim discorre:

> **Art.** 125. Os Estados organizarão sua Justiça, observados os princípios estabelecidos nesta Constituição.
>
> **§ 1° A competência dos tribunais será definida na Constituição do Estado, sendo a lei de organização judiciária de iniciativa do Tribunal de Justiça.**
>
> **§ 2° Cabe aos Estados a instituição de representação de inconstitucionalidade de leis ou atos normativos estaduais ou municipais em face da Constituição Estadual, vedada a atribuição da legitimação para agir a um único órgão.**
>
> **§ 3° A lei estadual poderá criar, mediante proposta do Tribunal de Justiça, a Justiça Militar estadual, constituída, em primeiro grau, pelos juízes de direito e pelos Conselhos de Justiça e, em segundo grau, pelo próprio Tribunal de Justiça, ou por Tribunal de Justiça Militar nos Estados em que o efetivo militar seja superior a vinte mil integrantes.**
>
> **§ 4° Compete à Justiça Militar estadual** processar e julgar os militares dos Estados, nos crimes militares definidos em lei e as ações judiciais contra atos disciplinares militares, ressalvada a competência do júri quando a vítima for civil, cabendo ao tribunal competente decidir sobre a perda do posto e da patente dos oficiais e da graduação das praças. (Redação dada pela Emenda Constitucional n° 45, de 2004)

§ 5° Compete aos juízes de direito do juízo militar processar e julgar, singularmente, os crimes militares cometidos contra civis e as ações judiciais contra atos disciplinares militares, cabendo ao Conselho de Justiça, sob a presidência de juiz de direito, processar e julgar os demais crimes militares. (Incluído pela Emenda Constitucional n° 45, de 2004)

§ 6° O Tribunal de Justiça poderá funcionar descentralizadamente, constituindo Câmaras regionais, a fim de assegurar o pleno acesso do jurisdicionado à justiça em todas as fases do processo. (Incluído pela Emenda Constitucional n° 45, de 2004)

§ 7° O Tribunal de Justiça instalará a justiça itinerante, com a realização de audiências e demais funções da atividade jurisdicional, nos limites territoriais da respectiva jurisdição, servindo-se de equipamentos públicos e comunitários. (Incluído pela Emenda Constitucional n° 45, de 2004)

F) COMPETÊNCIA DA JUSTIÇA POLÍTICA

Corresponde à atividade jurisdicional exercida por <u>órgãos políticos</u> que não pertencem à estrutura do Poder Judiciário e tem como finalidade a retirada do cargo do agente público responsável pela prática de infrações político-administrativas, os chamados "**crimes de responsabilidade**".

Funcionário público é assim definido pelo Código Penal:

Art. 327 - Considera-se funcionário público, para os efeitos penais, quem, embora transitoriamente ou sem remuneração, exerce cargo, emprego ou função pública.

§ 1° - Equipara-se a funcionário público quem exerce cargo, emprego ou função em entidade paraestatal, e quem trabalha para empresa prestadora de serviço contratada ou conveniada para a execução de atividade típica da Administração Pública. (Incluído pela Lei n° 9.983, de 2000)

§ 2° - A pena será aumentada da terça parte quando os autores dos crimes previstos neste Capítulo forem ocupantes de cargos em comissão ou de função de direção ou assessoramento de órgão da administração direta, sociedade de economia mista, empresa pública ou fundação instituída pelo poder público. (Incluído pela Lei n° 6.799, de 1980)

- **Crimes de responsabilidade em sentido amplo:** são aqueles nos quais a qualidade de servidor público prevista no art. 327 do Código Penal é elementar do tipo penal. São considerados crimes comuns, porque qualquer servidor público pode praticá-los.

- **Crimes de responsabilidade em <u>sentido estrito</u>:** são aqueles que podem ser praticados apenas por determinados servidores públicos. Não têm natureza jurídica de infração penal propriamente, mas de infrações político-administrativas, previstas na **<u>Lei 1.079/50, que abrange: o Poder Executivo Federal, o Poder Executivo Estadual, o PGR, os Ministros do STF e o AGU. Na esfera municipal, a lei de regência é o Decreto- Lei 201/67.</u>**

> **Art.** 52. Compete **privativamente ao Senado Federal**:
>
> I - processar e julgar o Presidente e o Vice-Presidente da República nos crimes de responsabilidade, bem como os Ministros de Estado e os Comandantes da Marinha, do Exército e da Aeronáutica nos crimes da mesma natureza conexos com aqueles; (Redação dada pela Emenda Constitucional nº 23, de 02/09/99)
>
> II - processar e julgar os Ministros do Supremo Tribunal Federal, os membros do Conselho Nacional de Justiça e do Conselho Nacional do Ministério Público, o Procurador-Geral da República e o Advogado-Geral da União nos crimes de responsabilidade; (Redação dada pela Emenda Constitucional nº 45, de 2004)
>
> **Parágrafo único.** Nos casos previstos nos incisos I e II, funcionará como **Presidente o do Supremo Tribunal Federal, limitando-se a condenação**, que somente será proferida por **dois terços dos votos do Senado Federal**, à perda do cargo, com inabilitação, por oito anos, para o exercício de função pública, sem prejuízo das demais sanções judiciais cabíveis.*

*RCL- 2.138/DF - DISTRITO FEDERAL Relator(a): Min. NELSON JOBIM Relator(a) p/ Acórdão: Min. GILMAR MENDES (ART.38,IV,b, DO RISTF) Julgamento: 13/06/2007 Órgão Julgador: Tribunal Pleno

EMENTA: RECLAMAÇÃO. USURPAÇÃO DA COMPETÊNCIA DO SUPREMO TRIBUNAL FEDERAL. IMPROBIDADE ADMINISTRATIVA. CRIME DE RESPONSABILIDADE. AGENTES POLÍTICOS. I. PRELIMINARES. QUESTÕES DE ORDEM. I.1. Questão de ordem quanto à manutenção da competência da Corte que justificou, no primeiro momento do julgamento, o conhecimento da reclamação, diante do fato novo da cessação do exercício da função pública pelo interessado. Ministro de Estado que posteriormente assumiu cargo de Chefe de Missão Diplomática Permanente do Brasil perante a Organização das Nações Unidas. Manutenção da prerrogativa de foro perante o STF, conforme o art. 102, I, "c", da Constituição. Questão de ordem rejeitada. I.2. Questão de ordem quanto ao sobrestamento do julgamento até que seja possível realizá-lo em conjunto com outros processos sobre o mesmo tema, com participação de todos os Ministros que integram o Tribunal, tendo em vista a possibilidade de que o pronunciamento da Corte não reflita o entendimento de seus atuais membros, dentre os quais quatro não têm direito a voto, pois seus antecessores já se pronunciaram. Julgamento que já se estende por cinco anos. Celeridade processual. Existência de outro processo com matéria idêntica na sequência da pauta de julgamentos do dia. Inutilidade do sobrestamento. Questão de ordem rejeitada.

II. MÉRITO. II.1.Improbidade administrativa. Crimes de responsabilidade. Os atos de improbidade administrativa são tipificados como crime de responsabilidade na Lei n° 1.079/1950, delito de caráter político-administrativo. II.2.Distinção entre os regimes de responsabilização político-administrativa. O sistema constitucional brasileiro distingue o regime de responsabilidade dos agentes políticos dos demais agentes públicos. A Constituição não admite a concorrência entre dois regimes de responsabilidade político-administrativa para os agentes políticos: o previsto no art. 37, § 4° (regulado pela Lei n° 8.429/1992) e o regime fixado no art. 102, I, "c", (disciplinado pela Lei n° 1.079/1950). Se a competência para processar e julgar a ação de improbidade (CF, art. 37, § 4°) pudesse abranger também atos praticados pelos agentes políticos, submetidos a regime de responsabilidade especial, ter-se-ia uma interpretação ab-rogante do disposto no art. 102, I, "c", da Constituição.

II.3.Regime especial. Ministros de Estado. Os Ministros de Estado, por estarem regidos por normas especiais de responsabilidade (CF, art. 102, I, "c"; Lei n° 1.079/1950), não se submetem ao modelo de competência previsto no regime comum da Lei de Improbidade Administrativa (Lei n° 8.429/1992). II.4.Crimes de responsabilidade. Competência do Supremo Tribunal Federal. Compete exclusivamente ao Supremo Tribunal Federal processar e julgar os delitos político-administrativos, na hipótese do art. 102, I, "c", da Constituição. Somente o STF pode processar e julgar Ministro de Estado no caso de crime de responsabilidade e, assim, eventualmente, determinar a perda do cargo ou a suspensão de direitos políticos. II.5.Ação de improbidade administrativa. Ministro de Estado que teve decretada a suspensão de seus direitos políticos pelo prazo de 8 anos e a perda da função pública por sentença do Juízo da 14° Vara da Justiça Federal - Seção Judiciária do Distrito Federal. Incompetência dos juízos de primeira instância para processar e julgar ação civil de improbidade administrativa ajuizada contra agente político que possui prerrogativa de foro perante o Supremo Tribunal Federal, por crime de responsabilidade, conforme o art. 102, I, "c", da Constituição. III. RECLAMAÇÃO JULGADA PROCEDENTE.

A **admissibilidade** do processo, no caso do Presidente da República, do Vice-Presidente e dos Ministros de Estado é de competência da **Câmara dos Deputados**, nos termos do que dispõe o artigo 51 da CF:

Art. 51. Compete privativamente à Câmara dos Deputados:
I - autorizar, por **dois terços** de seus membros, a instauração de processo contra o Presidente e o Vice-Presidente da República e os Ministros de Estado;

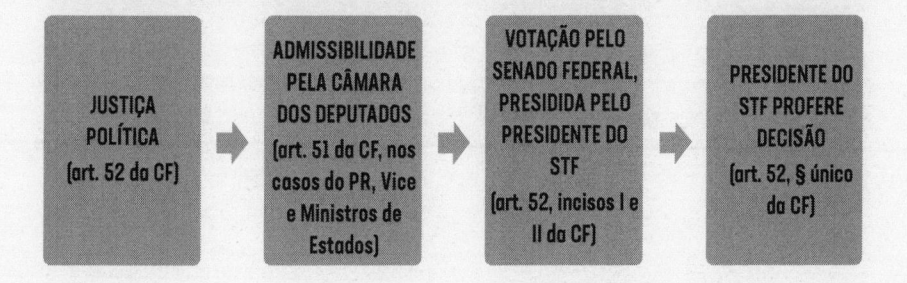

2.3. COMPETÊNCIA POR PRERROGATIVA DE FUNÇÃO

É estabelecida em razão da relevância de certos cargos públicos, a fim de assegurar que os agentes públicos possam ter a segurança de atuar com independência ao exercerem os seus misteres, com a ciência de que, em caso de eventuais questionamentos de seus atos, serão julgados por órgãos colegiados imparciais.

O que se pretende resguardar não é a pessoa que exerce o cargo, mas a função pública em si e a regularidade das instituições. São regras de competência de natureza constitucional que se sustentam no princípio da isonomia e no princípio do juiz natural. Revestem-se de garantia ao exercício do cargo, com a salvaguarda de ingerências indevidas e não configurando privilégio àquele que exerce o cargo.

> **PRINCÍPIO DA SIMETRIA**
>
> **Art.** 125. Os Estados organizarão sua Justiça, observados os princípios estabelecidos nesta Constituição.
> § 1º A competência dos tribunais será definida na Constituição do Estado, sendo a lei de organização judiciária de iniciativa do Tribunal de Justiça.

As Constituições Estaduais somente podem criar regras que estabeleçam hipóteses de competência em razão do foro por prerrogativa de função em situações para as quais haja **correspondência** (simetria) na Constituição Federal.

O Código de Processo Penal, por sua vez, assim determina:

> **Art.** 84. A competência pela prerrogativa de função é do Supremo Tribunal Federal, do Superior Tribunal de Justiça, dos Tribunais Regionais Federais e Tribunais de Justiça dos Estados e do Distrito Federal, relativamente às pessoas que devam responder perante eles por crimes comuns e de responsabilidade.
> § 1º (Vide ADIN nº 2797)
> § 2º (Vide ADIN nº 2797)

A) HISTÓRICO DA EXTENSÃO DA COMPETÊNCIA POR PRERROGATIVA DE FORO

SÚMULA 394 DO SUPREMO TRIBUNAL FEDERAL (EDITADA EM 1965 E CANCELADA EM 1999)	**Cometido o crime durante o exercício funcional, prevalece a competência especial por prerrogativa de função, ainda que o inquérito ou a ação penal sejam iniciados após a cessação daquele exercício.**
LEI 10.628/2002 (nova redação do art. 84 do Código de Processo Penal)	Estabeleceu, no parágrafo 1º do art. 84 do Código de Processo Penal que "a competência por prerrogativa de função, relativa a atos administrativos do agente, prevalece ainda que o inquérito ou a ação penal sejam iniciados após a cessação do exercício da função pública".
SUPREMO TRIBUNAL FEDERAL-ADI 2797	Declarada a inconstitucionalidade dos parágrafos 1º e 2º do art. 84 do Código de Processo Penal.
SUPREMO TRIBUNAL FEDERAL-QUESTÃO DE ORDEM NA AÇÃO PENAL 937/DF	A competência por prerrogativa de função alcança unicamente os fatos praticados durante **o exercício do cargo* que a assegure e se praticados em razão do cargo**. *O marco inicial do exercício do cargo é o momento da diplomação para titulares de mandatos eletivos e a posse para os demais cargos.

As hipóteses de competência por prerrogativa de foro alcançam apenas a prática de <u>crimes **praticados** por agentes públicos durante o exercício do cargo e em razão dele</u>. Ademais, não alcançam os fatos criminosos praticados <u>antes</u>[32] do exercício do cargo nem se estendem àqueles praticados depois do término do exercício da função[33].

Outrossim, a competência será prorrogada se a instrução processual já tiver sido encerrada e o agente alçar outro cargo público ou deixá-lo, qualquer que seja o motivo. De outro modo, se mudar de cargo ou deixá-lo antes do término da instrução processual, a competência em razão do foro privilegiado muda para o órgão correspondente ou, em caso de término do exercício do cargo, cessa, e o feito será remetido às instâncias ordinárias.

---

32 Nova orientação do STF.

33 Súmula 451 do STF.

ADI 2797 / DF - DISTRITO FEDERAL
AÇÃO DIRETA DE INCONSTITUCIONALIDADE
Relator(a): Min. SEPÚLVEDA PERTENCE
Julgamento: 15/09/2005 Órgão Julgador: Tribunal Pleno
EMENTA: I. ADIn: legitimidade ativa: "entidade de classe de âmbito nacional" (art. 103, IX, CF): Associação Nacional dos Membros do Ministério Público - CONAMP 1. Ao julgar, a ADIn 3153-AgR, 12.08.04, Pertence, Inf STF 356, o plenário do Supremo Tribunal abandonou o entendimento que excluía as entidades de classe de segundo grau - as chamadas "associações de associações" - do rol dos legitimados à ação direta. 2. De qualquer sorte, no novo estatuto da CONAMP - agora Associação Nacional dos Membros do Ministério Público - a qualidade de "associados efetivos" ficou adstrita às pessoas físicas integrantes da categoria, - o que basta a satisfazer a jurisprudência restritiva-, ainda que o estatuto reserve às associações afiliadas papel relevante na gestão da entidade nacional. II. ADIn: pertinência temática. Presença da relação de pertinência temática entre a finalidade institucional das duas entidades requerentes e os dispositivos legais impugnados: as normas legais questionadas se refletem na distribuição vertical de competência funcional entre os órgãos do Poder Judiciário - e, em consequência, entre os do Ministério Público . III. Foro especial por prerrogativa de função: extensão, no tempo, ao momento posterior à cessação da investidura na função dele determinante. Súmula 394/STF (cancelamento pelo Supremo Tribunal Federal). Lei 10.628/2002, que acrescentou os §§ 1º e 2º ao artigo 84 do C. Processo Penal: pretensão inadmissível de interpretação autêntica da Constituição por lei ordinária e usurpação da competência do Supremo Tribunal para interpretar a Constituição: inconstitucionalidade declarada. 1. O novo § 1º do art. 84 CPrPen constitui evidente reação legislativa ao cancelamento da Súmula 394 por decisão tomada pelo Supremo Tribunal no Inq 687-QO, 25.8.97, rel. o em. Ministro Sydney Sanches (RTJ 179/912), cujos fundamentos a lei nova contraria inequivocamente. 2. Tanto a Súmula 394, como a decisão do Supremo Tribunal, que a cancelou, derivaram de interpretação direta e exclusiva da Constituição Federal. 3. Não pode a lei ordinária pretender impor, como seu objeto imediato, uma interpretação da Constituição: a questão é de inconstitucionalidade formal, ínsita a toda norma de gradação inferior que se proponha a ditar interpretação da norma de hierarquia superior.

4. Quando, ao vício de inconstitucionalidade formal, a lei interpretativa da Constituição acresça o de opor-se ao entendimento da jurisprudência constitucional do Supremo Tribunal - guarda da Constituição -, às razões dogmáticas acentuadas se impõem ao Tribunal razões de alta política institucional para repelir a usurpação pelo legislador de sua missão de intérprete final da Lei Fundamental: admitir pudesse a lei ordinária inverter a leitura pelo Supremo Tribunal da Constituição seria dizer que a interpretação constitucional da Corte estaria sujeita ao referendo do legislador, ou seja, que a Constituição - como entendida pelo órgão que ela própria erigiu em guarda da sua supremacia -, só constituiria o correto entendimento da Lei Suprema na medida da inteligência que lhe desse outro órgão constituído, o legislador ordinário, ao contrário, submetido aos seus ditames. <u>5. Inconstitucionalidade do § 1º do art. 84 C.Pr.Penal, acrescido pela lei questionada e, por arrastamento, da regra final do § 2º do mesmo artigo, que manda estender a regra à ação de improbidade administrativa. IV. Ação de improbidade administrativa: extensão da competência especial por prerrogativa de função estabelecida para o processo penal condenatório contra o mesmo dignitário (§ 2º do art. 84 do C Pr Penal introduzido pela L. 10.628/2002): declaração, por lei, de competência originária não prevista na Constituição: inconstitucionalidade.</u> 1. No plano federal, as hipóteses de competência cível ou criminal dos tribunais da União são as previstas na Constituição da República ou dela implicitamente decorrentes, salvo quando esta mesma remeta à lei a sua fixação. 2. Essa exclusividade constitucional da fonte das competências dos tribunais federais resulta, de logo, de ser a Justiça da União especial em relação às dos Estados, detentores de toda a jurisdição residual. 3. Acresce que a competência originária dos Tribunais é, por definição, derrogação da competência ordinária dos juízos de primeiro grau, do que decorre que, demarcada a última pela Constituição, só a própria Constituição a pode excetuar. 4. Como mera explicitação de competências originárias implícitas na Lei Fundamental, à disposição legal em causa seriam oponíveis as razões já aventadas contra a pretensão de imposição por lei ordinária de uma dada interpretação constitucional. 5. De outro lado, pretende a lei questionada equiparar a ação de improbidade administrativa, de natureza civil (CF, art. 37, § 4º), à ação penal contra os mais altos dignitários da República, para o fim de estabelecer competência originária do Supremo Tribunal, em relação à qual a jurisprudência do Tribunal sempre estabeleceu nítida distinção entre as duas espécies. 6. Quanto aos Tribunais locais, a Constituição Federal -salvo as hipóteses dos seus arts. 29, X e 96, III -, reservou explicitamente às Constituições dos Estados-membros a definição da competência dos seus tribunais, o que afasta a possibilidade de ser ela alterada por lei federal ordinária.

V. Ação de improbidade administrativa e competência constitucional para o julgamento dos crimes de responsabilidade. 1. O eventual acolhimento da tese de que a competência constitucional para julgar os crimes de responsabilidade haveria de estender-se ao processo e julgamento da ação de improbidade, agitada na Rcl 2138, ora pendente de julgamento no Supremo Tribunal, não prejudica nem é prejudicada pela inconstitucionalidade do novo § 2º do art. 84 do C.Pr.Penal. 2. A competência originária dos tribunais para julgar crimes de responsabilidade é bem mais restrita que a de julgar autoridades por crimes comuns: afora o caso dos chefes do Poder Executivo - cujo impeachment é da competência dos órgãos políticos - a cogitada competência dos tribunais não alcançaria, sequer por integração analógica, os membros do Congresso Nacional e das outras casas legislativas, aos quais, segundo a Constituição, não se pode atribuir a prática de crimes de responsabilidade. 3. Por outro lado, ao contrário do que sucede com os crimes comuns, a regra é que cessa a imputabilidade por crimes de responsabilidade com o termo da investidura do dignitário acusado.

AP 937/ RJ - RIO DE JANEIRO QUESTÃO DE ORDEM NA AÇÃO PENAL Relator(a): Min. ROBERTO BARROSO Revisor(a): Min. MIN. EDSON FACHIN

Ementa: Direito Constitucional e Processual Penal. Questão de Ordem em Ação Penal. Limitação do foro por prerrogativa de função aos crimes praticados no cargo e em razão dele. Estabelecimento de marco temporal de fixação de competência. I. Quanto ao sentido e alcance do foro por prerrogativa 1. O foro por prerrogativa de função, ou foro privilegiado, na interpretação até aqui adotada pelo Supremo Tribunal Federal, alcança todos os crimes de que são acusados os agentes públicos previstos no art. 102, I, b e c da Constituição, inclusive os praticados antes da investidura no cargo e os que não guardam qualquer relação com o seu exercício. 2. Impõe-se, todavia, a alteração desta linha de entendimento, para restringir o foro privilegiado aos crimes praticados no cargo e em razão do cargo. É que a prática atual não realiza adequadamente princípios constitucionais estruturantes, como igualdade e república, por impedir, em grande número de casos, a responsabilização de agentes públicos por crimes de naturezas diversas. Além disso, a falta de efetividade mínima do sistema penal, nesses casos, frustra valores constitucionais importantes, como a probidade e a moralidade administrativa.

3. Para assegurar que a prerrogativa de foro sirva ao seu papel constitucional de garantir o livre exercício das funções – e não ao fim ilegítimo de assegurar impunidade – é indispensável que haja relação de causalidade entre o crime imputado e o exercício do cargo. A experiência e as estatísticas revelam a manifesta disfuncionalidade do sistema, causando indignação à sociedade e trazendo desprestígio para o Supremo. 4. A orientação aqui preconizada encontra-se em harmonia com diversos precedentes do STF. De fato, o Tribunal adotou idêntica lógica ao condicionar a imunidade parlamentar material – i.e., a que os protege por 2 suas opiniões, palavras e votos – à exigência de que a manifestação tivesse relação com o exercício do mandato. Ademais, em inúmeros casos, o STF realizou interpretação restritiva de suas competências constitucionais, para adequá-las às suas finalidades. Precedentes. II. Quanto ao momento da fixação definitiva da competência do STF 5. A partir do final da instrução processual, com a publicação do despacho de intimação para apresentação de alegações finais, a competência para processar e julgar ações penais – do STF ou de qualquer outro órgão – não será mais afetada em razão de o agente público vir a ocupar outro cargo ou deixar o cargo que ocupava, qualquer que seja o motivo. A jurisprudência desta Corte admite a possibilidade de prorrogação de competências constitucionais quando necessária para preservar a efetividade e a racionalidade da prestação jurisdicional. Precedentes.

III. Conclusão 6. Resolução da questão de ordem com a fixação das seguintes teses: "(i) O foro por prerrogativa de função aplica-se apenas aos crimes cometidos durante o exercício do cargo e relacionados às funções desempenhadas; e (ii) Após o final da instrução processual, com a publicação do despacho de intimação para apresentação de alegações finais, a competência para processar e julgar ações penais não será mais afetada em razão de o agente público vir a ocupar cargo ou deixar o cargo que ocupava, qualquer que seja o motivo". 7. Aplicação da nova linha interpretativa aos processos em curso. Ressalva de todos os atos praticados e decisões proferidas pelo STF e demais juízos com base na jurisprudência anterior. 8. Como resultado, determinação de baixa da ação penal ao Juízo da 256ª Zona Eleitoral do Rio de Janeiro, em razão de o réu ter renunciado ao cargo de Deputado Federal e tendo em vista que a instrução processual já havia sido finalizada perante a 1ª instância.

B) INVESTIGAÇÃO E INDICIAMENTO DE PESSOAS QUE DETENHAM FORO POR PRERROGATIVA DE FUNÇÃO

Segundo entendimento do Supremo Tribunal Federal, exposto no julgamento do Inquérito 2411/MT, de relatoria do Min. Gilmar Mendes, a investigação e o indiciamento de autoridades que detenham foro por prerrogativa de função dependem de autorização do ministro relator do caso. Essa regra se estende, por simetria, a todas as esferas em que se processem autoridades com foro por prerrogativa de função.

> Inq 2411/MT - MATO GROSSO QUESTÃO DE ORDEM NO INQUÉRITO Relator(a): Min. GILMAR MENDES Julgamento: 10/10/2007 Órgão Julgador: Tribunal Pleno
> EMENTA: Questão de Ordem em Inquérito. 1. Trata-se de questão de ordem suscitada pela defesa de Senador da República, em sede de inquérito originário promovido pelo Ministério Público Federal (MPF), para que o Plenário do Supremo Tribunal Federal (STF) defina a legitimidade, ou não, da instauração do inquérito e do indiciamento realizado diretamente pela Polícia Federal (PF). 2. Apuração do envolvimento do parlamentar quanto à ocorrência das supostas práticas delituosas sob investigação na denominada "Operação Sanguessuga". 3. Antes da intimação para prestar depoimento sobre os fatos objeto deste inquérito, o Senador foi previamente indiciado por ato da autoridade policial encarregada do cumprimento da diligência. 4. Considerações doutrinárias e jurisprudenciais acerca do tema da instauração de inquéritos em geral e dos inquéritos originários de competência do STF: i) a jurisprudência do STF é pacífica no sentido de que, nos inquéritos policiais em geral, não cabe a juiz ou a Tribunal investigar, de ofício, o titular de prerrogativa de foro; ii) qualquer pessoa que, na condição exclusiva de cidadão, apresente "notitia criminis", diretamente a este Tribunal é parte manifestamente ilegítima para a formulação de pedido de recebimento de denúncia para a apuração de crimes de ação penal pública incondicionada. Precedentes: INQ no 149/DF, Rel. Min. Rafael Mayer, Pleno, DJ 27.10.1983; INQ (AgR) no 1.793/DF, Rel. Min. Ellen Gracie, Pleno, maioria, DJ 14.6.2002; PET - AgR - ED no 1.104/DF, Rel. Min. Sydney Sanches, Pleno, DJ 23.5.2003; PET no 1.954/DF, Rel. Min. Maurício Corrêa, Pleno, maioria, DJ 1º.8.2003; PET (AgR) no 2.805/DF, Rel. Min. Nelson Jobim, Pleno, maioria, DJ 27.2.2004; PET no 3.248/DF, Rel. Min. Ellen Gracie, decisão monocrática, DJ 23.11.2004; INQ no 2.285/DF, Rel. Min. Gilmar Mendes, decisão monocrática, DJ 13.3.2006 e PET (AgR) no 2.998/MG, 2º Turma, unânime, DJ 6.11.2006;

iii) diferenças entre a regra geral, o inquérito policial disciplinado no Código de Processo Penal e o inquérito originário de competência do STF regido pelo art. 102, I, b, da CF e pelo RI/STF. A prerrogativa de foro é uma garantia voltada não exatamente para os interesses dos titulares de cargos relevantes, mas, sobretudo, para a própria regularidade das instituições. Se a Constituição estabelece que os agentes políticos respondem, por crime comum, perante o STF (CF, art. 102, I, b), não há razão constitucional plausível para que as atividades diretamente relacionadas à supervisão judicial (abertura de procedimento investigatório) sejam retiradas do controle judicial do STF. A iniciativa do procedimento investigatório deve ser confiada ao MPF contando com a supervisão do Ministro-Relator do STF. 5. A Polícia Federal não está autorizada a abrir de ofício inquérito policial para apurar a conduta de parlamentares federais ou do próprio Presidente da República (no caso do STF). No exercício de competência penal originária do STF (CF, art. 102, I, "b" c/c Lei nº 8.038/1990, art. 2º e RI/STF, arts. 230 a 234), a atividade de supervisão judicial deve ser constitucionalmente desempenhada durante toda a tramitação das investigações desde a abertura dos procedimentos investigatórios até o eventual oferecimento, ou não, de denúncia pelo dominus litis. 6. Questão de ordem resolvida no sentido de anular o ato formal de indiciamento promovido pela autoridade policial em face do parlamentar investigado.

C) COMPETÊNCIA POR PRERROGATIVA DE FORO X COMPETÊNCIA DO TRIBUNAL DO JÚRI

A competência por prerrogativa de foro estabelecida pela Constituição Federal prevalece em relação à competência do Tribunal do Júri. No entanto, se a previsão do foro por prerrogativa de função for estabelecida em Constituição Estadual, prevalecerá a competência do Tribunal do Júri, conforme estabelece a **Súmula 45 do Supremo Tribunal Federal**.

A competência constitucional do Tribunal do Júri prevalece sobre o foro por prerrogativa de função estabelecido exclusivamente pela Constituição Estadual

D) PROCESSOS ORIGINÁRIOS DOS TRIBUNAIS

O procedimento para julgamento das autoridades que gozam de prerrogativa de foro é previsto na Lei 8.038/90, que regula o procedimento perante o Supremo Tribunal Federal e Superior Tribunal de Justiça. A Lei 8.658/93 estendeu esse procedimento aos casos de competências originárias dos **Tribunais de Justiça** e dos **Tribunais Regionais Federais**.

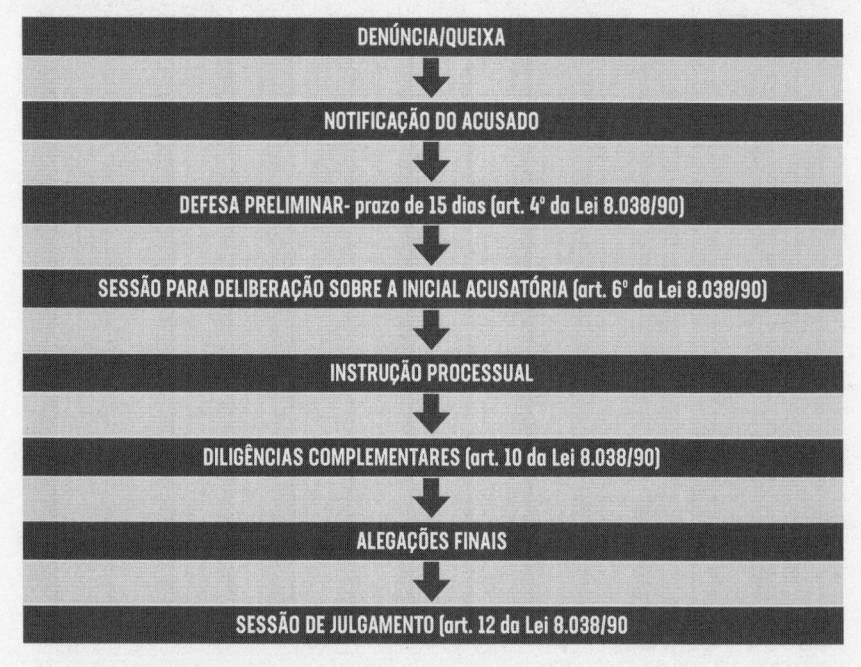

O procedimento especial da Lei n.º 8.038/1990 não exclui a aplicação, de forma subsidiária, as normas do procedimento ordinário, previstas no Código de Processo Penal. A esse respeito, julgou o Superior tribunal de Justiça:

> ### SUPERIOR TRIBUNAL DE JUSTIÇA
>
> APn 923-DF
> **Rel.** Min. Nancy Andrighi,
> Corte Especial- Julgado em 23/09/2019, DJe 26/09/2019
> Rito especial da Lei n. 8.038/1990. Aplicação subsidiária do procedimento ordinário. Recebimento e rejeição da denúncia. Art. 395 do CPP. Improcedência da acusação. Art. 397 do CPP.

Oferecida a denúncia e após a resposta do acusado, o Tribunal deliberará acerca de sua rejeição, recebimento ou improcedência da acusação, nos termos do disposto no art. 6º da Lei n. 8.038/1990, que dispõe sobre normas procedimentais para os processos que especifica, perante o Superior Tribunal de Justiça e o Supremo Tribunal Federal. Consoante a previsão do art. 394, § 5º, do CPP, ao procedimento especial da Lei n. 8.038/1990 devem ser aplicadas, subsidiariamente, as regras do procedimento ordinário. Diante dessa circunstância, o exame da aptidão da denúncia deve ser balizado pelo art. 395 do CPP, ao passo que o da improcedência da acusação (absolvição sumária) deve ser pautado pelo disposto no art. 397 do CPP. Assim, o Tribunal rejeitará a denúncia: a) quando for manifestamente inepta; b) quando faltar pressuposto processual ou condição para o exercício da ação penal; ou c) faltar justa causa para o exercício da ação penal, nos termos do art. 395 do CPP. Caso não estejam presentes esses elementos enumerados no art. 395 do CPP, a denúncia deve ser recebida e, assim, em consequência, verificada a possibilidade de exame imediato do mérito da pretensão punitiva penal, que é hipótese de verdadeiro julgamento antecipado de mérito. Desse modo, se para a rejeição da denúncia são examinados aspectos preponderantemente processuais, para a improcedência da acusação, com a absolvição, é examinado o mérito da pretensão punitiva penal.

- **SUPREMO TRIBUNAL FEDERAL**

As infrações penais de competência do Supremo Tribunal são previstas na Carta Magna e podem ser assim esquematizada:

SUPREMO TRIBUNAL FEDERAL (art. 102, inciso I da CF)

b) nas infrações penais comuns, o Presidente da República, o Vice-Presidente, os membros do Congresso Nacional, seus próprios Ministros e o Procurador-Geral da República;

c) nas infrações penais comuns e nos crimes de responsabilidade, os Ministros de Estado e os Comandantes da Marinha, do Exército e da Aeronáutica, ressalvado o disposto no art. 52, I, os membros dos Tribunais Superiores, os do Tribunal de Contas da União e os chefes de missão diplomática de caráter permanente;

d) o habeas corpus, sendo paciente qualquer das pessoas referidas nas alíneas anteriores; o mandado de segurança e o habeas data contra atos do Presidente da República, das Mesas da Câmara dos Deputados e do Senado Federal, do Tribunal de Contas da União, do Procurador-Geral da República e do próprio Supremo Tribunal Federal;

i) o habeas corpus, quando o coator for Tribunal Superior ou quando o coator ou o paciente for autoridade ou funcionário cujos atos estejam sujeitos diretamente à jurisdição do Supremo Tribunal Federal, ou se trate de crime sujeito à mesma jurisdição em uma única instância"

A Súmula 691 do STF dispõe:

> Não compete ao Supremo Tribunal Federal conhecer de habeas corpus impetrado contra decisão do Relator que, em habeas corpus requerido a tribunal superior, indefere a liminar.

Mas o próprio Supremo Tribunal Federal, seguido pelo Superior Tribunal de Justiça, tem flexibilizado essa regra, conforme entendimento abaixo:

> AgR 169886/ MG - MINAS GERAIS AG.REG. NO HABEAS CORPUS Relator(a): Min. EDSON FACHIN Julgamento: 24/05/2019 Órgão Julgador: Segunda Turma
> Ementa: AGRAVO REGIMENTAL EM HABEAS CORPUS. PROCESSO PENAL. IMPETRAÇÃO FORMALIZADA CONTRA DECISÃO MONOCRÁTICA DE INDEFERIMENTO LIMINAR EM HABEAS CORPUS ENDEREÇADO A TRIBUNAL SUPERIOR. APLICAÇÃO DA SÚMULA 691/STF. NÃO CONHECIMENTO. INEXISTÊNCIA DE ILEGALIDADE EVIDENTE OU TERATOLOGIA. DESCABIMENTO DE SUPERAÇÃO SUMULAR. **1. A teor da Súmula 691/STF, é inadmissível a impetração de habeas corpus contra decisão denegatória de liminar, salvo em hipóteses excepcionais, em que o impetrante demonstre a existência de flagrante ilegalidade, abuso de poder ou teratologia na decisão hostilizada. 2. Inocorrência das hipóteses de excepcional superação do verbete sumular. 3. Agravo regimental desprovido.**

- SUPREMO TRIBUNAL DE JUSTIÇA

Na mesma aresta, a Constituição Federal disciplina acerca da competência do Superior Tribunal de Justiça, vejamos:

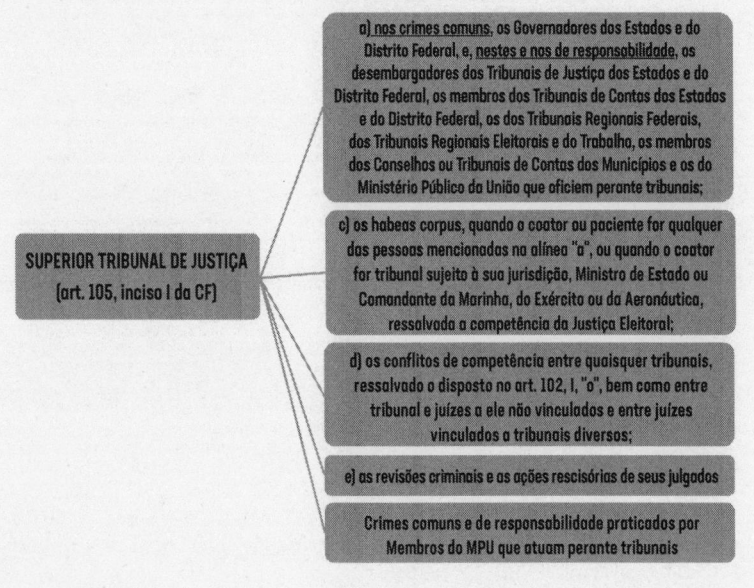

- ## TRIBUNAIS REGIONAIS FEDERAIS

TRIBUNAIS REGIONAIS FEDERAIS
(art. 108, inciso I da CF)

a) os juízes federais da área de sua jurisdição, incluídos os da Justiça Militar e da Justiça do Trabalho, nos crimes comuns e de responsabilidade, e os membros do Ministério Público da União, ressalvada a competência da Justiça Eleitoral;

b) as revisões criminais e as ações rescisórias de julgados seus ou dos juízes federais da região;

d) os habeas corpus, quando a autoridade coatora for juiz federal;

e) os conflitos de competência entre juízes federais vinculados ao Tribunal;

Prefeitos e outras autoridades estaduais com foro por prerrogativa de função, pela prática de crimes de competência da Justiça Federal.

- ## TRIBUNAIS REGIONAL ELEITORAL

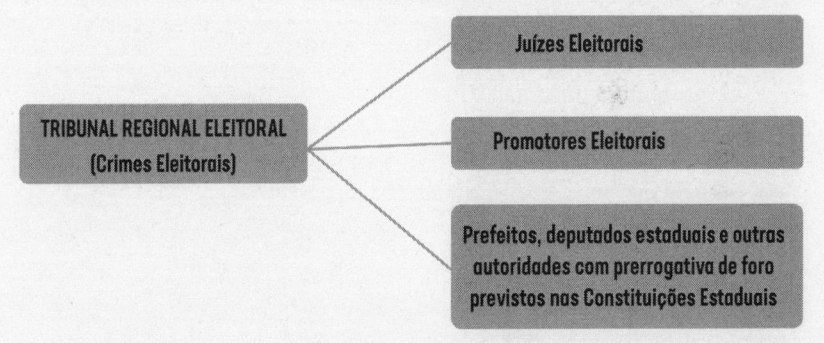

TRIBUNAL REGIONAL ELEITORAL
(Crimes Eleitorais)

Juízes Eleitorais

Promotores Eleitorais

Prefeitos, deputados estaduais e outras autoridades com prerrogativa de foro previstos nas Constituições Estaduais

- ## TRIBUNAIS DE JUSTIÇA DOS ESTADOS E DO DISTRITO FEDERAL

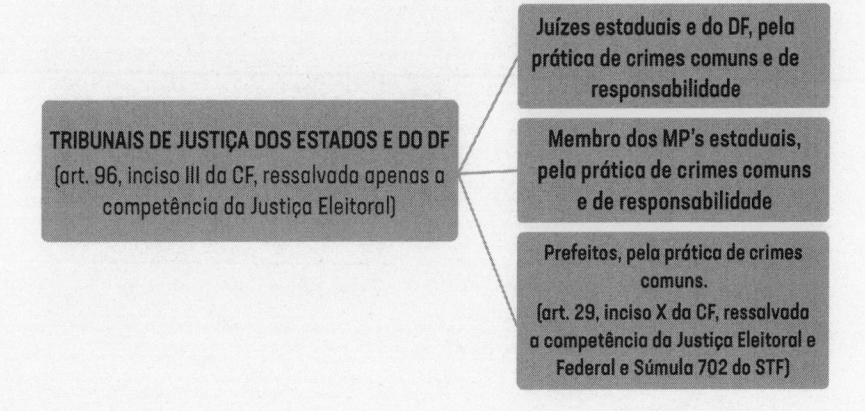

TRIBUNAIS DE JUSTIÇA DOS ESTADOS E DO DF
(art. 96, inciso III da CF, ressalvada apenas a competência da Justiça Eleitoral)

Juízes estaduais e do DF, pela prática de crimes comuns e de responsabilidade

Membro dos MP's estaduais, pela prática de crimes comuns e de responsabilidade

Prefeitos, pela prática de crimes comuns.
(art. 29, inciso X da CF, ressalvada a competência da Justiça Eleitoral e Federal e Súmula 702 do STF)

- **Tribunal Superior Eleitoral:** não possui competência originária em matéria criminal, apenas competência recursal, nos termos do que dispõe o art. 121 da Constituição Federal.
- **Superior Tribunal Militar:** competência originária para processo e julgamento dos oficiais-generais das Forças Armadas, nos crimes militares definidos em lei. (Lei 8.457/92)
- **Senado Federal**

Art. 52. Compete privativamente ao Senado Federal:
I - processar e julgar o Presidente e o Vice-Presidente da República **nos crimes de responsabilidade,** bem como os Ministros de Estado e os Comandantes da Marinha, do Exército e da Aeronáutica nos crimes da mesma natureza conexos com aqueles;

- **Tribunal Especial:** art. 78, § 3º da Lei 1.079/50.

§ 3º Nos Estados, **onde as Constituições não determinarem o processo nos crimes de responsabilidade dos Governadores**, aplicar-se-á o disposto nesta lei, devendo, porém, o julgamento ser proferido por um tribunal composto de cinco membros do Legislativo e de cinco desembargadores, sob a presidência do Presidente do Tribunal de Justiça local, que terá direito de voto no caso de empate. A escolha desse Tribunal será feita - a dos membros do legislativo, mediante eleição pela Assembleia: a dos desembargadores, mediante sorteio.

- **Câmara Municipal:** competente para processo e julgamento dos prefeitos pela prática de crime de responsabilidade (art. 4º do Dec. 201/67).

E) JULGAMENTO DO PRESIDENTE DA REPÚBLICA

Art. 52. Compete privativamente ao Senado Federal:
I - processar e julgar o Presidente e o Vice-Presidente da República **nos crimes de responsabilidade,** bem como os Ministros de Estado e os Comandantes da Marinha, do Exército e da Aeronáutica nos crimes da mesma natureza conexos com aqueles;

O processo para o julgamento de crimes de responsabilidade do Presidente da República, definidos na Lei 1.079/50 é composto de duas fases:

- **Admissibilidade**: é de competência da **Câmara dos Deputados**, por denúncia de qualquer cidadão no exercício de seus direitos políticos. Somente será admitida pelo voto de **2/3** dos membros, em sessão **única**, assegurado o contraditório; e
- **Julgamento**: é de competência do Senado Federal, que instaurando o processo, suspenderá o Presidente da República, pelo prazo máximo de 180 dias. A sessão de julgamento será presidida pelo Presidente do STF, e a decisão será tomada por 2/3 dos membros do SF. A denúncia somente pode ser recebida enquanto o acusado estiver no exercício do cargo. A renúncia ao cargo não paralisa o processo, porque a sanção não se limita à perda do cargo, incidindo na inabilitação por oito anos para o exercício de função pública.

No que diz respeito aos crimes não funcionais do Presidente da República, a Constituição estabelece hipótese de imunidade processual temporária, sendo que as respectivas persecuções ficarão sobrestadas enquanto durar o mandato, por força do que dispõe o art. 86, § 4º da Constituição Federal:

> § 4º O Presidente da República, na vigência de seu mandato, não pode ser responsabilizado por atos estranhos ao exercício de suas funções.

F) JULGAMENTO DE SENADORES E DEPUTADOS FEDERAIS

> **CRIMES COMUNS**
>
> **Art.** 102. Compete ao Supremo Tribunal Federal, precipuamente, a guarda da Constituição, cabendo-lhe:
>
> I - processar e julgar, originariamente:
>
> b) nas infrações penais comuns, o Presidente da República, o Vice-Presidente, os **membros do Congresso Nacional**, seus próprios Ministros e o Procurador-Geral da República;

> **Art.** 53. Os Deputados e Senadores são invioláveis, civil e penalmente, por quaisquer de suas opiniões, palavras e votos.
>
> § 1º Os Deputados e Senadores, desde a expedição do diploma, serão submetidos a julgamento perante o Supremo Tribunal Federal.

No caso dos **suplentes**, a prerrogativa de foro só é assegurada durante o período em que é exercida a suplência.

PET 7734/DF - DISTRITO FEDERAL
PETIÇÃO Relator(a): Min. EDSON FACHIN
Julgamento: 30/10/2018 Órgão Julgador: Segunda Turma
Ementa: AGRAVO REGIMENTAL. INQUÉRITO. DECLÍNIO DE COMPETÊNCIA. APLICAÇÃO DEENTENDIMENTO DO PLENO DO SUPREMO TRIBUNAL FEDERAL NA QUESTÃO DE ORDEM DA AÇÃO PENAL 937. RETORNO DOS AUTOS AO JUÍZO DA 11º VARA DA SEÇÃO JUDICIÁRIA DO ESTADO DE GOIÁS. MANDATOS DISTINTOS EXERCIDOS SEM SOLUÇÃO DECONTINUIDADE. ASSUNÇÃO A CARGO PARLAMENTAR VAGO NA CONDIÇÃO DE SUPLENTE.PRORROGAÇÃO DE COMPETÊNCIA. IMPOSSIBILIDADE. INSURGÊNCIA DESPROVIDA. 1. O Plenário do Supremo Tribunal Federal, ao julgar Questão de Ordem suscitada nos autos da AP 937, de relatoria do eminente Ministro Luís Roberto Barroso, decidiu que a competência desta Corte para processar e julgar parlamentares, nos termos do art. 102, I, "b", da Constituição Federal, restringe-se aos delitos praticados no exercício e em razão da função pública. 2. Em se tratando de mandatos políticos distintos, exercidos sem solução de continuidade, não remanesce a unidade de legislatura dos cargos parlamentares para fins de prorrogação de competência. Ao lado disso, a condição de suplente não confere ao assim nomeado as prerrogativas decorrentes ao regime jurídico constitucional próprio dos congressistas, que decorre da efetiva diplomação e posse no cargo. Precedentes. 3. À míngua das balizas estabelecidas pelo Pleno do Supremo Tribunal Federal, não subsiste a competência de foro no âmbito da Corte, sendo imperativo o declínio de competência do INQ 3.444 para o juízo responsável. 4. Agravo regimental desprovido
Inq 2421 AgR/ MS - MATO GROSSO DO SUL
AG.REG.NO INQUÉRITO
Relator(a): Min. MENEZES DIREITO
Julgamento: 14/02/2008 Órgão Julgador: Tribunal Pleno

EMENTA Agravo regimental. Inquérito criminal. Suplente de senador. Retorno do titular. Competência. Supremo Tribunal Federal. 1. A prerrogativa de foro conferida aos membros do Congresso Nacional, vinculada à liberdade máxima necessária ao bom desempenho do ofício legislativo, estende-se ao suplente respectivo apenas durante o período em que este permanecer no efetivo exercício da atividade parlamentar. Assim, o retorno do deputado ou do senador titular às funções normais implica a perda, pelo suplente, do direito de ser investigado, processado e julgado no Supremo Tribunal Federal. 2. Agravo regimental desprovido.

G) JULGAMENTO DE OUTROS CARGOS

- **Ministros de Estado:** julgados pelo Senado Federal pela prática de crime de responsabilidade e pelo Supremo Tribunal Federal pela prática de crimes comuns.

- **Membros do CNMP e do CNJ:** julgados pelo Supremo Tribunal Federal pela prática de crimes de responsabilidade. No que diz respeito aos crimes comuns, a condição de Conselheiro, por si só, não determina a competência, depende da qualidade de cada membro. Se tiver prerrogativa de foro, em razão de sua função, manterá a prerrogativa, do contrário, será julgado pela primeira instância. Ex.: Promotor de Justiça - Tribunal de Justiça. Advogado - 1ª instância da Justiça comum.

- **Governadores:** são julgados pelo Superior Tribunal de Justiça, nos termos do que dispõe o artigo 105, inciso I, "a" da CF, pela prática de crimes comuns, após **autorização da Câmara Legislativa respectiva**. Nos crimes de responsabilidade, depende do que dispõe de cada Constituição Estadual.

- **Membros do MPU:** os membros que atuam em primeira instância, são julgados pelo TRF, nos termos do que dispõe o artigo 108, inciso I, "a" da CF, pela prática de crimes comuns e de responsabilidade, ressalvada a competência da Justiça Eleitoral. Os membros do MPU que atuam perante Tribunais, são julgados pelo STJ. O PGR é julgado pelo STF pela prática de crimes comuns e pelo SF pela prática de crimes de responsabilidade.

- **Deputados Estaduais:** julgados pelos Tribunais de Justiça pela prática de crimes comuns e pelas Câmaras Legislativas, pela prática de crimes de responsabilidade. Não havendo necessidade de autorização para o início do processo, mas pode haver o sobrestamento.

- **Prefeitos**: julgados perante o Tribunal de Justiça, pela prática de crimes comuns, art. 29, inciso X da CF. Vide Súmulas, 702, 208 e 209 do STJ. Julgados pelas Câmaras Municipais, pela prática de crimes de responsabilidade.

2.4. COMPETÊNCIA TERRITORIAL

A competência territorial é de natureza relativa e atende interesse preponderante das partes. Com isso, pode ser prorrogável, ou seja, modificada se não for arguida na oportunidade processual própria (preclusão).

A incompetência territorial, por tratar-se de competência relativa, de acordo com Súmula 33 do Superior Tribunal de Justiça, não pode ser declarada de ofício pelo juiz:

> **Superior Tribunal de Justiça**
>
> **Súmula 22 -** A incompetência relativa não pode ser declarada de ofício.

O Código de Processo Penal, coaduna no art. 69, o seguinte:

> **Art. 69.** Determinará a competência jurisdicional:
> **I - o lugar da infração:**
> **II - o domicílio ou residência do réu;**
> [...]

A) DA COMPETÊNCIA PELO LUGAR DA INFRAÇÃO

A norma geral do Código de Processo Penal é que a competência será determinada pelo lugar em que se consumar a infração, ou no caso de tentativa pelo lugar em que foi praticado o último ato de execução. Vejamos:

> **Art.70.** A competência será, de regra, determinada pelo lugar em que se **consumar** a infração, ou, no caso de tentativa, pelo lugar em que for praticado o último ato de execução.

De acordo com o artigo 14 do Código Penal, o crime se consuma quando estão reunidos todos os elementos de sua definição legal. A esse respeito, existem diversas teorias importantes para definir o juízo territorialmente competente.

- **Teoria do resultado**

Segundo essa teoria, o juízo competente é o do local onde se operou a consumação do delito (art. 70, caput do CPP). Essa teoria é importante com relação aos crimes plurilocais, onde os atos executórios ocorrem em local distinto do resultado (considerando-se o território brasileiro).

Vejas as hipóteses:

- Furto mediante fraude por meio de saques indevidos em conta corrente por intermédio da internet: local da conta fraudada – STJ;
- Crimes materiais: lugar do resultado;
- Crime qualificado pelo resultado: lugar da produção do resultado qualificador;
- Crime formal: momento em que se consumou o crime
- Crime permanente: até que perdure a permanência. E houver pluralidade de juízos, será usado o critério da prevenção.
- Uso de documento falso: local onde o documento foi apresentado. Contudo se quem usou o documento também o falsificou, o uso é exaurimento, ou seja, considera-se o local que o documento foi fabricado.

- **Teoria da atividade**

A teoria de que a competência é consolidada pelo local da ação ou omissão. Adota-se no caso de crime tentado, bem como nos juizados especiais criminais.

Ademais, importante salientar que nos crimes de homicídio, o STJ tem consolidado jurisprudência no sentido de fixar a competência com base no **local da ação** e não do resultado (crime material) – **princípio do esboço do resultado**.

Esse princípio, segundo coaduna Fernando Pedroso, consiste em se verificar que a conduta delituosa se exauriu em determinado local onde deveria ter sido também o do momento consumativo do crime, pelo que se adota interpretação teleológica consistente em considerar que o fato delituoso já havia prenunciado ou esboçado o seu resultado no local da ação ou da omissão. Assim, a consumação só ocorreu em outro lugar por acidente ou casualidade[34].

A esse respeito:

---

[34] PEDROSO, Fernando de Almeida. Competência penal: princípio do esboço do resultado e crimes qualificados pelo evento. *Justitia*, São Paulo, v. 53, nº 158, p. 17-19, abr./jun, 1992.

RHC 103972 / SP
RECURSO ORDINARIO EM HABEAS CORPUS 2018/0263783 5
Ministro FELIX FISCHER (1109)
T5 - QUINTA TURMA
27/11/2018
DJe 03/12/2018
Ementa: PENAL E PROCESSUAL PENAL. RECURSO ORDINÁRIO EM HABEAS CORPUS. **HOMICÍDIO**. **COMPETÊNCIA** TERRITORIAL. **LOCAL** DA PRÁTICA DOS ATOS EXECUTÓRIOS. OPÇÃO PELA TEORIA DA AÇÃO. FLEXIBILIZAÇÃO PERMITIDA. ALEGAÇÃO DE CERCEAMENTO DE DEFESA. DISTRIBUIÇÃO, A CARGO DA DEFESA, DE CARTA PRECATÓRIA PARA OITIVA DE TESTEMUNHA. ILEGALIDADE NÃO VERIFICADA. DESMEM-BRAMENTO DA AÇÃO PENAL. POSSIBILIDADE. CORRÉ DENUNCIADA POR CRIME NÃO DOLOSO CONTRA A VIDA. INEXISTÊNCIA DE PREJUÍZO. RECURSO DESPROVIDO.

I - Como regra, a fixação da **competência** territorial segue a teoria do resultado, sendo determinante o lugar da consumação da infração, ou do último ato executório, nas hipóteses de tentativa (art. 70 do CPP), tendo como critério subsidiário o domicílio do réu (CPP, art. 72). Em hipóteses excepcionais se admite a fixação da **competência** do **local** de atos de execução para a facilitação de coleta de provas, a fim de se prestigiar a busca da verdade real.

II - In casu, embora o resultado morte tenha ocorrido em São José do Rio Preto/SP, infere-se dos autos que os atos executórios tiveram início em Jales/SP, **local** onde a vítima nasceu, e onde supostamente lhe foi aplicado o medicamento que deu causa à sua morte. Os genitores da vítima e a maioria das testemunhas arroladas residem em Jales/SP.

III - **A prática dos atos executórios, e a facilidade na colheita das provas para a adequada apuração dos fatos, autoriza, no caso concreto, a flexibilização da teoria do resultado a fim de definir-se a competência para o julgamento do crime contra a vida na comarca de Jales/SP, com o objetivo da busca da verdade real.**

IV - Não se verifica o alegado cerceamento de defesa em razão da determinação do Magistrado de 1º grau de que a recorrente providenciasse a distribuição da carta precatória junto ao Juízo deprecado, obrigatoriamente por meio de peticionamento eletrônico. O v. acórdão consigna que teria havido desinteresse da Defesa em promover o ato, pois foi intimada em três oportunidades, mas deixou de fazê-lo. Acrescente-se que não se comprovou o prejuízo sofrido, pois a testemunha ainda poderá ser ouvida no julgamento em plenário, o que obsta o reconhecimento da nulidade.

> V - O desmembramento dos processos no âmbito do Tribunal do Júri, a despeito de não ser obrigatório, pode ser determinado pelo Julgador, quando estiver diante de fato relevante e se for conveniente ao andamento da ação penal, nos termos do art. 80 do CPP.
>
> VI - Na hipótese, não se vislumbra ilegalidade a ser sanada, considerando que o desmembramento do processo foi determinado em razão do fato de que a corré será julgada por Juízo singular, enquanto a recorrente o será pelo Tribunal do Júri. Ademais, não se verificou a existência de prejuízos à defesa "pois os advogados podem ter pleno acesso a todas as peças de ambos os processos (original e desmembrado) e, caso necessário, trasladar documentos de um para o outro." Recurso ordinário em habeas corpus conhecido e desprovido.

Com relação ao crime de **calúnia**, praticado pela internet, destaca-se o Info 469 do STJ:

> **[informe-se!]**
>
> **COMPETÊNCIA.** CRIME. CALÚNIA. INTERNET. Trata-se de conflito de competência em que se busca determinar o juiz que processará e julgará a ação penal na qual se imputa crime de calúnia em razão de ser publicada carta encaminhada por pessoa que usava pseudônimo em blog de jornalista, na internet. A Seção, por maioria, aplicou o art. 70 do CPP e afastou a aplicação da Lei de Imprensa em razão de decisão do STF que declarou não recepcionados pela CF todos os dispositivos da Lei n. 5.250/1967. Daí entendeu que, tratando-se de queixa-crime que imputa a prática do crime de calúnia decorrente de carta divulgada em blog, via internet, o foro para o processamento e julgamento da ação é o do lugar do ato delituoso, ou seja, de onde partiu a publicação do texto, no caso, o foro do local onde está hospedado o servidor, a cidade de São Paulo. O voto vencido entendia que o ofendido poderia propor a ação onde melhor lhe aprouvesse. Precedente citado: CC 102.454-RJ, DJe 15/4/2009. CC 97.201-RJ, Rel. Min. Celso Limongi (Desembargador convocado do TJ-SP), julgado em 13/4/2011.
>
> [fim de informe-se!]

O mesmo entendimento se aplica ao crime de pedofilia praticado pela internet e aos crimes contra a honra praticados pela rede mundial de computadores.

• **Teoria da ubiquidade**

Essa teoria dispõe que a competência territorial no Brasil pode ser fixada pelo local da ação ou pelo local do resultado (o que ocorrer no Brasil).

Aplica-se essa teoria aos crimes à distância ou de espaço máximo, os crimes que os atos executórios começam no país e o resultado ocorre em outro país, ou, o delito inicia-se no estrangeiro e o resultado, ainda que parcial, ocorre ou deveria ocorrer no país.

Tal teoria é prevista no art. 70 §1° e 2° do Código de Processo Penal, a saber:

> § 1 Se, iniciada a execução no território nacional, a infração se consumar fora dele, a competência será determinada pelo lugar em que tiver sido praticado, no Brasil, o último ato de execução.
> § 2 Quando o último ato de execução for praticado fora do território nacional, será competente o juiz do lugar em que o crime, embora parcialmente, tenha produzido ou devia produzir seu resultado.

- CRIMES PRATICADOS NO ESTRANGEIRO

Nos casos previstos no art. 7° do CPP, em que apesar de o crime ter sido praticado no estrangeiro, será processado pela jurisdição brasileira, a regra da territorialidade é aquela prevista no art. 88 do CPP, observada a regra contida no art. 109 da Constituição Federal, no que diz respeito à Competência da Justiça Federal.

CONSTITUIÇÃO FEDERAL

Art. 109. Aos **juízes federais** compete processar e julgar:
V - os crimes previstos em **tratado** ou **convenção internacional**, quando, iniciada a execução no País, o resultado tenha ou devesse ter ocorrido no estrangeiro, ou reciprocamente;

CÓDIGO DE PROCESSO PENAL

Art. 88. No processo por crimes praticados fora do território brasileiro, será competente o **juízo da Capital do Estado** onde houver por último residido o acusado. Se este nunca tiver residido no Brasil, será competente o **juízo da Capital da República**.

B) COMPETÊNCIA PELO LOCAL DO DOMICÍLIO DO RÉU

Trata-se de um foro supletivo, ou seja, será utilizado para fixar a competência apenas se não for conhecido o lugar da infração.

> **Art.** 72. Não sendo conhecido o lugar da infração, a competência regular-se-á pelo domicílio ou residência do réu.
>
> **§ 1 Se o réu tiver mais de uma residência, a competência firmar-se-á pela prevenção.**
>
> **§ 2 Se o réu não tiver residência certa ou for ignorado o seu paradeiro, será competente o juiz que primeiro tomar conhecimento do fato.**

No caso das ações exclusivamente privadas, o Código de Processo Penal dispõe que ainda que se saiba o local que o crime foi consumado, o querelante pode optar por propor a ação no domicílio ou residência do réu, a seguir:

> **Art.** 73. Nos casos de exclusiva ação privada, o querelante poderá preferir o foro de domicílio ou da residência do réu, ainda quando conhecido o lugar da infração

C) COMPETÊNCIA SUBSIDIÁRIA

Se o réu não tiver residência certa ou não se souber o seu paradeiro, será adotado o critério da prevenção (o juiz que primeiro tomar conhecimento do ato). Ainda, sabendo-se que o réu tenha mais de uma residência, a competência também será fixada seguindo o critério da **prevenção**, veja:

> **CÓDIGO DE PROCESSO PENAL**
>
> **Art.** 72. Não sendo conhecido o lugar da infração, a competência regular-se-á pelo domicílio ou residência do réu.
>
> **§ 1 Se o réu tiver** mais de uma residência, a competência firmar-se-á pela prevenção.
>
> **§ 2 Se o réu** não tiver residência certa ou for ignorado o seu paradeiro, será competente o juiz que primeiro tomar conhecimento do fato.

Ainda, a prevenção poderá ser adotada sempre que concorrem dois ou mais juízes competentes ou com jurisdição cumulativa, de acordo com o previsto no art. 83 do Código do Processo Penal:

> **Art.** 83. Verificar-se-á a competência por prevenção toda vez que, concorrendo dois ou mais juízes igualmente competentes ou com jurisdição cumulativa, um deles tiver antecedido aos outros na prática de algum ato do processo ou de medida a este relativa, ainda que anterior ao oferecimento da denúncia ou da queixa (arts. 70, § 3, 71, 72, § 2, e 78, II, c).

Outra hipótese de adoção do critério de prevenção é quando o limite territorial entre duas ou mais comarcas for incerto, ou a infração foi consumada ou tentada na divisa de duas ou mais jurisdições, a esse respeito:

CÓDIGO DE PROCESSO PENAL

Art. 70 [...] § 3 **Quando** incerto o limite territorial entre duas ou mais jurisdições, ou quando incerta a jurisdição por ter sido a infração consumada ou tentada nas divisas de duas ou mais jurisdições, a competência firmar-se-á pela prevenção.

Ademais, nas hipóteses de crime continuado ou permanente, praticado em território de duas ou mais jurisdições (comarcas), a competência se firmará pela prevenção, conforme disposição do art. 71 do Código de Processo Penal.

Art. 71. Tratando-se de infração continuada ou permanente, praticada em território de duas ou mais jurisdições, a competência firmar-se-á pela prevenção.

Súmula 706 do STF: É relativa a nulidade decorrente da inobservância da competência penal por prevenção.

CAPÍTULO 3 - CRITÉRIOS DE MODIFICAÇÃO DE COMPETÊNCIA

Em algumas situações em que há concurso de crimes e/ou concurso de agentes, quando possível os fatos serem processados individualmente, mostra-se eficaz e <u>conveniente</u> a reunião de processos para julgamento simultâneo.

O Código de Processo Penal regula, para tanto, as causas de modificação de competência, nas hipóteses de **conexão** e **continência**, que só podem ser aplicadas nas situações que decorram de competência **relativa** e não são, como regra, hipóteses de reunião obrigatória de feitos. Cumpre ressaltar que no caso de concurso formal de crimes, aberratio ictus e aberratio criminis, a reunião é obrigatória, conforme disposição do Art. 77, inciso II do Código de Processo Penal:

> **Art.** 77. A competência será determinada pela continência quando:
> II - no caso de infração cometida nas condições previstas nos arts.
> 51, § 1, 53, segunda parte, e 54 do Código Penal.

A) CONEXÃO

Denomina-se conexão o vínculo existente entre dois ou mais fatos que os tornam indissociáveis, recomendando-se a reunião dos respectivos processos para que seja realizado o processamento simultâneo, com a otimização da instrução probatória e julgamento em conjunto, evitando-se, ao final, a prolação de decisões contraditórias.

> ## CÓDIGO DE PROCESSO PENAL
> **Art.** 76. A competência será determinada pela conexão:
> I - se, ocorrendo **duas ou mais infrações**, houverem sido praticadas, ao mesmo tempo, por várias pessoas reunidas, ou por várias pessoas em concurso, embora diverso o tempo e o lugar, ou por várias pessoas, umas contra as outras;
> II - se, no mesmo caso, houverem sido umas praticadas para facilitar ou ocultar as outras, ou para conseguir impunidade ou vantagem em relação a qualquer delas;
> III - quando a prova de uma infração ou de qualquer de suas circunstâncias elementares influir na prova de outra infração.

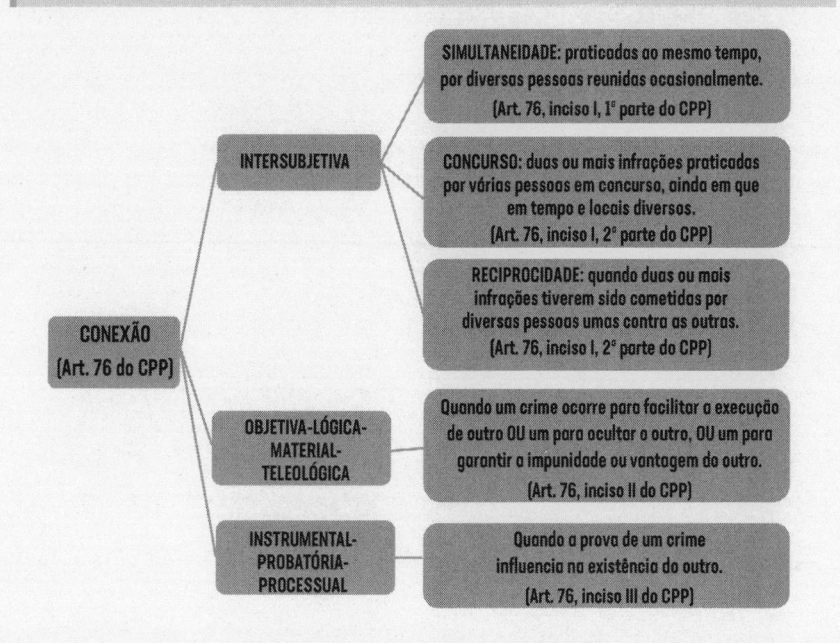

B) CONTINÊNCIA

Ocorre quando os elementos de uma ação penal estiverem contidos em outra (partes, causa de pedir e pedido).

> **Art.** 77. A competência será determinada pela continência quando:
> I - duas ou mais pessoas forem acusadas pela mesma infração;
> II - no caso de infração cometida nas condições previstas nos arts. 51, § 1, 53, segunda parte, e 54 do Código Penal.

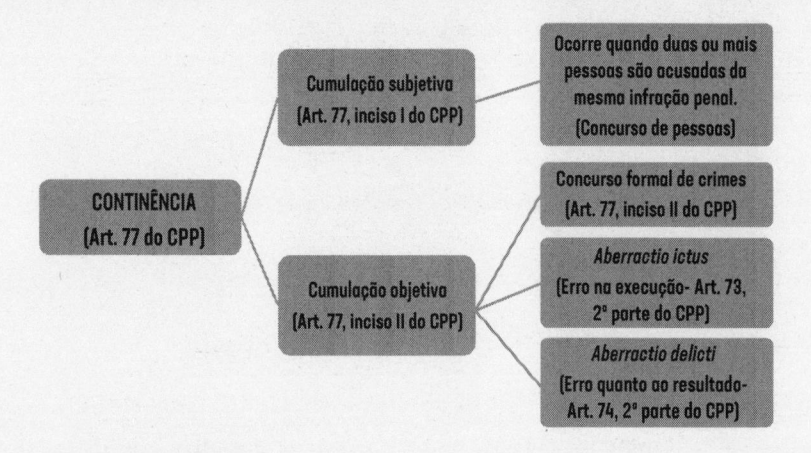

C) FORO PREVALENTE

No caso de conexão ou continência, indaga-se, contudo, qual o órgão jurisdicional competente para receber a junção dos processos. Para isso, o Código de Processo Penal estabelece normas para estabelecer o foro prevalente, ou seja, o juízo que fará a vis attractiva do julgamento único dos fatos.

CONCURSO ENTRE JÚRI E JURISDIÇÃO COMUM OU ESPECIAL (ART. 78, INCISO I DO CPP):

O art. 78, inciso I do CPP dispõe que no concurso entre a competência do júri e a de outro órgão da jurisdição comum, prevalecerá a competência do júri;

COMPETÊNCIA DO TRIBUNAL DO JÚRI	X	COMPETÊNCIA POR PRERROGATIVA DE FORO DE CONSTITUIÇÃO ESTADUAL	COMPETÊNCIA DO TRIBUNAL DO JÚRI (Súmula vinculante 45 STF)
COMPETÊNCIA DO TRIBUNAL DO JÚRI	X	JUSTIÇA ELEITORAL	SEPARAÇÃO DE PROCESSOS (Ambas são competências constitucionais de mesmo grau)
COMPETÊNCIA DO TRIBUNAL DO JÚRI	X	COMPETÊNCIA DA JUSTIÇA MILITAR	SEPARAÇÃO DE PROCESSOS (art. 79, inciso I e Súmula 90 STJ) ** Art. 9, § 1º e 2º do CPM, quando a crime doloso contra a vida praticado por militar contra civil- Tribunal do Júri ou JMF.
COMPETÊNCIA DO TRIBUNAL DO JÚRI	X	COMPETÊNCIA DA JUSTIÇA COMUM	TRIBUNAL DO JÚRI (art. 78, inciso I do CPP) Desclassificação do crime doloso contra a vida na 1ª fase = juiz presidente remete os autos para juízo competente para processar todos os crimes (arts. 81 e 419 do CPP) Desclassificação do doloso contra a vida no plenário = juiz presidente julga todos os crimes (art. 492, §§ 1º e 2º do CPP) Conselho de sentença absolve o crime doloso contra a vida = Conselho de Sentença julga o crime conexo.
COMPETÊNCIA DO TRIBUNAL DO JÚRI	X	CRIME DE COMPETÊNCIA DA JUSTIÇA FEDERAL	JÚRI NA ESFERA FEDERAL

CONCURSO DE JURISDIÇÕES DA MESMA CATEGORIA (ART. 78, INCISO II DO CPP):

A competência prevalente, nesses casos, será dada:

- **Lugar onde foi cominada a pena mais grave**: considera-se as penas mais graves as privativas de liberdade (reclusão, detenção e prisão simples), depois as privativas e restritivas de direitos e por último as penas pecuniárias. Havendo dois crimes punidos com reclusão, considera-se a pena mais alta, a mais grave. Contudo, no caso de as penas serem iguais, considera-se a maior pena mínima;

- **Lugar onde foi cometido o maior número de infrações, no caso de crimes com penas de mesma gravidade**: caso em comarcas diferentes sejam praticados crimes com penas iguais, considera-se o local onde houve mais crimes praticados; e

- **Prevenção**: aplica-se a prevenção do juízo, subsidiariamente, caso as duas hipóteses acima não sejam suficientes para definir a competência prevalente.

CONCURSO DE JURISDIÇÕES DE DIVERSAS CATEGORIAS PREDOMINARÁ A DE MAIOR GRADUAÇÃO (ART. 78, INCISO III DO CPP):

COMPETÊNCIA POR PRERROGATIVA DE FORO	X	COMPETÊNCIA DA JUSTIÇA COMUM	COMPETÊNCIA POR PRERROGATIVA DE FORO (art. 78, inciso III do CPP e Súmula 704 do STF)
COMPETÊNCIA POR PRERROGATIVA DE FORO DA CF	X	COMPETÊNCIA DO TRIBUNAL DO JÚRI	COMPETÊNCIA POR PRERROGATIVA DE FORO (art. 78, inciso III do CPP E Súmula 704 do STF)

Súmula 704 STF - Não viola as garantias do juiz natural, da ampla defesa e do devido processo legal a atração por continência ou conexão do processo do corréu ao foro por prerrogativa de função de um dos denunciados.

CONCURSO DE JURISDIÇÃO COMUM E ESPECIAL PREDOMINARÁ A ÚLTIMA (ART. 78, INCISO IV DO CPP):

COMPETÊNCIA DA JUSTIÇA ELEITORAL	X COMPETÊNCIA DA JUSTIÇA MILITAR	SEPARAÇÃO DE PROCESSOS (Ambas são competências constitucionais)
COMPETÊNCIA DA JUSTIÇA ELEITORAL	X COMPETÊNCIA DA JUSTIÇA COMUM ESTADUAL	JUSTIÇA ELEITORAL (art. 78, inciso IV do CPP e art. 35, inciso II do Código Eleitoral)
COMPETÊNCIA DA JUSTIÇA ELEITORAL	X COMPETÊNCIA DA JUSTIÇA COMUM FEDERAL	SEPARAÇÃO DE PROCESSOS (ressalva do art. 109, inciso I da CF- Ambas são competências constitucionais)

CONCURSO DE JURISDIÇÃO ESTADUAL E A FEDERAL PREDOMINARÁ A ÚLTIMA (SÚMULA 122 DO STJ

COMPETÊNCIA DA JUSTIÇA FEDERAL	X COMPETÊNCIA DA JUSTIÇA ESTADUAL	JUSTIÇA FEDERAL (Súmula 122 do STJ)

Súmula 122 - STJ: Compete à Justiça Federal o processo e julgamento unificado dos crimes conexos de competência federal e estadual, não se aplicando a regra do art. 78, II, a, do Código de Processo Penal.

Por fim, com relação à conexão e continência ressalta-se que se forem instaurados processos diferentes, a autoridade de jurisdição prevalente deve avocar os processos que corram perante outros juízes, salvo se já estiverem com sentença definitiva. A teor da Súmula 235 do STJ, não se exige o trânsito em julgado da sentença.

D) SEPARAÇÃO DOS PROCESSOS

A junção dos processos, nem sempre é obrigatória, disciplinando o Código de Processo Penal acerca de hipóteses em que os processos deverão obrigatoriamente se separar ou que poderão, facultativamente, cindir-se:

- Concurso entre jurisdição comum e militar (art. 19, inciso I do CPP): deve haver separação dos processos, conforme visto acima;

- Concurso entre jurisdição comum e do juízo de menores: a infração penal do maior de idade tramita no juízo criminal, enquanto o do menor de 18, tramita no juízo da infância e juventude;
- Doença mental superveniente ao delito: o processo ficará suspenso com relação ao enfermo (art. 19, §1°do CPP);
- Recusas peremptórias no júri: caso haja recusas sem motivação no procedimento de seleção dos jurados que participarão do Conselho de Sentença;
- De acordo com o art. 80 do CPP, será **facultativa** a separação dos processos quando as infrações tiverem sido praticadas em circunstâncias de tempo ou de lugar diferentes, ou, quando pelo excessivo número de acusados e para não lhes prolongar a prisão provisória, ou por outro motivo relevante, o juiz reputar conveniente a separação.

E) SÚMULAS DO STJ

SÚMULA 6: Compete a justiça comum estadual processar e julgar delito decorrente de acidente de trânsito envolvendo viatura de polícia militar, salvo se autor e vitima

SÚMULA 47: Compete a justiça militar processar e julgar crime cometido por militar contra civil, com emprego de arma pertencente a corporação, mesmo não estando em serviço. forem policiais militares em situação de atividade.

SÚMULA 48: Compete ao juízo do local da obtenção da vantagem ilícita processar e julgar crime de estelionato cometido mediante falsificação de cheque.

SÚMULA 53: Compete a justiça comum estadual processar e julgar civil acusado de prática de crime contra instituições militares estaduais.

SÚMULA 59: Não ha conflito de competência se já existe sentença com trânsito em julgado, proferida por um dos juízos conflitantes.

SÚMULA 62: Compete a justiça estadual processar e julgar o crime de falsa anotação na carteira de trabalho e previdência social, atribuído a empresa privada.

SÚMULA 90: Compete a justiça estadual militar processar e julgar o policial militar pela prática do crime militar, e a comum pela pratica do crime comum simultâneo aquele.

SÚMULA 104: Compete a justiça estadual o processo e julgamento dos crimes de falsificação e uso de documento falso relativo a estabelecimento particular de ensino.212 competência

SÚMULA 107: compete a justiça comum estadual processar e julgar crime de estelionato praticado mediante falsificação das guias de recolhimento das contribuições previdenciárias, quando não ocorrente lesão a autarquia federal.

SÚMULA 122: Compete a justiça federal o processo e julgamento unificado dos crimes conexos de competência federal e estadual, não se aplicando a regra do art. 78, ii, "a", do código de processo penal.

SÚMULA 140: Compete A Justiça Comum Estadual Processar E Julgar Crime Em Que O Indígena Figure Como Autor Ou Vítima.

Súmula 147: Compete a justiça federal processar e julgar os crimes praticados contra funcionário publico federal, quando relacionados com o exercício da função.

SÚMULA 150: Compete a justiça federal decidir sobre a existência de interesse jurídico que justifique a presença, no processo, da união, suas autarquias ou empresas publicas.

SÚMULA 208: Compete a justiça federal processar e julgar prefeito municipal por desvio de verba sujeita a prestação de contas perante órgão federal.

SÚMULA 209: Compete a justiça estadual processar e julgar prefeito por desvio de verba transferida e incorporada ao patrimônio municipal.

SÚMULA 235: A conexão não determina a reunião dos processos, se um deles já foi julgado.

SÚMULA 244: Compete ao foro do local da recusa processar e julgar o crime de estelionato mediante cheque sem provisão de fundos.

SÚMULA 451

A competência especial por prerrogativa de função não se estende ao crime cometido após a cessação definitiva do exercício funcional.

SÚMULA 498

Compete à Justiça dos Estados, em ambas as instâncias, o processo e o julgamento dos crimes contra a economia popular.

SÚMULA 521

O foro competente para o processo e julgamento dos crimes de estelionato, sob a modalidade da emissão dolosa de cheque sem provisão de fundos, é o do local onde se deu a recusa do pagamento pelo sacado.

SÚMULA 522

Salvo ocorrência de tráfico para o Exterior, quando, então, a competência será da Justiça Federal, compete à Justiça dos Estados o processo e julgamento dos crimes relativos a entorpecentes.

SÚMULA 691

Não compete ao Supremo Tribunal Federal conhecer de habeas corpus impetrado contra decisão do Relator que, em habeas corpus requerido a tribunal superior, indefere a liminar.

SÚMULA 702

A competência do Tribunal de Justiça para julgar prefeitos restringe-se aos crimes de competência da Justiça comum estadual; nos demais casos, a competência originária caberá ao respectivo tribunal de segundo grau.

SÚMULA 706

É relativa a nulidade decorrente da inobservância da competência penal por prevenção.

QUESTÕES DE CONCURSOS

1. **CESPE - 2019 - TJ-DFT - Titular de Serviços de Notas e de Registros - Provimento.**

   A denúncia contra o presidente da República por crime de responsabilidade,

   A) para ser admitida, dependerá de quórum de maioria absoluta dos membros da Câmara dos Deputados.

   B) uma vez admitida, será julgada pelo Senado Federal.

   C) uma vez admitida, será julgada pelo STF.

   D) uma vez admitida, resultará na suspensão do exercício de suas funções por até três meses.

   E) se não for julgada no tempo constitucionalmente definido, causará interrupção do prosseguimento do processo.

2. **Prova: MPE-SP - 2017 - MPE-SP - Promotor de Justiça Substituto Assinale a alternativa correta.**

   A) A competência jurisdicional só será determinada pelo domicílio do réu quando desconhecido o lugar da infração.

   B) Em homicídio praticado em coautoria, por pessoa com prerrogativa de função estabelecida pela Constituição Federal e outra sem foro privilegiado, a continência importa em unidade do processo e prorrogação da competência do Tribunal do Júri.

   C) A Justiça Federal é competente para o processo e julgamento unificado dos crimes conexos de competência federal e estadual, ainda que a pena aplicada ao crime de competência estadual seja mais grave.

   D) Na hipótese de crimes conexos, o juiz que decretar a prisão preventiva de um dos acusados fica, em face da prevenção, competente para a apreciação de todos os crimes, independentemente do número de infrações cometidas.

   E) No caso de crime continuado, com diversos processos em andamento, o juiz prevento deverá avocar os demais, sendo nula qualquer sentença proferida por outro juízo, ainda que definitiva.

3. **CESPE - 2018 - Polícia Federal - Delegado de Polícia Federal**

   Em cada item seguinte , é apresentada uma situação hipotética seguida de uma assertiva a ser julgada de acordo com o entendimento dos tribunais superiores acerca das atribuições da PF na persecução criminal e da competência para o processamento e o julgamento de ação penal.

   Em fiscalização aeroportuária, apreendeu-se grande quantidade de produtos oriundos de país estrangeiro, cuja comercialização é proibida no território nacional. Apurou-se que a entrada, no Brasil, dos produtos contrabandeados ocorreu em local diverso do de sua apreensão. Nessa situação, a competência para o processamento e o julgamento da ação, definida territorialmente, será a do local de entrada dos produtos ilegais no país. (   )

4. CESPE - 2018 - Polícia Federal - Delegado de Polícia Federal

Em cada item seguinte, é apresentada uma situação hipotética seguida de uma assertiva a ser julgada de acordo com o entendimento dos tribunais superiores acerca das atribuições da PF na persecução criminal e da competência para o processamento e o julgamento de ação penal.

O prefeito de determinado município desviou, em proveito próprio, verba federal transferida e incorporada ao patrimônio municipal. Instaurado o competente IP, os autos foram relatados e encaminhados, pela autoridade policial, à justiça estadual. Nessa situação, agiu corretamente a autoridade policial ao encaminhar os autos à justiça comum estadual, a quem compete o processamento e o julgamento de casos como o relatado. (   )

5. CESPE - 2018 - Polícia Federal - Delegado de Polícia Federal

Em cada item seguinte, é apresentada uma situação hipotética seguida de uma assertiva a ser julgada de acordo com o entendimento dos tribunais superiores acerca das atribuições da PF na persecução criminal e da competência para o processamento e o julgamento de ação penal.

Uma investigação iniciada no âmbito da polícia judiciária de determinado estado da Federação buscava apurar crime de tortura praticado no interior de uma penitenciária estadual, com violação a direitos humanos. O crime ganhou repercussão internacional e, em razão disso, o IP foi encaminhado à apuração da PF. Nessa situação, a competência para processar e julgar o crime será deslocada para a justiça federal, já que, de regra, a atuação da PF produz tal efeito processual. (   )

6. CESPE - 2018 - Polícia Federal - Delegado de Polícia Federal

Acerca da disciplina constitucional da segurança pública, do Poder Judiciário, do MP e das atribuições da PF, julgue o seguinte item.

Compete à justiça estadual o julgamento de crimes relativos à difusão ou aquisição, em determinado estado da Federação, de material pornográfico envolvendo crianças e adolescentes por meio da rede mundial de computadores. (   )

7. MPE-SC - 2014 - MPE-SC - Promotor de Justiça - Matutina

Analise o enunciado da questão abaixo e assinale se ele é Certo ou Errado.

Súmulas do Superior Tribunal de Justiça estabelecem: a) Compete à Justiça Comum Estadual processar e julgar crime praticado contra sociedade de economia mista; b) Compete à Justiça Federal processar e julgar crime em que indígena figure como autor ou vítima. (   )

8. MPE-SC - 2014 - MPE-SC - Promotor de Justiça - Matutina

Analise o enunciado da questão abaixo e assinale se ele é Certo ou Errado.

Para o Código de Processo Penal, verificar-se-á a competência por prevenção toda vez que, concorrendo dois ou mais juízes igualmente competentes ou com jurisdição cumulativa, um deles tiver antecedido aos outros na prática de algum ato do processo ou de medida a este relativa, exceto quando anterior ao oferecimento da denúncia ou da queixa. (   )

9. INSTITUTO AOCP - 2019 - PC-ES - Escrivão de Polícia

À luz do Código de Processo Penal, assinale a alternativa que NÃO determinará a competência jurisdicional.

A) A natureza da infração

B) O lugar da infração.

C) A prevenção.

D) O domicílio ou residência do ofendido.

E) A prerrogativa de função.

10. CESPE - 2019 - TJ-PR - Juiz Substituto

A respeito de competência jurisdicional, é correto afirmar que:

A) a competência penal por prerrogativa de função não prevalece sobre a regra de competência do local da infração.

B) competem à justiça federal o processamento e o julgamento unificado de crimes conexos de competência federal e estadual, salvo se os crimes afetos ao juízo estadual forem mais graves.

C) a competência constitucional do tribunal do júri é uma cláusula pétrea, razão pela qual é inadmitida a sua ampliação por lei ordinária.

D) o juízo de admissibilidade da exceção da verdade relacionada ao crime de calúnia em desfavor de autoridade pública com foro por prerrogativa de função é de competência das instâncias ordinárias.

11. CESPE - 2019 - TJ-BA - Juiz de Direito Substituto

Acerca da competência no processo penal, assinale a opção correta, de acordo com o entendimento dos tribunais superiores.

A) O julgamento de crime de roubo perpetrado contra agência franqueada da Empresa Brasileira de Correios e Telégrafos competirá à justiça federal.

B) O julgamento de crime de uso de documento falso decorrente de apresentação de certificado de registro de veículo falso a policial rodoviário federal competirá à justiça estadual.

C) Compete à justiça federal julgar crime de divulgação e publicação na rede mundial de computadores de imagens com conteúdo pornográfico envolvendo criança ou adolescente.

D) Compete à justiça federal o julgamento de contravenções praticadas em detrimento de interesses da União, quando elas forem conexas aos crimes de sua competência.

E) à justiça estadual o julgamento de crime de redução de trabalhador a condição análoga à de escravo.

12. FUNCAB - 2013 - PC-ES - Perito Criminal

Nos termos da Constituição Federal, assinale a alternativa que aponta hipótese de competência jurisdicional criminal da Justiça Federal.

A) Crimes contra os costumes.

B) Crimes previstos em tratados internacionais, ainda que a execução e o resultado se verifiquem no Brasil.

C) Tráfico de drogas.

D) Crimes contra a organização do trabalho.

E) Crimes hediondos.

13. CESPE - 2018 - MPU - Analista do MPU - Direito

Em relação a inquérito policial, ação penal e competência, julgue o próximo item, de acordo com o entendimento da doutrina majoritária e dos tribunais superiores.

Havendo a prática de contravenção penal contra bens e serviços da União em conexão probatória com crime de competência da justiça federal, opera-se a separação dos processos, cabendo à justiça estadual processar e julgar a contravenção penal. ( )

14. FGV - 2018 - AL-RO - Analista Legislativo

A Constituição do Estado X previu foro por prerrogativa de função para os crimes comuns praticados por vereadores no exercício da função, cabendo ao Tribunal de Justiça do Estado realizar o julgamento. Um vereador do Estado X praticou no Estado Y, crime de instigação ao suicídio por motivação relacionada ao exercício do mandato.

Com base nas informações expostas, assinale a opção que indica o órgão competente para julgar o vereador.

A) Tribunal do Júri do Estado X.

B) Tribunal do Júri do Estado Y.

C) Tribunal de Justiça do Estado X.

D) Tribunal de Justiça do Estado Y.

E) Vara Comum do Estado Y.

15. **INSTITUTO AOCP - 2019 - PC-ES - Perito Oficial Criminal - Área 8**. **A respeito das competências por prevenção e prerrogativa de função, assinale a alternativa correta.**

A) Caso um juiz decida um habeas corpus impetrado contra delegado que estaria constrangendo ilegalmente algum suspeito, torna-se ele prevento para decidir o processo futuramente instaurado.

B) Verificar-se-á a competência por prevenção toda vez que, concorrendo dois ou mais juízes igualmente competentes ou com jurisdição cumulativa, um deles tiver antecedido aos outros na prática de algum ato do processo ou de medida a este relativa, ainda que anterior ao oferecimento da denúncia ou da queixa.

C) Competirá, originariamente, aos Tribunais Regionais Federais o julgamento dos advogados públicos dos Estados ou Territórios.

D) Ao Supremo Tribunal Federal, competirá, privativamente, processar e julgar os governadores dos Estados.

E) A competência pela prerrogativa de função é tão somente dos tribunais superiores (STF, STJ, TST, STM e TSE), relativamente às pessoas que devam responder perante eles por crimes comuns e de responsabilidade.

16. **FCC - 2019 - TRF - 4ª REGIÃO - Analista Judiciário - Oficial de Justiça Avaliador Federal.**

Paulo, empresário, foi sequestrado por cinco indivíduos brasileiros na cidade de Itapema-SC. De lá, Paulo foi levado para Florianópolis e embarcou com destino à cidade de Caxias do Sul-RS, em um avião clandestino. Quando chegaram em Caxias do Sul, a vítima foi levada ao cativeiro e os sequestradores iniciaram contato com a família para o resgate, mas acabaram presos 48 horas depois pela polícia do estado do Rio Grande do Sul na cidade de Porto Alegre, onde receberiam o pagamento do resgate. A vítima, que acompanhava os sequestradores, foi libertada em Porto Alegre. Neste caso específico, caracterizado o crime permanente, a competência para processar e julgar os cinco sequestradores

A) é da comarca de Itapema, onde Paulo foi arrebatado.

B) é da comarca de Caxias do Sul, onde Paulo ficou em cativeiro e de onde partiram os contatos com a família para o resgate.

C) firmar-se-á pela prevenção e pode ser das comarcas de Itapema, Florianópolis, Caxias do Sul ou Porto Alegre.

D) é da comarca de Florianópolis, onde a vítima embarcou em um avião clandestino.

E) é da comarca de Porto Alegre, local de pagamento do resgate e libertação da vítima, e onde os sequestradores foram presos.

GABARITO

1. "Verdadeiro"	5. "Falso"	9. "D"	13. Verdadeiro
2. "B"	6. "Falso"	10. "D"	14. "B"
3. "Falso"	7. "Falso"	11. "D"	15. "B"
4. "Verdadeiro"	8. "Falso"	12. "D'	16. "C"

CAPÍTULO 1 - PRISÃO CAUTELAR

A constrição da liberdade individual é medida extrema do nosso ordenamento jurídico, e está rigorosamente regulamentada no art. 5º da Constituição Federal, em seus incisos LXI, LXII, LXII e LXIV, LXV e LXVI.

A prisão cautelar tem a finalidade de assegurar o resultado da eficácia da investigação criminal, fazer cessar a prática criminosa atual, recente ou iminente, ou mesmo resguardar a ordem jurídica de eventuais abalos que a liberdade dos investigados em geral ou acusados em processo penal possa vir a causar à ordem pública de maneira geral.

O legislador tem dado tratamento cada vez mais rigoroso à prisão cautelar, estabelecendo estabelecido diversas medidas alternativas à restrição da liberdade, de modo que sejam observados os mandamentos constitucionais e de Direito Internacional que tratam da prisão como medida de exceção, nos seguintes termos.

> LXI - ninguém será preso senão em flagrante delito ou por ordem escrita e fundamentada de autoridade judiciária competente, salvo nos casos de transgressão militar ou crime propriamente militar, definidos em lei;

São três as modalidades de prisão cautelar que o nosso sistema processual penal admite: prisão temporária, prisão em flagrante e prisão preventiva. Passaremos a tratar de cada uma delas de modo individualizado.

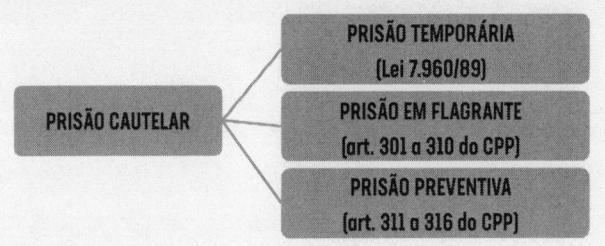

1.1. PRISÃO TEMPORÁRIA

O artigo 5º, inciso LXI da Constituição Federal estabelece a premissa fundamental de que, à exceção das hipóteses de flagrante delito, a constrição da liberdade individual somente pode decorrer de decisão escrita e fundamentada emanada da autoridade judiciária.

Nesse contexto, a Lei da Prisão Temporária resultou da necessidade de se regulamentar e tornar mais rígidos os procedimentos policiais que culminavam na conhecida "prisão para averiguação". Essa prisão fazia parte dos procedimentos investigatórios levados a efeito antes da edição da Constituição Federal.

Diante disso, a prisão temporária, que é espécie de prisão cautelar, foi criada pela Lei 7.960/89, nas palavras de Guilherme Nucci, com a finalidade de "assegurar uma eficaz investigação policial, quando se tratar de apuração de infração penal de natureza grave"[35].

Conforme disposto no art. 1º da Lei 7.960/89, o cabimento da prisão temporária está condicionado aos seguintes critérios: existência de elementos mínimos de autoria e materialidade delitivas de uma das condutas graves descritos em seu inciso III, quando for atestada a imprescindibilidade da medida para as investigações do inquérito policial **ou** quando o indiciado não tiver residência fixa ou não fornecer elementos necessários ao esclarecimento de sua identidade.

---

35 NUCCI, Guilherme de Souza. Código de Processo Penal comentado. 18. ed. Rio de Janeiro: Forense, 2019, p. 765.

Art. 1° Caberá prisão temporária:

I - quando imprescindível para as investigações do inquérito policial;

II - quando o indicado não tiver residência fixa ou não fornecer elementos necessários ao esclarecimento de sua identidade;

III - quando houver fundadas razões, de acordo com qualquer prova admitida na legislação penal, de autoria ou participação do indiciado nos seguintes crimes:

a) homicídio doloso (art. 121, caput, e seu § 2°);

b) sequestro ou cárcere privado (art. 148, caput, e seus §§ 1° e 2°);

c) roubo (art. 157, caput, e seus §§ 1°, 2° e 3°);

d) extorsão (art. 158, caput, e seus §§ 1° e 2°);

e) extorsão mediante sequestro (art. 159, caput, e seus §§ 1°, 2° e 3°);

f) estupro (art. 213, caput, e sua combinação com o art. 223, caput, e parágrafo único); (Vide Decreto-Lei n° 2.848, de 1940)

g) atentado violento ao pudor (art. 214, caput, e sua combinação com o art. 223, caput, e parágrafo único); (Vide Decreto-Lei n° 2.848, de 1940)

h) rapto violento (art. 219, e sua combinação com o art. 223 caput, e parágrafo único); (Vide Decreto-Lei n° 2.848, de 1940)

i) epidemia com resultado de morte (art. 267, § 1°);

j) envenenamento de água potável ou substância alimentícia ou medicinal qualificado pela morte (art. 270, caput, combinado com art. 285);

l) quadrilha ou bando (art. 288), todos do Código Penal;

m) genocídio (arts. 1°, 2° e 3° da Lei n° 2.889, de 1° de outubro de 1956), em qualquer de suas formas típicas;

n) tráfico de drogas (art. 12 da Lei n° 6.368, de 21 de outubro de 1976);

o) crimes contra o sistema financeiro (Lei n° 7.492, de 16 de junho de 1986).

p) crimes previstos na Lei de Terrorismo. (Incluído pela Lei n° 13.260, de 2016)

Da análise do disposto no art. 1°, podemos concluir que para o cabimento da prisão temporária, se faz necessária a conjugação obrigatória da previsão contida no inciso III com uma das demais hipóteses contidas nos incisos I e II.

A prisão temporária, nos termos do disposto no art. 2° da Lei 7.960/89, poderá ser decretada pelo juiz, mediante representação da autoridade policial ou requerimento do Ministério Público, em regra, pelo prazo de 5 (cinco) dias. Em se tratando de crimes hediondos e equiparados, o prazo de decretação da prisão temporária, conforme disposto no art. 2°, § 4° da Lei 8.072/90 é de 30 (trinta) dias. Em qualquer caso, os prazos de duração da prisão temporária podem ser prorrogados, em casos de extrema e comprovada necessidade, mediante representação da autoridade policial ou requerimento do Ministério Público. Não é possível, portanto, a prorrogação do prazo da prisão temporária de ofício.

> **Art.** 2° A prisão temporária será decretada pelo Juiz, em face da representação da autoridade policial ou de requerimento do Ministério Público, e terá o prazo de 5 (cinco) dias, prorrogável por igual período em caso de extrema e comprovada necessidade.
>
> **§ 1° Na hipótese de representação da autoridade policial, o Juiz, antes de decidir, ouvirá o Ministério Público.**
>
> **§ 2° O despacho que decretar a prisão temporária deverá ser fundamentado e prolatado dentro do prazo de 24 (vinte e quatro) horas, contadas a partir do recebimento da representação ou do requerimento.**
>
> **§ 3° O Juiz poderá, de ofício, ou a requerimento do Ministério Público e do Advogado, determinar que o preso lhe seja apresentado, solicitar informações e esclarecimentos da autoridade policial e submetê-lo a exame de corpo de delito.**

É importante estarmos atentos para as inovações trazidas pela nova Lei de Abuso de Autoridade para a Lei que regulamenta a prisão temporária. Com efeito, o art. 40 da Lei 13.869/2019 alterou a redação do art. 2° da Lei 7.960/89, incluindo o § 4ª-A, alterando a redação do §7° e incluindo o § 8°, nos seguintes termos:

> **§ 4° Decretada a prisão temporária, expedir-se-á mandado de prisão, em duas vias, uma das quais será entregue ao indiciado e servirá como nota de culpa.**
>
> **§ 4°-A O mandado de prisão conterá necessariamente o período de duração da prisão temporária estabelecido no caput deste artigo, bem como o dia em que o preso deverá ser libertado.**
>
> **§ 5° A prisão somente poderá ser executada depois da expedição de mandado judicial.**
>
> **§ 6° Efetuada a prisão, a autoridade policial informará o preso dos direitos previstos no art. 5° da Constituição Federal.**
>
> **§ 7° Decorrido o prazo contido no mandado de prisão, a autoridade responsável pela custódia deverá, independentemente de nova ordem da autoridade judicial, pôr imediatamente o preso em liberdade, salvo se já tiver sido comunicada da prorrogação da prisão temporária ou da decretação da prisão preventiva.**
>
> **§ 8° Inclui-se o dia do cumprimento do mandado de prisão no cômputo do prazo de prisão temporária." (NR)**

Assim, deverão ser observadas agora regras mais rígidas a respeito da elaboração e expedição do mandado de prisão temporária, que deverá, não só conter o prazo de duração da prisão, mas também o dia em que o preso deve ser liberado.

Na mesma linha, o legislador determinou expressamente que autoridade responsável pela custódia, findo o prazo da prisão, deverá colocar o preso em liberdade imediatamente, uma vez que o título que justificou a custódia temporária expirou. Vejamos que a inobservância dessa regra poderá, inclusive, ensejar a tipificação, em tese, do crime descrito no art. 12, § único, inciso IV da Lei 13.869/2019.

> **Art.** 12. Deixar injustificadamente de comunicar prisão em flagrante à autoridade judiciária no prazo legal:
> Pena - detenção, de 6 (seis) meses a 2 (dois) anos, e multa.
> Parágrafo único. Incorre na mesma pena quem:
> [...]
> IV - prolonga a execução de pena privativa de liberdade, de prisão temporária, de prisão preventiva, de medida de segurança ou de internação, deixando, sem motivo justo e excepcionalíssimo, de executar o alvará de soltura imediatamente após recebido ou de promover a soltura do preso quando esgotado o prazo judicial ou legal.

Excepcionalmente, porém, mesmo findo o prazo constante do mandado de prisão temporária, havendo outro título judicial que tenha determinado a prorrogação da prisão temporária ou decretado a prisão preventiva, o preso não será liberado.

Por fim, o § 8º do art. 2º da Lei n. 7.960/89 estabelece regra importante a respeito do cômputo do prazo de prisão temporária, determinando que o dia do cumprimento do mandado como marco inicial do prazo de duração da prisão.

O art.3º da mencionada norma, por sua vez, impõe que os presos temporários deverão permanecer, obrigatoriamente, separados dos demais detentos. Isso quer dizer que o Estado deverá estabelecer, no sistema prisional, locais distintos para o cumprimento de prisões temporárias e outras espécies de prisões.

1.2. PRISÃO EM FLAGRANTE

- A prisão em flagrante é prisão cautelar de natureza administrativa, porquanto independe de mandado judicial para que seja efetivada e está sujeita a controle jurisdicional diferido. A Constituição Federal assim dispõe a respeito da prisão em flagrante em seu art. 5º:

> LXI - ninguém será preso senão em flagrante delito ou por ordem escrita e fundamentada de autoridade judiciária competente, salvo nos casos de transgressão militar ou crime propriamente militar, definidos em lei;
> LXV - a prisão ilegal será imediatamente relaxada pela autoridade judiciária;

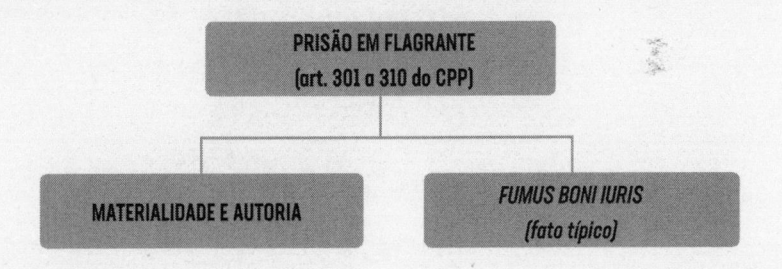

A) SUJEITOS ATIVOS DO FLAGRANTE

- O Código de Processo Penal estabelece a legitimidade ativa para a realização da prisão em flagrante. Da leitura do art. 301 podemos extrair dois conceitos: flagrante facultativo e flagrante obrigatório.
- O flagrante facultativo é aquele em que qualquer do povo, diante de alguém que esteja praticando infração penal nas situações flagranciais previstas no art. 302 e seguintes do CPP está autorizado a efetuar a prisão em flagrante. Trata-se de autorização dada pelo Estado, no contexto do exercício regular de direito, para que alguém possa intervir na situação flagrancial, restabelecendo a ordem pública.
- Já o flagrante obrigatório é aquele destinado às **autoridades policiais e seus agentes que**, no estrito cumprimento do dever legal, diante de alguém praticando infração penal em situação flagrancial, deve agir e efetivar a prisão, fazendo cessar a conduta delituosa.
- Vejamos o que dispõe o art. 301 do Código de Processo Penal:

> **Art.** 301. Qualquer do povo poderá e as autoridades policiais e seus agentes deverão prender quem quer que seja encontrado em flagrante delito.

B) SUJEITOS PASSIVOS DO FLAGRANTE

Como regra, qualquer pessoa que esteja praticando infração penal nas situações flagranciais contidas nos arts. 302 e 303 do Código de Processo Penal pode ser presa em flagrante.

No entanto, algumas pessoas, por força de disposições constitucionais e legais, em razão de especiais condições funcionais que ostentam, não estão sujeitas à prisão em flagrante. Em outros casos, a legislação processual penal especial, diante de situações fáticas excepcionais que especificam, estabelece que o flagrante não será lavrado.

Vejamos quais autoridades não estão sujeitas à prisão em flagrante:

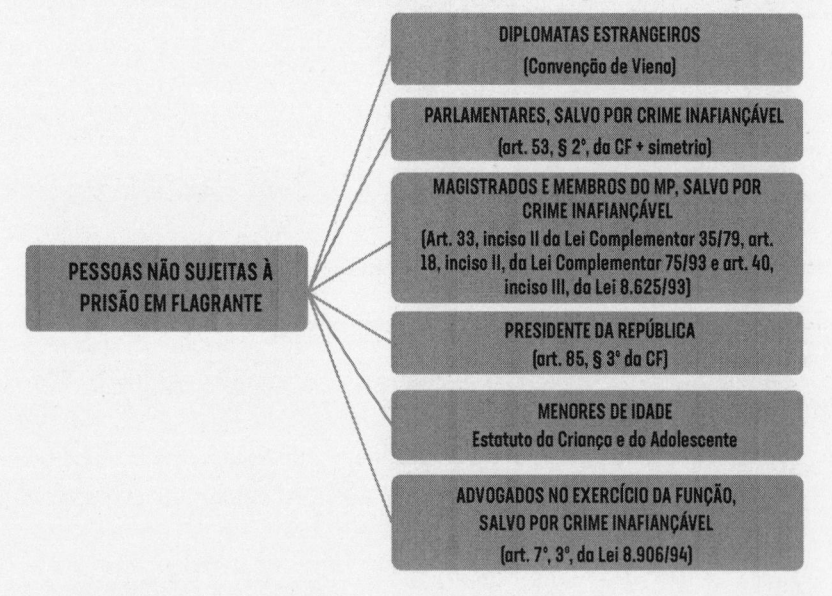

- **Diplomatas Estrangeiros:**

Os diplomatas, por força do que dispõe o art. 31 da Convenção de Viena, incorporada ao nosso ordenamento jurídico pelo Decreto 56.435/1965, não estão sujeitos à prisão em flagrante, estando acobertados pelas chamadas **imunidades diplomáticas**.

- **Parlamentares Federais (e estaduais por força do princípio da simetria)**

No que diz respeito aos parlamentares federais, o art. 53, § 2º da Constituição Federal, determina as respectivas prisões em flagrantes só podem ser levadas a efeito diante da prática de crime inafiançável. Essa prerrogativa está contida no âmbito das **imunidades parlamentares**.

- **Membros do Poder Judiciário e do Ministério Público:**

Em relação aos membros do Poder Judiciário e do Ministério Público, as leis de regência das respectivas carreiras estabelecem as hipóteses em que está vedada a prisão em flagrante dessas autoridades.

A Lei Complementar da 35/79, que contém a Lei Orgânica da Magistratura, prevê em seu art. 33, inciso II, que os magistrados somente podem ser presos em flagrante pela prática de **crime inafiançável**.

No mesmo sentido dispõem a Lei Complementar 75/93, que contém a Lei Orgânica do Ministério Público da União, e a Lei 8.625/93, que contém a Lei Orgânica Nacional do Ministério Público para a organização da instituição em âmbito estadual.

O art. 18, inciso II da Lei Complementar 75/93 determina que os membros do Ministério Público da União somente podem ser em flagrante pela **prática de crime inafiançável**. No mesmo sentido, dispõe o art. 40, inciso III da Lei 8.625/93.

- **Presidente da República:**

O art. 85, § 3º da Constituição Federal traz vedação de caráter geral relativa à prisão do Presidente da República, estabelecendo que o chefe do Poder Executivo Federal **não pode ser preso enquanto não sobrevier sentença condenatória**.

- **Menores de idade:**

Os adolescentes (maiores de 14 anos) que praticarem atos infracionais análogos a crimes **não estão sujeitos à prisão em flagrante** e sim, à apreensão, nos termos do art. 175, caput e § 1º da Lei 8.069/90.

- **Advogados no exercício da função:**

Dispõe o art. 7º, § 3º, da Lei 8.906/94 (Estatuto da Advocacia) que "§ 3º O advogado somente poderá ser preso em flagrante, por motivo de exercício da profissão, *em caso de crime inafiançável*, observado o disposto no inciso IV deste artigo".

- **Outras situações:**

Diante ocorrência de situação flagrancial que envolta a prática de infração penal de menor potencial ofensivo, dispõe o art. 69, § único da lei 9.099/95, "ao autor do fato que, após a lavratura do termo, for imediatamente encaminhado ao juizado ou assumir o compromisso de a ele comparecer, *não se imporá prisão em flagrante*, nem se exigirá fiança. Em caso de violência doméstica, o juiz poderá determinar, como medida de cautela, seu afastamento do lar, domicílio ou local de convivência com a vítima".

A Lei Antidrogas (Lei 11.343/2006), em sentido semelhante, dispõe que diante de alguém detido em situação flagrancial do crime de posse de drogas para uso pessoal, dispõe o art. 48, § 2° que "Tratando-se da conduta prevista no art. 28 desta Lei, *não se imporá prisão em flagrante*, devendo o autor do fato ser imediatamente encaminhado ao juízo competente ou, na falta deste, assumir o compromisso de a ele comparecer, lavrando-se termo circunstanciado e providenciando-se as requisições dos exames e perícias necessários".

Por fim, o Código de Trânsito Brasileiro, Lei 9.503/97, em seu art. 301 "Ao condutor de veículo, nos casos de acidentes de trânsito de que resulte vítima, *não se imporá a prisão em flagrante*, nem se exigirá fiança, se prestar pronto e integral socorro àquela".

C) ESPÉCIES DE FLAGRANTE

O art. 302 do Código de Processo Penal descreve **quatro situações típicas** em que caracterizam o estado flagrancial.

> **Art.** 302. Considera-se em flagrante delito quem:
> I - está cometendo a infração penal;
> II - acaba de cometê-la;
> III - é perseguido, logo após, pela autoridade, pelo ofendido ou por qualquer pessoa, em situação que faça presumir ser autor da infração;
> IV - é encontrado, logo depois, com instrumentos, armas, objetos ou papéis que façam presumir ser ele autor da infração.

Partindo da descrição legal acima, a doutrina estabeleceu a seguinte classificação das espécies de prisão em flagrante: flagrante próprio, impróprio e presumido. Essa classificação tem como parâmetro principal de distinção o distanciamento temporal decorrido entre a prática dos atos de execução da infração penal e o momento em que se efetivou a prisão em flagrante.

Veremos adiante que, à medida em que se distancia o momento da prisão do momento em que os fatos foram praticados, o legislador se torna mais rigoroso na exigência de requisitos fáticos aptos a sustentar a existência da situação flagrancial.

Diante de outras situações flagranciais peculiares, temos ainda as seguintes classificações: flagrante esperado, flagrante diferido, flagrante preparado e flagrante forjado. Falaremos sobre cada uma delas a partir de agora:

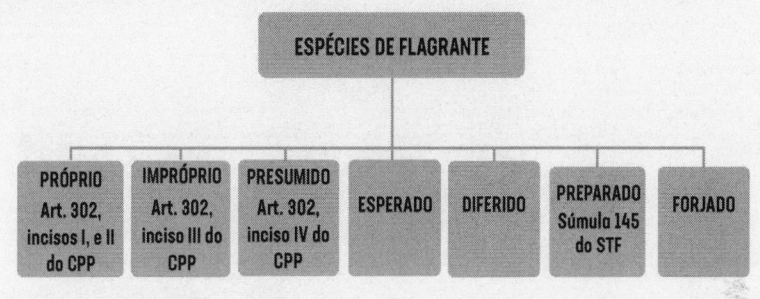

- **FLAGRANTE PRÓPRIO**

O flagrante próprio está caracterizado nas hipóteses dos incisos I e II do art. 302 do Código de Processo Penal, quando o autor dos fatos **está praticando** a infração penal ou **acaba de praticá-la.**

Verifica-se que no **primeiro caso** que o iter criminis está em curso no momento da efetivação da prisão, sendo que o agente que efetua a prisão intervém, impedindo a consumação do delito. No **segundo caso**, o agente efetua a prisão no momento imediatamente após o término do iter criminis, nem sempre sendo possível, no entanto, evitar a consumação do delito que, por óbvio, pode ocorrer após o término dos atos de execução.

Ex.: Crime de homicídio em que a autoridade policial chega logo após ouvir os disparos em desfavor da vítima, que vem a falecer dias depois.

- **FLAGRANTE IMPRÓPRIO (ou quase flagrante)**

O flagrante impróprio está caracterizado na hipótese contida no inciso III do art. 302 do Código de Processo Penal, quando o autor do fato é perseguido logo após o término da prática dos atos executórios e alcançado por alguém que consegue efetivar a prisão. Nessa situação, quem efetiva a prisão é capaz de presumir que o preso foi o autor da infração penal que lhe foi imputada.

A perseguição a que se refere o inciso III pode ser feita pelo ofendido ou por qualquer pessoa. Além disso, não tendo a lei estabelecido um lapso temporal máximo dentro do qual a situação flagrancial imprópria está constatada, a perseguição apta a legitimá-la deve ter sido feita de forma ininterrupta, comprovando-se, no caso concreto, que desde o momento em que se interrompeu o iter criminis, as diligências no sentido de localizar e prender o autor do fato não cessaram.

Vejamos julgado do Superior Tribunal de Justiça a respeito do flagrante impróprio:

> HABEAS CORPUS Nº 126.980 - GO (2009/0013900-7)
> RELATOR : MINISTRO NAPOLEÃO NUNES MAIA FILHO
> PROCESSO PENAL. HABEAS CORPUS LIBERATÓRIO. ROUBO CIRCUNSTANCIADO. PRISÃO EM FLAGRANTE. FLAGRANTE IMPRÓPRIO. CARACTERIZAÇÃO. PACIENTE LOCALIZADO LOGO APÓS OS FATOS. DELATADO PELOS DEMAIS SUSPEITOS PERSEGUIDOS ININTERRUPTAMENTE. PRESO EM ATO CONTÍNUO. PARECER DO MP PELA DENEGAÇÃO DO WRIT. ORDEM DENEGADA.
> **1.** Muito embora o paciente não tenha sido apreendido em pleno desenvolvimento dos atos executórios do crime de roubo, nem tampouco no local da infração, foi perseguido, logo após ao fato, sendo localizado e preso poucas horas após o delito, trata-se, portanto, do flagrante impróprio, previsto no art. 302, III do CPP.
> **2.** Ordem denegada, em consonância com o parecer ministerial

- **FLAGRANTE PRESUMIDO (ou ficto)**

O flagrante presumido está descrito no inciso IV do art. 302 do Código de Processo Penal, como a circunstância em que se dá a prisão do sujeito que é encontrado, **logo depois** da prática do delito, na posse de instrumentos, armas, objetos ou papéis que façam presumir ser ele autor da infração.

Reparem que, da mesma forma que ocorre no inciso III, o legislador não estabeleceu marco temporal que seja apto a descrever a expressão "logo depois". O entendimento doutrinário e jurisprudencial a esse respeito é no sentido de que a expressão admite alguma elasticidade em relação à duração do lapso temporal decorrido entre o momento da cessação do iter criminis e a prisão, nas circunstâncias em que o inciso IV descreve, trazendo à análise desse critério para cada caso em concreto.

- **FLAGRANTE ESPERADO**

No flagrante esperado, a autoridade policial tem ciência de que determinados fatos delituosos estão para acontecer e se dirige o local para esperar o desenrolar dos fatos e efetuar a prisão em flagrante. Trata-se de hipótese de flagrante perfeitamente legal, conforme, inclusive, entendimento dominante do Superior Tribunal de Justiça:

AgRg no AREsp 1301191 / SP
AGRAVO REGIMENTAL NO AGRAVO EM RECURSO ESPECIAL
2018/0126761-0
Relator Ministro RIBEIRO DANTAS
Data da Publicação
DJe 25/03/2019
Ementa
PROCESSO PENAL. AGRAVO REGIMENTAL NO AGRAVO EM RECURSO ESPECIAL. TRÁFICO DE ENTORPECENTES E ASSOCIAÇÃO PARA O TRÁFICO. FLAGRANTE ESPERADO. SÚMULA 7 DO STJ. ESCUTA TELEFÔNICA. CONSENTIMENTO DE UM DOS INTERLOCUTORES. AUSÊNCIA DE ILEGALIDADE. CONDENAÇÃO BASEADA NAS PROVAS PRODUZIDAS NOS AUTOS. RESTITUIÇÃO DE VEÍCULO APREENDIDO. NÃO COMPROVAÇÃO DA ORIGEM LÍCITA DO BEM. IMPOSSIBILIDADE. AGRAVO DESPROVIDO.

1. Não se constata a alegada ilegalidade do flagrante, cumprindo registrar que, "no flagrante preparado, a polícia provoca o agente a praticar o delito e, ao mesmo tempo, impede a sua consumação, cuidando-se, assim, de crime impossível; ao passo que no flagrante forjado a conduta do agente é criada pela polícia, tratando-se de fato atípico. Hipótese totalmente diversa é a do flagrante esperado, em que a polícia tem notícias de que uma infração penal será cometida e aguarda o momento de sua consumação para executar a prisão" (HC 307.775/GO, Rel. Ministro JORGE MUSSI, QUINTA TURMA, julgado em 03/03/2015, DJe 11/03/2015).

2. Ademais, o acolhimento do inconformismo, segundo as alegações vertidas nas razões do especial, demanda o revolvimento do acervo fático-probatório dos autos, situação vedada pela Súmula 7 do STJ.

3. "Na linha da jurisprudência desta Corte e do col. Supremo Tribunal Federal, 'é lícita a prova produzida a partir de gravação de conversa telefônica feita por um dos interlocutores, quando não existir causa legal de sigilo ou de reserva da conversação' (RE n. 630.944 AgR, Segunda Turma, Rel. Min. Ayres Britto, DJe de 19/12/2011)." (HC 309.516/SP, Rel. Ministro FELIX FISCHER, QUINTA TURMA, julgado em 10/12/2015, DJe 16/12/2015).

4. A condenação do agravante não decorreu apenas das declarações do colaborador, mas sim de todo o contexto probatório produzido no curso da instrução criminal, o que afasta a alegada violação do art. 4º, § 16, da Lei n. 12.850/2013.

5. Impossibilidade de restituição do veículo apreendido, diante da ausência de comprovação de sua origem lícita. Precedentes.

6. Agravo regimental desprovido.

• FLAGRANTE DIFERIDO OU RETARDADO

O flagrante diferido, também chamado de retardado, é hipótese em que se permite à autoridade policial, diante da investigação em curso por determinados fatos de maior complexidade, postergar o momento da prisão em flagrante, de modo a que seja possível conciliar a obtenção de maiores dados a respeito dos fatos e o momento em que a prisão se mostre mais eficaz.

Na nossa legislação extravagante temos duas hipóteses em que é autorizado o flagrante diferido: Lei de Organizações Criminosas- art. 8º da Lei 12.850/2013 e Lei de Tóxicos, art. 53, inciso, da Lei 11.343.2006.

Lei 12.850/2013 (ORCRIM)

Art. 3º Em qualquer fase da persecução penal, serão permitidos, sem prejuízo de outros já previstos em lei, os seguintes meios de obtenção da prova:

III - ação controlada;

Art. 8º Consiste a ação controlada em retardar a intervenção policial ou administrativa relativa à ação praticada por organização criminosa ou a ela vinculada, desde que mantida sob observação e acompanhamento para que a medida legal se concretize no momento mais eficaz à formação de provas e obtenção de informações.

§ 1º O retardamento da intervenção policial ou administrativa será previamente comunicado ao juiz competente que, se for o caso, estabelecerá os seus limites e comunicará ao Ministério Público.

§ 2º A comunicação será sigilosamente distribuída de forma a não conter informações que possam indicar a operação a ser efetuada.

§ 3º Até o encerramento da diligência, o acesso aos autos será restrito ao juiz, ao Ministério Público e ao delegado de polícia, como forma de garantir o êxito das investigações.

§ 4º Ao término da diligência, elaborar-se-á auto circunstanciado acerca da ação controlada.

Lei 11.343/2006

(Tóxicos)

Art. 53. Em qualquer fase da persecução criminal relativa aos crimes previstos nesta Lei, são permitidos, além dos previstos em lei, mediante autorização judicial e ouvido o Ministério Público, os seguintes procedimentos investigatórios:

> II - a não-atuação policial sobre os portadores de drogas, seus precursores químicos ou outros produtos utilizados em sua produção, que se encontrem no território brasileiro, com a finalidade de identificar e responsabilizar maior número de integrantes de operações de tráfico e distribuição, sem prejuízo da ação penal cabível.
> Parágrafo único. Na hipótese do inciso II deste artigo, a autorização será concedida desde que sejam conhecidos o itinerário provável e a identificação dos agentes do delito ou de colaboradores.

- **FLAGRANTE PREPARADO**

No contexto do flagrante preparado, alguém instiga outra pessoa a praticar determinado crime com a intenção prévia de prendê-lo. Trata-se de hipótese de flagrante ilegal, na medida em que a consumação do delito é impossível, por absoluta impropriedade do meio, já que a autoridade policial intervirá propositalmente para evitar a consumação, impedindo o aperfeiçoamento do resultado. Diante disso, configurado está o crime impossível descrito no art. 17 do Código Penal.

No sentido de afirmar a ilegalidade dessa hipótese de prisão em flagrante, é o teor da **Súmula 145 do Supremo Tribunal Federal** :

> **Não há crime,** quando a preparação do flagrante pela polícia torna impossível a sua consumação.

- **FLAGRANTE FORJADO**

No flagrante forjado, o suposto fato que daria ensejo ao flagrante é totalmente montado por terceiro, que simula a cena criminosa somente para expor alguém a uma situação flagrancial forjada, ou seja, falsa.

D) PRISÃO EM FLAGRANTE NOS CRIMES PERMANENTES

- Crime permanente é o delito que se consuma em um único ato, mas a produção do resultado se prolonga no tempo. Diante da situação da ocorrência de crime permanente, consoante dispõe o art. 303 do Código de Processo Penal, a prisão em flagrante poderá ser efetuada enquanto durar a permanência

> **Art.** 303. Nas infrações permanentes, entende-se o agente em flagrante delito enquanto não cessar a permanência.

E) FORMALIZAÇÃO DA PRISÃO EM FLAGRANTE

Devidamente constatadas as condições materiais e formais que autorizam a prisão em flagrante, ou seja, presentes os elementos mínimos de informação a respeito da autoria e materialidade de um fato típico (art. 302 do Código de Processo Penal), a prisão em flagrante deverá ser formalizada pela autoridade policial.

Dentre os **elementos formais** exigidos para a lavratura da prisão em flagrante, exige-se a representação do ofendido/requisição do ministro da justiça, nos crimes de ação penal pública condicionada e o requerimento do ofendido nos crimes de ação privada.

- ATRIBUIÇÃO PARA A FORMALIZAÇÃO DA PRISÃO EM FLAGRANTE

A formalização do flagrante se faz por meio da **lavratura** do **Auto de Prisão em Flagrante**, que é, como regra, de atribuição privativa do delegado de polícia do local onde for praticada a infração penal.

Excepcionalmente, quando não houver autoridade policial no local da prisão, o preso será apresentado à autoridade policial do local mais próximo, conforme dispõem os arts. 290 e 308 do Código de Processo Penal.

De modo ainda excepcional, a autoridade judiciária poderá, nos termos do art. 307 do Código de Processo Penal, lavrar auto de prisão em flagrante, quando os fatos forem praticados em sua presença ou contra si, **no exercício de sua função**.

No caso da polícia legislativa que atua no âmbito da Câmara dos Deputados e do Senado Federal, a atribuição para lavratura do auto de prisão em flagrante lhe compete. Nesse sentido, é o teor da Súmula 397 do Supremo Tribunal Federal, que para além de firmar o entendimento de que a lavratura do flagrante é de incumbência da polícia legislativa, lhe concede atribuição para a realização correspondente inquérito policial, a saber:

> **Súmula 397 - STF:** O poder de polícia da Câmara dos Deputados e do Senado Federal, em caso de crime cometido nas suas dependências, compreende, consoante o regimento, a prisão em flagrante do acusado e a realização do inquérito.

A esse respeito, importa registrar que, embora parte da boa doutrina entenda que esse entendimento não é correto, fato é que o enunciado da Súmula 397 está em pleno vigor, não tendo sido ainda cancelado.

- PROCEDIMENTO DE AUTUAÇÃO DO FLAGRANTE

Após a detenção do preso em flagrante, a pessoa responsável por sua prisão deverá apresentá-lo à autoridade competente, ou seja, ao delegado de polícia. Diante da autoridade, o preso terá o direito de ser cientificado dos direitos previstos no art. 5º, inciso LVIII da Constituição Federal, que assegura o direito ao silêncio e de ter assistência de sua família e de seu defensor.

Após a apresentação do preso à autoridade policial, em atendimento ao disposto no art. 306 do Código de Processo Penal, será providenciada a comunicação da prisão e do local onde o autuado está preso ao juiz, ao Ministério Público e à família do preso (ou pessoa por ele indicada). Essa medida visa assegurar a efetivação do direito à comunicação da prisão disposta no texto constitucional.

> **Art.** 306. A prisão de qualquer pessoa e o local onde se encontre serão comunicados imediatamente ao juiz competente, ao Ministério Público e à família do preso ou à pessoa por ele indicada.

Além da comunicação prevista no caput do art. 306, o parágrafo único do mesmo artigo determina que, no prazo e 24 (vinte e quatro) horas após a realização da prisão, o auto de prisão em flagrante deverá ser enviado ao juiz e à defensoria pública, caso o autuado não tenha indicado defensor para representá-lo.

> **§ 1º Em até 24 (vinte e quatro) horas após a realização da prisão, será encaminhado ao juiz competente o auto de prisão em flagrante e, caso o autuado não informe o nome de seu advogado, cópia integral para a Defensoria Pública.**

Tal providência se mostra necessária e salutar para que o autuado, querendo, tenha a oportunidade de constituir advogado para acompanhar a lavratura do auto de prisão em flagrante e seu interrogatório perante a autoridade policial.

Devemos, no entanto, nos atentar para o fato de que, não obstante a presença de defensor para acompanhar o flagrante seja **direito do preso**, a presença do advogado não se faz obrigatória, **não havendo qualquer nulidade** no ato que for levado a efeito sem a presença do defensor. Isso porque, a natureza dos procedimentos policiais tem natureza inquisitorial.

Esse é, inclusive, o entendimento recente esposado pelo Supremo Tribunal Federal, que em caso análogo, por ocasião do julgamento da Pet 7612/DF de relatoria do Min. Edson Fachin, julgado em 12/03/2019, assim se pronunciou:

> "Não é necessária a intimação prévia da defesa técnica do investigado para a tomada de depoimentos orais na fase de inquérito policial. Não haverá nulidade dos atos processuais caso essa intimação não ocorra. O inquérito policial é um procedimento informativo, de natureza inquisitorial, destinado precipuamente à formação da opinio delicti do órgão acusatório. Logo, **no inquérito há uma regular mitigação das garantias do contraditório e da ampla defesa.** Esse entendimento justifica-se porque os elementos de informação colhidos no inquérito não se prestam, por si sós, a fundamentar uma condenação criminal. A Lei no 13.245/2016 implicou um reforço das prerrogativas da defesa técnica, sem, contudo, **conferir ao advogado o direito subjetivo de intimação prévia e tempestiva do calendário de inquirições a ser definido pela autoridade policial**".

O art. 304 do Código de Processo Penal, por sua vez, estabelece a <u>ordem procedimental</u> pela qual deve passar a formalização do auto de prisão em flagrante:

- **Oitiva do condutor** - o condutor é pessoa (autoridade ou particular) responsável por ter dado voz de prisão ao autuado;
- **Oitiva das testemunhas da infração** - deverão ser ouvidas, se possível, ao menos, duas testemunhas da infração e, **na ausência destas**, o § 2º do art. 304 estabelece que deverão ser ouvidas duas testemunhas presenciaram a apresentação do preso à autoridade policial;
- Oitiva da vítima - quando possível; e
- Interrogatório do autuado - por ocasião do interrogatório do autuado, deve ser reforçado a ele seu direito ao silêncio e oitiva do preso deve seguir, no que for possível, a disciplina do interrogatório contida no Capítulo III do Título VII do Livro I do Código de Processo Penal que disciplina o interrogatório judicial.

> **Art.** 304. Apresentado o preso à autoridade competente, ouvirá esta o condutor e colherá, desde logo, sua assinatura, entregando a este cópia do termo e recibo de entrega do preso. Em seguida, procederá à oitiva das testemunhas que o acompanharem e ao interrogatório do acusado sobre a imputação que lhe é feita, colhendo, após cada oitiva suas respectivas assinaturas, lavrando, a autoridade, afinal, o auto. (Redação dada pela Lei nº 11.113, de 2005)

Após proceder às oitivas previstas no caput do art. 304, em que se extrairá elementos informativos a respeito dos fatos que deram origem à prisão, o § 1º do mesmo dispositivo determina que a autoridade policial mandará recolher o conduzido à prisão ou, caso seja cabível, fará o devido arbitramento da fiança, concluindo a lavratura do auto de prisão em flagrante.

O auto de prisão em flagrante, uma vez concluído, deverá ser assinado pela autoridade policial e pelo autuado. Em caso de recusa, ou se o autuado não puder ou souber assinar, o auto de prisão em flagrante será assinado por duas testemunhas que tenham presenciado a sua leitura ao autuado (parágrafo 3º do art. 304 do CPP).

Por fim, deverá constar do auto de prisão em flagrante, conforme determina o § 4º do art. 304, informações acerca da prole do autuado, com suas respectivas idade, eventuais deficiências e informações de contato do responsável.

> § 1º Resultando das respostas fundada a suspeita contra o conduzido, a autoridade mandará recolhê-lo à prisão, exceto no caso de livrar-se solto ou de prestar fiança, e prosseguirá nos atos do inquérito ou processo, se para isso for competente; se não o for, enviará os autos à autoridade que o seja.
>
> § 2º A falta de testemunhas da infração não impedirá o auto de prisão em flagrante; mas, nesse caso, com o condutor, deverão assiná-lo pelo menos duas pessoas que hajam testemunhado a apresentação do preso à autoridade.
>
> § 3º Quando o acusado se recusar a assinar, não souber ou não puder fazê-lo, o auto de prisão em flagrante será assinado por duas testemunhas, que tenham ouvido sua leitura na presença deste. (Redação dada pela Lei nº 11.113, de 2005)
>
> § 4º Da lavratura do auto de prisão em flagrante deverá constar a informação sobre a existência de filhos, respectivas idades e se possuem alguma deficiência e o nome e o contato de eventual responsável pelos cuidados dos filhos, indicado pela pessoa presa.

• DESTINO DO AUTO DE PRISÃO EM FLAGRANTE APÓS A LAVRATURA.

Após a conclusão da lavratura do auto de prisão em flagrante, a autoridade policial o enviará ao juízo competente. Ao receber o auto de prisão em flagrante, o juiz procederá conforme a disciplina do art. 310 do Código de Processo Penal, com a nova redação que lhe foi dada pela Lei 13.964/2019.

> **Art.** 310. Após receber o auto de prisão em flagrante, no prazo máximo de até 24 (vinte e quatro) horas após a realização da prisão, o juiz deverá promover audiência de custódia com a presença do acusado, seu advogado constituído ou membro da Defensoria Pública e o membro do Ministério Público, e, nessa audiência, o juiz deverá, fundamentadamente:
> I - relaxar a prisão ilegal; ou
> II - converter a prisão em flagrante em preventiva, quando presentes os requisitos constantes do art. 312 deste Código, e se revelarem inadequadas ou insuficientes as medidas cautelares diversas da prisão; ou
> III - conceder liberdade provisória, com ou sem fiança.

F) AUDIÊNCIA DE CUSTÓDIA

A audiência de custódia é o ato processual em que o juiz competente afere as circunstâncias em que se deram a prisão de determinado sujeito, tenha esse sido preso em flagrante ou por força de mandado.

Até a edição da Lei 13.964/2019, não havia previsão da audiência de custódia em nossa legislação processual, estando a audiência de custódia regulamentada por forma da Resolução 213/2015 do Conselho Nacional de Justiça.

A referida resolução foi lastreada em decisão proferida pelo Supremo Tribunal Federal que, por ocasião do julgamento da Arguição de Descumprimento de Preceito Fundamental 347, consagrou a obrigatoriedade de apresentação de qualquer pessoa presa ao poder judiciário, para aferição das circunstâncias de sua prisão.

A referida decisão foi lastreada no disposto no art. 7º, item 5 da Convenção Americana dos Direitos do Homem, recepcionada pelo ordenamento jurídico constitucional brasileiro, que determina que "toda pessoa presa deve ser conduzida, sem demora, à presença de um juiz".

Assim sendo, naquela ocasião, o Supremo Tribunal determinou que os juízes e tribunais do país passassem a realizar audiências de custódia no prazo de 90 (noventa) dias e, de modo a regulamentar a realização das audiências de custódia o Conselho Nacional de Justiça editou a Resolução 213/2015.

A partir da edição do chamado pacote anticrime, a audiência de custódia passou a constar da nova redação do art. 310 do Código de Processo Penal, a qual prevê expressamente a audiência de custódia, como oportunidade na qual o juiz, após receber o auto de prisão em flagrante, fará a análise das circunstâncias em que ocorreram a prisão, sob os aspectos de legalidade, da eventual necessidade de sua conversão em prisão preventiva, ou mesmo acerca da possibilidade de concessão de liberdade provisória ao autuado. Vejamos a nova disposição do art. 310:

> **Art.** 310. Após receber o auto de prisão em flagrante, no prazo máximo de até 24 (vinte e quatro) horas após a realização da prisão, o juiz deverá promover audiência de custódia com a presença do acusado, seu advogado constituído ou membro da Defensoria Pública e o membro do Ministério Público, e, nessa audiência, o juiz deverá, fundamentadamente (...).

A audiência de custódia deve ser realizada, em até 24 horas após a realização da prisão, na presença do Ministério Público e do Defensor do autuado, sendo vedada a participação dos policiais que efetuaram a prisão ou atos de investigação, conforme dispõe, o art. 4º da Resolução 213 do Conselho Nacional de Justiça.

Ressalta-se que a audiência deverá ser presencial, não podendo ser realizada por meio de videoconferência, conforme, inclusive, decidiu o Superior Tribunal de Justiça, por ocasião do seguinte julgamento:

> CONFLITO DE COMPETÊNCIA Nº 168.522
> **Rel.** MINISTRA LAURITA VAZ
> Data do Julgamento: 11/12/2019   Data da publicação: 17/12/2019
> EMENTA
> CONFLITO DE COMPETÊNCIA. PROCESSUAL PENAL.
> MANDADO DE PRISÃO PREVENTIVA. CUMPRIMENTO EM UNIDADE JURISDICIONAL DIVERSA. AUDIÊNCIA DE CUSTÓDIA. REALIZAÇÃO. COMPETÊNCIA. JUÍZO DA LOCALIDADE EM QUE EFETIVADA A PRISÃO. REALIZAÇÃO POR MEIO DE VIDEOCONFERÊNCIA PELO JUÍZO ORDENADOR DA PRISÃO. DESCABIMENTO. PREVISÃO LEGAL. INEXISTÊNCIA. CONFLITO CONHECIDO PARA DECLARAR COMPETENTE O JUÍZO SUSCITANTE.
> 1. A audiência de custódia, no caso de mandado de prisão preventiva cumprido fora do âmbito territorial da jurisdição do Juízo que a determinou, deve ser efetivada por meio da condução do preso à autoridade judicial competente na localidade em que ocorreu a prisão. Não se admite, por ausência de previsão legal, a sua realização por meio de videoconferência, ainda que pelo Juízo que decretou a custódia cautelar.
> 2. Conflito conhecido para declarar competente o Juízo Federal da Vara da Seção Judiciária do Paraná, o Suscitante.

- **Rito da Audiência de Custódia**

O rito a ser seguido na audiência de custódia está estabelecido no disposto nos arts. 1º, 6º e 8º da mesma resolução já citada, na seguinte ordem de atos:

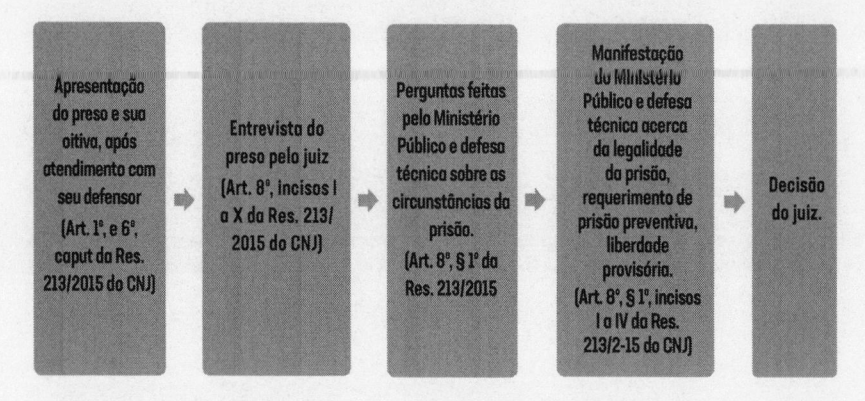

Após a apresentação do preso, esse terá o direito de se entrevistar reservadamente com seu advogado ou defensor, conforme dispõe o art. 1º da Res. 213/2015 do CNJ.

Em seguida, dada início à audiência, o juiz entrevistará o preso (art. 8º da Resolução 213/2015 do CNJ), cientificando-lhe do direito ao silêncio (inciso III) e indagando-lhe a respeito das circunstâncias em que se deram a prisão (inciso V), perguntando-lhe a respeito do tratamento que lhe foi dispensado nos locais por onde esteve desde o momento da prisão até a audiência (inciso VI).

Deverá ainda o magistrado se certificar de que houve realização do exame de corpo de delito ad cautelam (inciso VII).

Por ocasião da entrevista do preso, o juiz deverá abster-se de formular perguntas que versem sobre os fatos que deram origem ao flagrante, de modo a que possa produzir prova para a investigação ou ação penal futura (inciso VIII).

Após concluída a entrevista o juiz concederá a palavra ao Ministério Público e à defesa técnica para que façam perguntas que sejam compatíveis com a natureza do ato (art. 8º, §. 1º) e em seguida, para que se manifestem sobre eventual relaxamento da prisão, requerimento de prisão preventiva ou de liberdade provisória e adoção de outras medidas necessárias a assegura os direitos de pessoa presa (art. 8º, § único, incisos I a IV).

Após as manifestações das partes, o juiz procederá de acordo com disposto no art. 310 do Código de Processo Penal, com a nova redação que lhe foi dada pela Lei 13.964/2019.

Art. 310. Após receber o auto de prisão em flagrante, no prazo máximo de até 24 (vinte e quatro) horas após a realização da prisão, o juiz deverá promover audiência de custódia com a presença do acusado, seu advogado constituído ou membro da Defensoria Pública e o membro do Ministério Público, e, nessa audiência, o juiz deverá, fundamentadamente (...).

I - relaxar a prisão ilegal; ou

II - converter a prisão em flagrante em preventiva, quando presentes os requisitos constantes do art. 312 deste Código, e se revelarem inadequadas ou insuficientes as medidas cautelares diversas da prisão;

III - conceder liberdade provisória, com ou sem fiança.

§ 1º Se o juiz verificar, pelo auto de prisão em flagrante, que o agente praticou o fato em qualquer das condições constantes dos incisos I, II ou III do caput do art. 23 do Decreto-Lei nº 2.848, de 7 de dezembro de 1940 (Código Penal), poderá, fundamentadamente, conceder ao acusado liberdade provisória, mediante termo de comparecimento obrigatório a todos os atos processuais, sob pena de revogação.

§ 2º Se o juiz verificar que o agente é reincidente ou que integra organização criminosa armada ou milícia, ou que porta arma de fogo de uso restrito, deverá denegar a liberdade provisória, com ou sem medidas cautelares.

§ 3º A autoridade que deu causa, sem motivação idônea, à não realização da audiência de custódia no prazo estabelecido no caput deste artigo responderá administrativa, civil e penalmente pela omissão.

§ 4º Transcorridas 24 (vinte e quatro) horas após o decurso do prazo estabelecido no caput deste artigo, a não realização de audiência de custódia sem motivação idônea ensejará também a ilegalidade da prisão, a ser relaxada pela autoridade competente, sem prejuízo da possibilidade de imediata decretação de prisão preventiva." (NR)

Consoante o disposto no inciso I, o juiz deverá analisar a legalidade da prisão em flagrante, aferindo se estão presentes os requisitos constitucionais e legais, formais e materiais que autorizam a prisão em flagrante, conforme já estudamos.

Tendo sido constatada a ilegalidade da prisão em flagrante, a medida constritiva de liberdade será imediatamente **relaxada**. Do contrário, estando a prisão em flagrante hígida, tanto do ponto de vista formal, quanto material, o juiz passará à análise da necessidade ou não de sua conversão em prisão preventiva, nos termos em que autoriza art. 312 do Código de Processo Penal, desde que constatada **a inadequação ou insuficiência** das medidas cautelares diversas da prisão ao caso concreto, atentando para as situações constantes dos §§ 1º e 2º abaixo transcritos.

> **Art.** 312. A prisão preventiva poderá ser decretada como garantia da ordem pública, da ordem econômica, por conveniência da instrução criminal ou para assegurar a aplicação da lei penal, quando houver prova da existência do crime e indício suficiente de autoria e de perigo gerado pelo estado de liberdade do imputado.
>
> Parágrafo Único. A prisão preventiva também poderá ser decretada em caso de descumprimento de qualquer das obrigações impostas por força de outras medidas cautelares.
>
> § 1º A prisão preventiva também poderá ser decretada em caso de descumprimento de qualquer das obrigações impostas por força de outras medidas cautelares.
>
> § 2º A decisão que decretar a prisão preventiva deve ser motivada e fundamentada em receio de perigo e existência concreta de fatos novos ou contemporâneos que justifiquem a aplicação da medida adotada.

O novo § 1º do art. 310 reproduz o conteúdo do anterior § único, prevendo que se da análise do auto de prisão em flagrante o juiz for constatado que o autuado agiu nas condições que caracterizam as excludentes de ilicitude do art. 23 do Código de Penal, poderá o juiz conceder-lhe liberdade provisória.

Dispõe o novo § 2º do art. 310 que quando o agente for **reincidente** ou **integrar organização criminosa armada ou milícia ou que porta arma de fogo de uso restrito deverá o juiz denegar liberdade provisória, com ou sem medidas cautelares.**

A respeito dos temas versados nos §§ 1º e 2º do art. 310 trataremos adiante, com mais vagar, quando estudarmos o instituto da liberdade provisória.

O § 3º do art. 310 trata da responsabilidade civil, administrativa e disciplinar da autoridade que deixar, injustificadamente, de promover a audiência de custódia no prazo devido.

O § 4º, por fim, estabelece que se a audiência de custódia não for realizada no prazo de 24 (vinte e quatro) horas a contar do recebimento do auto de prisão em flagrante, a **prisão em flagrante** será considerada ilegal, sem prejuízo, da decretação da prisão preventiva, quando cabível*.

[Atenção!]

Na data de publicação deste livro, o referido dispositivo encontrava-se com a eficácia suspensa pelo Supremo Tribunal Federal, por força de medida cautelar deferida em 22 de janeiro de 2020, nas ADIs 6.298, 6.299, 6.300 e 6.305, de relatoria do Min. Luiz Fux.

[fim de atenção]

Vejamos o quadro comparativo da redação anterior do art. 310 e da nova redação decorrente da Lei 13.964/2019.

Código de Processo Penal	
Redação Antiga	**Redação dada pela Lei 13.964/2019**
Art. 310. Ao receber o auto de prisão em flagrante, o juiz deverá fundamentadamente: .... Parágrafo único. Se o juiz verificar, pelo auto de prisão em flagrante, que o agente praticou o fato nas condições constantes dos incisos I a III do caput do art. 23 do Decreto-Lei no 2.848, de 7 de dezembro de 1940 - Código Penal, poderá, fundamentadamente, conceder ao acusado liberdade provisória, mediante termo de comparecimento a todos os atos processuais, sob pena de revogação.	**Art. 310**. Após receber o auto de prisão em flagrante, **no prazo máximo de até 24 (vinte e quatro) horas após a realização da prisão, o juiz deverá promover audiência de custódia com a presença do acusado, seu advogado constituído ou membro da defensoria pública e o Membro do Ministério Público e, nessa audiência, o juiz deverá fundamentadamente:** .... **§ 1º Se o juiz verificar, pelo auto de prisão em flagrante, que o agente praticou o fato em qualquer das condições constantes dos incisos I, II ou III do caput do art. 23 do Decreto-Lei nº 2.848, de 1940 (Código Penal), poderá, fundamentadamente, conceder ao acusado liberdade provisória, mediante termo de comparecimento obrigatório a todos os atos processuais, sob pena de revogação.** §2º Se o juiz verificar que o agente é reincidente ou que integra organização criminosa armada ou milícia, ou que porta arma de fogo de uso restrito, deverá denegar a liberdade provisória, com ou sem medidas cautelares. § 3º A autoridade que deu causa, sem motivação idônea, à não realização da audiência de custódia no prazo estabelecido no caput deste artigo, responderá administrativa, civil e penalmente pela omissão. § 4º Transcorridas 24 (vinte e quatro) horas após o decurso do prazo estabelecido no caput deste artigo, a não realização de audiência de custódia, sem motivação idônea, ensejará também a ilegalidade da prisão, a ser relaxada pela autoridade competente, sem prejuízo da possibilidade de imediata decretação de prisão preventiva.

1.3. PRISÃO PREVENTIVA

A prisão preventiva é modalidade de prisão cautelar de caráter provisório, que depende de ordem judicial. Pode ser decretada, tanto na fase investigatória, quanto durante o processo, desde que presentes os requisitos previstos nos arts. 312 e 313 do Código de Processo Penal.

> **Art.** 312. A prisão preventiva poderá ser decretada como garantia da ordem pública, da ordem econômica, por conveniência da instrução criminal ou para assegurar a aplicação da lei penal, quando houver prova da existência do crime e indício suficiente de autoria e de **perigo gerado pelo estado de liberdade do imputado.**
>
> **§ 1º A prisão preventiva também poderá ser decretada em caso de descumprimento de qualquer das obrigações impostas por força de outras medidas cautelares** (art. 282, § 4o). (Incluído pela Lei nº 12.403, de 2011). (Redação dada pela Lei nº 13.964, de 2019) (Vigência)
>
> **§ 2º A decisão que decretar a prisão preventiva deve ser motivada e fundamentada em receio de perigo e existência concreta de fatos novos ou contemporâneos que justifiquem a aplicação da medida adotada. (Incluído pela Lei nº 13.964, de 2019) (Vigência)**

> **Art.** 313. Nos termos do art. 312 deste Código, será admitida a decretação da prisão preventiva:
>
> I - nos crimes dolosos punidos com pena privativa de liberdade máxima superior a 4 (quatro) anos;
>
> II - se tiver sido condenado por outro crime doloso, em sentença transitada em julgado, ressalvado o disposto no inciso I do caput do art. 64 do Decreto-Lei no 2.848, de 7 de dezembro de 1940 - Código Penal;
>
> III - se o crime envolver violência doméstica e familiar contra a mulher, criança, adolescente, idoso, enfermo ou pessoa com deficiência, para garantir a execução das medidas protetivas de urgência.
>
> IV- (revogado)
>
> **§ 1º Também será admitida a prisão preventiva quando houver dúvida sobre a identidade civil da pessoa ou quando esta não fornecer elementos suficientes para esclarecê-la, devendo o preso ser colocado imediatamente em liberdade após a identificação, salvo se outra hipótese recomendar a manutenção da medida.**
>
> **§ 2º Não será admitida a decretação da prisão preventiva com a finalidade de antecipação de cumprimento de pena ou como decorrência imediata de investigação criminal ou da apresentação ou recebimento de denúncia." (NR)**

A prisão preventiva tem natureza cautelar, na medida em que tem como pressuposto a existência simultânea do fumus boni iuris e do periculum in mora.

No processo penal, o fumus boni iuris está configurado mediante a presença de elementos informativos suficientes da materialidade de uma infração penal, é o chamado fumus comissi delicti. O perigo da demora na prestação jurisdicional, por vez, configura o periculum libertatis, residente no risco, constatado no caso concreto, de que a liberdade do suposto autor do fato possa gerar riscos ou ameaças à incolumidade da paz social, da instrução processual, da ordem econômica ou à aplicação da lei penal.

A cautelaridade da prisão preventiva pode ser extraída das finalidades para as quais a medida restritiva se dirige, quais sejam: resguardar a coletividade, assegurando a manutenção ou restabelecimento da paz social ou a ordem econômica eventualmente violada ou ameaçada, garantir a higidez do processo pena do ponto de vista probatório e assegurar a futura eficácia do jus puniendi do Estado, que se faz por meio da efetiva aplicação da lei penal.

A custódia preventiva é medida excepcional, somente tendo lugar quando outras medidas alternativas à prisão não forem suficientes para resguardar os interesses que estejam em risco concreto diante da liberdade do autor do fato.

A sistemática da prisão preventiva foi substancialmente alterada por força da entrada em vigor da Lei 13.964/2019, conforme passaremos a estudar detalhadamente.

A) LEGITIMIDADE ATIVA

Na antiga redação do art. 311 do Código de Processo Penal, a prisão preventiva poderia ser decretada **de ofício, mediante representação da autoridade policial, requerimento do Ministério Público, do querelante e do assistente da acusação.**

> **Art.** 311. Em qualquer fase da investigação policial ou do processo penal, caberá a prisão preventiva decretada pelo juiz, de ofício, se no curso da ação penal, ou a requerimento do Ministério Público, do querelante ou do assistente, ou por representação da autoridade policial.

Ocorre que a nova disciplina do art. 311 do Código de Processo Penal alterou a legitimidade para a provocação da prisão preventiva. A partir da edição da Lei 13.964/2019, o magistrado, como regra, não pode mais decretar a prisão preventiva de ofício. Assim, tanto na fase investigatória, quando no curso da ação penal, a decretação da prisão preventiva depende de provocação da autoridade policial ou dos sujeitos processuais interessado: Ministério Público, querelante ou assistente. Vejamos como passou a dispor o art. 311:

PRISÃO PREVENTIVA	
ANTES	Art. 311. Em qualquer fase da investigação policial ou do processo penal, caberá a prisão preventiva decretada pelo juiz, de ofício, se no curso da ação penal, ou a requerimento do Ministério Público, do querelante ou do assistente, ou por representação da autoridade policial.
AGORA	"Art. 311. Em qualquer fase da investigação policial ou do processo penal, caberá a prisão preventiva decretada pelo juiz, a requerimento do Ministério Público, do querelante ou do assistente, ou por representação da autoridade policial." (NR)

A partir da edição do Pacote Anticrime, precisaremos acompanhar com muito vagar as decisões dos Tribunais Superiores. No que diz respeito interpretação da nova disposição do art. 311 do Código de Processo Penal, vejamos decisão monocrática proferida pelo do Supremo Tribunal Federal, de relatoria do Min. Celso de Melo:

> **Supremo Tribunal Federal**
> **HC 186.421**
> **Rel. Min. Celso de Mello**
> **Data da decisão: 17/07/2020**
> EMENTA: 1. "Habeas corpus". Audiência de custódia (ou de apresentação) não realizada. A realização da audiência de custódia (ou de apresentação) como direito subjetivo da pessoa submetida a prisão cautelar. Direito fundamental reconhecido pela Convenção Americana de Direitos Humanos (Artigo 7, n. 5) e pelo Pacto Internacional sobre Direitos Civis e Políticos (Artigo 9, n. 3). Reconhecimento jurisdicional, pelo Supremo Tribunal Federal (ADPF 347-MC/DF, Rel. Min. MARCO AURÉLIO), da imprescindibilidade da audiência de custódia (ou de apresentação) como expressão do dever do Estado brasileiro de cumprir, fielmente, os compromissos assumidos na ordem internacional. "Pacta sunt servanda": cláusula geral de observância e execução dos tratados internacionais (Convenção de Viena sobre o Direito dos Tratados, Artigo 26). Previsão da audiência de custódia (ou de apresentação) no ordenamento positivo doméstico (Lei nº 13.964/2019 e Resolução CNJ nº 213/2015).

Inadmissibilidade da não realização desse ato, ressalvada motivação idônea (Recomendação CNJ nº 62/2020, art. 8º, "caput"), sob pena de tríplice responsabilidade do magistrado que deixar de promovê-lo (CPP, art. 310, § 3º, na redação dada pela Lei nº 13.964/2019). – Toda pessoa que sofra prisão em flagrante – qualquer que tenha sido a motivação ou a natureza do ato criminoso, mesmo que se trate de delito hediondo – deve ser obrigatoriamente conduzida, "sem demora", à presença da autoridade judiciária competente, para que esta, ouvindo o custodiado "sobre as circunstâncias em que se realizou sua prisão" e examinando, ainda, os aspectos de legalidade formal e material do auto de prisão em flagrante, possa (a) relaxar a prisão, se constatar a ilegalidade do flagrante (CPP, art. 310, I), (b) conceder liberdade provisória, se estiverem ausentes as situações referidas no art. 312 do Código de Processo Penal ou se incidirem, na espécie, quaisquer das excludentes de ilicitude previstas no art. 23 do Código Penal (CPP, art. 310, III), ou, ainda, (c) converter o flagrante em prisão preventiva, se presentes os requisitos dos arts. 312 e 313 do Código de Processo Penal (CPP, art. 310, II). – A audiência de custódia (ou de apresentação) – que deve ser obrigatoriamente realizada com a presença do custodiado, de seu Advogado constituído (ou membro da Defensoria Pública, se for o caso) e do representante do Ministério Público – constitui direito público subjetivo, de caráter fundamental, assegurado por convenções internacionais de direitos humanos a que o Estado brasileiro aderiu (Convenção Americana de Direitos Humanos, Artigo 7, n. 5, e Pacto Internacional sobre Direitos Civis e Políticos, Artigo 9, n. 3) e que já se acham incorporadas ao plano do direito positivo interno de nosso País (Decreto nº 678/92 e Decreto nº 592/92, respectivamente), não se revelando lícito ao Poder Público transgredir essa essencial prerrogativa instituída em favor daqueles que venham a sofrer privação cautelar de sua liberdade individual. A imprescindibilidade da audiência de custódia (ou de apresentação) tem o beneplácito do magistério jurisprudencial do Supremo Tribunal Federal (ADPF 347- -MC/DF) e, também, do ordenamento positivo doméstico (Lei nº 13.964/2019 e Resolução CNJ nº 213/2015), não podendo deixar de realizar-se, ressalvada motivação idônea (Recomendação CNJ nº 62/2020, art. 8º, "caput"), sob pena de tríplice responsabilidade do magistrado que deixar de promovê-la (CPP, art. 310, § 3º, na redação dada pela Lei nº 13.964/2019). Doutrina. Precedentes: Rcl 36.824-MC/RJ, Rel. Min. CELSO DE MELLO, v.g.. 3 Supremo Tribunal Federal – A ausência da realização da audiência de custódia (ou de apresentação), tendo em vista a sua essencialidade e considerando os fins a que se destina, qualifica-se como causa geradora da ilegalidade da própria prisão em flagrante, com o consequente relaxamento da privação cautelar da liberdade individual da pessoa sob poder do Estado. Magistério da doutrina: AURY LOPES

JR. ("Direito Processual Penal", p. 674/680, item n. 4.7, 17ª ed., 2020, Saraiva), GUSTAVO HENRIQUE BADARÓ ("Processo Penal", p. 1.206, item n. 18.2.5.5, 8ª ed., 2020, RT), RENATO BRASILEIRO DE LIMA ("Manual de Processo Penal", p. 1.024/1.025, 8ª ed., 2020, JusPODIVM) e RENATO MARCÃO ("Curso de Processo Penal", p. 778/786, item n. 2.12, 6ª ed., 2020, Saraiva). 2. **Impossibilidade, de outro lado, da decretação "ex officio" de prisão preventiva em qualquer situação (em juízo ou no curso de investigação penal), inclusive no contexto de audiência de custódia (ou de apresentação), sem que se registre, mesmo na hipótese da conversão a que se refere o art. 310, II, do CPP, prévia, necessária e indispensável provocação do Ministério Público ou da autoridade policial. Recente inovação legislativa introduzida pela Lei nº 13.964/2019 ("Lei Anticrime"), que alterou os arts. 282, § 2º, e 311, do Código de Processo Penal, suprimindo ao magistrado a possibilidade de ordenar, "sponte sua", a imposição de prisão preventiva**. Não realização, no caso, da audiência de custódia (ou de apresentação). Conversão, de ofício, mesmo assim, da prisão em flagrante do ora paciente em prisão preventiva. Impossibilidade de tal ato, seja em face da ilegalidade dessa decisão, seja, ainda, em razão de ofensa a um direito básico – o de realização da audiência de custódia – assegurado a qualquer pessoa pelo ordenamento doméstico e por convenções internacionais de direitos humanos. Medida cautelar concedida "ex officio". – A reforma introduzida pela Lei nº 13.964/2019 ("Lei Anticrime") modificou a disciplina referente às medidas de índole cautelar, notadamente aquelas de caráter pessoal, estabelecendo um modelo mais consentâneo com as novas exigências definidas pelo moderno processo penal de perfil democrático e assim preservando, em consequência, de modo mais expressivo, as características essenciais inerentes à estrutura acusatória do processo penal brasileiro. – A Lei nº 13.964/2019, ao suprimir a expressão "de ofício" que constava do art. 282, § 2º, e do art. 311, ambos do Código de Processo Penal, vedou, de forma absoluta, a decretação da prisão preventiva sem o prévio "requerimento das partes ou, quando no curso da investigação criminal, por representação da autoridade policial ou mediante requerimento do Ministério Público", não mais sendo lícito, portanto, com base no ordenamento jurídico vigente, a atuação "ex officio" do Juízo processante em tema de privação cautelar da liberdade. – A interpretação do art. 310, II, do CPP deve ser realizada à luz dos arts. 282, § 2º, e 311, também do mesmo estatuto processual penal, a significar que se tornou inviável, mesmo no contexto da audiência de custódia, a conversão, de ofício, da prisão em flagrante de qualquer pessoa em prisão preventiva, sendo necessária, por isso mesmo, para tal efeito, anterior e formal provocação do Ministério Público, da autoridade policial ou, quando for o caso, do querelante ou do assistente do MP. Magistério doutrinário. Jurisprudência. 3.

> Processo penal. Poder geral de cautela. Incompatibilidade com os princípios da legalidade estrita e da tipicidade processual. Consequente inadmissibilidade da adoção, pelo magistrado, de medidas cautelares atípicas, inespecíficas ou inominadas em detrimento do "status libertatis" e da esfera jurídica do investigado, do acusado ou do réu. O processo penal como instrumento de salvaguarda da liberdade jurídica das pessoas sob persecução criminal. – Inexiste, em nosso sistema jurídico, em matéria processual penal, o poder geral de cautela dos Juízes, notadamente em tema de privação e/ou de restrição da liberdade das pessoas, vedada, em consequência, em face dos postulados constitucionais da tipicidade processual e da legalidade estrita, a adoção, em detrimento do investigado, do acusado ou do réu, de provimentos cautelares inominados ou atípicos. O processo penal como instrumento de salvaguarda da liberdade jurídica das pessoas sob persecução criminal. Doutrina. Precedentes: HC 173.791/MG, Rel. Min. CELSO DE MELLO – HC 173.800/MG, Rel. Min. CELSO DE MELLO – HC 186.209-MC/SP, Rel. Min. CELSO DE MELLO, v.g..

O Superior Tribunal de Justiça, por sua vez, ao apreciar a mesma questão, assim se pronunciou:

23/06/2020 Superior Tribunal de Justiça - 5ª Turma
HC 590.039
Rel. Min. Ribeiro Dantas

"Não obstante os fundamentos elencados pelo magistrado de primeiro grau e confirmado em sede liminar pela Desembargadora de plantão, verifica-se que as alterações promovidas pela Lei 13.964/2019 (Pacote Anticrime) excluíram a possibilidade de decretação de prisão preventiva de ofício pelo magistrado. Destaco ainda que, é bem verdade que, esta Corte em sua jurisprudência em tese (Tema 10 da Edição n. 120: Da Prisão em Flagrante), tem entendimento consolidado no sentido de que "Não há nulidade na hipótese em que o magistrado, de ofício, sem prévia provocação da autoridade policial ou do órgão ministerial, converte a prisão em flagrante em preventiva, quando presentes os requisitos previstos no art. 312 do Código de Processo Penal - CPP". Esse era o entendimento consolidado até o momento, mas parece-me que merece nova ponderação em razão das modificações trazidas pela Lei 13.964/2019. Assim, é forçoso concluir que a pretensão do impetrante reveste-se de fumaça do bom direito com densidade suficiente a autorizar a concessão da liminar postulada, razão pela qual a liberdade provisória, ao menos nesse primeiro momento, é medida que se impõe".

Superior Tribunal de Justiça- 5ª Turma

HC 539.645
Rel. Min. Joel Ilan Paciornik
Data da decisão: 18/08/2020   **Data da publicação: 24/08/2020**

HABEAS CORPUS SUBSTITUTIVO DE RECURSO PRÓPRIO. NÃO CABIMENTO. HOMICÍDIO QUALIFICADO TENTADO E LESÃO CORPORAL NO ÂMBITO DE VIOLÊNCIA DOMÉSTICA. NULIDADE DA PREVENTIVA. NÃO OCORRÊNCIA. INEXISTÊNCIA DEDECRETAÇÃO DE OFÍCIO. HIPÓTESE DE CONVERSÃO DO FLAGRANTE EM PREVENTIVA. ART. 310, II, DO CÓDIGO DE PROCESSO PENAL - CPP. PRECEDENTES. PRISÃO PREVENTIVA. FUNDAMENTAÇÃO CONCRETA. PERICULOSIDADE DO AGENTE. MODUS OPERANDI. RISCO AO MEIO SOCIAL. GARANTIA DA ORDEM PÚBLICA. CONDIÇÕES PESSOAIS FAVORÁVEIS. IRRELEVÂNCIA. IMPETRAÇÃO NÃO CONHECIDA.

1. Diante da hipótese de habeas corpus substitutivo de recurso próprio, a impetração não deve ser conhecida, segundo orientação jurisprudencial do Supremo Tribunal Federal - STF e do próprio Superior Tribunal de Justiça - STJ. Contudo, considerando as alegações expostas na inicial, razoável a análise do feito para verificar a existência de eventual constrangimento ilegal. 2. Embora o art. 311 do CPP, aponte a impossibilidade de decretação da prisão preventiva, de ofício, pelo Juízo, é certo que, da leitura do art. 310, II, do CPP, observa-se que cabe ao Magistrado, ao receber o auto de prisão em flagrante, proceder a sua conversão em prisão preventiva, independentemente de provocação do Ministério Público ou da Autoridade Policial, desde que presentes os requisitos do art. 312 do CPP, exatamente como se verificou na hipótese dos autos, não havendo falar em nulidade quanto ao ponto. 3. Em vista da natureza excepcional da prisão preventiva, somente se verifica a possibilidade da sua imposição quando evidenciado, de forma fundamentada e com base em dados concretos, o preenchimento dos pressupostos e requisitos previstos no art. 312 do Código de Processo Penal - CPP. Deve, ainda, ser mantida a prisão antecipada apenas quando não for possível a aplicação de medida cautelar diversa, nos termos previstos no art. 319 do CPP. 4. Na hipótese dos autos, estão presentes elementos concretos a justificar a imposição da segregação antecipada. As instâncias ordinárias, soberanas na análise dos fatos, entenderam que restou demonstrada a maior periculosidade do paciente, que após uma discussão com seu pai, desferiu contra ele diversos golpes de faca, sendo que o delito apenas não se consumou porque o irmão e a mãe do réu socorreram a vítima, ocasião em que também restaram atingidos por facadas. Tais circunstâncias demonstram risco ao meio social e revelam a necessidade da custódia para garantia da ordem pública.

> **5.** A presença de condições pessoais favoráveis do agente não representa óbice, por si só, à decretação da prisão preventiva, quando identificados os requisitos legais da cautela. 6. Quanto à alegação de que o paciente é acometido por doença mental, não há falar em ilegalidade, considerando que foi encaminhado a hospital psiquiátrico judiciário, e está recebendo tratamento adequado, tendo sido, ainda, instaurado incidente de insanidade mental. 7. Habeas corpus não conhecido.

É importante, contudo, se atentar para o disposto no art. 20 da Lei 11.340/2006- Lei Maria da Penha, que autoriza o juiz, tanto na fase investigatória, quanto no curso da ação penal, a decretar a prisão preventiva de ofício. Vejamos o texto do art. 20:

> **Art.** 20. Em qualquer fase do inquérito policial ou da instrução criminal, caberá a prisão preventiva do agressor, decretada pelo juiz, **de ofício**, a requerimento do Ministério Público ou mediante representação da autoridade policial.
> Parágrafo único. O juiz poderá revogar a prisão preventiva se, no curso do processo, verificar a falta de motivo para que subsista, bem como de novo decretá-la, se sobrevierem razões que a justifiquem.

Percebe-se, que Lei Maria da Penha, portanto, dispõe de modo diverso do Código de Processo Penal a respeito da possibilidade da decretação da prisão preventiva de ofício, seguindo o anterior regramento do Código de Processo Penal.

Ocorre que, apesar de a alteração do art. 311 do Código de Processo Penal ser posterior à Lei 11.340/2003, a disposição contida no art. 20 da referida lei é norma de caráter especial e que, portanto, deve prevalecer em detrimento da norma geral do Código de Processo Penal.

É importante estarmos atentos, contudo, ao pronunciamento dos nossos Tribunais Superiores a respeito do cotejo da nova redação do art. 311 com a disposição contida no art. 20 da Lei 11.343/2003.

B) DURAÇÃO DA PRISÃO PREVENTIVA

O Código de Processo Penal não estabelece prazo máximo para o período de prisão preventiva. Com isso, em homenagem aos princípios da presunção de inocência e da razoável duração do processo, previstos na Constituição Federal e na Convenção Americana sobre Direitos Humanos, os tribunais têm adotado o princípio da razoabilidade, para caso a caso decidir acerca de possíveis abusos/excessos de prazo na prisão preventiva.

A razoabilidade da duração da prisão segue os seguintes critérios:

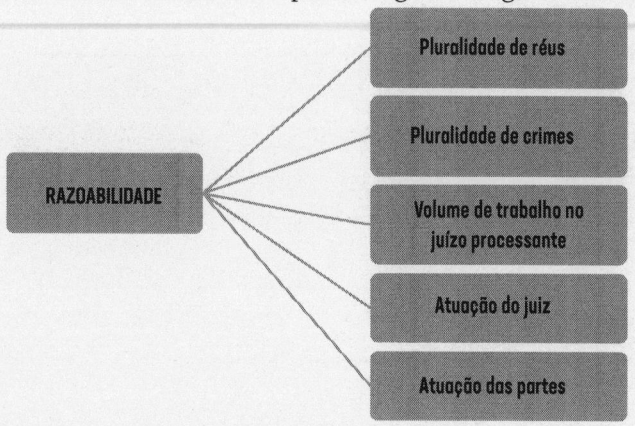

Visto, isso, vamos estudar alguns enunciados de Súmulas do Superior tribunal de Justiça sobre o assunto.

- **Súmula 21 e Súmula 52 do STJ**

> **Súmula 21** - Pronunciado o réu, fica superada a alegação do constrangimento ilegal da prisão por excesso de prazo;
>
> **Súmula 52** - Encerrada a instrução, fica superada a alegação do constrangimento da prisão por excesso de prazo;

As Súmulas estabelecem, em resumo, que encerrada a instrução criminal e pronunciado acusado não existe excesso de prazo na prisão. Contudo, nas palavras do doutrinador Renato Brasileiro "a aplicação irrestrita das duas súmulas pode nos levar a uma conclusão absurda, qual seja, a de que pronunciado o acusado, ou encerrada a instrução do processo, não haverá espaço para a caracterização do excesso de prazo na formação da culpa" [36].

Os Tribunais Superiores e o próprio Superior Tribunal de Justiça têm flexibilizado a intelecção das supracitadas Súmulas, para evitar abusos e ilegalidades por morosidade no processo.

- **Súmula 64**

Em homenagem ao princípio do *nemo auditur propriam turpitudinem allegans* (ninguém pode se beneficiar da própria torpeza), o STJ editou a Súmula 64, que assim dispõe:

> Não constitui constrangimento ilegal o excesso de prazo na instrução, provocado pela defesa.

[36] LIMA, Renato Brasileiro de. Manual de processo penal: volume único. 6ª edição. Salvador: Ed. JusPodivm, 2018, p. 1000.

- Diante disso, os Tribunais Superiores têm decidido que não há constrangimento ilegal, por excesso de prazo, se o processo estiver aguardando o julgamento de recurso em sentido estreito interposto pela defesa; se a defesa solicitar diligências complementares ou se protelar a instrução criminal por expedição de cartas precatórias para oitiva de testemunhas e do acusado.

> **Art.** 314. A prisão preventiva em nenhum caso será decretada se o juiz verificar pelas provas constantes dos autos ter o agente praticado o fato nas condições previstas nos incisos I, II e III do caput do art. 23 do Decreto-Lei no 2.848, de 7 de dezembro de 1940 - Código Penal. (Redação dada pela Lei nº 12.403, de 2011).
>
> **Art.** 315. A decisão que decretar, substituir ou denegar a prisão preventiva será sempre motivada e fundamentada.
>
> § 1º Na motivação da decretação da prisão preventiva ou de qualquer outra cautelar, o juiz deverá indicar concretamente a existência de fatos novos ou contemporâneos que justifiquem a aplicação da medida adotada.
>
> § 2º Não se considera fundamentada qualquer decisão judicial, seja ela interlocutória, sentença ou acórdão, que:
>
> I - limitar-se à indicação, à reprodução ou à paráfrase de ato normativo, sem explicar sua relação com a causa ou a questão decidida;
>
> II - empregar conceitos jurídicos indeterminados, sem explicar o motivo concreto de sua incidência no caso;
>
> III - invocar motivos que se prestariam a justificar qualquer outra decisão;
>
> IV - não enfrentar todos os argumentos deduzidos no processo capazes de, em tese, infirmar a conclusão adotada pelo julgador;
>
> V - limitar-se a invocar precedente ou enunciado de súmula, sem identificar seus fundamentos determinantes nem demonstrar que o caso sob julgamento se ajusta àqueles fundamentos;
>
> VI - deixar de seguir enunciado de súmula, jurisprudência ou precedente invocado pela parte, sem demonstrar a existência de distinção no caso em julgamento ou a superação do entendimento." (NR)

1.4. LIBERDADE PROVISÓRIA

De acordo com o Código de Processo Penal:

> **Art.** 321. Ausentes os requisitos que autorizam a decretação da prisão preventiva, o juiz deverá conceder liberdade provisória, impondo, se for o caso, as medidas cautelares previstas no art. 319 deste Código e observados os critérios constantes do art. 282 deste Código

O juiz poderá conceder a liberdade provisória com ou sem fiança, mediante termo de comparecimento obrigatório a todos os atos processuais, sob pena de revogação. (art. 310 do CPP). A liberdade provisória será denegada, caso o juiz verifique que o agente é: reincidente; integrante de organização criminosa, armada ou milícia; ou, tenha porte de arma de fogo de uso restrito.

- FIANÇA

Fiança é uma garantia real, paga ao Estado em dinheiro ou valores, para assegurar o direito de um sujeito permanecer em liberdade, no curso de um processo penal. As finalidades da fiança são:

- Assegurar a liberdade provisória do indiciado ou do acusado;
- Assegurar o pagamento das custas do processo;
- Assegurar eventual reparação dos danos causados pelo crime;
- Assegurar o pagamento de prestação pecuniária;
- Assegurar o pagamento de multa.

Nos crimes que a pena privativa de liberdade máxima não passe de quatro anos, a autoridade policial poderá conceder fiança. Nos demais casos, a fiança poderá ser requerida ao juiz, que decidirá em até 48h. Contudo, o Código de Processo Penal estabelece hipóteses em é vedada a fiança, são essas (art. 233):

Racismo
Tortura
Tráfico ilícito de entorpecentes e drogas afins
Terrorismo
Crimes Hediondos
Crimes cometidos por grupos armados, civis ou militares contra a ordem constitucional e o Estado Democrático
A quem tiver quebrado fiança
Descumprir, sem motivo justo, as obrigações dos arts. 327 e 238 do CPP
Prisão civil ou militar
Presentes os motivos de decretação da prisão preventiva
Crime contra o sistema financeiro (Lei n. 7492/86)

- CRITÉRIOS PARA FIXAÇÃO DO VALOR DA FIANÇA

O valor da fiança será fixado de acordo com o disposto no art. 325 do Código de Processo Penal, abaixo:

Art. 325. O valor da fiança será fixado pela autoridade que a conceder nos seguintes limites:

I - de 1 (um) a 100 (cem) salários mínimos, quando se tratar de infração cuja pena privativa de liberdade, no grau máximo, não for superior a 4 (quatro) anos; (Incluído pela Lei nº 12.403, de 2011).

II - de 10 (dez) a 200 (duzentos) salários mínimos, quando o máximo da pena privativa de liberdade cominada for superior a 4 (quatro) anos.

§ 1º Se assim recomendar a situação econômica do preso, a fiança poderá ser:

I - dispensada, na forma do art. 350 deste Código;

II - reduzida até o máximo de 2/3 (dois terços); ou

III - aumentada em até 1.000 (mil) vezes.

§ 2º (Revogado):

I - (revogado);

II - (revogado);

III - (revogado).

Art. 326. Para determinar o valor da fiança, a autoridade terá em consideração a natureza da infração, as condições pessoais de fortuna e vida pregressa do acusado, as circunstâncias indicativas de sua periculosidade, bem como a importância provável das custas do processo, até final julgamento.

- CONDIÇÕES DA FIANÇA

A garantia da fiança requer o cumprimento, pelo agente de um conjunto de condições, as quais descumpridas, implicam na quebra de fiança. Vejamos:

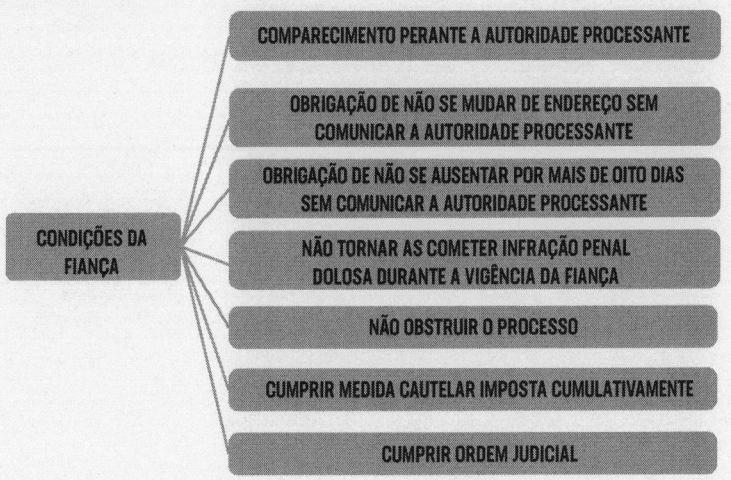

Tomado por termo a fiança, o afiançado tem a obrigação de comparecer perante a autoridade todas as vezes que for chamado no inquérito ou na ação penal. Com isso, o afiançado tem compromisso legal de manter o seu endereço atualizado, bem como de avisar à autoridade caso se ausente por mais de oito dias de sua residência. Caso não compareça, quando intimado, sua fiança será quebrada (arts. 327 e 328 do CPP).

> **Art. 340.** Será exigido o reforço da fiança:
> I - quando a autoridade tomar, por engano, fiança insuficiente;
> II - quando houver depreciação material ou perecimento dos bens hipotecados ou caucionados, ou depreciação dos metais ou pedras preciosas;
> III - quando for inovada a classificação do delito.
> Parágrafo único. A fiança ficará sem efeito e o réu será recolhido à prisão, quando, na conformidade deste artigo, não for reforçada.

- RESTITUIÇÃO DA FIANÇA

Caso a fiança seja declarada sem efeito, transitar em julgado a sentença que houver absolvido o acusado, ou declarada extinta a ação penal, o valor pago a título de fiança será restituído, atualizado. Porém, caso o acusado seja condenado, o valor servirá para pagamentos de custas processuais, indenização de possíveis danos, prestação pecuniária e multa.

> **Art. 337.** Se a fiança for declarada sem efeito ou passar em julgado sentença que houver absolvido o acusado ou declarada extinta a ação penal, o valor que a constituir, atualizado, será restituído sem desconto, salvo o disposto no parágrafo único do art. 336 deste Código.
> **Art. 336.** O dinheiro ou objetos dados como fiança servirão ao pagamento das custas, da indenização do dano, da prestação pecuniária e da multa, se o réu for condenado.

- CASSAÇÃO E QUEBRA DE FIANÇA

> **Art. 338.** A fiança que se reconheça não ser cabível na espécie será cassada em qualquer fase do processo.
> **Art. 341.** Julgar-se-á quebrada a fiança quando o acusado:
> I - regularmente intimado para ato do processo, deixar de comparecer, sem motivo justo;
> II - deliberadamente praticar ato de obstrução ao andamento do processo;
> III - descumprir medida cautelar imposta cumulativamente com a fiança;
> IV- resistir injustificadamente a ordem judicial;
> V - praticar nova infração penal dolosa.

QUESTÕES DE CONCURSOS

17. CESPE - 2019 - TJ-AM - Analista Judiciário - Direito

Lúcio é investigado pela prática de latrocínio. Durante a investigação, apurou-se a participação de Carlos no crime, tendo sido decretada de ofício a sua prisão temporária.

A partir dessa situação hipotética e do que dispõe a legislação, julgue o item seguinte:

Recebida a denúncia, não será mais cabível prisão temporária para Lúcio e Carlos. ( )

18. CESPE - 2019 - TJ-AM - Assistente Judiciário

Acerca de prisão, medidas cautelares e liberdade provisória, julgue o item subsecutivo:

É vedada a concessão de liberdade provisória a autor de crime inafiançável. ( )

19. CESPE- 2019 - TJ-AM - Assistente Judiciário

Acerca de prisão, medidas cautelares e liberdade provisória, julgue o item subsecutivo.

A prisão em flagrante do autor de crime de ação penal pública condicionada à representação substitui a necessidade de manifestação do ofendido para instauração de inquérito policial. ( )

20. CESPE - 2019 - TJ-AM - Assistente Judiciário

Jaime foi preso em flagrante por ter furtado uma bicicleta havia dois meses. Conduzido à delegacia, Jaime, em depoimento ao delegado, no auto de prisão em flagrante, confessou que era o autor do furto. Na audiência de custódia, o Ministério Público requereu a conversão da prisão em flagrante em prisão preventiva, sob o argumento da gravidade abstrata do delito praticado. No entanto, após ouvir a defesa, o juiz relaxou a prisão em flagrante, com fundamento de que não estava presente o requisito legal da atualidade do flagrante, em razão do lapso temporal de dois meses entre a consumação do crime e a prisão do autor. Dias depois, em nova diligência no inquérito policial instaurado pelo delegado para apurar o caso, Jaime, já em liberdade, retratou-se da confissão, alegando que havia pegado a bicicleta de Abel como forma de pagamento de uma dívida. Ao ser ouvido, Abel confirmou a narrativa de Jaime e afirmou, ainda, que registrou boletim de ocorrência do furto da bicicleta em retaliação à conduta de Jaime, seu credor. Por fim, o juiz competente arquivou o inquérito policial a requerimento de membro do Ministério Público, por atipicidade material da conduta, sob o fundamento de ter havido entendimento mútuo e pacífico entre Jaime e Abel acerca da questão, nos termos do relatório final produzido pelo delegado.

A respeito da situação hipotética precedente, julgue o item a seguir.

Na hipótese de decretação de prisão preventiva de Jaime, não bastaria que o juiz fundamentasse a decisão apenas na gravidade abstrata do delito, sendo imprescindível também a demonstração de insuficiência da aplicação de medida cautelar diversa da prisão. (   )

21. **CESPE - 2019 - DPE-DF - Defensor Público**

Valter, preso em flagrante por suposta prática de furto simples, não pagou a fiança arbitrada pela autoridade policial, tendo permanecido preso até a audiência de custódia, realizada na manhã do dia seguinte a sua prisão.

A partir dessa situação hipotética, julgue o seguinte item.

Segundo o Código de Processo Penal, na audiência de custódia, diante da constatação da desnecessidade de prisão preventiva e da situação de pobreza de Valter, o juiz deverá estabelecer a liberdade provisória desvinculada e sem fiança. (   )

22. **CESPE - 2019 - DPE-DF - Defensor Público**

Valter, preso em flagrante por suposta prática de furto simples, não pagou a fiança arbitrada pela autoridade policial, tendo permanecido preso até a audiência de custódia, realizada na manhã do dia seguinte a sua prisão.

A partir dessa situação hipotética, julgue o seguinte item.

Na audiência de custódia, ao entrevistar Valter, o juiz deverá abster-se de formular perguntas com a finalidade de produzir provas sobre os fatos objeto do auto da prisão em flagrante, mas deverá indagar acerca do tratamento recebido nos locais por onde o autuado passou antes da apresentação à audiência, questionando sobre a ocorrência de tortura e maus tratos. (   )

23. **CESPE - 2019 - DPE-DF - Defensor Público**

Valter, preso em flagrante por suposta prática de furto simples, não pagou a fiança arbitrada pela autoridade policial, tendo permanecido preso até a audiência de custódia, realizada na manhã do dia seguinte a sua prisão.

A partir dessa situação hipotética, julgue o seguinte item.

Na audiência de custódia, caso não tenha advogado particular, Valter poderá contar com a assistência de defensor público, que acompanhará o ato na presença do juiz, do promotor de justiça, do secretário de audiência e dos policiais que promoveram a prisão. (   )

24. **CESPE - 2019 - PRF - Policial Rodoviário Federal**

Com relação aos meios de prova e os procedimentos inerentes a sua colheita, no âmbito da investigação criminal, julgue o próximo item.

A entrada forçada em determinado domicílio é lícita, mesmo sem mandado judicial e ainda que durante a noite, caso esteja ocorrendo, dentro da casa, situação de flagrante delito nas modalidades próprio, impróprio ou ficto. (   )

25. CESPE - 2019 - PRF - Policial Rodoviário Federal

Em decorrência de um homicídio doloso praticado com o uso de arma de fogo, policiais rodoviários federais foram comunicados de que o autor do delito se evadira por rodovia federal em um veículo cuja placa e características foram informadas. O veículo foi abordado por policiais rodoviários federais em um ponto de bloqueio montado cerca de 200 km do local do delito e que os policiais acreditavam estar na rota de fuga do homicida. Dada voz de prisão ao condutor do veículo, foi apreendida arma de fogo que estava em sua posse e que, supostamente, tinha sido utilizada no crime.

Considerando essa situação hipotética, julgue o seguinte item.

Durante o procedimento de lavratura do auto de prisão em flagrante pela autoridade policial competente, o policial rodoviário responsável pela prisão e condução do preso deverá ser ouvido logo após a oitiva das testemunhas e o interrogatório do preso. ( )

26. CESPE - 2018 - MPU - Analista do MPU - Direito

Em cada um dos itens a seguir é apresentada uma situação hipotética seguida de uma assertiva a ser julgada em consonância com a doutrina majoritária e com o entendimento dos tribunais superiores acerca de provas no processo penal, prisão e liberdade provisória e habeas corpus.

Um indivíduo penalmente imputável apresentou-se espontaneamente a autoridade policial depois de ter cometido um crime. Nessa situação, a apresentação espontânea não impede a decretação da prisão preventiva nos casos em que a lei a autoriza. ( )

27. CESPE - 2018 - Polícia Federal - Delegado de Polícia Federal

Acerca de prisão, de liberdade provisória e de fiança, julgue o próximo item de acordo com o entendimento do STF e a atual sistemática do Código de Processo Penal.

A inafiançabilidade nos casos de crimes hediondos não impede a concessão judicial de liberdade provisória, impedindo apenas a concessão de fiança como instrumento de obtenção dessa liberdade. ( )

28. CESPE - 2018 - Polícia Federal - Delegado de Polícia Federal.

Acerca de prisão, de liberdade provisória e de fiança, julgue o próximo item de acordo com o entendimento do STF e a atual sistemática do Código de Processo Penal.

Situação hipotética: Um cidadão foi preso em flagrante pela prática do crime de corrupção ativa. A autoridade policial, no prazo legal do IP, remeteu os autos ao competente juízo, quando foi decretada a prisão preventiva do indiciado. Assertiva: Nessa situação, estão preenchidos os requisitos legais para a concessão da fiança, razão por que ela poderá ser concedida como contracautela da prisão anteriormente decretada.

29. CESPE - 2018 - EBSERH - Advogado

Julgue o seguinte item, acerca do habeas corpus e de medidas coativas de prisão.

Será incabível a prisão em flagrante do autor de crime processável mediante ação pública condicionada a representação, caso inexista autorização do ofendido ou de seu representante legal para a formalização do auto. ( )

30. CESPE - 2018 - ABIN - Oficial Técnico de Inteligência - Área 2

Com relação à licitude de provas e a aspectos relativos à prisão, liberdade provisória e fiança, julgue o seguinte item.

Situação hipotética: Abel foi preso em flagrante no momento em que efetuava a venda de uma grande quantidade de cocaína e maconha. Lavrado o auto de prisão em flagrante, os autos foram enviados à autoridade judicial. Assertiva: Nessa situação, o juiz poderá conceder a liberdade provisória a Abel, mediante o pagamento de fiança que deve ser compatível com as suas condições pessoais de fortuna e vida pregressa. ( )

31. CESPE - 2018 - PC-MA - Investigador de Polícia

De acordo com a legislação pertinente, caberá prisão temporária para o agente dos crimes de

A) aborto, estupro e lesão corporal gravíssima.

B) homicídio doloso, estupro e sequestro ou cárcere privado.

C) quadrilha ou bando, lesão corporal e induzimento ou instigação ao suicídio.

D) furto e invasão de domicílio.

E) estupro, epidemia com resultado de morte e aborto.

32. CESPE - 2018 - PC-MA - Escrivão de Polícia Civil

A prisão poderá ser decretada:

A) quando os indícios de autoria e prova da materialidade forem insuficientes para assegurar a aplicação da lei penal.

B) nos crimes de violência doméstica e familiar contra o idoso, para assegurar a execução de medidas protetivas de urgência preventiva.

C) em qualquer fase do inquérito policial, mediante ato da autoridade policial.

D) quando o agente for reincidente específico, por sentença transitada em julgado, em crime culposo, dentro do período depurador.

E) nos crimes dolosos punidos com pena máxima inferior a quatro anos.

GABARITO

1. "Verdadeiro"	5. "Verdadeiro"	9. "Falso"	13. "Verdadeiro"
2. "Falso"	6. "Verdadeiro"	10. "Verdadeiro"	14. "Falso"
3. "Falso"	7. "Falso"	11. "Verdadeiro"	15. "B"
4. "Verdadeiro"	8. "Verdadeiro"	12. "Verdadeiro"	16. "B"

PROVAS

CAPÍTULO 1 – TEORIA GERAL DA PROVA

1.1. CONCEITO DE PROVA

Prova é o meio instrumental de que se valem os sujeitos processuais (autor, juiz e réu) para comprovar os fatos da causa, ou seja, os fatos deduzidos pelas partes como fundamento do exercício dos direitos de ação e defesa.

Conforme nos ensina Nucci "quando se busca provar um fato juridicamente relevante, na investigação ou no processo, deve-se ter a noção de que a busca findará em torno de algo supostamente verdadeiro (que tenha ocorrido na realidade), levando à presunção de credibilidade de outro fato, juridicamente importante para o feito"[37].

---

[37] NUCCI, Guilherme de Souza. Código de Processo Penal comentado. 18. ed. Rio de Janeiro: Forense, 2019, p. 505.

Em atendimento ao princípio processual da verdade real que vige entre nós, a prova é um fato, documento, testemunho supostamente verdadeiro, que vai contribuir para formar o juízo de valoração **mais próximo da certeza possível** acerca da existência do fato que se pretende investigar ou apurar.

No processo penal, que entre nós assume a feição típica do sistema acusatório, no qual se distinguem as figuras de julgador, autor e réu, **os gestores** das provas são as partes cujo **destinatário** é o Juiz, que formará sua convicção após o exauriente cotejo do que lhe foi posto sob apreciação.

Assim, diante do **sistema da verdade material**, as partes fazem a gestão das provas, destinando-as ao juiz que, por sua vez, em atividade supletiva e dentro dos limites legais e constitucionais devidos, poderá buscar elementos de convicção outros que não tenham sido trazidos pelas partes, de modo a que a aproximação da certeza acerca dos fatos seja atingida no maior grau possível.

Os **instrumentos** dos quais o julgador se utiliza para conhecer a verdade dos fatos e diante dela formar sua convicção são os denominados **meios de prova**.

O **objeto** da prova é o fato concreto que exige comprovação sobre o qual, em atividade substitutiva das partes, o julgador vai aplicar a lei.

Importante ressaltar que o direito não precisa provado, conforme coaduna o enunciado do iure novite curia, o juiz deve conhecer o direito. Diante disso, os fatos serão objeto de prova.

Excepcionalmente, porém, exige-se a prova de direito estadual, municipal, leis estrangeiras, normas administrativas e costumes, cuja comprovação a respeito da existência e eficácia é de incumbência das partes. A mesma exigência se faz no que diz respeito às normas infralegais, exceto quando essas servirem de complemento para normas penais em branco.

- No que concerne à prova dos fatos, alguns prescindem de provas, quais sejam:
- fatos axiomáticos ou intuitivos – são os que decorrem de um raciocínio lógico, são evidentes;
- os fatos notórios – de conhecimento geral;
- as presunções legais – verdades que a lei estabelece; e
- os fatos inúteis – que são irrelevantes para o deslinde da causa.
- Nesse contexto, faz-se importante, ainda, nos atentarmos para a diferença entre provas, elementos informativos, indícios e suspeitas, a partir do grau de profundidade de que se reveste cada um:

PROVAS	Elementos de convicção produzidos no curso do processo, sob o crivo do contraditório.
ELEMENTOS INFORMATIVOS	Elementos de convicção produzidos inquisitorialmente, no curso da investigação.
INDÍCIOS	Qualquer vestígio ou sinal objetivo que conhecido e devidamente comprovado é suscetível de levar ao conhecimento de outro fato desconhecido a ele relacionado.
SUSPEITAS	Raciocínio intuitivo, baseado em convicção subjetiva a respeito de determinado fato.

1.2. SISTEMA DE AVALIAÇÃO DE PROVA

No Direito Processual Penal registra-se a existência de três sistemas de avaliação/valoração das provas: o **sistema da íntima convicção do magistrado**, o **sistema da prova tarifada** e o **sistema do livre convencimento motivado**. Trataremos de cada um individualmente a partir de agora:

A) SISTEMA DO LIVRE CONVENCIMENTO MOTIVADO DO JUIZ (OU PERSUASÃO RACIONAL)

É adotado pelo ordenamento jurídico brasileiro como regra geral e tem respaldo no art. 155 do Código de Processo Penal:

> **Art. 155.** O juiz formará sua convicção pela **livre apreciação da prova produzida em contraditório judicial**, não podendo fundamentar sua decisão exclusivamente nos elementos informativos colhidos na investigação, ressalvadas as provas cautelares, não repetíveis e antecipadas. Parágrafo único. Somente quanto ao estado das pessoas serão observadas as restrições estabelecidas na lei civil.

No sistema do livre convencimento motivado, o juiz possui ampla liberdade na apreciação das provas produzidas no processo. E, considerando que não há hierarquia entre as provas o que significa que nenhum meio de prova possui valor predeterminado, caberá ao juiz, por ocasião da prolação da sentença, realizar o cotejo das provas ao fundamentar sua decisão.

Desse modo, podemos usar como exemplo, o entendimento que se extrai do art. 197 do Código de Processo Penal, que prevê que nem mesmo a confissão possui valor absoluto, devendo o magistrado valorá-la em conjunto com as demais provas constantes no processo. Para tanto, o juiz verificará a pertinência entre o que foi objeto da confissão e os demais elementos de convicção, atribuindo, a cada um, o valor que considerar adequado diante do caso concreto.

Nesse contexto, é importante ressaltar que o magistrado deverá fundamentar suas decisões, que deverão estar lastreadas em provas constantes no bojo do processo e produzidas sob o crivo do contraditório judicial, não podendo fundamentar sua decisão **exclusivamente** nos elementos informativos colhidos na investigação. A legislação ressalva, nesse particular, as provas cautelares, não repetíveis e antecipadas.

Para o melhor entendimento, cabe observar o conceito de provas cautelares, não repetíveis e antecipadas:

PROVAS CAUTELARES	Elementos de convicção obtidos por meio de ações em que se busca evitar o risco de desaparecimento do objeto da prova com o decurso do tempo. Dependem sempre de autorização judicial e tem contraditório diferido.	Ex: Busca e apreensão, interceptação telefônica, quebra de sigilo bancário, quebra de sigilo telefônico, quebra de sigilo fiscal.
PROVAS IRREPETÍVEIS	São aquelas que uma vez produzidas, não tem como serem refeitas em razão do desaparecimento da fonte probatória (corpo de delito) sobre a qual incidem. Nem sempre dependem de autorização judicial e tem contraditório diferido.	Ex: Provas periciais
PROVAS ANTECIPADAS	São aquelas produzidas em momento processual diverso do originariamente previsto, diante de situação relevante e urgente. Dependem de determinação judicial o contraditório é exercido durante a produção da prova.	Ex: Oitiva antecipada de testemunha hospitalizada, oitiva de idoso, oitiva antecipada de criança vítima de violência e produção antecipada de provas no caso do art. 366 do CPP.

B) SISTEMA DA ÍNTIMA CONVICÇÃO DO MAGISTRADO (CONHECIDO TAMBÉM COMO SISTEMA DAS PROVAS LEGAIS OU CERTEZA MORAL DO LEGISLADOR)

Caracteriza-se pela ampla liberdade do magistrado na valoração das provas. Neste sistema, o julgador não possui a obrigatoriedade de fundamentar as suas decisões e pode, inclusive, se utilizar de provas que não constem dos autos do processo para formar seu convencimento. É adotado pelo ordenamento jurídico brasileiro apenas de forma residual nos julgamentos do Tribunal do Júri, pois os jurados do Conselho de Sentença, diante do postulado contido no sigilo das votações daquele colegiado, não fundamentam as decisões que proferem, e estão livres para basear-se em argumentos jurídicos ou extrajurídicos.

C) SISTEMA DE PROVAS TARIFADAS (OU DA CERTEZA MORAL DO JUIZ)

É o sistema no qual os meios de prova têm valor fixado em lei, estando o juiz vinculado à dosimetria desse valor. Do mesmo modo que no sistema da íntima convicção do magistrado, é adotado apenas de forma excepcional pelo nosso ordenamento jurídico, como no caso do artigo 155 do Código de Processo Penal, segundo o qual a prova sobre o estado das pessoas será realizada de acordo com o previsto na lei civil, e do artigo 158 do Código de Processo Penal, segundo o qual nos casos em que a infração deixar vestígios, será indispensável o exame de corpo de delito, direto ou indireto, não podendo supri-lo a confissão do acusado.

1.3. PRINCÍPIOS QUE REGEM A ATIVIDADE PROBATÓRIA

A) PRINCÍPIO DA AMPLA DEFESA E CONTRADITÓRIO:

A prova, uma vez entendida como instrumento por meio do qual se formará a convicção do magistrado deverá estar submetida, para que seja apta a seu fim primordial, à observância dos postulados da ampla defesa e do contraditório. Às partes será oportunizada a produção das provas que forem de seu interesse para comprovar suas teses, sujeitando-se essas provas à dialética processual.

B) PRINCÍPIO DO DEVIDO PROCESSO LEGAL

As provas, para serem consideradas válidas devem ser colhidas com a observância de todas as normas processuais pertinentes e com o respeito aos direitos e garantias constitucionais.

C) PRINCÍPIO DA COMUNHÃO DAS PROVAS

Para o bom entendimento do princípio da comunhão das provas, é importante estudarmos o caminho a ser percorrido pelas provas dentro do processo.

O momento da **propositura** da prova é aquele no qual as partes, funcionando como gestoras da atividade probatória no processo, requerem ao juiz a **admissão** da prova nos autos.

Uma vez admitida pelo juiz, a prova passará pelo momento da **produção**, momento em que os atos processuais pertinentes serão praticados de modo a trazer a prova aos autos.

Por fim, após o término da instrução processual e por ocasião da sentença final, o juiz, para formar seu convencimento, fará o cotejo de todas as provas produzidas nos autos e a consequente **valoração**.

Desse modo, embora sejam as partes as gestoras principais das provas no processo, uma vez que as provas estejam **produzidas** e sejam **trazidas** aos autos, não estão mais sob sua gestão. Porquanto, passam a pertencer ao processo.

Em razão disso, uma vez vinda aos autos, a prova não pode ser retirada do processo por mera vontade da parte que a propôs ou produziu. Aliado a isso, admite-se, inclusive, que a prova seja utilizada para fundamentar decisões contrárias aos interesses de quem a trouxe aos autos.

Ex.: O réu arrola testemunha acreditando que o seu depoimento lhe beneficiará. Contudo, por ocasião de sua oitiva a referida testemunha afirma que o réu foi o autor do crime. O réu não poderá pleitear a retirada do depoimento da testemunha do processo, pelo fato de não mais atender seus interesses. A prova, portanto, uma vez produzida, pertence ao processo!

PRINCÍPIO DA ORALIDADE

Tanto quanto possível, as provas devem ser produzidas na presença do magistrado, oralmente. O princípio da oralidade tem como subprincípios o da concentração e da imediação. Por meio do primeiro, recomenda-se que a instrução probatória seja feita no menor número de atos processuais possíveis, de preferência, em audiência una e pelo segundo, deve-se assegurar, o máximo possível, o contato pessoal do juiz com a prova, de modo a que o julgador possa dela extrair o máximo de precisão.

PRINCÍPIO DA AUTORRESPONSABILIDADE DAS PARTES

As partes, enquanto gestoras das provas, assumem as consequências pela sua inatividade, erro ou atos intencionais na gestão das provas que pretendem ver admitidas nos autos.

PRINCÍPIO DA NÃO AUTOINCRIMINAÇÃO

Conhecido por meio do postulado do nemo tenetur se detegere, esse princípio impõe que o acusado não pode ser constrangido, seja de que modo for, a produzir prova em seu desfavor.

Tal princípio encontra respaldo na Constituição Federal, que assegura, em seu art. 5º, inciso LXIII ao preso (investigados ou acusados) o direito de ficar calado, bem como no Pacto de São José da Costa Rica, cujo art. 8º, §2º, alínea "g", estabelece o direito de toda pessoa a «não ser obrigada a depor contra si mesma, nem a confessar-se culpada».

1.4. CLASSIFICAÇÃO DAS PROVAS

As provas poderão ser classificadas quanto ao sujeito, quanto à forma e quanto ao objeto, conforme veremos a seguir:

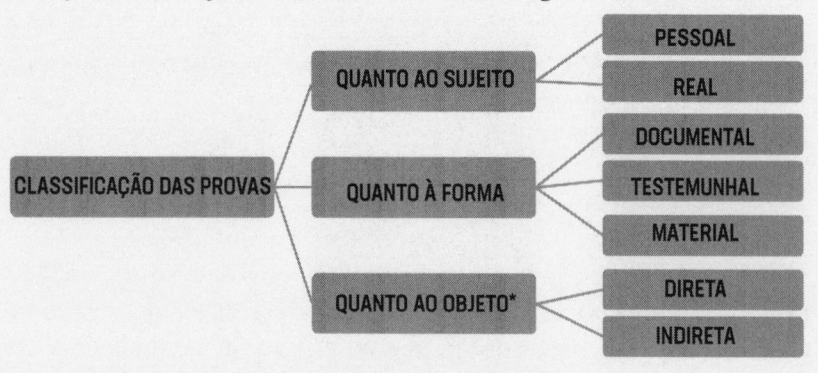

QUANTO AO SUJEITO, PODEM SER CLASSIFICADAS EM:

- **Pessoal**: As provas pessoais são as que decorrem da manifestação de vontade verbal ou documental de uma pessoa. Ex.: Confissão, testemunhas, declarações da vítima.
- **Real**: Serão reais quando decorrerem da análise de algum objeto ou elemento do corpo de delito. Ex.: Fotografias, filmagens, áudios.

- **Documental**: Documento escrito ou qualquer outra coisa que comporte um registro físico a respeito de algum fato. Ex. Passagem área, gravações sonoras, bilhetes, cartas, fotografias, vídeos etc.;
- **Testemunhal**: São produzidas por uma testemunha, que relatará os fatos dos quais tem conhecimento;
- **Material**: vai incidir sobre objetos do crime, instrumentos do crime ou qualquer outro objeto sobre o qual possa se produzir prova.

QUANTO AO OBJETO, PODEM SER:

- **Direta**: a prova é considerada direta quando demonstra, por si só, o objeto da investigação. Como exemplo, podemos citar os elementos que constituem o corpo de delito e os instrumentos do crime.
- **Indireta** (negativa ou contrária): prova indireta é a que não se dirige diretamente ao elemento de prova, mas visa provar outro acontecimento, que por ilação, nos leva ao fato principal. Visa provar que o fato não aconteceu, por meio da prova de outro fato que é logicamente incompatível com o primeiro. Como exemplo, um álibi (a parte prova que estava em outro lugar, diverso de onde ocorreu a infração).

1.5. ÔNUS DA PROVA

Ônus é o encargo que as partes têm de provar, pelos meios legais e moralmente admitidos em lei, as alegações formuladas dentro do processo. Caso seja inerte, a parte estará numa situação de desvantagem processual.

Nesse ponto, convém diferenciar ônus de obrigação, vejamos.

Diante de uma **obrigação**, a parte tem o dever de fazer algo, sob pena de violar a lei e ser-lhe aplicada a respectiva sanção.

O **ônus**, por sua vez, é a faculdade que a parte tem de praticar ou não um ato processual. Se não o fizer, deixará de obter a vantagem que adviria da sua conduta ou suportará o prejuízo da sua omissão.

Ex.: A acusação não tem a obrigação de provar o que alega, mas se não se desincumbir de tal ônus, não obterá a condenação que pretendia ao denunciar o réu.

O ônus da prova possui dos aspectos: o **subjetivo** e o **objetivo**. Do ponto de vista **subjetivo**, o ônus da prova é o encargo que recai sobre as <u>partes</u> (sujeitos) de buscar as fontes de prova capazes de comprovar as alegações por ela trazidas ao processo.

Sob o aspecto **objetivo**, o ônus da prova guarda relação com o princípio da inafastabilidade da jurisdição, que diz respeito à impossibilidade de o magistrado eximir-se de decidir sobre uma questão submetida a sua apreciação, devendo sempre se manifestar sobre os pedidos que lhe sejam endereçados.

O aspecto objetivo do ônus da prova revela, portanto, uma regra de julgamento prevista em lei, a ser aplicada pelo juiz em caso de dúvida, que, no processo penal, favorece à defesa, por meio do princípio in dubio pro reo. Assim, em caso de dúvida, se as provas constantes nos autos do processo não forem suficientes para demonstrar, com certeza razoável, a existência de um fato e sua autoria, o juiz deverá tomar a decisão mais benéfica ao réu.

A operação que leva o julgador ao exercício do ônus objetivo decorre do fato de a acusação não se desincumbir do ônus que lhe cabe. Assim, cabendo à acusação comprovar o que alega, caso o titular da ação penal não apresente provas suficientes para formar o juízo necessário de certeza acerca da culpa do acusado, sobrevindo dúvidas a esse respeito, está dirigido ao juiz o exercício do ônus objetivo, que resultará na absolvição do réu.

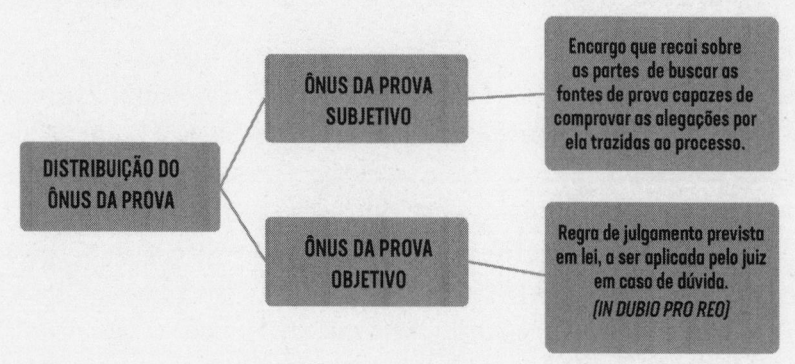

DISTRIBUIÇÃO DO ÔNUS DA PROVA

A distribuição do ônus da prova diz respeito à repartição da incumbência destinada às partes em provar os fatos constitutivos da acusação e os fatos que possam eventualmente desconstitui-la. No Processo Penal Brasileiro, o ônus da prova é distribuído pelo disposto no art. 156 do Código de Processo Penal, nos seguintes moldes:

> **Art.** 156. A prova da alegação incumbirá a quem a fizer, sendo, porém, facultado ao juiz de ofício: (Redação dada pela Lei nº 11.690, de 2008)
> I - ordenar, mesmo antes de iniciada a ação penal, a produção antecipada de provas consideradas urgentes e relevantes, observando a necessidade, adequação e proporcionalidade da medida; (Incluído pela Lei nº 11.690, de 2008
> II - determinar, no curso da instrução, ou antes de proferir sentença, a realização de diligências para dirimir dúvida sobre ponto relevante.

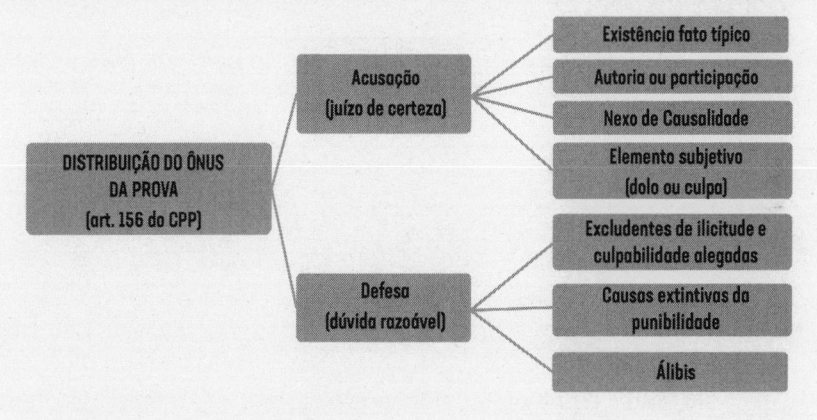

A distribuição do ônus da prova relativa ao aspecto subjetivo, determina que incumbe ao titular da ação penal a prova dos fatos constitutivos da acusação: a existência do fato, a autoria ou participação, o nexo de causalidade e o elemento subjetivo (dolo ou culpa) pertinente ao tipo penal.

Essa incumbência é derivada do princípio da presunção de inocência, segundo o qual é assegurado a todos os acusados em processo penal a garantia do estado de inocência, até que seja provado o contrário por sentença judicial transitada em julgado. A inocência, portanto, se presume, devendo a culpa (sentido lato) ser provada por quem a alega.

Por outro lado, à defesa caberá a prova das circunstâncias desconstitutivas da acusação tais como: excludentes de ilicitude e culpabilidades alegadas, causas extintivas de punibilidade e álibis.

Importante salientar que a acusação, ao término da ação penal, deverá ter sido hábil em formar no magistrado um juízo de certeza robusto o bastante acerca do que alega. Lado outro, caso não haja a resolução de tal ônus, surge a incidência da regra do ônus da prova objetivo. Nesse caso, o juiz deve, diante de dúvida razoável acerca dos fatos constitutivos da acusação, julgar improcedente a pretensão punitiva do Estado, absolvendo o acusado, conforme disposto no art. 386 do Código de Processo Penal abaixo transcrito abaixo:

> **Art.** 386. O juiz absolverá o réu, mencionando a causa na parte dispositiva, desde que reconheça:
> I - estar provada a inexistência do fato;
> II - não haver prova da existência do fato;
> III - não constituir o fato infração penal;
> IV - estar provado que o réu não concorreu para a infração penal; (Redação dada pela Lei nº 11.690, de 2008)
> V - não existir prova de ter o réu concorrido para a infração penal; (Redação dada pela Lei nº 11.690, de 2008)
> VI - existirem circunstâncias que excluam o crime ou isentem o réu de pena (arts. 20, 21, 22, 23, 26 e § 1º do art. 28, todos do Código Penal), ou mesmo se houver fundada dúvida sobre sua existência; (Redação dada pela Lei nº 11.690, de 2008)
> VII - não existir prova suficiente para a condenação.

Em situações excepcionais, todavia, a regra de que o ônus da prova recai sobre o titular da ação penal deve ser invertida. Isso não diz respeito aos fatos constitutivos da acusação, e sim aos efeitos secundários da condenação, por exemplo, as medidas assecuratórias de bens, direitos ou valores e as previsões concernentes à lei de lavagem de capitais.

Assim, o ônus de comprovar a desnecessidade do efeito secundário da condenação é da defesa e não da acusação.

Vejamos julgado do Superior Tribunal de Justiça a respeito da distribuição do ônus da prova diante da prática do crime de receptação:

> **Superior Tribunal de Justiça**
>
> HC 483.023
> **Rel.** Min. Reynaldo Soares da Fonseca

HABEAS CORPUS SUBSTITUTO DE RECURSO PRÓPRIO. INADEQUAÇÃO DA VIA ELEITA. **RECEPTAÇÃO (ART. 180, CAPUT, DO CP)**. DIREÇÃO DE VEÍCULO AUTOMOTOR SEM A DEVIDA PERMISSÃO GERANDO PERIGO DE DANO (ART. 309 DO CTB). **INVERSÃO DO ÔNUS DA PROVA. POSSIBILIDADE.** AGENTE SURPREENDIDO NA POSSE DE AUTOMÓVEL ORIUNDO DE FURTO. ART. 156 DO CPP. CONJUNTO PROBATÓRIO FIRME A INDICAR O CONHECIMENTO DA ORIGEM ESPÚRIA DO BEM. PLEITO DE ANULAÇÃO COM VISTAS À DESCLASSIFICAÇÃO PARA A MODALIDADE CULPOSA. IMPOSSIBILIDADE. NECESSIDADE DE REEXAME DE MATÉRIA FÁTICO-PROBATÓRIA. AUSÊNCIA DE CONSTRANGIMENTO ILEGAL. HABEAS CORPUS NÃO CONHECIDO. [...] 2. A conclusão das instâncias ordinárias está **em sintonia com a jurisprudência consolidada desta Corte, segundo a qual, no crime de receptação, se o bem houver sido apreendido em poder do paciente, caberia à defesa apresentar prova acerca da origem lícita do bem** ou de sua conduta culposa, nos termos do disposto no art. 156 do Código de Processo Penal, sem que se possa falar em inversão do ônus da prova. Precedentes. 3. O pleito defensivo concernente à absolvição do crime de receptação, previsto no art. 180, caput, do CP, bem como sua desclassificação para a modalidade culposa, não comporta análise na presente via, de cognição sumária, na qual não se permite dilação fático-probatória. 4. Habeas corpus não conhecido. (HC 483.023/SC, Rel. Ministro REYNALDO SOARES DA FONSECA, QUINTA TURMA, julgado em 07/02/2019, DJe 15/02/2019).

Além disso, vejamos como o tema foi abordado em provas recente:

Ano: 2019 Banca: MPE-SP Cargo: Promotor de Justiça Substituto
Com base na orientação jurisprudencial assentada no STJ, em relação à prova, é correto afirmar que, no crime de

A) embriaguez na condução de veículo automotor, a prova sobre a alteração da capacidade psicomotora do condutor não admite prova testemunhal.

B) tráfico de drogas, é necessário prova de que a venda vise aos frequentadores do estabelecimento de ensino, para o reconhecimento da respectiva majorante.

C) furto, a comprovação da causa de aumento do rompimento de obstáculo, quando desaparecerem os vestígios, não admite prova testemunhal.

D) **receptação, uma vez apreendida a res furtiva em poder do réu, cabe à defesa apresentar prova acerca da origem lícita do bem.**

E) roubo, é imprescindível a apreensão e perícia da arma de fogo, para a comprovação da respectiva causa de aumento.

Importante ressaltar que, no processo penal, ao contrário do processo civil, os fatos incontroversos, assim entendidos como aqueles que não foram contestados, dependem de prova, por força do disposto no Princípio da Presunção da Inocência e da garantia do direito do réu ao silêncio, diante do qual o acusado pode se calar sobre os fatos objeto da acusação sem que de tal atitude lhe desdobre em qualquer prejuízo.

Não há no processo penal, portanto, a contumácia decorrente da revelia constatada no processo civil, onde, diante de fatos silenciados ou não contestados presume-se a veracidade destes.

PODERES INSTRUTÓRIOS DO JUIZ

Embora, em regra, o ônus da prova seja distribuído às partes, diante do princípio da verdade material, o juiz não se restringe exclusivamente às provas por elas produzidas podendo determinar, de forma suplementar, no curso da instrução ou antes de proferir sentença, a realização de diligências para dirimir dúvida sobre ponto relevante.

> **Art. 156.** A prova da alegação incumbirá a quem a fizer, sendo, porém, facultado ao juiz de ofício: (Redação dada pela Lei nº 11.690, de 2008)
> I - ordenar, mesmo antes de iniciada a ação penal, a produção antecipada de provas consideradas urgentes e relevantes, observando a necessidade, adequação e proporcionalidade da medida;(Incluído pela Lei nº 11.690, de 2008)
> II - determinar, no curso da instrução, ou antes de proferir sentença, a realização de diligências para dirimir dúvida sobre ponto relevante.

A esse respeito, cumpre mencionar, todavia, que até a edição da Lei 13.964/2019 o magistrado possuía maior iniciativa probatória, podendo determinar, ainda mesmo antes de iniciada a ação penal **a produção antecipada de provas consideradas urgentes e relevantes, observando a necessidade, adequação e proporcionalidade da medida, conforme disposto no inciso I do art. 156 do Código de Processo Penal.**

O novo art. 3º-A do Código de Processo Penal, **veda** expressamente a iniciativa do juiz em sede investigatória, nos seguintes termos:

> **Art. 3º-A.** O processo penal terá estrutura acusatória, **vedadas a iniciativa do juiz na fase de investigação** e a substituição da atuação probatória do órgão de acusação.

No entanto, o Supremo Tribunal Federal, em 23/08/23, por ocasião do julgamento de mérito das ADIs 6.298, 6.299), 6.300 e 6.305, deu interpretação conforme à Constituição ao mencionado dispositivo, estabelecendo que é permitido ao juiz, na fase investigatória, **excepcionalmente** e dentro dos limites legais, determinar a realização de diligências **complementares**, para solucionar dúvida relevante para o julgamento do mérito.

1.6. PROVAS ILÍCITAS

A Constituição Federal estabelece no art. 5°, LVI que "são inadmissíveis, no processo, as provas obtidas por meios ilícitos". No mesmo sentido, o art. 157 do Código de Processo Penal prevê:

> **Art. 157.** São inadmissíveis, devendo ser desentranhadas do processo, as provas ilícitas, assim entendidas as obtidas em violação a normas constitucionais ou legais. (Redação dada pela Lei n° 11.690, de 2008)
>
> § 1° São também inadmissíveis as provas derivadas das ilícitas, salvo quando não evidenciado o nexo de causalidade entre umas e outras, ou quando as derivadas puderem ser obtidas por uma fonte independente das primeiras. (Incluído pela Lei n° 11.690, de 2008)
>
> § 2° Considera-se fonte independente aquela que por si só, seguindo os trâmites típicos e de praxe, próprios da investigação ou instrução criminal, seria capaz de conduzir ao fato objeto da prova. (Incluído pela Lei n° 11.690, de 2008)
>
> § 3° Preclusa a decisão de desentranhamento da prova declarada inadmissível, esta será inutilizada por decisão judicial, facultado às partes acompanhar o incidente. (Incluído pela Lei n° 11.690, de 2008)
>
> § 4° (VETADO) (Incluído pela Lei n° 11.690, de 2008)
>
> § 5° O juiz que conhecer do conteúdo da prova declarada inadmissível não poderá proferir a sentença ou acórdão. (Incluído pela Lei n° 13.964, de 2019) (Vide ADI 6.298) (Vide ADI 6.299) (Vide ADI 6.300) (Vide ADI 6.305).

As provas inadmissíveis podem ser separadas em duas categorias:

- **Provas ilícitas:** são obtidas com violação de regra de direito material-penal ou constitucional.
- **Provas Ilegítimas:** são obtidas com violação de regra de direito processual.

Segundo o princípio da vedação de admissão de provas obtidas por meios ilícitos, a prova obtida e produzida em violação aos direitos constitucionais do investigado ou acusado será considerada inadmissível em processo judicial e terá as seguintes consequências:

- As provas ilícitas, em sentido estrito, **serão inadmitidas, devendo ser excluídas do processo**, conforme disposto no ar. 157, caput do Código de Processo Penal.
- As provas ilegítimas serão invalidadas conforme o regramento das nulidades processuais do Código de Processo Penal.

A) PROVA ILÍCITA POR DERIVAÇÃO - TEORIA DOS FRUTOS DA ÁRVORE ENVENENADA

Sobre as provas ilícitas, é importante ter atenção a denominada teoria dos frutos da árvore envenenada (fruits of poisonous tree), que define a prova ilícita por derivação.

Originária da jurisprudência norte-americana, essa teoria reza que provas obtidas como desdobramento de outras provas ilícitas também são inadmissíveis, por estarem contaminadas desde sua fonte. Provas ilícitas por derivação são, assim, aquelas que embora tenham sido produzidas validamente, são inválidas porquanto provenientes de outro ato ilícito originário.

O Supremo Tribunal Federal desde muito já admitia e aplicava a Teoria dos Frutos da Árvore envenenada em seus julgamentos, conforme podemos extrair do precedente abaixo:

HC 69.912/ RS
Relator(a): Min. Sepúlveda Pertence
Julgamento: 16/12/1993

PROVA ILICITA: ESCUTA TELEFONICA MEDIANTE AUTORIZAÇÃO JUDI-CIAL: AFIRMAÇÃO PELA MAIORIA DA EXIGÊNCIA DE LEI, ATÉ AGORA NÃO EDITADA, PARA QUE, "NAS HIPÓTESES E NA FORMA" POR ELA ESTABELECIDAS, POSSA O JUIZ, NOS TERMOS DO ART. 5., XII, DA CONSTITUIÇÃO, AUTORIZAR A INTERCEPTAÇÃO DE COMUNICAÇÃO TELEFONICA PARA FINS DE INVESTIGAÇÃO CRIMINAL; NÃO OBSTANTE, INDEFERIMENTO INICIAL DO HABEAS CORPUS PELA SOMA DOS VOTOS, NO TOTAL DE SEIS, QUE, OU RECUSARAM A TESE DA CONTAMINAÇÃO DAS PROVAS DECORRENTES DA ESCUTA TELEFONICA, INDEVIDAMENTE AUTORIZADA, OU ENTENDERAM SER IMPOSSIVEL, NA VIA PROCESSUAL DO HABEAS CORPUS, VERIFICAR A EXISTÊNCIA DE PROVAS LIVRES DA CONTAMINAÇÃO E SUFICIENTES A SUSTENTAR A CONDENAÇÃO QUESTIONADA; NULIDADE DA PRIMEIRA DECISÃO, DADA A PARTICIPAÇÃO DECISIVA, NO JULGAMENTO, DE MINISTRO IMPEDIDO (MS 21.750, 24.11.93, VELLOSO); CONSEQUENTE RENOVAÇÃO DO JULGAMENTO, NO QUAL SE DEFERIU A ORDEM PELA PREVALENCIA DOS CINCO VOTOS VENCIDOS NO ANTERIOR, NO SENTIDO DE QUE A ILICITUDE DA INTERCEPTAÇÃO TELEFONICA - **A FALTA DE LEI QUE, NOS TERMOS CONSTITUCIONAIS, VENHA A DISCIPLINA-LA E VIABILIZA-LA - CONTAMINOU, NO CASO, AS DEMAIS PROVAS, TODAS ORIUNDAS, DIRETA OU INDIRETAMENTE, DAS INFORMAÇÕES OBTIDAS NA ESCUTA (FRUITS OF THE POISONOUS TREE),** NAS QUAIS SE FUNDOU A CONDENAÇÃO DO PACIENTE.

Na reforma processual de 2008, por meio da edição da Lei 11.690/2008, o postulado da Teoria dos Frutos da Árvore Envenenada foi incorporado ao Código de Processo Penal, na primeira parte do § 1º art. 157:

Código de Processo Penal

Art. 157. São inadmissíveis, devendo ser desentranhadas do processo, as provas ilícitas, assim entendidas as obtidas em violação a normas constitucionais ou legais. (Redação dada pela Lei nº 11.690, de 2008) § 1º São também inadmissíveis as provas derivadas das ilícitas, salvo quando não evidenciado o nexo de causalidade entre umas e outras, ou quando as derivadas puderem ser obtidas por uma fonte independente das primeiras.

Ademais, foram introduzidas ao texto legal, por ocasião da reforma, ressalvas (exclusionary rules) em relação à contaminação das provas derivadas das ilícitas, oriundas da teoria norte-americana, quais sejam: a exigência de nexo causal entre a prova ilícita e a existência de fonte independente de prova.

- **Nexo de causalidade entre a prova originária e a prova derivada**

Para que a prova ilícita não seja admitida no processo, a segunda parte do § 1º do art. 157, acima transcrito, exige que seja verificado **nexo de causalidade entre a prova anterior e a posterior**, de modo a que contaminação da primeira em decorrência da ilicitude da última seja evidenciada.

Assim, conclui-se que a ilicitude da prova por derivação dependerá da relação de exclusividade entre a prova posterior e aquela que lhe deu origem. Conforme nos ensina Avena[38], é necessário que a prova obtida como contaminada tenha sido decorrência exclusiva de outra, manifestamente viciada ou de uma situação de ilegalidade.

Vejamos pronunciamento do Supremo Tribunal Federal a respeito do tema:

> **HC 74599/ SP - SÃO PAULO**
> **Rel. Min. ILMAR GALVÃO**
> **Julgamento: 03/12/1996 Órgão Julgador: Primeira Turma**
> EMENTA: HABEAS CORPUS. PROVA ILÍCITA. ESCUTA TELEFÔNICA. FRUITS OF THE POISONOUS TREE. NÃO-ACOLHIMENTO. Não cabe anular-se a decisão condenatória com base na alegação de haver a prisão em flagrante resultado de informação obtida por meio de censura telefônica deferida judicialmente. É que a interceptação telefônica - prova tida por ilícita até a edição da Lei nº 9.296, de 24.07.96, e que contaminava as demais provas que dela se originavam - não foi a prova exclusiva que desencadeou o procedimento penal, mas somente veio a corroborar as outras licitamente obtidas pela equipe de investigação policial. Habeas corpus indeferido.

- Fonte independente (*independent source*)

Pela **teoria da fonte independente**, diante de uma prova originariamente ilícita, se sobrevier prova de tal fato a partir de uma fonte **autônoma lícita** que **não guarde dependência nem decorra de uma prova inicialmente ilícita**, essa segunda fonte de prova será considerada hígida e apta a provar o fato ilicitamente provado de início, elidindo-se a ilegalidade da prova originária.

A teoria da fonte independente é proveniente da jurisprudência da Suprema Corte Americana, em decisão proferida em 1960 no julgamento do caso Bynum X U.S, em que acusado de roubo foi preso ilegalmente e colhidas suas impressões digitais.

---

38 AVENA, Norberto. Processo Penal. 12. ed. São Paulo: Método, 2020.

Na ocasião, a Suprema Corte entendeu inicialmente ser ilícita por derivação a colheita das impressões digitais diante da ilegalidade da prisão que a originou. Ocorre que o órgão de acusação apresentou impressões digitais do suspeito que constavam do banco de dados do FBI e que tinham sido colhidas licitamente em outra oportunidade. Diante de tal evidência, a Suprema Corte admitiu a nova prova como prova independente, por entender tratar-se de prova oriunda de fonte independente da primeira.

Entre nós, após a reforma legislativa ocorrida em 2008, a definição de fonte independente em matéria de prova ilícita foi trazida para o texto do § 2º do art. 157 do Código de Processo Penal nos seguintes termos:

> § 2º Considera-se fonte independente aquela que por si só, seguindo os trâmites típicos e de praxe, próprios da investigação ou instrução criminal, seria capaz de conduzir ao fato objeto da prova. (Incluído pela Lei nº 11.690, de 2008)

Assim sendo, diante da presença de uma **fonte de prova independente** apta a comprovar os fatos que, de início, teriam sido provados ilicitamente e que tenha sido **produzida em atendimento** às normas legais que lhe são pertinentes, rompe-se a relação de exclusividade existente entre a prova ilícita e a que a antecedeu, admitindo-se, por fim, o conteúdo da prova originária que restou provado pela nova fonte de prova.

B) TEORIA DA ATENUAÇÃO DO NEXO CAUSAL (*ATTENUATION DOUCTRINE*), OU DA CONEXÃO ATENUADA (*ATTENUATED CONNECTION LIMITANTION*) OU DO VÍCIO DILUÍDO (*PURGED TAINT LIMITATION*).

Para essa teoria, também originária do Direito Norte-americano, apesar de determinado meio de prova estar contaminado por derivação, tal prova poderá ser admitida **se o vínculo existente entre ela e a prova originária se evidenciar mínimo ou inexistente**.

Nesse caso, deve estar presente o nexo causal entre a prova originária ilícita e a prova derivada. Entretanto, diante do surgimento de fato posterior que gerou a fragilidade desse vínculo, atenua-se o efeito de tal liame, validando-se a prova derivada.

A referida teoria provém de caso julgado pela Suprema Corte dos Estados Unidos, no caso Wohn Sun X U. S, julgado em 1963 no bojo do qual algumas pessoas foram presas ilegalmente acusadas de tráfico de drogas. Posteriormente, quando os acusados já estavam em liberdade, um deles confessou o delito de tráfico de drogas, **em interrogatório realizado legalmente**. Entendeu-se, nesse caso, que a ilegalidade havia se dissipado, pois o vínculo entre a prisão ilegal e a confissão eram mínimos, uma vez que não obstante a ilegalidade da prisão, em que foi a constatada a materialidade delitiva, por ocasião novo interrogatório, o suspeito confesso já não estava mais preso e seu interrogatório tinha observado todos os ditames legais.

C) DESCOBERTA INEVITÁVEL (NIX X WILLIAMS- WILLIAMS II)

Outra teoria considerada uma exceção ao Princípio da exclusionary rules, a **teoria da descoberta inevitável**, também conhecida como **exclusão da fonte hipotética independente**. Essa teoria sustenta que a prova derivada da ilícita pode ser admitida, caso seja demonstrado, por meio de dados concretos, que tal prova poderia ser obtida por meio de outra prova **independentemente da ilicitamente originária**.

O precedente da Suprema Corte Americana, no julgamento do caso Nix X Williams- Williams II, decorreu de situação em que o acusado era suspeito de matar alguém, mas o corpo da vítima não tinha sido localizado. O acusado, sob tortura, confessou os fatos e indicou o local onde estava o corpo da vítima, que veio a ser localizado em razão da confissão. Ocorre que, nesse meio tempo, moradores da região efetuavam buscas no sentido de localizar o cadáver.

Naquela ocasião, a Suprema Corte entendeu que a confissão ilegal acerca da localização do cadáver não contaminava a prova referente à localização do corpo da vítima, uma vez que, diante das buscas efetivadas pelos moradores, o corpo seria inevitavelmente localizado.

Na prática, a diferenciação das hipóteses fáticas que vão ensejar a aplicação das teorias da fonte independente e da descoberta inevitável é muito tênue, sendo importante entender as situações objetivas que caracterizam uma e outra.

D) ADMISSIBILIDADE DA PROVA ILÍCITA EM FAVOR DO RÉU

Apesar vedação constitucional e legal da admissão de provas obtidas por meios ilícitos, a doutrina e a jurisprudência admitem **excepcionalmente**, uso de provas ilícitas quando representarem o **único meio de provar a inocência do acusado ou fato relevante à sua defesa no processo**.

Essa possibilidade tem sido acolhida com base no princípio da proporcionalidade, por meio do qual se realiza a ponderação de interesses diante da colisão de direitos fundamentais do acusado e o interesse público inerente à persecução penal.

A esse respeito, vejamos o entendimento do Supremo Tribunal Federal:

HC 74678 / SP - SÃO PAULO
Rel. Min. MOREIRA ALVES
EMENTA: "Habeas corpus". Utilização de gravação de conversa telefônica feita por terceiro com a autorização de um dos interlocutores sem o conhecimento do outro quando há, para essa utilização, excludente da antijuridicidade. - Afastada a ilicitude de tal conduta - a de, **por legítima defesa**, fazer gravar e divulgar conversa telefônica ainda que não haja o conhecimento do terceiro que está praticando crime -, é ela, por via de consequência, lícita e, também consequentemente, essa gravação não pode ser tida como prova ilícita, para invocar-se o artigo 5º, LVI, da Constituição com fundamento em que houve violação da intimidade (art. 5º, X, da Carta Magna). "Habeas corpus" indeferido.

E agora vejamos como as bancas de concurso têm abordado a matéria:

CESPE - 2019 - TJ-AM - Assistente Judiciário:
Com relação a provas, julgue o próximo item.
Provas obtidas por meios ilícitos podem excepcionalmente ser admitidas se beneficiarem o réu.
Certo ou Errado
Prova: MPE-SP - 2019 - MPE-SP - Promotor de Justiça Substituto
Assinale a alternativa INCORRETA.

A) A ação persecutória do Estado para revestir-se de legitimidade não pode se apoiar em elementos probatórios ilicitamente obtidos, sob pena de ofensa à garantia constitucional do devido processo legal, que tem, no dogma da inadmissibilidade das provas ilícitas, uma de suas mais expressivas projeções concretizadoras no plano do nosso sistema de direito positivo.

B) Na hipótese de o órgão legitimado pela investigação e propositura das medidas judiciais pertinentes demonstrar que obteve legitimamente novos elementos de informação a partir de uma fonte autônoma de prova, esta deverá ser admitida, porque não se considera corrompida pela nódoa da ilicitude originária.

1.7. PROVA EMPRESTADA (OU COMPARTILHADA)

É a prova que utilizada originariamente em um processo é utilizada posteriormente, como prova documental, em outro. A prova emprestada é admissível no processo penal, desde que observados os seguintes requisitos:

- No processo originário, a prova deve ter sido produzida com observância dos ditames legais para o caso pertinente;
- A prova emprestada não pode gerar efeito contra quem não figurava como parte no processo originário, de modo a que se assegure o exercício do contraditório

O § 5º do art. 157 do Código de Processo Penal, com a redação que foi dada pela Lei 13.964/2019, estabelece que "O juiz que conhecer do conteúdo da prova declarada inadmissível não poderá proferir a sentença ou acórdão". Ocorre que, o Supremo Tribunal Federal, em 23/08/23, por ocasião do julgamento de mérito das ADIs 6.298, 6.299), 6.300 e 6.305, por maioria, declarou **inconstitucional** o mencionado dispositivo.

CAPÍTULO 2 - PROVAS EM ESPÉCIE

2.1. PROVA PERICIAL

Trata-se da prova técnica produzida nos autos, diante da qual profissionais com conhecimentos técnicos específicos analisam o corpo de delito e atestam, por meio de laudos periciais, situações que vão elucidar a materialidade ou eventualmente a autoria delitiva.

<u>Corpo de delito</u>, por sua vez, é o conjunto de vestígios materiais ou perceptíveis deixados pela infração penal, que por meio da análise pericial, comporão a materialidade do fato delituoso. Corpo de delito faz prova sobre a existência do crime. O **exame de corpo de delito**, por sua vez, é espécie de perícia realizada nos vestígios deixados pelo crime.

Os peritos, **os órgãos auxiliares da justiça**, ficarão a cargo da perícia. Esses têm como função realizar exames técnicos em suas áreas de atuação (nível superior), em que têm expertise. Os peritos podem ser **oficiais**, servidores públicos ou **não-oficiais**, hipótese em que o perito, não servidor público, é nomeado pelo juiz para realizar determinada perícia. Aos peritos, aplicam-se as mesmas causas de impedimento e suspeição afetas ao magistrado.

O art. 159 do Código de Processo Penal determina que o exame de corpo de delito e as demais perícias sejam realizadas por **um perito oficial**, portador de diploma de curso superior. De modo excepcional, o § 1º do mesmo dispositivo autoriza que, **na falta de perito oficial**, o exame seja realizado por **duas pessoas idôneas**, portadoras de diploma de curso superior preferencialmente na área específica, dentre as que tiverem habilitação técnica relacionada com a natureza do exame e que, nos termos do § 2º, deverão prestar compromisso de bem e fielmente desempenharem o cargo.

Para a realização das perícias, o § 3º estabelece que deverá ser facultada ao Ministério Público, ao assistente de acusação, ao ofendido e ao querelante a formulação de quesitos. É importante atentarmos para a intenção do legislador no que se refere ao momento em que o uso dessa faculdade deve ser oportunizado.

A notificação às partes e sujeitos processuais para que, querendo, apresentem quesitos deve ser feita **antes** da realização do exame pericial, e sua obrigatoriedade somente incide no tocante às perícias realizadas na fase judicial, sob pena de nulidade. Isso decorre do fato de que o inquérito policial é procedimento administrativo de natureza informativa, no bojo do qual não se exige a observância do contraditório e da ampla defesa.

Ademais, tendo em vista a discricionariedade que rege a condução da atividade investigatória policial, o próprio Código de Processo Penal prevê, em seu art. 184, que salvo no que disser respeito ao exame de corpo de delito, a autoridade policial poderá indeferir as perícias **requeridas** - não as requisitadas pelo Ministério Público – quando as entender desnecessárias ao esclarecimento dos fatos.

No entanto, o exercício do contraditório acerca das provas periciais será plenamente oportunizado por ocasião da instrução processual uma vez que, o inciso I do § 5º do art. 159 do Código de Processo Penal determina que, será possível às partes requererem a oitiva dos peritos em juízo a fim de esclarecerem pontos do laudo pericial sob os quais tenham restado qualquer dúvida ou para que respondam a quesitos complementares. Para tanto, exige o legislador que as questões esclarecidas ou os quesitos sejam levados ao conhecimento do perito com a antecedência mínima de 10 (dez) dias, podendo as respostas serem apresentadas tanto oralmente em audiência, quanto em laudo complementar.

A autorização para apresentação de quesitos complementares por parte dos sujeitos processuais está contida no art. 181 do Código de Processo Penal ao dispor que "No caso de inobservância de formalidades, ou no caso de omissões, obscuridades ou contradições, a autoridade judiciária mandará suprir a formalidade, complementar ou esclarecer o laudo".

Além dessa hipótese, no mesmo sentido de possibilitar a realização de exames periciais complementares, o art. 168, em seus parágrafos 1º e 2º prevê a realização de exames complementares para o esclarecimento da materialidade de crimes de lesões corporais.

Após a conclusão dos trabalhos periciais, seja em fase inquisitorial, seja em juízo, os peritos elaborarão o laudo pericial, documento no qual descreverão minunciosamente o que responderão aos quesitos formulados, conforme dispõe o art. 160 do Código de Processo Penal.

Contudo, registre que conforme o disposto no art. 182 do Código de Processo Penal, as conclusões elaboradas pelos peritos não vinculam o magistrado em suas decisões.

Conduzindo-se o julgador por meio da liberdade que lhe confere o sistema do sistema legal do livre convencimento motivado, exposto no art. 155 do Código de Processo Penal, poderá o juiz aceitar o conteúdo do laudo pericial, ou rejeitá-lo, no todo ou em parte, cotejando-o com os demais elementos probatórios presentes nos autos, fundamentando sua decisão.

A) PERÍCIAS COMPLEXAS E POSSIBILIDADE ATUAÇÃO DE MAIS DE UM PERITO.

Conforme já estudamos, como regra, apenas um perito será responsável pela realização de determinado exame pericial necessário a aferir a materialidade delitiva. No entanto, há casos em que a complexidade da prova evidencia a necessidade do conhecimento de experts em várias áreas do conhecimento.

Nessas situações, o art. 159, em seu § 7º estabelece que "tratando-se de perícia complexa que abranja mais de uma área de conhecimento especializado, poder-se-á designar a atuação de mais de um perito oficial, e a parte indicar mais de um assistente técnico".

Ao término dos exames periciais, cada um dos experts fará a apreciação daquilo que lhe couber, elaborando, nos termos do art. 160 do Código de Processo Penal, o competente laudo pericial.

Havendo divergências entre os peritos, serão consignadas no auto do exame as declarações de um e de outro, ou cada um redigirá separadamente o seu lado, e a autoridade nomeará um terceiro, se este divergir de ambos, a autoridade poderá mandar proceder a novo exame por outros peritos.

B) ASSISTENTE TÉCNICO.

O assistente técnico é profissional que possui especialidade em determinada matéria e funciona no processo como auxiliar e na defesa do interesse da parte que o indicou. Em razão disso, a remuneração dos auxiliares técnicos correrá às expensas do sujeito processual responsável pela respectiva indicação.

A função do auxiliar é a orientação acerca de questões que envolvam a prova pericial tais como elaboração de quesitos, interpretação das perícias realizadas e esclarecimentos técnicos complementares que se fizerem necessários.

O § 3º do art. 159 estabelece que deverá ser facultado às partes e demais sujeitos processuais a indicação de assistente técnico para auxiliá-los no curso da instrução processual. O § 4º do mesmo artigo dispõe que o assistente técnico atuará a partir de sua admissão no processo e após a conclusão dos exames periciais por meio da apresentação do laudo. O § 5º, por sua vez, disciplina que os assistentes técnicos poderão apresentar suas conclusões, seja por escrito, no prazo fixado pelo juiz seja por meio de inquirição em juízo.

Em se tratando de análise pericial que envolva maior complexidade, será possível a indicação de mais de um assistente técnico, conforme prevê o § 7º do mesmo artigo.

C) EXAME DE CORPO DE DELITO

O exame de corpo de delito é modalidade de perícia que se destina a aferição da materialidade nas infrações penais que deixam vestígios. O § 3º do art. 158 - A do Código de Processo Penal, decorrente da alteração legislativa contida na Lei 13.964/2019 conceitua vestígio da seguinte forma:

> **Vestígio** é todo objeto ou material bruto, visível ou latente, constatado ou recolhido, que se relaciona à infração penal.

Dispõe o art. 161 do Código de Processo Penal que o exame de corpo de delito poderá ser feito em qualquer dia e qualquer hora, de modo a assegurar que os vestígios do crime estejam hígidos e sejam aptos a permitir a realização do exame e a elaboração do laudo pericial, conferindo-lhe a maior autenticidade possível.

D) OBRIGATORIEDADE DO EXAME DE CORPO DE DELITO

O exame de corpo de delito **direto** é o exame feito por perito oficial (ou dois não oficiais) sobre o próprio corpo de delito, como exemplo, o exame realizado no corpo da vítima de homicídio.

Conforme dispõe o art. 158 do Código de Processo Penal, quando a infração penal deixar vestígios, será indispensável o exame de corpo de delito, **direto ou indireto**, **não** podendo supri-lo a confissão do acusado.

No sentido de reforçar tal exigência, é o teor do art. 184 do Código de Processo Penal que assim dispõe: "*Salvo o caso de exame de corpo de delito*, o juiz ou a autoridade policial negará a perícia requerida pelas partes, quando não for necessária ao esclarecimento da verdade".

Lado outro, o exame de **corpo de delito indireto** ocorre quando a prova acerca do corpo de delito não pode ser feita diretamente sobre os vestígios deixados pela infração penal e é suprida por informações plausíveis a respeito do corpo de delito a partir das quais possam aferir a materialidade delitiva. Como exemplo, o exame indireto poderá ser feito a partir de informações prestadas pelo exame de documentos relativos aos fatos cuja existência se quer provar, como fotografias, exames de prontuários e laudos médicos, etc.

A doutrina diverge sobre a natureza jurídica do exame de corpo de delito indireto. Parte da doutrina entende que constitui prova pericial propriamente dita, outra parte, entretanto, defende ser prova testemunhal ou documental que supre a prova pericial que se tornou inviável.

Tendo a infração penal deixado vestígios, o exame de corpo de delito é medida obrigatória para constatar a materialidade da infração penal., cuja ausência configura, inclusive, hipótese de nulidade processual prevista expressamente no art. 564, inciso III do Código de Processo Penal.

Entretanto, nas hipóteses em que os vestígios decorrentes da infração penal tenham desaparecido, inviabilizando a realização do exame de corpo de delito direito ou indireto, o art. 167 do Código de Processo Penal autoriza que a prova testemunhal possa suprir-lhe a falta.

A reforçar a autorização contida no art. 167 do Código de Processo Penal, vejamos o entendimento do Superior Tribunal de Justiça a respeito do tema:

> **AgRg no RECURSO ESPECIAL Nº 1.726.667**
> **Rel.** Min. Jorge Mussi
> Data do Julgamento: 23/08/2018
> AGRAVO REGIMENTAL NO RECURSO ESPECIAL. PENAL E PROCESSUAL PENAL. FURTO QUALIFICADO. ROMPIMENTO DE OBSTÁCULO. COMPROVAÇÃO. EXAME DE CORPO DE DELITO INDIRETO. VALIDADE. INSURGÊNCIA DESPROVIDA.
> **1.** Segundo a pacífica jurisprudência desta Corte Superior, quando a conduta deixar vestígios, o exame de corpo de delito é indispensável à comprovação da materialidade do crime, podendo, contudo, o laudo pericial ser substituído por outros elementos de prova apenas quando os vestígios tenham desaparecido por completo ou o lugar se tenha tornado impróprio para a constatação dos peritos.
> **2.** O exame de corpo de delito é indispensável para comprovar que o furto foi praticado com o rompimento de obstáculo (art. 155, § 4º, I, do CP e art. 158 do CPP).
> **3.** A jurisprudência do STJ admite o exame de corpo de delito indireto realizado por duas pessoas idôneas, compromissadas e que possuam qualificação técnica, ex vi do art. 159, §§ 1º e 2º, do CPP, como ocorreu no caso.
> **4. O exame de corpo de delito indireto (prova pericial) não se confunde com o exame indireto do art. 167 do CP, que é prova testemunhal (grifo nosso).** O tribunal de origem asseverou que a prova pericial (indireta) e as declarações colhidas em juízo demonstravam ter havido o rompimento de obstáculo (prova testemunhal).
> **5.** Agravo regimental desprovido

E) PRIORIDADES NA REALIZAÇÃO DO EXAME DE CORPO DE DELITO

Conforme o disposto no § único do art. 158 do Código de Processo Penal, será dada prioridade na realização o exame de corpo de delito quando se tratar de crime que envolva:

- violência doméstica e familiar contra mulher,
- violência contra criança, adolescente, idoso ou pessoa com deficiência.

Essa prioridade foi estabelecida por alteração legislativa recente e tem sido **muito cobrada em prova**:

Ano: 2019 Banca: FCC Órgão: MPE-MT Prova: FCC - 2019 - MPE-MT - Promotor de Justiça Substituto

Seguindo a tendência da legislação brasileira de estabelecer prioridades de atendimento, o Código de Processo Penal estabelece que se dará prioridade à realização do exame de corpo de delito quando se tratar de crime que envolva violência doméstica e familiar contra mulher, bem como

A) nos crimes praticados contra grupos vulneráveis, mediante requisição da autoridade policial, judiciária ou do Ministério Público.

B) nos crimes de feminicídio, ainda que não relacionado à violência doméstica ou familiar.

C) em qualquer crime contra a pessoa ou o patrimônio de criança, adolescente, idoso ou pessoa com deficiência.

D) na violência contra criança, adolescente, idoso ou pessoa com deficiência. (Art. 158, § único, incisos I e II do Código de Processo Penal)

E) nos crimes contra a dignidade sexual.

F) CADEIA DE CUSTÓDIA

A Lei 13.964/2019 trouxe para o texto do Código de Processo Penal, nos artigos 158-A a 158-F a chamada cadeia de custódia. Cadeia de custódia, segundo definição contida no art. 158-A é "o conjunto de todos os procedimentos utilizados para manter e documentar a história cronológica do vestígio coletado em locais ou em vítimas de crimes, para rastrear sua posse e manuseio a partir de seu reconhecimento até o descarte".

Por meio da definição da cadeia de custódia, buscou o legislador estabelecer a sequência de procedimentos a serem observados desde a coleta da prova, por ocasião do momento da investigação previsto no art. 6º do Código de Processo Penal (at. 158-A, § º do Código de Processo Penal), passando por recomendações sobre o manuseio (art. 158- B, art. 158-C e art. 158- D) e posterior guarda dos vestígios da infração penal (art. 158- E art. 158-F), modo que seja possível extrair-lhes a maior autenticidade possível.

É importante registrar, contudo, que a inobservância das normas atinentes à cadeia de custódia **não implica na invalidade da prova pericial**, mas servem, repita-se, para dar-lhe mais precisão e, consequentemente, maior autenticidade.

Na tabela a seguir, tem-se os tipos de laudos periciais com suas respectivas aplicações:

TIPO DE LAUDO PERICIAL	APLICAÇÃO
Laudo de avaliação econômica *Essa perícia, por ser baseada em estimativas, pode ser suprida por uma cotação simplificada no mercado local do valor do objeto.	Crimes patrimoniais
Laudo de exame de local	Art. 121 do Código Penal Art. 155 e §'s do Código Penal Art. 157 e §'s do Código Penal Artigos 302 e 303 do Código de Trânsito Brasileiro
Laudo de exame de veículo	Art. 121 do Código Penal Art. 155 e §'s do Código Penal Art. 157 e §'s do Código Penal Art. 180 do Código Penal Artigo 311 do Código Penal Artigos 302 e 303 do Código de Trânsito Brasileiro
Laudo de exame de lesões corporais/cadavéricos ** Quando não foi possível elaborar a perícia por meio do exame pessoal do ofendido, para que seja feito o exame de corpo de delito direto, deverá ser requisitado o laudo de exame de lesão corporal/cadavérico, a ser feito com base em informações extraídas de prontuários de atendimentos médicos da vítima. Esses prontuários deverão ser requisitados aos hospitais/centros de saúde por meio de decisão judicial e encaminhados ao Instituto de Criminalística (IC) / Instituto Médico Legal (IML)/ Instituto de Pesquisa de DNA Forense (IPDNA) para que elaborem o exame indireto e avaliem a compatibilidade das lesões e sua gravidade com a infração investigada.	Art. 121 do Código Penal Art. 129 do Código Penal Art. 157, parágrafo 3º do Código Penal Crimes contra a dignidade sexual Artigo 331 do Código Penal Artigos 302 e 303 do Código de Trânsito Brasileiro Lei 9.455/97 (Crime de tortura)
Laudo de exame de informática/comunicações telemáticas/telefônicas	Essa perícia atualmente tem sido de extrema utilização para a elucidação de qualquer tipo de crime.
Laudo de exame de DNA	Art. 121 do Código Penal Art. 129 do Código Penal Art. 157, parágrafo 3º do Código Penal Crimes contra a dignidade sexual Artigo 331 do Código Penal Artigos 302 e 303 do Código de Trânsito Brasileiro Lei 9.455/97 (Crimes de tortura)

2.2. INTERROGATÓRIO

O interrogatório é ato pelo qual o investigado ou o acusado é questionado diretamente pela autoridade policial ou pelo juiz a respeito dos fatos que lhe são imputados, tendo natureza jurídica predominante de meio de defesa e, residualmente, de meio de prova.

São **características** do interrogatório:

- **Ato Personalíssimo:** somente o réu pode a ele se submeter, não podendo ser feito por meio de representação;

- **Obrigatório:** trata-se de ato imprescindível, que deve ser oportunizado no curso do processo, sob pena de nulidade, conforme dispõe o art. 564, inciso III, "e" do Código de Processo Penal;

- **Assistido tecnicamente:** o acusado, durante o interrogatório, deverá estar acompanhado de seu defensor, constituído ou nomeado. Ademais, será garantido ao réu o direito de entrevista prévia e reservada com o seu defensor e, caso o interrogatório seja realizado por videoconferência, lhe é assegurado o acesso a canais telefônicos reservados para a comunicação entre o defensor que esteja no presídio e o advogado presente na sala de audiência do Fórum, e entre este e o preso.

- **Contraditório:** após proceder ao interrogatório, será possível às partes formularem perguntas a respeito das declarações prestadas pelo interrogado.

- **Ato oral:** o interrogatório é ato oral. Quanto aos surdos-mudos, observará o procedimento previsto no art. 192 do Código de Processo Penal:

  - Ao surdo serão apresentadas por escrito as perguntas que ele responderá oralmente;

  - Ao mudo as perguntas serão feitas oralmente, respondendo-as por escrito;

  - Ao surdo-mudo as perguntas serão formuladas por escrito e do mesmo modo dará as respostas.

  - Caso o interrogando não saiba ler e escrever, intervirá, como intérprete sob compromisso, pessoa habilitada a entendê-lo.

- **Ato individual:** o interrogatório é ato individual do réu. Havendo mais de um acusado, serão interrogados separadamente.

O procedimento do interrogatório está previsto nos arts. 185 a 196 do Código de Processo Penal e tem aplicabilidade tanto na fase inquisitorial, na medida do possível, quanto na fase judicial. Em qualquer caso, conforme consta do caput do art. 187 do Código de Processo Penal, o interrogatório é composto de duas partes: a primeira que trata de questões relativas à pessoa do interrogado e a segunda que versa sobre os fatos contidos na acusação.

Na fase judicial, o interrogatório é o último ato da instrução processual, e ocorrerá após ter sido oportunizado ao acusado o acompanhamento de todas as provas produzidas nos autos, promovendo o direito ao contraditório, a fim de que possa formular sua defesa pessoal durante seu depoimento, no exercício da ampla defesa.

Na primeira parte do interrogatório, conforme a regra do § 1º do art. 187 do Código de Processo Penal, o interrogado será indagado sobre sua residência, meios de vida, profissão, conduta e oportunidades sociais, dados familiares, vida pregressa, se foi preso ou processando alguma vez e, em caso positivo, a respeito de dados relativos à tal processo.

Dispõe o art. 186 do Código de Processo Penal, contudo, que após a qualificação do acusado que compõe a primeira parte do interrogatório, deverá ser-lhe assegurado pela autoridade policial ou pelo juiz o direito ao silêncio e a não responder perguntas que lhe forem formuladas, consoante garantia contida no art. 5º, inciso LXIII da Constituição Federal e que, conforme prevê o § único do art. 186, o seu silêncio não importará em confissão, tampouco poderá ser interpretado em prejuízo à sua defesa.

A segunda parte do interrogatório está regulamentada no § 2º do art. 187 do Código de Processo Penal, sendo a oportunidade na qual o interrogado apresentará sua versão acerca dos fatos contidos na acusação.

Em caso de réu preso, a regra é que o interrogatório seja realizado em sala própria do estabelecimento prisional onde o acusado estiver recolhido, assegurada a segurança para os profissionais envolvidos e garantida a publicidade do ato. Mas, excepcionalmente, o juiz poderá, por decisão fundamentada, de ofício ou a requerimento das partes, determinar a realização do interrogatório por videoconferência, quando necessário para:

a) prevenir risco à segurança pública, quando exista fundada suspeita de que o preso integre a organização criminosa ou de que, por outra razão, possa fugir durante o deslocamento;

b) viabilizar a participação do réu no referido ato processual, quando haja relevante dificuldade para seu comparecimento em juízo, por enfermidade ou outra circunstância pessoal;

c) impedir a influência do réu no ânimo de testemunha ou da vítima, se não for possível colher o depoimento destas por meio de videoconferência; e

d) responder à gravíssima questão de ordem pública.

Quando o interrogatório se realizar por meio de videoconferência, será garantido ao preso o direito de acompanhar, pelo mesmo sistema tecnológico, a realização de todos os atos da audiência de instrução e julgamento.

Art. 187. O interrogatório será constituído de duas partes: sobre a pessoa do acusado e sobre os fatos. (Redação dada pela Lei nº 10.792, de 1º.12.2003)

§ 1º Na primeira parte o interrogando será perguntado sobre a residência, meios de vida ou profissão, oportunidades sociais, lugar onde exerce a sua atividade, vida pregressa, notadamente se foi preso ou processado alguma vez e, em caso afirmativo, qual o juízo do processo, se houve suspensão condicional ou condenação, qual a pena imposta, se a cumpriu e outros dados familiares e sociais. (Incluído pela Lei nº 10.792, de 1º.12.2003)

§ 2º Na segunda parte será perguntado sobre: (Incluído pela Lei nº 10.792, de 1º.12.2003)

I - ser verdadeira a acusação que lhe é feita; (Incluído pela Lei nº 10.792, de 1º.12.2003)

II - não sendo verdadeira a acusação, se tem algum motivo particular a que atribuí-la, se conhece a pessoa ou pessoas a quem deva ser imputada a prática do crime, e quais sejam, e se com elas esteve antes da prática da infração ou depois dela; (Incluído pela Lei nº 10.792, de 1º.12.2003)

III - onde estava ao tempo em que foi cometida a infração e se teve notícia desta; (Incluído pela Lei nº 10.792, de 1º.12.2003)

IV - as provas já apuradas; (Incluído pela Lei nº 10.792, de 1º.12.2003)

V - se conhece as vítimas e testemunhas já inquiridas ou por inquirir, e desde quando, e se tem o que alegar contra elas; (Incluído pela Lei nº 10.792, de 1º.12.2003)

VI - se conhece o instrumento com que foi praticada a infração, ou qualquer objeto que com esta se relacione e tenha sido apreendido; (Incluído pela Lei nº 10.792, de 1º.12.2003)

VII - todos os demais fatos e pormenores que conduzam à elucidação dos antecedentes e circunstâncias da infração; (Incluído pela Lei nº 10.792, de 1º.12.2003)

VIII - se tem algo mais a alegar em sua defesa. (Incluído pela Lei nº 10.792, de 1º.12.2003)

Nos concursos públicos, podemos esperar questões como essa:

> Ano: 2019 Banca: MPE-SC Órgão: MPE-SC Prova: MPE-SC - 2019 - MPE-SC - Promotor de Justiça - Matutina
>
> Preceitua o Código de Processo Penal, na primeira parte do interrogatório, que o interrogando será perguntado sobre a residência, meios de vida ou profissão, oportunidades sociais, lugar onde exerce a sua atividade, se conhece as vítimas e testemunhas já inquiridas ou por inquirir, vida pregressa, notadamente se foi preso ou processado alguma vez e, em caso afirmativo, qual o juízo do processo, se houve suspensão condicional ou condenação, qual a pena imposta, se a cumpriu e outros dados familiares e sociais.
>
> Certo ou **Errado**

Muita atenção! Essa questão pode fazer o candidato escorregar se não fizer leitura calma e atenta da assertiva. As questões acerca do conhecimento das vítimas e testemunhas são feitas na parte final do interrogatório, conforme dispõe o art. 187, parágrafo 2º, inciso V do Código de Processo Penal.

2.3. CONFISSÃO

A confissão é ato personalíssimo, livre e espontâneo, por meio do qual o acusado admite a responsabilidade pela prática de fatos delituosos que lhe são imputados. Pode ser feita tanto de forma extrajudicial, quanto no curso do processo, o que ocorre, geralmente, por ocasião do interrogatório.

A confissão deverá ser tomada por termo nos autos, contudo, não constitui prova absoluta. O valor probatório da confissão deverá ser aferido pelos critérios adotados para os outros elementos de prova, e, para a sua valoração o juiz deverá confrontá-la com as demais provas do processo, verificando se entre ela e estas há compatibilidade ou concordância, nos moldes em que determina o art. 197 do Código de Processo Penal.

Tendo em vista a garantia constitucional do direito ao silêncio, contida no art. 5º, inciso LXIII da Constituição e consoante dispõe o art. 198 do Código de Processo Penal o silêncio do acusado não importa em confissão, podendo constituir elemento para a formação do convencimento do juiz.

São **características** da confissão a:

- **Pessoalidade:** deve ser realizada pelo próprio réu, não podendo ser feita por meio de representante ou sucessor;

- **Divisibilidade:** o magistrado poderá aceitá-la apenas parcialmente, refutando a parte que considerar inverossímil (art. 200 do Código de Processo Penal);
- **Retratabilidade:** diz respeito à possibilidade de o réu voltar atrás e alterar o seu depoimento. A retratação pode ocorrer sobre a integralidade da confissão ou apenas sobre parte dela. Contudo, a retratação não fará com que a confissão seja retirada dos autos, passando a constar nos autos tanto a confissão quanto a retratação, e o juiz analisará as provas em conjunto com ambos os depoimentos ao tomar sua decisão; e
- **Voluntariedade e Espontaneidade:** para que produza seus efeitos, tanto do ponto de vista processual, enquanto elemento de convicção a ser utilizado pelo juiz para fundamentar sua decisão, quanto do ponto de vista penal, a fim de ensejar a incidência da circunstância atenuante prevista no art. 65, inciso III do Código Penal, a confissão deve ser feita a partir da livre e espontânea vontade do próprio interrogando, livre de qualquer constrangimento para que o faça e de acordo com sua constatação de sua íntima vontade.

A confissão pode ser total ou parcial. No primeiro caso, o acusado admite integralmente os fatos que lhe são imputados e no segundo, apenas parte deles. Pode ainda a confissão ser simples, quando o acusado admite integralmente como verdadeiros os fatos que lhe são imputados ou qualificada quando, apesar de admitir a veracidade dos fatos sobre os quais versam a acusação, o acusado alega em seu favor circunstâncias que impliquem em causas excludentes de ilicitude ou culpabilidade.

Nesse caso, o acusado admite apenas prática de fato formalmente típico, no entanto, traz em seu favor a ocorrência de causas que excluam o dolo, a ilicitude ou a culpabilidade.

O Superior Tribunal de Justiça, em julgado recente a respeito do tema se pronunciou no sentido de que a atenuante da confissão espontânea deve ser reconhecida em favor do acusado, ainda que a confissão tenha sido parcial ou qualificada, conforme o teor do enunciado de sua Súmula 545 - Quando a confissão for utilizada para a formação do convencimento do julgador, o réu fará jus à atenuante prevista no artigo 65, III, d, do Código Penal-, invocado no seguinte julgamento:

Superior Tribunal de Justiça

Relator (a)

Ministro REYNALDO SOARES DA FONSECA (1170)

Data do Julgamento: 17/12/2019   Data da Publicação/Fonte: DJe 19/12/2019

Ementa

HABEAS CORPUS SUBSTITUTIVO DE RECURSO ESPECIAL. INADEQUAÇÃO DA VIA

ELEITA. TRÁFICO ILEGAL DE DROGAS. PROTEÇÃO DO DOMICÍLIO (ART. 5º, XI, DA CF), INVASÃO DOMICILIAR SEM AUTORIZAÇÃO JUDICIAL. POSSIBILIDADE. EXISTÊNCIA DE FUNDADAS RAZÕES. RECONHECIMENTO DA CONFISSÃO ESPONTÂNEA. CONFISSÃO PARCIAL/QUALIFICADA. POSSIBILIDADE. N. 545 DA SÚMULA DESTA CORTE. COMPENSAÇÃO COM A AGRAVANTE DA REINCIDÊNCIA ENUNCIADO. HABEAS CORPUS CONCEDIDO DE OFÍCIO.

1. O Supremo Tribunal Federal, por sua Primeira Turma, e a Terceira Seção deste Superior Tribunal de Justiça, diante da utilização crescente e sucessiva do habeas corpus, passaram a restringir a sua admissibilidade quando o ato ilegal for passível de impugnação pela via recursal própria, sem olvidar a possibilidade de concessão da ordem, de ofício, nos casos de flagrante ilegalidade.

2. A Suprema Corte definiu, em repercussão geral, que o ingresso forçado em domicílio sem mandado judicial apenas se revela legítimo - a qualquer hora do dia, inclusive durante o período noturno -quando amparado em fundadas razões, devidamente justificadas pelas circunstâncias do caso concreto, que indiquem estar ocorrendo, no interior da casa, situação de flagrante delito (RE n. 603.616/RO, Rel. Ministro GILMAR MENDES, DJe 8/10/2010). (REsp n. 1498689/RS, Rel. Ministro ROGERIO SCHIETTI CRUZ, Sexta Turma, julgado em 27/2/2018, DJe 8/3/2018).

3. Na hipótese dos autos, conquanto sem autorização judicial, os policiais, antes de adentrarem na residência do paciente, obtiveram informações de que ali estava sendo praticado o tráfico ilegal de drogas. Modificar tal premissa fática é inviável no habeas corpus.

4. A jurisprudência do Superior Tribunal de Justiça se firmou no sentido de que, quando utilizada pelo juiz para fundamentar a condenação, incide a atenuante prevista no artigo 65, inciso III, alínea "d", do Código Penal, ainda que a confissão tenha sido parcial, entendimento que resultou na edição do enunciado n. 545 da Súmula desta Corte.

5. No caso, o paciente assumiu a prática do delito de tráfico de drogas, apenas negou que um dos corréus teria praticado a conduta criminosa, o que, por si só, não impede o reconhecimento da atenuante da confissão. Possibilidade da compensação da atenuante da confissão com a agravante da reincidência. Precedentes.

6. Habeas corpus não conhecido. Ordem concedida de ofício para reconhecer a atenuante da confissão e compensá-la com a agravante da reincidência, reduzindo as penas aplicadas aos pacientes para 10 (dez) anos de reclusão e o pagamento de 1.000 (um mil) dias-multa.

O Supremo Tribunal Federal, em sentido oposto, não reconhece como apta a ensejar a atenuante da confissão espontânea conforme pronunciamento no seguinte julgamento:

AP 892 ED / RS - RIO GRANDE DO SUL

EMB.DECL. NA AÇÃO PENAL
Relator(a): Min. LUIZ FUX
Revisor(a): Min. MIN. ROSA WEBER
Julgamento: 06/09/2019 Órgão Julgador: Primeira Turma
Ementa: AÇÃO PENAL. MÉRITO. EMBARGOS DE DECLARAÇÃO. AMBIGUI-DADE, OBSCURIDADE, CONTRADIÇÃO OU OMISSÃO. AUSÊNCIA. REEXAME DE MATÉRIA DECIDIDA. DESCABIMENTO. EMBARGOS DE DECLARAÇÃO DESPROVIDOS. 1. Os embargos de declaração prestam-se à correção de vícios de julgamento que produzam ambiguidade, obscuridade, contra-dição ou omissão no acórdão recorrido, a impedir a exata compreensão do que foi decidido. Por conseguinte, trata-se de recurso inapropriado para a mera obtenção de efeitos infringentes, mediante a rediscussão de matéria já decidida. Precedentes: Rcl 14262-AgR-ED, Primeira Turma, Rel. Min. Rosa Weber; HC 132.215-ED, Tribunal Pleno, Rel. Min. Cármen Lúcia; AP 409-EI-AgR-segundo-ED, Tribunal Pleno, Rel. Min. Celso de Mello; RHC 124.487-AgR-ED, Primeira Turma, Rel. Min. Roberto Barroso. **2.** In casu, o embargante aponta omissão quanto à dosimetria da pena, alegando que: (i) "na fixação da pena-base, faz-se um juízo de reprovabilidade exagerado, por um lado e, por outro, desconsidera (omissão) circunstâncias objetivas favoráveis (que não se confundem com neutras), que devem ser consideradas no cálculo da pena-base"; e que (ii) "o acórdão reconhece a inexistência de circunstâncias agravantes, mas restou omisso quanto à existência concreta de circunstâncias atenuantes, presentes nos autos", consistentes na confissão espontânea e na atenuante genérica prevista no art. 66 do Código Penal. 3. A leitura do acórdão embargado revela a abso-luta ausência dos vícios alegados, uma vez que a turma julgadora manifestou-se, explicitamente, sobre os referidos pontos, quando do julgamento do mérito da ação penal, conforme se verifica no seguinte fragmento: "13. A dosimetria da pena reclama análise individualizada dos fatos objeto de condenação: [...] 13.b.4) diante desse quadro, sendo neutras as demais circunstâncias judiciais avaliadas, cumpre que a pena-base, considerada a pena mínima de dois anos de reclusão e máxima de seis anos, seja fixada em 04 anos e 06 meses de reclusão; 13.b.5) não havendo circunstâncias agravantes ou atenuantes, bem como causas de aumento ou diminuição da pena a se reconhecer, resta a pena definitiva fixada em quatro anos e seis meses de reclusão;

A) CONFISSÃO DELATÓRIA (CHAMADA DE CORRÉU)

A confissão delatória ocorre quando o acusado, ao ser interrogado, **além** de confessar a prática dos fatos delituosos, relata o envolvimento de outro coautor. O valor probatório da delação é equivalente às demais provas do processo, devendo ser cotejada com os outros elementos de convicção existentes nos autos para que seja hábil a fundamentar a condenação do corréu delatado.

A esse respeito, inclusive, Lei 12.850/2013, que trata de organizações criminosas, ao regulamentar o instituto da delação premiada, prevê em seu art. 4º, § 16, prevê expressamente que **não** poderá ser deferida medida cautelar, recebida denúncia ou mesmo proferida sentença condenatória com fundamento exclusivo nas declarações do declarador.

É importante esclarecer, além disso, que se o defensor do corréu delatado estiver presente à audiência de interrogatório em que se deu a delação, deverá lhe ser dada a oportunidade para que formule perguntas ao réu delator, de modo a que seja assegurada ao delatado o exercício da ampla defesa e do contraditório. Esse é o entendimento pacificado do Supremo Tribunal Federal a respeito do assunto:

HC 115714 / SP - SÃO PAULO
HABEAS CORPUS
Relator(a): Min. MARCO AURÉLIO
Julgamento: 16/12/2014
INTERROGATÓRIO - CORRÉUS - FORMULAÇÃO DE PERGUNTAS - ARTIGO 188 DO CÓDIGO DE PROCESSO PENAL. Implica transgressão ao devido processo legal, ao direito de defesa, indeferir pedido de defensor técnico visando respostas de corréu a perguntas correspondentes aos fatos envolvidos - Precedente: Habeas Corpus nº 94.016, Segunda Turma, relator ministro Celso de Mello, apreciado em 16 de setembro de 2008.

2.4. DELAÇÃO PREMIADA

A delação premiada consiste em benefício concedido ao acusado que além de confessar a prática delitiva, relata às autoridades a conduta de outros coautores em troca de redução ou até da isenção de pena que lhe será imposta.

O instituto da delação premiada está previsto em vários diplomas legais, e tem como finalidade obter elementos probatórios a respeito de fatos graves que estão sob apuração seja em fase investigatória, seja no curso da ação penal. Há ainda corrente doutrinária que aponta ser possível a oferta de delação premiada após o trânsito em julgado da sentença penal condenatória, por meio da ação autônoma de Revisão Criminal.[39] O acordo de delação premiada pode ser ofertado pelo Ministério Público, tanto na fase investigatória, quanto no curso da ação penal. A esse respeito, a ADI 5.508 questionou a possibilidade de celebração do acordo pela autoridade policial, na fase inquisitorial.

Veja a ementa da decisão proferida naquela oportunidade:

ADI 5508 / DF - DISTRITO FEDERAL
AÇÃO DIRETA DE INCONSTITUCIONALIDADE
Relator(a): Min. MARCO AURÉLIO
Julgamento: 20/06/2018 Órgão Julgador: Tribunal Pleno
DELAÇÃO PREMIADA - ACORDO - CLÁUSULAS. O acordo alinhavado com o colaborador, quer mediante atuação do Ministério Público, quer da Polícia, há de observar, sob o ângulo formal e material, as normas legais e constitucionais. DELAÇÃO PREMIADA - ACORDO - POLÍCIA. **O acordo formalizado mediante a atuação da Polícia pressupõe a fase de inquérito policial, cabendo a manifestação, posterior, do Ministério Público.** DELAÇÃO PREMIADA - ACORDO - BENEFÍCIOS - HOMOLOGAÇÃO. A homologação do acordo faz-se considerados os aspectos formais e a licitude do que contido nas cláusulas que o revelam. DELAÇÃO PREMIADA - ACORDO - BENEFÍCIO. Os benefícios sinalizados no acordo ficam submetidos a concretude e eficácia do que versado pelo delator, cabendo a definição final mediante sentença, considerada a atuação do órgão julgador, do Estado-juiz.

Passamos a listar a legislação que autoriza a delação premiada:

---

39 **AVENA**, Norberto. Processo Penal. 12. ed. São Paulo: Método, 2020, P. 561.

- Art. 25, § 2° da Lei 7.492/86 (Lei dos Crimes Contra o Sistema Financeiro);

§ 2° Nos crimes previstos nesta Lei, cometidos em quadrilha ou coautoria, o coautor ou partícipe que através de confissão espontânea revelar à autoridade policial ou judicial toda a trama delituosa terá a sua pena reduzida de um a dois terços. (Incluído pela Lei n° 9.080, de 19.7.1995)

- Art. 159, § 4° do Código Penal (Crime de Sequestro)

§ 4° - Se o crime é cometido em concurso, o concorrente que o denunciar à autoridade, facilitando a libertação do sequestrado, terá sua pena reduzida de um a dois terços. (Redação dada pela Lei n° 9.269, de 1996)

- Art. 8°, § parágrafo único da Lei 8.072/90 (Lei dos Crimes Hediondos)

Parágrafo único. O participante e o associado que denunciar à autoridade o bando ou quadrilha, possibilitando seu desmantelamento, terá a pena reduzida de um a dois terços.

- Art. 16, parágrafo único da Lei 8.137/90 (Lei dos Crimes Contra a Ordem Tributária)

Parágrafo único. Nos crimes previstos nesta Lei, cometidos em quadrilha ou coautoria, o coautor ou partícipe que através de confissão espontânea revelar à autoridade policial ou judicial toda a trama delituosa terá a sua pena reduzida de um a dois terços. (Parágrafo incluído pela Lei n° 9.080, de 19.7.1995)

- Art. 1°, § 5° da Lei 9.613/98 (Lei de Lavagem de Capitais)

§ 5 A pena poderá ser reduzida de um a dois terços e ser cumprida em regime aberto ou semiaberto, facultando-se ao juiz deixar de aplicá-la ou substituí-la, a qualquer tempo, por pena restritiva de direitos, se o autor, coautor ou partícipe colaborar espontaneamente com as autoridades, prestando esclarecimentos que conduzam à apuração das infrações penais, à identificação dos autores, coautores e partícipes, ou à localização dos bens, direitos ou valores objeto do crime. (Redação dada pela Lei n° 12.683, de 2012)

- Art. 3º, inciso I e art. 3-A a 7º da Lei 12.850/13 (Lei do Crime Organizado)

Art. 3º-A. O acordo de colaboração premiada é negócio jurídico processual e meio de obtenção de prova, que pressupõe utilidade e interesse públicos. (Incluído pela Lei nº 13.964, de 2019)

Art. 3º-B. O recebimento da proposta para formalização de acordo de colaboração demarca o início das negociações e constitui também marco de confidencialidade, configurando violação de sigilo e quebra da confiança e da boa-fé a divulgação de tais tratativas iniciais ou de documento que as formalize, até o levantamento de sigilo por decisão judicial. (Incluído pela Lei nº 13.964, de 2019)

§ 1º A proposta de acordo de colaboração premiada poderá ser sumariamente indeferida, com a devida justificativa, cientificando-se o interessado. (Incluído pela Lei nº 13.964, de 2019)

§ 2º Caso não haja indeferimento sumário, as partes deverão firmar Termo de Confidencialidade para prosseguimento das tratativas, o que vinculará os órgãos envolvidos na negociação e impedirá o indeferimento posterior sem justa causa. (Incluído pela Lei nº 13.964, de 2019)

§ 3º O recebimento de proposta de colaboração para análise ou o Termo de Confidencialidade não implica, por si só, a suspensão da investigação, ressalvado acordo em contrário quanto à propositura de medidas processuais penais cautelares e assecuratórias, bem como medidas processuais cíveis admitidas pela legislação processual civil em vigor. (Incluído pela Lei nº 13.964, de 2019)

§ 4º O acordo de colaboração premiada poderá ser precedido de instrução, quando houver necessidade de identificação ou complementação de seu objeto, dos fatos narrados, sua definição jurídica, relevância, utilidade e interesse público. (Incluído pela Lei nº 13.964, de 2019)

§ 5º Os termos de recebimento de proposta de colaboração e de confidencialidade serão elaborados pelo celebrante e assinados por ele, pelo colaborador e pelo advogado ou defensor público com poderes específicos. (Incluído pela Lei nº 13.964, de 2019)

§ 6º Na hipótese de não ser celebrado o acordo por iniciativa do celebrante, esse não poderá se valer de nenhuma das informações ou provas apresentadas pelo colaborador, de boa-fé, para qualquer outra finalidade. (Incluído pela Lei nº 13.964, de 2019)

Art. 3º-C. A proposta de colaboração premiada deve estar instruída com procuração do interessado com poderes específicos para iniciar o procedimento de colaboração e suas tratativas, ou firmada pessoalmente pela parte que pretende a colaboração e seu advogado ou defensor público. (Incluído pela Lei nº 13.964, de 2019)

§ 1º Nenhuma tratativa sobre colaboração premiada deve ser realizada sem a presença de advogado constituído ou defensor público. (Incluído pela Lei nº 13.964, de 2019)

§ 2º Em caso de eventual conflito de interesses, ou de colaborador hipossuficiente, o celebrante deverá solicitar a presença de outro advogado ou a participação de defensor público. (Incluído pela Lei nº 13.964, de 2019)

§ 3º No acordo de colaboração premiada, o colaborador deve narrar todos os fatos ilícitos para os quais concorreu e que tenham relação direta com os fatos investigados. (Incluído pela Lei nº 13.964, de 2019)

§ 4º Incumbe à defesa instruir a proposta de colaboração e os anexos com os fatos adequadamente descritos, com todas as suas circunstâncias, indicando as provas e os elementos de corroboração. (Incluído pela Lei nº 13.964, de 2019)

Art. 4º O juiz poderá, a requerimento das partes, conceder o perdão judicial, reduzir em até 2/3 (dois terços) a pena privativa de liberdade ou substituí-la por restritiva de direitos daquele que tenha colaborado efetiva e voluntariamente com a investigação e com o processo criminal, desde que dessa colaboração advenha um ou mais dos seguintes resultados:

I - a identificação dos demais coautores e partícipes da organização criminosa e das infrações penais por eles praticadas;

II - a revelação da estrutura hierárquica e da divisão de tarefas da organização criminosa;

III - a prevenção de infrações penais decorrentes das atividades da organização criminosa;

IV - a recuperação total ou parcial do produto ou do proveito das infrações penais praticadas pela organização criminosa;

V - a localização de eventual vítima com a sua integridade física preservada.

§ 1º Em qualquer caso, a concessão do benefício levará em conta a personalidade do colaborador, a natureza, as circunstâncias, a gravidade e a repercussão social do fato criminoso e a eficácia da colaboração.

§ 2º Considerando a relevância da colaboração prestada, o Ministério Público, a qualquer tempo, e o delegado de polícia, nos autos do inquérito policial, com a manifestação do Ministério Público, poderão requerer ou representar ao juiz pela concessão de perdão judicial ao colaborador, ainda que esse benefício não tenha sido previsto na proposta inicial, aplicando-se, no que couber, o art. 28 do Decreto-Lei nº 3.689, de 3 de outubro de 1941 (Código de Processo Penal).

§ 3º O prazo para oferecimento de denúncia ou o processo, relativos ao colaborador, poderá ser suspenso por até 6 (seis) meses, prorrogáveis por igual período, até que sejam cumpridas as medidas de colaboração, suspendendo-se o respectivo prazo prescricional.

§ 4° Nas mesmas hipóteses do caput , o Ministério Público poderá deixar de oferecer denúncia se o colaborador:

§ 4° Nas mesmas hipóteses do **caput** deste artigo, o Ministério Público poderá deixar de oferecer denúncia se a proposta de acordo de colaboração referir-se a infração de cuja existência não tenha prévio conhecimento e o colaborador: (Redação dada pela Lei n° 13.964, de 2019)

I - não for o líder da organização criminosa;

II - for o primeiro a prestar efetiva colaboração nos termos deste artigo.

§ 4°-A. Considera-se existente o conhecimento prévio da infração quando o Ministério Público ou a autoridade policial competente tenha instaurado inquérito ou procedimento investigatório para apuração dos fatos apresentados pelo colaborador. (Incluído pela Lei n° 13.964, de 2019)

§ 5° Se a colaboração for posterior à sentença, a pena poderá ser reduzida até a metade ou será admitida a progressão de regime ainda que ausentes os requisitos objetivos.

§ 6° O juiz não participará das negociações realizadas entre as partes para a formalização do acordo de colaboração, que ocorrerá entre o delegado de polícia, o investigado e o defensor, com a manifestação do Ministério Público, ou, conforme o caso, entre o Ministério Público e o investigado ou acusado e seu defensor.

§ 7° Realizado o acordo na forma do § 6° , o respectivo termo, acompanhado das declarações do colaborador e de cópia da investigação, será remetido ao juiz para homologação, o qual deverá verificar sua regularidade, legalidade e voluntariedade, podendo para este fim, sigilosamente, ouvir o colaborador, na presença de seu defensor.

§ 7° Realizado o acordo na forma do § 6° deste artigo, serão remetidos ao juiz, para análise, o respectivo termo, as declarações do colaborador e cópia da investigação, devendo o juiz ouvir sigilosamente o colaborador, acompanhado de seu defensor, oportunidade em que analisará os seguintes aspectos na homologação: (Redação dada pela Lei n° 13.964, de 2019)

I - regularidade e legalidade; (Incluído pela Lei n° 13.964, de 2019)

II - adequação dos benefícios pactuados àqueles previstos no **caput** e nos §§ 4° e 5° deste artigo, sendo nulas as cláusulas que violem o critério de definição do regime inicial de cumprimento de pena do art. 33 do Decreto-Lei n° 2.848, de 7 de dezembro de 1940 (Código Penal), as regras de cada um dos regimes previstos no Código Penal e na Lei n° 7.210, de 11 de julho de 1984 (Lei de Execução Penal) e os requisitos de progressão de regime não abrangidos pelo § 5° deste artigo; (Incluído pela Lei n° 13.964, de 2019)

III - adequação dos resultados da colaboração aos resultados mínimos exigidos nos incisos I, II, III, IV e V do **caput** deste artigo; (Incluído pela Lei n° 13.964, de 2019)

IV - voluntariedade da manifestação de vontade, especialmente nos casos em que o colaborador está ou esteve sob efeito de medidas cautelares. (Incluído pela Lei nº 13.964, de 2019)

§ 7º-A O juiz ou o tribunal deve proceder à análise fundamentada do mérito da denúncia, do perdão judicial e das primeiras etapas de aplicação da pena, nos termos do Decreto-Lei nº 2.848, de 7 de dezembro de 1940 (Código Penal) e do Decreto-Lei nº 3.689, de 3 de outubro de 1941 (Código de Processo Penal), antes de conceder os benefícios pactuados, exceto quando o acordo prever o não oferecimento da denúncia na forma dos §§ 4º e 4º-A deste artigo ou já tiver sido proferida sentença. (Incluído pela Lei nº 13.964, de 2019)

§ 7º-B. São nulas de pleno direito as previsões de renúncia ao direito de impugnar a decisão homologatória. (Incluído pela Lei nº 13.964, de 2019)

§ 8º O juiz poderá recusar homologação à proposta que não atender aos requisitos legais, ou adequá-la ao caso concreto.

§ 8º O juiz poderá recusar a homologação da proposta que não atender aos requisitos legais, devolvendo-a às partes para as adequações necessárias. (Redação dada pela Lei nº 13.964, de 2019)

§ 9º Depois de homologado o acordo, o colaborador poderá, sempre acompanhado pelo seu defensor, ser ouvido pelo membro do Ministério Público ou pelo delegado de polícia responsável pelas investigações.

§ 10. As partes podem retratar-se da proposta, caso em que as provas autoincriminatórias produzidas pelo colaborador não poderão ser utilizadas exclusivamente em seu desfavor.

§ 10-A Em todas as fases do processo, deve-se garantir ao réu delatado a oportunidade de manifestar-se após o decurso do prazo concedido ao réu que o delatou. (Incluído pela Lei nº 13.964, de 2019)

§ 11. A sentença apreciará os termos do acordo homologado e sua eficácia.

§ 12. Ainda que beneficiado por perdão judicial ou não denunciado, o colaborador poderá ser ouvido em juízo a requerimento das partes ou por iniciativa da autoridade judicial.

§ 13. Sempre que possível, o registro dos atos de colaboração será feito pelos meios ou recursos de gravação magnética, estenotipia, digital ou técnica similar, inclusive audiovisual, destinados a obter maior fidelidade das informações.

§ 13. O registro das tratativas e dos atos de colaboração deverá ser feito pelos meios ou recursos de gravação magnética, estenotipia, digital ou técnica similar, inclusive audiovisual, destinados a obter maior fidelidade das informações, garantindo-se a disponibilização de cópia do material ao colaborador. (Redação dada pela Lei nº 13.964, de 2019)

§ 14. Nos depoimentos que prestar, o colaborador renunciará, na presença de seu defensor, ao direito ao silêncio e estará sujeito ao compromisso legal de dizer a verdade.

§ 15. Em todos os atos de negociação, confirmação e execução da colaboração, o colaborador deverá estar assistido por defensor.

§ 16. Nenhuma sentença condenatória será proferida com fundamento apenas nas declarações de agente colaborador.

§ 16. Nenhuma das seguintes medidas será decretada ou proferida com fundamento apenas nas declarações do colaborador: (Redação dada pela Lei nº 13.964, de 2019)

I - medidas cautelares reais ou pessoais; (Incluído pela Lei nº 13.964, de 2019)

II - recebimento de denúncia ou queixa-crime; (Incluído pela Lei nº 13.964, de 2019)

III - sentença condenatória. (Incluído pela Lei nº 13.964, de 2019)

§ 17. O acordo homologado poderá ser rescindido em caso de omissão dolosa sobre os fatos objeto da colaboração. (Incluído pela Lei nº 13.964, de 2019)

§ 18. O acordo de colaboração premiada pressupõe que o colaborador cesse o envolvimento em conduta ilícita relacionada ao objeto da colaboração, sob pena de rescisão. (Incluído pela Lei nº 13.964, de 2019)

Art. 5º São direitos do colaborador:

I - usufruir das medidas de proteção previstas na legislação específica;

II - ter nome, qualificação, imagem e demais informações pessoais preservados;

III - ser conduzido, em juízo, separadamente dos demais coautores e partícipes;

IV - participar das audiências sem contato visual com os outros acusados;

V - não ter sua identidade revelada pelos meios de comunicação, nem ser fotografado ou filmado, sem sua prévia autorização por escrito;

VI - cumprir pena em estabelecimento penal diverso dos demais corréus ou condenados.

VI - cumprir pena ou prisão cautelar em estabelecimento penal diverso dos demais corréus ou condenados. (Redação dada pela Lei nº 13.964, de 2019)

Art. 6º O termo de acordo da colaboração premiada deverá ser feito por escrito e conter:

I - o relato da colaboração e seus possíveis resultados;

II - as condições da proposta do Ministério Público ou do delegado de polícia;

III - a declaração de aceitação do colaborador e de seu defensor;

IV - as assinaturas do representante do Ministério Público ou do delegado de polícia, do colaborador e de seu defensor;

V - a especificação das medidas de proteção ao colaborador e à sua família, quando necessário.

Art. 7° O pedido de homologação do acordo será sigilosamente distribuído, contendo apenas informações que não possam identificar o colaborador e o seu objeto.

§ 1° As informações pormenorizadas da colaboração serão dirigidas diretamente ao juiz a que recair a distribuição, que decidirá no prazo de 48 (quarenta e oito) horas.

§ 2° O acesso aos autos será restrito ao juiz, ao Ministério Público e ao delegado de polícia, como forma de garantir o êxito das investigações, assegurando-se ao defensor, no interesse do representado, amplo acesso aos elementos de prova que digam respeito ao exercício do direito de defesa, devidamente precedido de autorização judicial, ressalvados os referentes às diligências em andamento.

§ 3° O acordo de colaboração premiada deixa de ser sigiloso assim que recebida a denúncia, observado o disposto no art. 5° .

§ 3° O acordo de colaboração premiada e os depoimentos do colaborador serão mantidos em sigilo até o recebimento da denúncia ou da queixa-crime, sendo vedado ao magistrado decidir por sua publicidade em qualquer hipótese. (Redação dada pela Lei n° 13.964, de 2019)

- **Arts. 13 e 14 da Lei 9.807/99 (Lei de proteção a vítimas e testemunhas)**

Art. 13. Poderá o juiz, de ofício ou a requerimento das partes, conceder o perdão judicial e a consequente extinção da punibilidade ao acusado que, sendo primário, tenha colaborado efetiva e voluntariamente com a investigação e o processo criminal, desde que dessa colaboração tenha resultado:

I - a identificação dos demais coautores ou partícipes da ação criminosa;

II - a localização da vítima com a sua integridade física preservada;

III - a recuperação total ou parcial do produto do crime.

Parágrafo único. A concessão do perdão judicial levará em conta a personalidade do beneficiado e a natureza, circunstâncias, gravidade e repercussão social do fato criminoso.

- **Art. 41 da Lei 11.343/2006 (Lei Antidrogas)**

Art. 41. O indiciado ou acusado que colaborar voluntariamente com a investigação policial e o processo criminal na identificação dos demais coautores ou partícipes do crime e na recuperação total ou parcial do produto do crime, no caso de condenação, terá pena reduzida de um terço a dois terços.

2.5. DECLARAÇÕES DO OFENDIDO

O ofendido é o sujeito passivo da infração penal, contra quem foi praticada a conduta delituosa. O Código de Processo Penal, com as alterações legislativas de 2008 passou a dar tratamento diferenciado ao depoimento do ofendido, de modo a lhe atribuir maior protagonismo no cenário probatório e estabelecendo regras protetivas à vítima, diante da necessidade de suas oitivas em juízo.

Conforme disposto no art. 201 do Código de Processo Penal, o ofendido, sempre que possível, será questionado sobre as circunstâncias da infração, quem seja ou presuma ser o seu autor e as provas que possa indicar, tomando-se por termo as suas declarações de modo a que possa contribuir com a elucidação dos fatos.

A figura do ofendido se diferencia da testemunha, uma vez que esta é terceira pessoa que não sofreu os efeitos da prática delitiva e, por essa razão, o Código de Processo Penal lhe atribui definição diversa e regras processuais próprias no art. 202.

O depoimento possui valor probatório equiparado a qualquer outro meio de prova, devendo ser avaliado em consonância com as demais provas produzidas nos autos. No entanto, em muitos casos, as declarações do ofendido assumem especial relevância no contexto probatório, quando não haja outros testemunhos aptos a elucidar a prática delituosa.

A jurisprudência dominante do Superior Tribunal de Justiça ressalva tal importância, conforme constou do seguinte julgado:

> HC 531431 / MS
> Relator: Ministro REYNALDO SOARES DA FONSECA (1170)
> Data do Julgamento: 21/11/2019   Data   da   Publicação: DJe 09/12/2019
> Ementa
> HABEAS CORPUS SUBSTITUTIVO DE RECURSO PRÓPRIO. INADEQUAÇÃO DA VIA ELEITA. CRIME CONTRA A DIGNIDADE SEXUAL. ESTUPRO DE VULNERÁVEL. PLEITO DE ABSOLVIÇÃO POR FRAGILIDADE PROBATÓRIA. INOCORRÊNCIA. PALAVRA DA VÍTIMA. RELEVÂNCIA. HABEAS CORPUS NÃO CONHECIDO.

1. O Supremo Tribunal Federal, por sua Primeira Turma, e a Terceira Seção deste Superior Tribunal de Justiça, diante da utilização crescente e sucessiva do habeas corpus, passaram a restringir a sua admissibilidade quando o ato ilegal for passível de impugnação pela via recursal própria, sem olvidar a possibilidade de concessão da ordem, de ofício, nos casos de flagrante ilegalidade.

2. Neste caso, serviram para lastrear a condenação do paciente, além das provas produzidas na fase inquisitorial, o depoimento da vítima, confirmado em juízo, revelando a autoria e a materialidade da conduta imputada.

3. Nos crimes contra a dignidade sexual, que, normalmente, são cometidos longe dos olhos de testemunhas e sem que existam evidências físicas que confirmem a sua ocorrência, a palavra da vítima, quando confirmada por outros elementos probatórios, adquire especial relevância, tendo valor probante diferenciado.

4. A pretendida absolvição do paciente ante a alegada ausência de prova da autoria delitiva e da materialidade é questão que demanda aprofundada análise do conjunto probatório produzido na ação penal, providência vedada na via estreita do habeas corpus.

5. Habeas corpus não conhecido.

Assim, tendo em vista a relevância que o conteúdo das declarações do ofendido pode trazer ao acervo probatório produzido nos autos, se uma vez intimado a comparecer em juízo para prestar declarações, o ofendido não o fizer, poderá ser conduzido à presença da autoridade, conforme autoriza o § 1º do art. 201 do Código de Processo Penal.

A) PROCEDIMENTO DE OITIVA DO OFENDIDO

Os §§ 2º e 3º do art. 201 do Código de Processo Penal, determinam a comunicação ao ofendido, seja pessoalmente, seja por meio eletrônico, dos atos processuais relativos ao ingresso e saída do acusado da prisão, da designação de data para audiência, da sentença e dos respectivos acórdãos que a mantenham ou modifiquem.

De modo a preservar a segurança e a intimidade da vítima, dispõe o § 4º que antes da audiência e durante a realização deverá ser reservado espaço para o ofendido, sendo que o § 6º estabelece que o juiz, tomará as providências necessárias à preservação da intimidade, vida privada, honra e imagem do ofendido, podendo, inclusive, determinar o segredo de justiça em relação aos dados, depoimentos e outras informações constantes dos autos a seu respeito para evitar sua exposição aos meios de comunicação".

A inquirição do ofendido poderá ser feita por videoconferência ou, em último caso, poderá o juiz determinar a retirada do réu da sala de audiência, quando verificar que sua presença do réu poderá causar à vítima humilhação, temor ou sério constrangimento em prejuízo da verdade do depoimento, consoante o disposto do art. 217 do Código de Processo Penal.

2.6. PROVA TESTEMUNHAL

Testemunha é qualquer pessoa idônea que não tenha interesse na ação penal e tenha capacidade para depor perante a autoridade a respeito de fatos acerca dos quais tenha conhecimento.

São **características** da prova testemunhal:

- **Independe de capacidade jurídica**: de acordo com o art. 202 do Código de Processo Penal, qualquer pessoa pode prestar testemunho, independentemente de sua capacidade jurídica, bastando que tenha condições de se expressar e narrar acontecimentos dos quais tenha conhecimento;
- **Judicialidade**: o depoimento da testemunha é prestado em juízo;
- **Oralidade**: Em regra, a testemunha fará o depoimento oralmente, conforme dispõe o art. 204 do Código de Processo Penal. Não será permitida a mera leitura de depoimento escrito, podendo a testemunha, contudo, fazer breve consulta a apontamentos. Algumas autoridades, usando da prerrogativa dos cargos que exercem, podem prestar o depoimento por escrito. Nesse caso, contudo, as perguntas a serem respondidas serão formuladas antecipadamente pelas partes e deferidas pelo juiz, lhes sendo transmitidas por ofício. São elas: o Presidente e o Vice-Presidente da República, os Presidentes do Senado Federal, da Câmara dos Deputados e do Supremo Tribunal Federal. Quando a testemunha não souber português, um interprete será nomeado para traduzir as perguntas e respostas. E, em caso de testemunha surda ou surda-muda, serão observadas as mesmas regras do interrogatório previstas no art. 192 do Código de Processo Penal;
- **Objetividade**: conforme disposto no art. 213 do Código de Processo Penal, a testemunha depõe sobre fatos, não lhe cabendo trazer ao depoimento suas impressões pessoais que impliquem em realizar juízo de valor sobre os fatos acerca dos quais lhe são perguntados, salvo se forem absolutamente inseparáveis da narrativa do fato;
- **Retrospectividade**: a testemunha depõe sobre fatos pretérito; e

- **Individualidade:** de acordo com o que determina o art. 210 do Código de Processo Penal, cada testemunha será ouvida individualmente. Existindo mais de uma testemunha a ser ouvida, serão ouvidas separadas uma das outras, de modo a que seja conferida a maior isenção possível ao conteúdo dos depoimentos.

DEVERES DAS TESTEMUNHAS

- **Dever de comparecimento e de depor em juízo:**

A testemunha, como regra, tem o dever de comparecer e de depor em juízo, conforme primeira parte do art. 206 do Código de Processo Penal: "A testemunha não poderá eximir-se do dever de depor", devendo comparecer em juízo para prestar depoimento, quando regularmente intimada, de acordo com o que determina a primeira parte do art. 218 do Código de Processo Penal.

Caso não compareça a testemunha, sem motivo justificado, o juiz poderá requisitar à autoridade policial a sua apresentação ou determinar seja conduzida por oficial de justiça, que poderá solicitar auxílio da força pública, de acordo com o que dispõe o art. 218 do Código de Processo Penal.

Ademais, estabelece o art. 219 que a testemunha que não comparecer poderá ser penalizada com aplicação de multa, além de condenada a pagar as custas da diligência, sem prejuízo de eventual responsabilização penal pelo crime de desobediência.

As pessoas que por motivo de enfermidade ou velhice estiverem impossibilitadas de depor, serão inquiridas onde estiverem, de acordo com o disposto no art. 220 do Código de Processo Penal.

Algumas autoridades, contudo, possuem a prerrogativa de serem ouvidas em local, dia e hora ajustados entre eles e o juiz, conforme autoriza o art. 221 do Código de Processo Penal, a saber:

- o Presidente e o Vice-Presidente da República;
- os senadores e deputados federais;
- os ministros de Estado;
- os governadores de Estados e Territórios;
- os secretários de Estado;
- os prefeitos do Distrito Federal e dos Municípios;
- os deputados das Assembleias Legislativas Estaduais;
- os membros do Poder Judiciário;
- os ministros e juízes dos Tribunais de Contas da União, dos Estados, do Distrito Federal, bem como os do Tribunal Marítimo.

Observa-se, contudo, que essa prerrogativa não poderá ser utilizada para eximir-se da responsabilidade de depor. Nesse sentido, é a seguinte decisão do Supremo Tribunal Federal:

> **AP 421/QO SP - SÃO PAULO QUESTÃO DE ORDEM NA AÇÃO PENAL**
> Relator(a): Min. JOAQUIM BARBOSA Revisor(a): Min. EROS GRAU Julgamento: 22/10/2009
> EMENTA: QUESTÃO DE ORDEM. AÇÃO PENAL. DEPUTADO FEDERAL ARROLADO COMO TESTEMUNHA. NÃO INDICAÇÃO DE DIA, HORA E LOCAL PARA A OITIVA OU NÃO COMPARECIMENTO NA DATA JÁ INDICADA. AUSÊNCIA DE JUSTA CAUSA PARA O NÃO ATENDIMENTO AO CHAMADO JUDICIAL. DECURSO DE MAIS DE TRINTA DIAS. PERDA DA PRERROGATIVA PREVISTA NO ART. 221, CAPUT, DO CÓDIGO DE PROCESSO PENAL. Passados mais de trinta dias sem que a autoridade que goza da prerrogativa prevista no caput do art. 221 do Código de Processo Penal tenha indicado dia, hora e local para a sua inquirição ou, simplesmente, não tenha comparecido na data, hora e local por ela mesma indicados, como se dá na hipótese, **impõe-se a perda dessa especial prerrogativa,** sob pena de admitir-se que a autoridade arrolada como testemunha possa, na prática, frustrar a sua oitiva, indefinidamente e sem justa causa. Questão de ordem resolvida no sentido de declarar a perda da prerrogativa prevista no caput do art. 221 do Código de Processo Penal, em relação ao parlamentar arrolado como testemunha que, sem justa causa, não atendeu ao chamado da justiça, por mais de trinta dias.

- Exceções ao dever de depor

Algumas pessoas são escusadas do dever de depor. De acordo com o art. 206 do Código de Processo Penal, poderão recusar-se a depor, **salvo quando não for possível, por outro modo, obter-se ou integrar-se a prova do fato e de suas circunstâncias**, o ascendente, descendente, o afim em linha reta, o cônjuge, ainda que desquitado, o irmão e o pai, a mãe ou o filho adotivo do acusado.

- Ademais, os deputados e senadores não serão obrigados a testemunhar sobre informações recebidas ou prestadas em razão do exercício do mandato, nem sobre as pessoas que lhes confiaram ou deles receberam informações, conforme a imunidade processual que lhe é concedida pelo art. 53, § 6º da Constituição Federal:

> § 6º-Os Deputados e Senadores não serão obrigados a testemunhar sobre informações recebidas ou prestadas em razão do exercício do mandato, nem sobre as pessoas que lhes confiaram ou deles receberam informações.

- Lado outro, em oposição ao dever de depor que cabe, em regra, às testemunhas, a outras é vedado prestar depoimento, conforme disposto no art. 207 do Código de Processual. Assim, as pessoas que em razão de função, ministério, ofício ou profissão devam guardar segredo são proibidas de depor, **salvo se desoneradas pela parte interessada, quiserem fazê-lo.**
- **Dever de compromisso com a verdade:**

Além dos deveres de comparecer e prestar depoimento em juízo, a testemunha prestará o compromisso de dizer a verdade do que souber e lhe for perguntado, explicando sempre as razões de sua ciência ou as circunstâncias pelas quais possa avaliar-se de sua credibilidade, conforme dispõe o art. 203 do Código de Processo Penal.

Assim, testemunha que tiver prestado compromisso e se calar ou, de qualquer modo, faltar com a verdade em juízo, poderá estar incursa, em tese, no crime de **falso testemunho**, previsto no art. 342 do Código de Processo Penal.

A esse respeito, apesar do entendimento do Superior Tribunal de Justiça no tocante à inexigibilidade do compromisso para caracterizar o crime de falso testemunho, é preciso que o leitor esteja atento à divergência doutrinária que existe a esse respeito.

Vejamos como o Superior Tribunal de Justiça se posicionou:

> AgRg no HC 190766 / RS
> Relator(a)Ministra ASSUSETE MAGALHÃES (1151)
> Data do Julgamento 25/06/2013   Data da Publicação/Fonte DJe 13/09/2013
> Ementa
> PROCESSUAL PENAL. AGRAVO REGIMENTAL NO HABEAS CORPUS. CRIME DE FALSO TESTEMUNHO. COMPROMISSO. PRESCINDIBILIDADE, PARA A CARACTERIZAÇÃO DO
> **DELITO.** TESE DE NULIDADE DO FEITO, PELA ADMISSÃO DE ASSISTENTE DE **ACUSAÇÃO.** QUESTÃO NÃO APRECIADA, PELO TRIBUNAL DE ORIGEM. SUPRESSÃO DE INSTÂNCIA. NULIDADE RELATIVA. NECESSIDADE DE DEMONSTRAÇÃO DE PREJUÍZO. AUSÊNCIA DE IMPUGNAÇÃO AOS FUNDAMENTOS DA DECISÃO AGRAVADA. INCIDÊNCIA, POR ANALOGIA, DA SÚMULA 182/STJ. AGRAVO REGIMENTAL NÃO CONHECIDO.
> I. Merece ser mantida a decisão embargada, por seus próprios fundamentos, eis que, **de acordo com o entendimento firmado pelo STJ, mostra-se prescindível o compromisso, para a configuração do delito de falso testemunho. Precedentes.**

A lei processual penal, contudo, pelo consta de seu art. 208, excepciona, **de modo taxativo**, a exigência do compromisso nos seguintes casos:

- Os doentes e deficientes mentais;
- Os menores de 14 anos de idade;
- O ascendente ou descendente, o afim em linha reta, o cônjuge, ainda que desquitado, o irmão e o pai, a mãe, ou o filho adotivo do acusado (rol do art. 406 do Código de Processo Penal.

[Atenção]
Inclui-se no rol do art. 208 o companheiro(a) do(a) acusado(a), diante da sua equiparação constitucional ao cônjuge para todos os fins.
[fim de atenção]

A respeito da taxatividade do rol do art. 208 do Código de Processo Penal, vejamos julgado recente do Superior Tribunal de Justiça:

AgRg no RHC 108823 / SP

Rel. Min. REYNALDO SOARES DA FONSECA (1170)
Data do Julgamento 15/08/2019 Data da Publicação/Fonte DJe 30/08/2019
PENAL E PROCESSO PENAL. AGRAVO REGIMENTAL NO RECURSO EM HABEAS CORPUS. 1. TRANCAMENTO DA AÇÃO PENAL. AUSÊNCIA DE EXCEPCIONALIDADE. 2. CRIME DE FALSO TESTEMUNHO. ART. 342 DO CP. TESTEMUNHA DESCOMPROMISSADA. ROL DO CPP E ROL DO CPC. 3. FALSO COMETIDO EM PROCESSO CRIMINAL. APLICAÇÃO DO CONCEITO DO CPP. DESNECESSIDADE DE ANALOGIA. 4. ART. 206 DO CPP. ROL TAXATIVO. COLATERAL EM TERCEIRO GRAU. AUSÊNCIA DE PREVISÃO. 5. AGRAVO REGIMENTAL A QUE SE NEGA PROVIMENTO.

1. O trancamento da ação penal somente é possível, na via estreita do habeas corpus, em caráter excepcional, quando se comprovar, de plano, a inépcia da denúncia, a atipicidade da conduta, a incidência de causa de extinção da punibilidade ou a ausência de indícios de autoria ou de prova da materialidade do delito.

2. Os arts. 202 e 206 do CPP dispõem que "toda pessoa poderá ser testemunha" e que "a testemunha não poderá eximir-se da obrigação de depor. Poderão, entretanto, recusar-se a fazê-lo o ascendente ou descendente, o afim em linha reta, o cônjuge, ainda que desquitado, o irmão e o pai, a mãe, ou o filho adotivo do acusado". Já o art. 447, § 2º, I, do CPC enumera que são impedidos "o cônjuge, o companheiro, o ascendente e o descendente em qualquer grau e o colateral, até o terceiro grau, de alguma das partes, por consanguinidade ou afinidade".

3. Tratando-se de falso testemunho cometido em processo cível, deve ser aferida a qualidade de testemunha nos termos do CPC. Lado outro, se o falso testemunho tiver sido praticado em processo criminal, como na hipótese dos autos, a qualidade de testemunha tem que ser verificada de acordo com o CPP, sem necessidade de aplicação analógica do CPC.

4. Conforme leciona a doutrina, o rol do art. 206 do CPP "é taxativo e uma das principais razões para isso é o princípio da verdade real. No processo penal, reduz-se ao mínimo possível a lista de pessoas que não prestam o compromisso de dizer a verdade. Além dos parentes do acusado, os menores de 14 anos e os enfermos mentais. Ninguém mais se isenta desse dever"[40]. Nesse contexto, conforme consignado pelo Ministro Nefi Cordeiro, no AREsp n.1.021.166/DF, julgado em 1º/8/2017, "não se encaixa no rol das testemunhas descompromissadas, consoante art. 206 c/c art. 208, ambos do CPP, colateral em terceiro grau".

5. Agravo regimental a que se nega provimento.

OITIVA DE TESTEMUNHA EM LOCAL DE JURISDIÇÃO DIVERSA DO JUIZ COMPETENTE- CARTAS PRECATÓRIAS E CARTAS ROGATÓRIAS

- Carta Precatória

Quando a testemunha residir em jurisdição diversa do juiz, será expedida carta precatória, de cuja expedição deverão ser intimadas as partes, conforme dispõe o art. 222 do Código de Processo Penal.

---

40 NUCCI, Guilherme de Souza. Código de Processo Penal comentado. 18. ed. Rio de Janeiro: Forense, 2019. p. 576

A expedição de precatória, deverá ser feita com prazo razoável, (caput do art. 222), e, segundo o § 1º do mesmo artigo, **não** suspenderá a instrução criminal. Após o decurso do prazo para o cumprimento da carta precatória, o julgamento do feito poderá ser julgado, sendo a carta precatória juntada aos autos a qualquer tempo, após a respectiva devolução pelo juízo deprecado, conforme dispõe § 2º do art. 222.

Embora o Código de Processo Penal determine que as partes sejam intimadas sobre a expedição da carta precatória, caso essa intimação não ocorra, o entendimento do Supremo Tribunal Federal é no sentido de que para que seja declarada a nulidade é necessária a comprovação do prejuízo efetivo decorrente da omissão, conforme enunciado da súmula 155, "É relativa a nulidade do processo criminal por falta de intimação da expedição de precatória para inquirição de testemunha", invocado no seguinte julgado:

Nesse sentido:

Supremo Tribunal Federal

HC 1196293
Rel. Min. **Luiz Fux**, DJ 8-10-2013, DJE 224 de 13-11-2013.
1. A nulidade no direito penal não prescinde da demonstração do efetivo prejuízo para a defesa, consoante dispõe o artigo 563 do Código de Processo Penal, o que importa dizer que a desobediência às formalidades estabelecidas na legislação processual somente poderá implicar o reconhecimento da invalidade do ato quando a sua finalidade estiver comprometida em virtude do vício verificado. Precedentes: HC 104.767, Primeira Turma, Relator o Ministro Luiz Fux, DJ de 17.08.11; HC 84.098, Segunda Turma, Relatora a Ministra Ellen Gracie, DJe de 07.05.04; RE 263.012- AgR, Segunda Turma, Relator o Ministro Maurício Corrêa, DJ de 23.02.01; HC 79.446, Segunda Turma, Relator o Ministro Maurício Corrêa, DJ de 26.11.99. 2. Ademais, "é relativa à nulidade do processo criminal por falta de intimação da expedição de carta precatória para inquirição de testemunha" (Súmula 155 STF). 3. In casu, inobstante a defesa não tenha sido intimada da expedição de carta precatória para a oitiva de testemunha, não houve comprovação da existência de qualquer prejuízo efetivo. Além disso, o depoimento da testemunha foi acompanhado por defensor dativo e a condenação da paciente lastreou-se em todo o conjunto fático-probatório colhido no durante o processo-crime, não estando embasada apenas no depoimento da testemunha no juízo deprecado.

- **Carta Rogatória**

Caso a testemunha resida em outro país, será possível a expedição de carta rogatória para sua oitiva, às expensas da parte requerente, devendo, outrossim, ser demonstrada a sua imprescindibilidade para o julgamento da causa, nos termos do que dispõe o art. 222-A do Código de Processo Penal invocado no seguinte julgado:

> Ação Penal 470- Questão de Ordem 04
> **Rel.** Min. Joaquim Barbosa
> Data do Julgamento: 10/06/2009   Data da publicação: 02/10/2009
> EMENTA: QUESTÃO DE ORDEM. AÇÃO PENAL ORIGINÁRIA. EXPEDI-
> ÇÃO DE CARTAS ROGATÓRIAS. NECESSIDADE DE DEMONSTRAÇÃO
> DA SUA IMPRESCINDIBILIDADE. PAGAMENTO PRÉVIO DAS CUSTAS.
> ASSISTÊNCIA JUDICIÁRIA PARA OS ECONOMICAMENTE NECESSITADOS.
> CONSTITUCIONALIDADE DO ART. 222-A DO CPP. DEFERIMENTO PARCIAL
> DA OITIVA DAS TESTEMUNHAS RESIDENTES NO EXTERIOR, NO PRAZO
> DE SEIS MESES. A expedição de cartas rogatórias para oitiva de
> testemunhas residentes no exterior condiciona-se à demonstração
> da imprescindibilidade da diligência e ao pagamento prévio das
> respectivas custas, pela parte requerente, nos termos do art. 222-A do
> Código de Processo Penal, ressalvada a possibilidade de concessão
> de assistência judiciária aos economicamente necessitados. A norma
> que impõe à parte no processo penal a obrigatoriedade de demonstrar
> a imprescindibilidade da oitiva da testemunha por ela arrolada, e que
> vive no exterior, guarda perfeita harmonia com o inciso LXXVIII do
> artigo 5º da Constituição Federal. Questão de ordem resolvida com (1)
> o deferimento da oitiva das testemunhas residentes no exterior, cuja
> imprescindibilidade e pertinência foram demonstradas, fixando-se
> o prazo de seis meses para o cumprimento das respectivas cartas
> rogatórias, cujos custos de envio ficam a cargo dos denunciados
> que as requereram, ressalvada a possibilidade de concessão de
> assistência judiciária aos economicamente necessitados, devendo
> os mesmos réus, ainda, no prazo de cinco dias, indicar as peças do
> processo que julgam necessárias à elaboração das rogatórias; (2) a
> prejudicialidade dos pedidos de conversão em agravo regimental dos
> requerimentos de expedição de cartas rogatórias que foram deferidos;
> (3) o indeferimento da oitiva das demais testemunhas residentes no
> exterior; e (4) a homologação dos pedidos de desistência formulados.

2.7. RECONHECIMENTO DE PESSOAS E COISAS

O reconhecimento é o ato por meio do qual a vítima, a testemunha ou o acusado reconhecem uma terceira pessoa ou algum objeto. O procedimento do reconhecimento será lavrado auto pormenorizado, subscrito pela autoridade, pela pessoa chamada para proceder o reconhecimento e por duas testemunhas presenciais, e observará as seguintes formalidades.

A pessoa que tiver que fazer o reconhecimento será convidada a descrever a pessoa que deva ser reconhecida (inciso I do art. 226). Após, a pessoa cujo reconhecimento se pretender, será colocada ao lado de outras que com ela tiverem qualquer semelhança, e quem tiver que fazer o reconhecimento será convidado a apontá-la (inciso II do art. 226). Nesse ponto, se houver receio de que, por efeito de intimidação ou outra influência, a pessoa chamada para o reconhecimento não diga a verdade em face da pessoa que deva ser reconhecida, a autoridade providenciará para que a pessoa a ser reconhecida não veja o reconhecedor (inciso III do art. 226). Essa regra, contudo, não precisa ser observada quando o reconhecimento ocorrer em juízo, na fase de instrução criminal ou em plenário de julgamento (inciso IV do art. 226).

No que concerne ao reconhecimento de coisas, dispõe o art. 227 do Código de Processo Penal que o procedimento seguirá as formalidades do art. 226, no que for aplicável. Dispõe o art. 228 do Código de Processo Penal que havendo pluralidade de pessoas chamadas a fazerem o reconhecimento, cada se submeterá ao procedimento em separado, evitando-se qualquer comunicação entre elas.

Devemos estar atentos, entretanto, para a atual divergência jurisprudencial acerca da interpretação do inciso II do art. 226, do tema entre o Supremo Tribunal Federal e o Superior Tribunal de Justiça.

O Superior Tribunal de Justiça, a partir do precedente abaixo, da lavra do Min. Rogério Schietti, firmou o seguinte entendimento:

> HABEAS CORPUS. ROUBO MAJORADO. RECONHECIMENTO FOTOGRÁFICO DE PESSOA REALIZADO NA FASE DO INQUÉRITO POLICIAL. INOBSERVÂNCIA DO PROCEDIMENTO PREVISTO NO ART. 226 DO CPP. PROVA INVÁLIDA COMO FUNDAMENTO PARA A CONDENAÇÃO. RIGOR PROBATÓRIO. NECESSIDADE PARA EVITAR ERROS JUDICIÁRIOS. PARTICIPAÇÃO DE MENOR IMPORTÂNCIA. NÃO OCORRÊNCIA. ORDEM PARCIALMENTE CONCEDIDA.

1. O reconhecimento de pessoa, presencialmente ou por fotografia, realizado na fase do inquérito policial, apenas é apto, para identificar o réu e fixar a autoria delitiva, quando observadas as formalidades previstas no art. 226 do Código de Processo Penal e quando corroborado por outras provas colhidas na fase judicial, sob o crivo do contraditório e da ampla defesa.

2. Segundo estudos da Psicologia moderna, são comuns as falhas e os equívocos que podem advir da memória humana e da capacidade de armazenamento de informações. Isso porque a memória pode, ao longo do tempo, se fragmentar e, por fim, se tornar inacessível para a reconstrução do fato. O valor probatório do reconhecimento, portanto, possui considerável grau de subjetivismo, a potencializar falhas e distorções do ato e, consequentemente, causar erros judiciários de efeitos deletérios e muitas vezes irreversíveis.

3. O reconhecimento de pessoas deve, portanto, observar o procedimento previsto no art. 226 do Código de Processo Penal, cujas formalidades constituem garantia mínima para quem se vê na condição de suspeito da prática de um crime, não se tratando, como se tem compreendido, de "mera recomendação" do legislador. Em verdade, a inobservância de tal procedimento enseja a nulidade da prova e, portanto, não pode servir de lastro para sua condenação, ainda que confirmado, em juízo, o ato realizado na fase inquisitorial, a menos que outras provas, por si mesmas, conduzam o magistrado a convencer-se acerca da autoria delitiva. Nada obsta, ressalve-se, que o juiz realize, em juízo, o ato de reconhecimento formal, desde que observado o devido procedimento probatório.

4. O reconhecimento de pessoa por meio fotográfico é ainda mais problemático, máxime quando se realiza por simples exibição ao reconhecedor de fotos do conjecturado suspeito extraídas de álbuns policiais ou de redes sociais, já previamente selecionadas pela autoridade policial. E, mesmo quando se procura seguir, com adaptações, o procedimento indicado no Código de Processo Penal para o reconhecimento presencial, não há como ignorar que o caráter estático, a qualidade da foto, a ausência de expressões e trejeitos corporais e a quase sempre visualização apenas do busto do suspeito podem comprometer a idoneidade e a confiabilidade do ato.

5. De todo urgente, portanto, que se adote um novo rumo na compreensão dos Tribunais acerca das consequências da atipicidade procedimental do ato de reconhecimento formal de pessoas; não se pode mais referendar a jurisprudência que afirma se tratar de mera recomendação do legislador, o que acaba por permitir a perpetuação desse foco de erros judiciários e, consequentemente, de graves injustiças.

6. É de se exigir que as polícias judiciárias (civis e federal) realizem sua função investigativa comprometidas com o absoluto respeito às formalidades desse meio de prova. E ao Ministério Público cumpre o papel de fiscalizar a correta aplicação da lei penal, por ser órgão de controle externo da atividade policial e por sua ínsita função de custos legis, que deflui do desenho constitucional de suas missões, com destaque para a "defesa da ordem jurídica, do regime democrático e dos interesses sociais e individuais indisponíveis" (art. 127, caput, da Constituição da República), bem assim da sua específica função de "zelar pelo efetivo respeito dos Poderes Públicos [inclusive, é claro, dos que ele próprio exerce] [...] promovendo as medidas necessárias a sua garantia" (art. 129, II).

7. Na espécie, o reconhecimento do primeiro paciente se deu por meio fotográfico e não seguiu minimamente o roteiro normativo previsto no Código de Processo Penal. Não houve prévia descrição da pessoa a ser reconhecida e não se exibiram outras fotografias de possíveis suspeitos; ao contrário, escolheu a autoridade policial fotos de um suspeito que já cometera outros crimes, mas que absolutamente nada indicava, até então, ter qualquer ligação com o roubo investigado.

8. Sob a égide de um processo penal comprometido com os direitos e os valores positivados na Constituição da República, busca-se uma verdade processual em que a reconstrução histórica dos fatos objeto do juízo se vincula a regras precisas, que assegurem às partes um maior controle sobre a atividade jurisdicional; uma verdade, portanto, obtida de modo "processualmente admissível e válido" (Figueiredo Dias).

9. O primeiro paciente foi reconhecido por fotografia, sem nenhuma observância do procedimento legal, e não houve nenhuma outra prova produzida em seu desfavor. Ademais, as falhas e as inconsistências do suposto reconhecimento – sua altura é de 1,95 m e todos disseram que ele teria por volta de 1,70 m; estavam os assaltantes com o rosto parcialmente coberto; nada relacionado ao crime foi encontrado em seu poder e a autoridade policial nem sequer explicou como teria chegado à suspeita de que poderia ser ele um dos autores do roubo – ficam mais evidentes com as declarações de três das vítimas em juízo, ao negarem a possibilidade de reconhecimento do acusado.10. Sob tais condições, o ato de reconhecimento do primeiro paciente deve ser declarado absolutamente nulo, com sua consequente absolvição, ante a inexistência, como se deflui da sentença, de qualquer outra prova independente e idônea a formar o convencimento judicial sobre a autoria do crime de roubo que lhe foi imputado.

11. Quanto ao segundo paciente, teria, quando muito – conforme reconheceu o Magistrado sentenciante – emprestado o veículo usado pelos assaltantes para chegarem ao restaurante e fugirem do local do delito na posse dos objetos roubados, conduta que não pode ser tida como determinante para a prática do delito, até porque não se logrou demonstrar se efetivamente houve tal empréstimo do automóvel com a prévia ciência de seu uso ilícito por parte da dupla que cometeu o roubo. É de se lhe reconhecer, assim, a causa geral de diminuição de pena prevista no art. 29, § 1º, do Código Penal (participação de menor importância).

12. Conclusões:

1) O reconhecimento de pessoas deve observar o procedimento previsto no art. 226 do Código de Processo Penal, cujas formalidades constituem garantia mínima para quem se encontra na condição de suspeito da prática de um crime;

2) À vista dos efeitos e dos riscos de um reconhecimento falho, a inobservância do procedimento descrito na referida norma processual torna inválido o reconhecimento da pessoa suspeita e não poderá servir de lastro a eventual condenação, mesmo se confirmado o reconhecimento em juízo;

3) Pode o magistrado realizar, em juízo, o ato de reconhecimento formal, desde que observado o devido procedimento probatório, bem como pode ele se convencer da autoria delitiva a partir do exame de outras provas que não guardem relação de causa e efeito com o ato viciado de reconhecimento;

4) O reconhecimento do suspeito por simples exibição de fotografia(s) ao reconhecedor, a par de dever seguir o mesmo procedimento do reconhecimento pessoal, há de ser visto como etapa antecedente a eventual reconhecimento pessoal e, portanto, não pode servir como prova em ação penal, ainda que confirmado em juízo.13. Ordem concedida, para: a) com fundamento no art. 386, VII, do CPP, absolver o paciente Vânio da Silva Gazola em relação à prática do delito objeto do Processo n. 0001199-22.2019.8.24.0075, da 1ª Vara Criminal da Comarca de Tubarão – SC, ratificada a liminar anteriormente deferida, para determinar a imediata expedição de alvará de soltura em seu favor, se por outro motivo não estiver preso; b) reconhecer a causa geral de diminuição relativa à participação de menor importância no tocante ao paciente Igor Tártari Felácio, aplicá-la no patamar de 1/6 e, por conseguinte, reduzir a sua reprimenda para 4 anos, 5 meses e 9 dias de reclusão e pagamento de 10 dias-multa.

2.8. ACAREAÇÃO

Acareação é o meio de prova por meio do qual pessoas são colocadas frente a frente, sendo confrontadas e reperguntadas a fim de esclarecer divergências em suas declarações sobre fatos ou circunstâncias relevantes. Será admitida tanto na fase inquisitorial, quanto em juízo, podendo ser confrontadas as seguintes pessoas: acusados entre si, acusado e testemunha, testemunhas entre si, entre acusado ou testemunha e a pessoa ofendida e entre as pessoas ofendidas, consoante disposto no art. 229 do Código de Processo Penal.

Se ausente alguma testemunha, cujas declarações divirjam de outra que esteja presente, será dado à testemunha presente a oportunidade de conhecer os pontos de divergência e manifestar-se sobre eles. Se o depoimento da testemunha presente continuar divergindo com o depoimento da testemunha ausente, e se o juiz entender conveniente e eficaz, expedirá carta precatória à autoridade onde resida a testemunha ausente.

Na carta, constarão os depoimentos divergentes das duas testemunhas e as declarações proferidas pela testemunha presente, para que a autoridade judicial do juízo deprecado ouça a testemunha ausente, da mesma forma estabelecida para a testemunha presente (art. 320 do Código de Processo Penal).

2.9. PROVA DOCUMENTAL

Consideram-se documentos, segundo dispõe o art. 232 do Código de Processo Penal, quaisquer escritos, instrumentos ou papéis, sejam impressos, sejam em **qualquer formato digital**.

Para que o documento tenha valor probatório deverá ser hígido, tanto do ponto de vista formal, quanto do ponto de vista material. Portanto, não pode o documento padecer de falsidade material e/ou de conteúdo (natureza ideológica).

Havendo contestação da autenticidade dos documentos, deverá ser instaurado respectivo incidente de falsidade documental, que deverá seguir o procedimento previsto nos arts. 145 a 148 do Código de Processo Penal.

Os documentos podem assumir **duas** formas:

a. **Instrumentos**: são documentos elaborados mediante formalidades previstas em lei e com a finalidade precisa de fazer prova do ato nele contido. Podem ser de duas naturezas, a depender da pessoa que o expediu:

- Públicos: quando elaborados por agentes públicos no exercício de suas funções. Nesse caso, possuem presunção relativa de autenticidade. Ex: Escrituras públicas, certidões de nascimento, casamento, óbito etc.

- Particulares: quando elaborados sem a participação de qualquer agente público e assinados por duas testemunhas, têm valor probatório inter partes, no que disser respeito ao seu conteúdo e serão considerados autênticos quando reconhecida firma por tabelião. Ex: Títulos de crédito.

b. **Documentos** *stricto sensu*: todo escrito ou registro digital que não foi produzido com a finalidade específica de produzir prova de seu conteúdo. Da mesma forma que os instrumentos, lhes cabe o conceito de público (ex.: Carteiras de identidade, passaporte) ou particular (ex.: contrato de compra e venda).

A prova documental pode ser produzida e juntada aos autos pelas partes em qualquer fase do processo, conforme disposto no art. 231 do Código de Processo Penal. Por sua vez, o magistrado, independentemente de requerimento das partes, poderá juntar ao processo documento referente a ponto relevante do processo, caso tenha notícia de sua existência, consoante autoriza o art. 234 do Código de Processo Penal.

A cópia autenticada de documento terá o mesmo valor que o documento original, segundo o disposto no § único do art. 232 do Código de Processo Penal.

Ademais, os documentos em língua estrangeira deverão ser traduzidos por tradutor público ou, na falta, por pessoa idônea nomeada pela autoridade. Findo o processo, mediante requerimento e ouvido o Ministério Público, os documentos originais, quando não houver motivo relevante que justifique a sua conservação nos autos, poderão ser entregues à parte que o produziu, mantendo-se cópia nos autos.

2.10. BUSCA E APREENSÃO

Para o estudo do título do Código de Processo Penal relativo à "Busca e Apreensão necessária se faz a distinção das duas expressões de forma individualizada.

A busca, segundo leciona Guilherme Nucci, é o "movimento desencadeado pelos agentes do Estado para a investigação, descoberta e pesquisa de algo interessante para o processo penal, realizando-se em pessoas e lugares"[41].

Será **busca pessoal** quando a procura do elemento de prova se faz em alguma pessoa, ou **domiciliar** quando se faz em algum local.

A **apreensão**, por vez, é objetivo da busca, tratando-se de medida em que se retira algo ou alguém de determinado lugar, a fim de que o objeto da busca possa ser utilizado para fins probatórios ou para assegurar direitos.

A **natureza jurídica** da medida de busca e apreensão dependerá, portanto, da finalidade a que se destina. Poderá ser **meio de prova** ou **medida de caráter assecuratório**.

As medidas de busca e apreensão são cabíveis tanto fase investigatória, quanto em juízo, devendo respeitar as regras contidas no art. 240 do Código de Processo Penal e dividindo-se em duas espécies: a busca pessoal e a busca domiciliar.

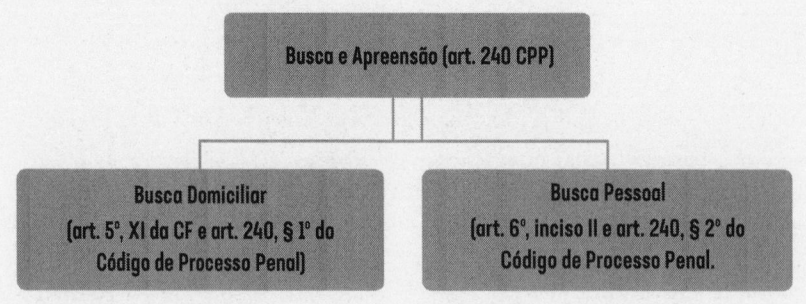

A) BUSCA DOMICILIAR

A Constituição Federal estabelece em seu art. 5º, inciso XI que "a casa é asilo inviolável do indivíduo, ninguém nela podendo penetrar sem consentimento do morador, salvo em caso de flagrante delito ou desastre, ou para prestar socorro, ou, durante o dia, por determinação judicial".

---

41 NUCCI, Guilherme de Souza. Código de Processo Penal comentado. 18. ed. Rio de Janeiro: Forense, 2019, p. 663.

Assim, qualquer conduta que atente contra a inviolabilidade da casa de terceiro, além das hipóteses autorizadas no texto constitucional poderá estar contida na descrição do crime de violação de domicílio, sendo imprescindível que o conceito de domicílio assuma a extensão mais ampla possível, de modo a que lhe seja dada a efetiva guarida.

O art. 150 do Código Penal, por sua vez, define o crime de violação de domicílio nos seguintes termos:

> **Art.** 150 - Entrar ou permanecer, clandestina ou astuciosamente, ou contra a vontade expressa ou tácita de quem de direito, em casa alheia ou em suas dependências.

Na sequência, o mesmo dispositivo, em seu § 4º, definiu "casa" nos seguintes termos:

> § 4º - A expressão «casa» compreende:
> I - qualquer compartimento habitado;
> II - aposento ocupado de habitação coletiva;
> III - compartimento não aberto ao público, onde alguém exerce profissão ou atividade.

Assim, uma vez conceituado "casa" para fins de incidência da norma relativa à proteção legal da inviolabilidade do domicílio, vejamos em que casos o art. 240 do Código de Processo Penal, autorizará a efetivação da medida de busca e apreensão:

- prender criminosos;
- apreender coisas achadas ou obtidas por meios criminosos;
- apreender instrumentos de falsificação ou de contrafação e objetos falsificados ou contrafeitos;
- apreender armas e munições, instrumentos utilizados na prática de crime ou destinados a fim delituoso;
- descobrir objetos necessários à prova de infração ou defesa do réu;
- apreender cartas, abertas ou não, destinadas ao acusado ou em seu poder, quando haja suspeita de que o conhecimento do seu conteúdo possa ser útil à elucidação do fato;
- apreender pessoas vítimas de crimes; e
- colher qualquer elemento de convicção.

A decretação de busca domiciliar só será possível se fundadas razões a legitimar, o que ocorrerá quando presentes os requisitos de fumus bom iuris e de periculum in mora. O fumus bom iuris, nesse caso, estará representado se houver: a) indícios do cometimento do crime que se investiga; b) probabilidade de encontrar os objetos que comprovem a prática de infração penal, no local ou na pessoa a serem revistados, c) probabilidade que os objetos ou a pessoa procurada tenham, efetivamente, relação com o crime objeto de investigação.

No tocante ao periculum in mora, este se caracterizará quando houver o risco de desaparecimento do objeto ou pessoa.

A busca domiciliar ocorrerá apenas durante o **dia**, salvo se o morador consentir que se realize à noite, tendo em vista que a Constituição Federal determinará que "a casa é asilo inviolável do indivíduo, ninguém nela podendo penetrar sem o consentimento do morador, salvo em caso de flagrante delito ou desastre, ou para prestar socorro, **ou durante o dia, por determinação judicial**".

Somente se procederá a busca domiciliar quando houver mandado de busca, que indicará o mais precisamente possível a casa em que será realizada a diligência e o nome do respectivo proprietário ou morador; mencionará o motivo e os fins da diligência e será subscrito pelo escrivão e assinado pela autoridade que o fizer expedir.

A respeito da disciplina da inviolabilidade do domicílio e da diligência de busca e apreensão, vejamos recente julgado do Superior Tribunal de Justiça:

> HC 529074 / SP
> Relator (a) Ministro LEOPOLDO DE ARRUDA RAPOSO (DESEMBARGADOR CONVOCADO DOTJ/PE) (8390)
> Órgão Julgador
> T5 - QUINTA TURMA
> Data do Julgamento 17/12/2019   Data da Publicação/Fonte DJe 19/12/2019
> PENAL E PROCESSO PENAL. HABEAS CORPUS. SUBSTITUTIVO DE RECURSO ESPECIAL. NÃO CABIMENTO. CONDENAÇÃO POR TRÁFICO DE ENTORPECENTES.
> **NULIDADE.** BUSCA E APREENSÃO. AUSÊNCIA DE MANDADO. NÃO CONFIGURAÇÃO.CRIME PERMANENTE. FLAGRANTE. EXCEÇÃO À INVIOLABILIDADE DE DOMICÍLIO.
> **ART.** 5º, XI, DA CF. HABEAS CORPUS NÃO CONHECIDO.

I - A Terceira Seção desta Corte, seguindo entendimento firmado pela Primeira Turma do col. Pretório Excelso, sedimentou orientação no sentido de não admitir habeas corpus substitutivo do recurso adequado, situação que implica o não conhecimento da impetração, ressalvados casos excepcionais em que, configurada flagrante ilegalidade apta a gerar constrangimento ilegal, seja possível a concessão da ordem de ofício, em homenagem ao princípio da ampla defesa.

II - Segundo a jurisprudência desta Corte Superior, "é dispensável o mandado de busca e apreensão quando se trata de flagrante da prática do crime de tráfico ilícito de entorpecentes, pois o referido delito é de natureza permanente, ficando o agente em estado de flagrância enquanto não cessada a permanência."

(AgRg no REsp n. 1.637.287/SP, Quinta Turma, Rel. Min. Jorge Mussi, DJe10/05/2017).

III - A garantia constitucional de inviolabilidade ao domicílio é excepcionada nos casos de flagrante delito, não se exigindo, em tais hipóteses, mandado judicial para ingressar na residência do agente. Precedentes.

IV - No caso dos autos, a ação policial "ocorreu de forma regular e precedida de fundadas razões, prescindindo-se de ordem judicial", porquanto, conforme consignado pelo eg. Tribunal a quo, os milicianos cumpriam mandado de busca e apreensão na residência do irmão do ora paciente quando "se deslocaram aos fundos do imóvel, numa dependência, onde residia o denunciado e passaram a vasculhar aquele cômodo. Assim, com auxílio de cão farejador, apreenderam na gaveta de um mobiliário, dois frascos plásticos pequenos, contendo seis porções de crack envoltas em plásticos transparentes e mais dezesseis pedrinhas soltas do mesmo psicotrópico", de propriedade do paciente, que "não se encontrava no local, porém, em diligências foi localizado e confessou a propriedade das pedras de crack e sua destinação à venda a terceiros usuários" (fls. 161-162 - grifei), circunstâncias que justificam as diligências executadas, principalmente porque havia flagrante delito em andamento. Habeas corpus não conhecido.

Em outro sentido, a jurisprudência tem sido bastante rígida no sentido de que a inviolabilidade do domicílio somente poderá ser quebrada por decisão devidamente fundamentada, não sendo admitida decisão genérica e que não especifique com precisão a extensão da medida. Vejamos como se pronunciou a respeito do assunto o Superior Tribunal de Justiça:

HC 530989 / SP
Rel. Ministro ROGERIO SCHIETTI CRUZ (1158)

Data do Julgamento 17/12/2019   Data da Publicação/Fonte DJe 19/12/2019

HABEAS CORPUS. POSSE DE ARMA DE FOGO. TRÁFICO DE DROGAS. MANDADDE

BUSCA E APREENSÃO. DECISÃO AUTORIZADORA DESTITUÍDA DE FUNDAMENTAÇÃO IDÔNEA. ORDEM CONCEDIDA.

1. A Constituição da República, em seu art. 93, IX, ("todos os julgamentos dos órgãos do Poder Judiciário serão públicos, e fundamentadas todas as suas decisões, sob pena de nulidade"), concretizado no plano legislativo pelo art. 489, § 1º, do CPC, demanda a expressa motivação da decisão judicial.

2. Do texto da decisão que deferiu o pedido de busca e apreensão, não há fundamentação idônea a justificar a medida, visto que o Juízo de Direito, além de não particularizar o caso em comento, não demonstrou a indispensabilidade da medida, evidenciando-se, assim, o caráter genérico da decisão. Na verdade, a decisão cingiu-se a um único parágrafo em que o Juízo faz brevíssima menção ao parecer do Parquet ("Ante o parecer favorável do Dr. Promotor de Justiça, defiro o pedido de busca e apreensão domiciliar"). Todavia, como pode-se notar do texto do parecer ministerial, não se trata sequer de fundamentação per relationem, pois a manifestação do Ministério Público é completamente destituída de elementos que possam servir de fundamentação idônea para o pedido contido na representação ministerial.

3. Habeas corpus concedido para reconhecer a ilegalidade de todos os elementos de informação decorrentes da decisão que determinou a busca e apreensão, devendo tais elementos e os deles decorrentes ser desentranhados dos Autos n. 1510901-32.2019.8.26.0019.

Por fim, importante ressaltar que os Tribunais Superiores têm recrudescido as exigências quanto à legitimidade das **buscas pessoais e domiciliares** realizadas em razão da suspeita de práticas delituosas e da validade doe elementos de informação e prova colhidos a partir de tais diligências.

A respeito do tema, vejamos entendimento do Superior Tribunal de Justiça acerca do assunto:

AGRAVO REGIMENTAL NO HABEAS CORPUS. TRÁFICO DE DROGAS. ILEGALIDADE FLAGRANTE PRELIMINAR AO MÉRITO AFERÍVEL DE OFÍCIO. PROVAS ILÍCITAS. BUSCA PESSOAL E VEICULAR. DENÚNCIA ANÔNIMA. AUSÊNCIA DE ELEMENTOS CONCRETOS. FUNDADA SUSPEITA INEXISTENTE. NULIDADE. ABSOLVIÇÃO. EXTENSÃO AO CORRÉU (ART. 580 DO CPP).

1. Segundo a orientação desta Corte, exige-se, em termos de standard probatório para busca pessoal ou veicular sem mandado judicial, a existência de fundada suspeita (justa causa) - baseada em um juízo de probabilidade, descrita com a maior precisão possível, aferida de modo objetivo e devidamente justificada pelos indícios e circunstâncias do caso concreto - de que o indivíduo esteja na posse de drogas, armas ou de outros objetos ou papéis que constituam corpo de delito, evidenciando-se a urgência de se executar a diligência.

Assim, não satisfazem a exigência legal, por si sós, meras informações de fonte não identificada (e. g. denúncias anônimas) ou intuições e impressões subjetivas, intangíveis e não demonstráveis de maneira clara e concreta, apoiadas, por exemplo, exclusivamente, no tirocínio policial (RHC n. 158.580/BA, Ministro Rogerio Schietti Cruz, Sexta Turma, DJe de 25/4/22).

2. Hipótese em que, da mera leitura dos fatos constantes na sentença, exsurge a ilegalidade da revista pessoal e veicular realizada, uma vez que fundada apenas em denúncia anônima, sem qualquer outro elemento concreto que demonstrasse a justa causa para a diligência policial.

3. Agravo regimental improvido.

(Superior Tribunal de Justiça. AgRg no HC n. 734.263/RS, Rel. Min. Sebastião Reis Júnior, Data do julgamento 14/6/2022. Data da publicação 20/6/2022.)

Vejamos, no entanto, com atenção, o que asseverou o Supremo Tribunal Federal, em decisão recente da lavra da Min. Cármen Lúcia:

DECISÃO RECURSO EXTRAORDINÁRIO.

PROCESSUAL PENAL. INVIOLABILIDADE DE DOMICÍLIO: INC. XI DO ART. 5º DA CONSTITUIÇÃO DA REPÚBLICA. BUSCA E APREENSÃO DOMICILIAR SEM MANDADO JUDICIAL EM CASO DE CRIME PERMANENTE. POSSIBILIDADE.

TEMA 280 DA REPERCUSSÃO GERAL.

AFRONTA À INVIOLABILIDADE DE DOMICÍLIO NÃO EVIDENCIADA.

RECURSO EXTRAORDINÁRIO PROVIDO.

DECISÃO RECURSO EXTRAORDINÁRIO.

PROCESSUAL PENAL. INVIOLABILIDADE DE DOMICÍLIO: INC. XI DO ART. 5º DA CONSTITUIÇÃO DA REPÚBLICA. BUSCA E APREENSÃO DOMICILIAR SEM MANDADO JUDICIAL EM CASO DE CRIME PERMANENTE. POSSIBILIDADE.

TEMA 280 DA REPERCUSSÃO GERAL.

AFRONTA À INVIOLABILIDADE DE DOMICÍLIO NÃO EVIDENCIADA.

RECURSO EXTRAORDINÁRIO PROVIDO. **DECISÃO** RECURSO EXTRAORDINÁRIO.

PROCESSUAL PENAL. INVIOLABILIDADE DE DOMICÍLIO: INC. XI DO ART. 5º DA CONSTITUIÇÃO DA REPÚBLICA. BUSCA E APREENSÃO DOMICILIAR SEM MANDADO JUDICIAL EM CASO DE CRIME PERMANENTE. POSSIBILIDADE.

TEMA 280 DA REPERCUSSÃO GERAL. AFRONTA À INVIOLABILIDADE DE DOMICÍLIO NÃO EVIDENCIADA.

RECURSO EXTRAORDINÁRIO PROVIDO. Recurso extraordinário interposto com base na al. a do inc. III do art. 102 da Constituição da República contra acórdão da Sexta Turma do

Superior Tribunal de Justiça, pelo qual negado provimento ao Agravo Regimental no Habeas Corpus n. 596.705/SP, Relator o Ministro Rogerio Schietti Cruz:

[...]

Examinados os elementos havidos no processo, **DECIDO.**

4. Razão jurídica assiste ao recorrente.

[...]

8. O acórdão recorrido diverge da jurisprudência deste Supremo Tribunal, que, ao julgar o mérito do Tema 280 da repercussão geral, fixou a seguinte tese:

"Recurso extraordinário representativo da controvérsia.

Repercussão geral. 2. Inviolabilidade de domicílio art. 5º, XI, da CF.

Busca e apreensão domiciliar sem mandado judicial em caso de crime permanente. Possibilidade. A Constituição dispensa o mandado judicial para ingresso forçado em residência em caso de flagrante delito. No crime permanente, a situação de flagrância se protrai no tempo. 3. Período noturno. A cláusula que limita o ingresso ao período do dia é aplicável apenas aos casos em que a busca é determinada por ordem judicial. Nos demais casos flagrante delito, desastre ou para prestar socorro a Constituição não faz exigência quanto ao período do dia. 4. Controle judicial a posteriori. Necessidade de preservação da inviolabilidade domiciliar. Interpretação da Constituição. Proteção contra ingerências arbitrárias no domicílio. Muito embora o flagrante delito legitime o ingresso forçado em casa sem determinação judicial, a medida deve ser controlada judicialmente. A inexistência de controle judicial, ainda que posterior à execução da medida, esvaziaria o núcleo fundamental da garantia contra a inviolabilidade da casa (art. 5, XI, da CF) e deixaria de proteger contra ingerências arbitrárias no domicílio (Pacto de São José da Costa Rica, artigo 11, 2, e Pacto Internacional sobre Direitos Civis e Políticos, artigo 17, 1). O controle judicial a posteriori decorre tanto da interpretação da Constituição, quanto da aplicação da proteção consagrada em tratados internacionais sobre direitos humanos incorporados ao ordenamento jurídico. Normas internacionais de caráter judicial que se incorporam à cláusula do devido processo legal. 5. Justa causa. A entrada forçada em domicílio, sem uma justificativa prévia conforme o direito, é arbitrária. Não será a constatação de situação de flagrância, posterior ao ingresso, que justificará a medida. Os agentes estatais devem demonstrar que havia elementos mínimos a caracterizar fundadas razões (justa causa) para a medida. 6. Fixada a interpretação de que a entrada forçada em domicílio sem mandado judicial só é lícita, mesmo em período noturno, quando amparada em fundadas razões, devidamente justificadas a posteriori, que indiquem que dentro da casa ocorre situação de flagrante delito, sob pena de responsabilidade disciplinar, civil e penal do agente ou da autoridade e de nulidade dos atos praticados. 7. Caso concreto. Existência de fundadas razões para suspeitar de flagrante de tráfico de drogas. Negativa de provimento ao recurso" (RE n. 603.616, Relator o Ministro Gilmar Mendes, Plenário, DJe 10.5.2016).

Pelas conclusões das instâncias ordinárias, sem necessidade de reexame de fatos e provas a atrair a incidência da Súmula n. 279 deste Supremo Tribunal, parece incontroverso que, na espécie vertente, os policiais teriam ingressado na residência somente após fundadas razões para suspeitar de flagrante de tráfico de drogas e com autorização do recorrido David Alisson Souza Amorim e da esposa do recorrido Sérgio Murilo Ferreira Santos. Ao julgar a apelação criminal interposta pela defesa, o Tribunal estadual ressaltou que os policiais entraram na residência por terem visualizado um dos recorridos fugir ao perceber os policiais, que passaram a persegui-lo, e por suspeitarem da presença de drogas em duas residências da vila, nas quais ingressaram com a autorização dos respectivos moradores.

Portanto, sendo permanente o crime de tráfico, a busca domiciliar no imóvel, na espécie, não é comprovada como contrária ao disposto no inc. XI do art. 5º da Constituição da República

9. Em processos semelhantes, este Supremo Tribunal tem afastado a alegação de ilicitude de provas nos casos de crime permanente quando há justa causa para o ingresso na residência:"DIREITO PENAL E PROCESSUAL PENAL. AGRAVO REGIMENTAL EM RECURSO EXTRAORDINÁRIO. TRÁFICO E ASSOCIAÇÃO PARA O TRÁFICO DE DROGAS. NULIDADE.

INVASÃO DE DOMICÍLIO. INOCORRÊNCIA. FUNDADAS RAZÕES. DENÚNCIA ANÔNIMA. ANÁLISE DA LEGISLAÇÃO INFRACONSTITUCIONAL PERTINENTE E REEXAME DO CONJUNTO FÁTICO-PROBATÓRIO DOS AUTOS. SÚMULA 279/STF. JURISPRUDÊNCIA DO SUPREMO TRIBUNAL FEDERAL.

1. O acórdão proferido pelo Tribunal estadual está alinhado com a jurisprudência do Supremo Tribunal Federal ao julgar o RE 603.616-RG (Tema 280), Rel. Min. Gilmar Mendes.

2. Esta Corte fixou entendimento no sentido de que é possível à deflagração da persecução penal pela chamada denúncia anônima, desde que esta seja seguida de diligências realizadas para averiguar os fatos nela noticiados antes da instauração do inquérito policial' (HC 108.147, Relª. Minª. Cármen Lúcia, Segunda Turma). Precedente.

3. Para chegar a conclusão diversa do acórdão recorrido,imprescindíveis seriam a análise da legislação infraconstitucional pertinente e uma nova apreciação dos fatos e do material probatório constante dos autos (Súmula 279/STF), o que é inviável em recurso extraordinário.

4. Agravo regimental a que se nega provimento" (RE n. 1.428.792-AgR, Relator o Ministro Roberto Barroso, Primeira Turma, DJe 3.5.2023)."PENAL. AGRAVO REGIMENTAL EM RECURSO EXTRAORDINÁRIO COM AGRAVO. TRÁFICO DE DROGAS.

PRESENÇA DE ELEMENTOS PROBATÓRIOS MÍNIMOS A INDICAR FUNDADAS RAZÕES DA OCORRÊNCIA DE FLAGRANTE DELITO DE NATUREZA PERMANENTE.

LICITUDE DAS PROVAS OBTIDAS DURANTE A ENTRADA EM DOMICÍLIO. ACÓRDÃO RECORRIDO EM DESCONFORMIDADE COM AS DIRETRIZES ESTABELECIDAS POR ESTA SUPREMA CORTE NO RE 603.616-RG, TEMA 280, REL. MIN. GILMAR MENDES, DJE DE 10/5/2016. AGRAVO E RECURSO EXTRAORDINÁRIO PROVIDOS. AGRAVO REGIMENTAL A QUE SE NEGA PROVIMENTO" (ARE n. 1.411.272-AgR, Relator o Ministro Alexandre de Moraes, Primeira Turma, DJe 17.2.2023)."AGRAVO INTERNO EM RECURSO EXTRAORDINÁRIO COM AGRAVO. AUSÊNCIA DE IMPUGNAÇÃO ESPECIFICADA. ALEGADA VIOLAÇÃO DE DOMICÍLIO. ACÓRDÃO RECORRIDO EM CONFORMIDADE COM A TESE FIXADA NO RE 603.616 (TEMA N. 280/RG). NECESSÁRIO REEXAME DO CONJUNTO FÁTICOPROBATÓRIO. ENUNCIADO N. 279 DA SÚMULA DO SUPREMO. [...]

2. Nos crimes de natureza permanente - tráfico de entorpecentes, na espécie -, cuja situação de flagrância se protrai no tempo, é dispensável a apresentação de mandado judicial para o ingresso forçado na residência do acusado desde que a medida esteja amparada em fundadas razões (Tema n. 280/RG).

3. Dissentir da conclusão alcançada pelo Colegiado de origem -ausência de desrespeito à inviolabilidade de domicílio - demandaria revolvimento dos elementos fático-probatórios. Incidência do enunciado n. 279 da Súmula do Supremo.

4. Agravo interno parcialmente conhecido e, na parte conhecida, desprovido" (RE n. 1.382.780-AgR, Relator o Ministro Nunes Marques, Segunda Turma, DJe 11.11.2022).

Confiram-se também as decisões monocráticas transitadas em julgado proferidas no Recurso Extraordinário n. 1.246.146, Relator o Ministro Roberto Barroso, DJe 19.12.2019; no Recurso Extraordinário n. 1.305.690, Relator o Ministro Roberto Barroso, DJe 2.12.2020; e no Recurso Ordinário em Habeas Corpus n. 209.688, de minha relatoria, DJe 9.12.2021. Como ressaltado pelo Ministro Alexandre de Moraes no julgamento do Recurso Extraordinário com Agravo n. 1.430.436, "o entendimento adotado pelo STF impõe que os agentes estatais devem nortear suas ações, em tais casos, motivadamente e com base em elementos probatórios mínimos que indiquem a ocorrência de situação flagrante. A justa causa, portanto, não exige a certeza da ocorrência de delito, mas, sim, fundadas razões a respeito" (DJe 6.6.2023).

Assim, pelo que se tem nos autos, não há comprovação de ilegalidade na ação dos policiais militares, pois as razões para o ingresso no domicílio foram devidamente justificadas, o ingresso autorizado e resultaram em apreensão de drogas ilícitas.10. Pelo exposto, dou provimento ao presente recurso extraordinário, para cassar o acórdão proferido pela Sexta Turma do Superior Tribunal de Justiça no Agravo Regimental no Habeas Corpus n. 596.705/SP, considerando válidas as provas obtidas na prisão em flagrante dos recorridos, e que deram origem à Ação Penal n. 1512543-92.2019.8.26.0228/SP, da Vigésima Sétima Vara Criminal da comarca de São Paulo/SP (§ 2º do art. 21 do Regimento Interno do Supremo Tribunal Federal).

(Supremo Tribunal Federal. Rel. Min. Cármem Lúcia. RE 1.447.939. Data da decisão 16/08/2023. Data da publicação

2.11. INTERCEPTAÇÕES TELEFÔNICAS

A Constituição da República Federativa do Brasil estabelece no art. 5º, inciso XII ser "inviolável o sigilo da correspondência e das comunicações telegráficas, de dados e das comunicações telefônicas, salvo, no último caso, por ordem judicial, nas hipóteses e na forma que a lei estabelecer para fins de investigação criminal ou instrução processual penal". Essa disposição constitucional foi regulamentada pela Lei 9.296, de 1996.

Diante do dispositivo constitucional, é necessário entender que a interceptação consiste em intervenção e captação de comunicações **atuais**. Por outro lado, a quebra de sigilo de dados é a obtenção de informações e dados a respeito de **comunicações pretéritas**.

Estejamos atentos a alguns conceitos importantes:

INTERCEPTAÇÃO TELEFÔNICA	Captação da comunicação telefônica alheia por terceiro, sem consentimento dos interlocutores.
ESCUTA TELEFÔNICA	Captação da comunicação telefônica por terceiro, com o consentimento de uma das partes.
GRAVAÇÃO UNILATERAL/ CLANDESTINA	Gravação da comunicação telefônica por um dos interlocutores, sem o consentimento do outro. **O Supremo Tribunal Federal entende que essa gravação não é considerada prova ilícita, quando ausente causa legal de sigilo ou de reserva da conversação*.**
INTERCEPTAÇÃO AMBIENTAL	Captação sub-reptícia de uma comunicação não telefônica no próprio ambiente, por terceiro, sem conhecimento dos comunicadores.
ESCUTA AMBIENTAL	Captação de uma comunicação não telefônica no ambiente em que está ocorrendo, feita por terceiro, com consentimento de um dos comunicadores.
GRAVAÇÃO AMBIENTAL	Captação da comunicação feita por um dos comunicadores (ex. gravação, câmera oculta) **A gravação ambiental, sem determinação judicial, é admitida quando necessária para o exercício de legitima defesa de quem a produziu. O Supremo Tribunal Federal, por ocasião do julgamento da Repercussão Geral do RE 583937, assim se pronunciou: RE 583937 QO-RG / RJ - RIO DE JANEIRO REPERCUSSÃO GERAL NA QUESTÃO DE ORDEM NO RECURSO EXTRAORDINÁRIO Rel. Min. CEZAR PELUSO Julgamento: 19/11/2009 Órgão Julgador: Tribunal Pleno EMENTA: AÇÃO PENAL. Prova. Gravação ambiental. Realização por um dos interlocutores sem conhecimento do outro. Validade. Jurisprudência reafirmada. Repercussão geral reconhecida. Recurso extraordinário provido. Aplicação do art. 543-B, § 3º, do CPC. É lícita a prova consistente em gravação ambiental realizada por um dos interlocutores sem conhecimento do outro.**

No tocante à decretação de interceptação telefônica e às captações ambientais é importante tecermos algumas observações:

1. A interceptação telefônica poderá ser decretada de ofício, ou mediante representação da autoridade policial na investigação criminal ou requerimento do Ministério Público, tanto na fase investigatória, quanto no curso da ação penal;

2. A interceptação telefônica somente terá lugar quando houver indícios razoáveis de autoria e participação e quando a prova não puder ser feita por outros meios disponíveis e eficazes (Art. 2º, inciso I, da Lei 9.296/96);

3. Segundo entendimento do Supremo Tribunal Federal, a interceptação telefônica regularmente decretada para subsidiar inquérito criminal ou instrução processual penal, poderá ser posteriormente utilizada para subsidiar processos de natureza extrapenal (cíveis ou administrativos);

4. A captação ambiental de sinais eletromagnéticos, ópticos ou acústicos será autorizada quando a investigação criminal ou instrução processual penal versar sobre infração penal punida com pena máxima superior a 4 (quatro) anos ou em infrações penais conexas. (Art. 8º-A da Lei 9.296/96, incluído pela Lei 13.964/2019).

Vejamos algumas questões jurisprudenciais importantes a respeito da interceptação telefônica e do sigilo das comunicações.

O Superior Tribunal de Justiça reconheceu a ilegalidade das provas obtidas pela polícia, sem autorização judicial, a partir de análise de mensagem arquivadas no aplicativo Whatsapp, por violarem a garantia constitucional da intimidade e vida privada. Vejamos os precedentes:

RHC Nº 67.379 - RN (2016/0018607-3)
Rel. Min. RIBEIRO DANTAS
EMENTA
PROCESSO PENAL, RECURSO EM HABEAS CORPUS. TRÁFICO DE DROGAS. NULIDADE DAS PROVAS PRODUZIDAS NA FASE INQUISITORIAL. PRISÃO EM FLAGRANTE. CRIME PERMANENTE. DESNECESSIDADE DE MANDADO DE BUSCA E APREENSÃO. PROVAS EXTRAÍDAS DO APARELHO DE TELEFONIA MÓVEL. AUSÊNCIA DE AUTORIZAÇÃO JUDICIAL. VIOLAÇÃO DO SIGILO TELEFÔNICO. INÉPCIA DA DENÚNCIA E CARÊNCIA DE JUSTA CAUSA PARA PERSECUÇÃO PENAL NÃO EVIDENCIADAS. NECESSIDADE DE REVOLVIMENTO FÁTICO-COMPROBATÓRIO. ATIPICIDADE MATERIAL DA CONDUTA. PRINCÍPIO DA INSIGNIFICÂNCIA NÃO APLICÁVEL. LEI PENAL EM BRANCO HETERÓLOGA. SUBSTÂNCIA PSICOTRÓPICA ELENCADA NA PORTARIA 344/98 DA ANVISA. RECURSO PARCIALMENTE PROVIDO.

1. O entendimento perfilhado pela Corte a quo está em harmonia com a jurisprudência pacífica deste Tribunal, segundo a qual, sendo o crime de tráfico de drogas, nas modalidades guardar e ter em depósito, de natureza permanente, assim compreendido aquele cuja a consumação se protrai no tempo, não se exige a apresentação de mandado de busca e apreensão para o ingresso dos policiais na residência do acusado, quando se tem por objetivo fazer cessar a atividade criminosa, dada a situação de flagrância, conforme ressalva o art. 5º, XI, da Constituição Federal. Ainda, a prisão em flagrante é possível enquanto não cessar a permanência, independentemente de prévia autorização judicial. Precedentes. 2. Embora seja despicienda ordem judicial para a apreensão dos celulares, pois os réus encontravam-se em situação de flagrância, as mensagens armazenadas no aparelho estão protegidas pelo sigilo telefônico, que deve abranger igualmente a transmissão, recepção ou emissão de símbolos, caracteres, sinais, escritos, imagens, sons ou informações de qualquer natureza, por meio de telefonia fixa ou móvel ou, ainda, através de sistemas de informática e telemática. Em verdade, deveria a autoridade policial, após a apreensão do telefone, ter requerido judicialmente a quebra do sigilo dos dados nele armazenados, de modo a proteger tanto o direito individual à intimidade quanto o direito difuso à segurança pública. Precedente. 3. O art. 5º da Constituição Federal garante a inviolabilidade do sigilo telefônico, da correspondência, das comunicações telegráficas e telemáticas e de dados bancários e fiscais, devendo a mitigação de tal preceito, para fins de investigação ou instrução criminal, ser precedida de autorização judicial, em decisão motivada e emanada por juízo competente (Teoria do Juízo Aparente), sob pena de nulidade. Além disso, somente é admitida a quebra do sigilo quando houve indício razoável da autoria ou participação em infração penal; se a prova não puder ser obtida por outro meio disponível, em atendimento ao princípio da proibição de excesso; e se o fato investigado constituir infração penal punida com pena de reclusão. 4. A alegação de inépcia da denúncia deve ser analisada de acordo com os requisitos exigidos pelos arts. 41 do CPP e 5º, LV, da CF/1988. Portanto, a peça acusatória deve conter a exposição do fato delituoso em toda a sua essência e com todas as suas circunstâncias, de maneira a individualizar o quanto possível a conduta imputada, bem como sua tipificação, com vistas a viabilizar a persecução penal e o exercício da ampla defesa e do contraditório pelo réu (Precedentes). 5. Para o oferecimento da denúncia, exige-se apenas a descrição da conduta delitiva e a existência de elementos probatórios mínimos que corroborem a acusação. Mister se faz consignar que provas conclusivas acerca da materialidade e da autoria do crime são necessárias apenas para a formação de um eventual juízo condenatório. Embora não se admita a instauração de processos temerários e levianos ou despidos de qualquer sustentáculo probatório, nessa fase processual, deve ser privilegiado o princípio do in dubio pro societate. De igual modo, não se pode admitir que o Julgador, em juízo de admissibilidade da acusação, termine por cercear o jus accusationis do Estado, salvo se manifestamente demonstrada a carência de justa causa para o exercício da ação penal. 6. O reconhecimento da inexistência de justa causa para o exercício da ação penal, dada a suposta ausência de elementos de informação a demonstrarem a materialidade e a autoria delitivas, exige profundo exame do contexto probatórios dos autos, o que é inviável na via estreita do writ. Precedentes. 7. Esta Corte Superior de Justiça há muito consolidou seu entendimento no sentido de que não se aplica o princípio da insignificância ao delito de tráfico ilícito de drogas, uma vez que o bem jurídico protegido é a saúde pública, sendo o delito de perigo abstrato, afigurando-se irrelevante a quantidade de droga apreendida" [AgRg no REsp 1578209/SC, Rel. Ministra MARIA THEREZA DE ASSIS MOURA, SEXTA TURMA, julgado em 07/06/2016, DJe 27/06/2016]. 8. O cloreto de etila está elencado como substância psicotrópica na Portaria n. 344/98 da ANVISA, cuja comercialização é defesa em todo o território nacional, tratando-se de droga para fins do art. 33 da Lei n. 11.343/2006, norma penal em branco heteróloga. 9. Recurso parcialmente provido, tão somente para reconhecer a ilegalidade das provas obtidas no celular do recorrente e determinar o seu desentranhamento dos autos.

Em caso concreto envolvendo o espelhamento de conversas do aplicativo Whatsapp, vejamos como se pronunciou o Superior Tribunal de Justiça:

HC 511.484 - RS (2019/0145252-0)
Rel. Min. Sebastião Reis Júnior
EMENTA
HABEAS CORPUS. TRÁFICO DE DROGAS. SENTENÇA TRANSITADA EM JULGADO. ILICITUDE DA PROVA. AUSÊNCIA DE AUTORIZAÇÃO PESSOAL OU JUDICIAL PARA ACESSAR DADOS DO APARELHO TELEFÔNICO APREENDIDO OU PARA ATENDER LIGAÇÃO. POLICIAL PASSOU-SE PELO DONO DA LINHA E FEZ NEGOCIAÇÃO PARA PROVOCAR PRISÃO EM FLAGRANTE. INEXISTÊNCIA DE PROVA AUTÔNOMA E INDEPENDENTE SUFICIENTE PARA A CONDENAÇÃO.

1. Não tendo a autoridade policial permissão, do titular da linha telefônica ou mesmo da Justiça, para ler mensagens nem para atender ao telefone móvel da pessoa sob investigação e travar conversa por meio do aparelho com qualquer interlocutor que seja se passando por seu dono, a prova obtida dessa maneira arbitrária é ilícita. 2. Tal conduta não merece o endosso do Superior Tribunal de Justiça, mesmo que se tenha em mira a persecução penal de pessoa supostamente envolvida com tráfico de drogas. Cabe ao magistrado abstrair a prova daí originada do conjunto probatório porque alcançada sem observância das regras de Direito que disciplinam a execução do jus puniendi. 3. No caso, a condenação do paciente está totalmente respaldada em provas ilícitas, uma vez que, no momento da abordagem ao veículo em que estavam o paciente, o corréu e sua namorada, o policial atendeu ao telefone do condutor, sem autorização para tanto, e passou-se por ele para fazer a negociação de drogas e provocar o flagrante. Esse policial também obteve acesso, sem autorização pessoal nem judicial, aos dados do aparelho de telefonia móvel em questão, lendo mensagem que não lhe era dirigida. 4. O vício ocorrido na fase investigativa atinge o desenvolvimento da ação penal, pois não há prova produzida por fonte independente ou cuja descoberta seria inevitável. Até o testemunho dos policiais em juízo está contaminado, não havendo prova autônoma para dar base à condenação. Além da apreensão, na hora da abordagem policial, de cocaína (2,8 g), de maconha (1,26 g), de celulares e de R$ 642,00 (seiscentos e quarenta e dois reais) trocados, nada mais havia no carro, nenhum petrecho comumente usado na traficância (caderno de anotações, balança de precisão, material para embalar droga, etc.). Somente a partir da leitura da mensagem enviada a um dos telefones e da primeira ligação telefônica atendida pelo policial é que as coisas se desencadearam e deram ensejo à prisão em flagrante por tráfico de drogas e, depois, à denúncia e culminaram com a condenação. **É nula decisão judicial que autoriza o espelhamento do WhatsApp para que a Polícia acompanhe as conversas do suspeito pelo WhatsApp Web Também são nulas todas as provas e atos que dela diretamente dependam ou sejam consequência, ressalvadas eventuais fontes independentes. Não é possível aplicar a analogia entre o instituto da interceptação telefônica e o espelhamento, por meio do WhatsApp Web, das conversas realizadas pelo aplicativo WhatsApp.** STJ. 6ª Turma. RHC 99.735-SC, Rel. Min. Laurita Vaz, julgado em 27/11/2018 (Info 640).

Em sentido diverso, vejamos interessante precedente do Superior Tribunal de Justiça no sentido de autorizar o acesso de conversas do Whatsapp da vítima morta, cujo celular foi entregue pela sua esposa:

A)   ALCANCE DA MEDIDA DE INTERCEPTAÇÃO TELEFÔNICA

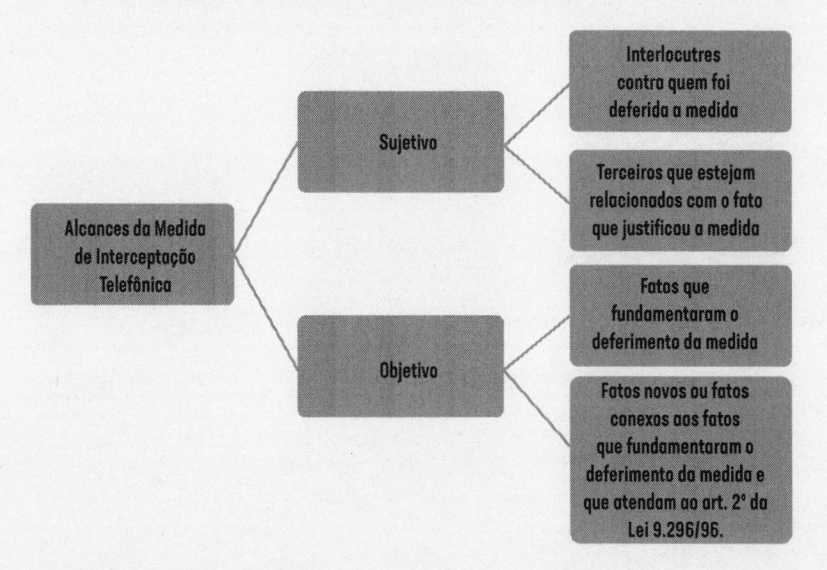

O alcance da medida de interceptação telefônica deve ser analisado por dois prismas: o **subjetivo**, que se refere a quais pessoas a medida pode atingir e do ponto de vista **objetivo**, no que concerne a que fatos a medida pode alcançar.

Do ponto de vista subjetivo, conforme entendimento doutrinário e jurisprudencial dominante, a medida de interceptação pode alcançar os interlocutores contra quem a medida foi originariamente deferida e, em caso fortuito, terceiros que possam estar relacionados com o fato que justificou a medida.

Sob o aspecto objetivo, a medida pode alcançar tanto os fatos que de início justificaram a decretação da interceptação, quanto fatos que, conexos aos inicialmente investigados, possam ter sido descobertos por ocasião das escutas telefônicas.

B) TEORIA DO ENCONTRO FORTUITO DE PROVAS (SERENDIPIDADE)

Segundo essa teoria, "independentemente da ocorrência da identidade de investigados ou réus, consideram-se válidas as provas encontradas casualmente pelos agentes da persecução penal, relativas à infração penal até então desconhecida, por ocasião do cumprimento de medidas de obtenção de prova de outro delito regularmente autorizadas, ainda que inexista conexão ou continência com o crime supervenientemente encontrado e este não cumpra os requisitos autorizadores da medida probatória, desde que não haja desvio de finalidade na execução do meio de obtenção de prova." (RHC 94.803/RS, Rel. Ministro RIBEIRO DANTAS, QUINTA TURMA, julgado em 04/06/2019)

Vejamos, por fim, como as diversas bancas de concursos têm abordado o tema:

Ano: 2019 Banca: Instituto Acesso Órgão: PC-ES Prova: Instituto Acesso - 2019 - PC-ES - Delegado de Polícia

Antônio foi preso em flagrante sob a acusação da prática de tráfico de drogas. A polícia apreendeu seu telefone celular. O Delegado abriu o aplicativo Whatsapp no celular do suspeito e verificou que, nas conversas de Antônio, as mensagens comprovaram que ele realmente negociava drogas, e assumia a prática de outros crimes graves. As referidas mensagens foram transcritas pelo escrivão e juntadas ao inquérito policial, em forma de certidão. Nessa situação hipotética, de acordo com as regras de admissibilidade das provas no processo penal brasileiro, marque a alternativa CORRETA.

A) é necessário ordem judicial, tanto para a apreensão de telefone celular, como também para o acesso às mensagens de whatsapp.

B) tendo em vista que é dispensável ordem judicial para a apreensão de telefone celular, também não é necessária autorização para o acesso as mensagens de whatsapp, visto que se trata de medida implícita à apreensão.

C) é necessário somente requisição do Ministério Público para o acesso às mensagens de whatsapp.

D) como se trata de procedimento preliminar investigatório, não é necessário a prévia autorização judicial para que a autoridade policial possa ter acesso ao whatsapp da pessoa que foi presa em flagrante delito.

E) é necessária prévia autorização judicial para que a autoridade policial possa ter acesso ao whatsapp da pessoa que foi presa em flagrante delito.

Ano: 2019 Banca: MPE-SP Órgão: MPE-SP Prova: MPE-SP - 2019 - MPE-SP - Promotor de Justiça Substituto. Com base na orientação jurisprudencial assentada no STJ quanto à ilicitude da prova, é considerada ilícita a prova

A) obtida por meio de revista íntima em estabelecimentos prisionais, por violar o direito à intimidade, quando realizada conforme as normas administrativas e houver fundada suspeita de tráfico.

B) obtida diretamente dos dados constantes de aparelho celular, decorrentes de mensagens de textos SMS ou conversas por meio de WhatsApp, quando ausente prévia autorização judicial.

C) obtida através de busca pessoal em mulher realizada por policial masculino, por violar o direito à intimidade, quando comprovado que a presença de uma policial feminina para a realização do ato importará retardamento da diligência.

D) resultante de escuta ambiental realizada por um dos interlocutores, sem o conhecimento do outro, por violar o direito à intimidade.

E) decorrente de busca domiciliar e apreensão de droga, desprovida do respectivo mandado, ante a inviolabilidade do domicílio, quando houver fundadas razões de prática da traficância.

QUESTÕES DE CONCURSOS

1. **PUC PR - Analista Judiciário (TJ MS)/Fim/Bacharel em Direito/2017. Sobre a prova no direito processual penal, marque a alternativa CORRETA.**

   A) São também inadmissíveis as provas derivadas das ilícitas, inclusive aquelas que evidenciam nexo de causalidade entre umas e outras, bem como aquelas que puderem ser obtidas por uma fonte independente das primeiras.

   B) A confissão será indivisível e irretratável, sem prejuízo do livre convencimento do juiz, fundado no exame das provas em conjunto.

   C) Considera-se indício a circunstância conhecida e provada, que, tendo relação com o fato, autorize, por indução, concluir-se a existência de outra ou outras circunstâncias; entretanto, tal espécie de prova não é aceita nos tribunais superiores por violar o princípio constitucional da ampla defesa.

   D) A prova emprestada, quando obedecidos os requisitos legais, tem sua condição de prova perfeitamente aceita no processo penal; no entanto, ela não tem o mesmo valor probatório da prova originalmente produzida.

   E) O juiz formará sua convicção pela livre apreciação da prova produzida em contraditório judicial, não podendo fundamentar sua decisão exclusivamente nos elementos informativos colhidos na investigação, ressalvadas as provas cautelares, não repetíveis e antecipadas.

2. **NUCEPE UESPI - Agente Penitenciário (SEJUS PI)/2017**

   Acerca do Interrogatório do Acusado, marque a resposta correta. Mário responde a processo criminal na Justiça Federal do Piauí. Para dar prosseguimento e celeridade à referida ação, em face de dificuldades de comparecimento em juízo, Mário poderá:

   A) ser interrogado no gabinete do magistrado, sem necessidade de advogado ou da Defensoria Pública da União.

   B) ser interrogado pelo juiz competente para sua causa por meio de videoconferência.

   C) ser interrogado, no local em que estiver preso, mesmo que lá não ofereça garantias de segurança ao juiz e aos demais auxiliares da justiça.

   D) deixar de ser interrogado pelo juiz de 1ª instância, possibilitando o seu interrogatório somente no Tribunal Regional Federal da 1ª Região.

   E) substituir seu interrogatório por declaração feita de próprio punho, se estiver preso.

3. FCC - Analista Judiciário (TRF 5ª Região)/Judiciária/"Sem Especialidade"/2017

No que tange às disposições relativas às provas no Código de Processo Penal, é correto afirmar:

A) Não sendo possível o exame de corpo de delito, por haverem desaparecido os vestígios, o acusado deverá ser absolvido, não sendo permitido a prova testemunhal para suprir-lhe a falta.

B) Ainda que a infração penal deixe vestígios, havendo confissão do acusado, dispensável a realização do exame de corpo de delito.

C) A autópsia será feita em, no máximo, seis horas depois do óbito, salvo se os peritos, pela evidência dos sinais de morte, julgarem que possa ser feita depois daquele prazo, o que declararão no auto.

D) Em caso de lesões corporais, se o primeiro exame pericial tiver sido incompleto, proceder-se-á a exame complementar por determinação da autoridade policial ou judiciária, de ofício, ou a requerimento do Ministério Público, do ofendido ou do acusado, ou de seu defensor.

E) Em razão de seu caráter técnico e vinculatório, o juiz ficará adstrito ao laudo pericial produzido, não podendo rejeitá-lo.

4. FAPEMS - Agente de Polícia Judiciária (PC MS)/Escrivão de Polícia Judiciária/2017 (e mais 1 concurso)

No dia 16 de julho deste ano, feriado no Rio de Janeiro, um tiroteio entre grupos rivais em certa comunidade vitimou o popular Raimundo. Dirigindo-se ao local, o delegado providenciou o isolamento da área até a chegada dos peritos criminais. Depois de meia hora, uma viatura do Instituto Geral de Perícias compareceu à cena delitiva. O médico legista, Raul, realizou o exame sozinho, pois seu colega Paulo, naquele domingo, havia sido dispensando para acompanhar o nascimento de seu primeiro filho. O laudo foi elaborado no prazo legal e encaminhado à Delegacia de Polícia para ser juntado aos autos de inquérito policial. Com base no relato, assinale a alternativa correta.

A) No processo penal, é nulo o exame pericial realizado por um só perito.

B) A ausência de um dos peritos oficiais pode ser suprida por prova testemunhal.

C) O exame de corpo de delito somente pode ser realizado em dias úteis.

D) Os cadáveres serão sempre fotografados na posição em que forem encontrados.

E) Na ausência de um dos peritos oficiais, outras duas pessoas idôneas, mesmo não portadoras de diploma de curso superior, devem auxiliar na perícia técnica.

5. **FAPEMS - Delegado de Polícia (PC MS)/2017**

A possibilidade de o juiz condenar ou não o réu com base nos elementos de informação contidos no inquérito policial, sem o crivo no contraditório na fase judicial, é tema de antiga discussão no processo penal brasileiro. Nesse contexto, assinale a alternativa **correta.**

A) Apesar de o inquérito policial ser um procedimento administrativo, os elementos informativos não necessitam ser corroborados em juízo, em virtude da oficialidade com que agem as autoridades policiais.

B) No Tribunal do Júri, vigora o sistema do livre convencimento motivado do julgador, por isso os jurados podem julgar com base em qualquer elemento de informação exposto ou lido em plenário, sem fundamentar a sua decisão.

C) A condenação do réu deve sempre ser fundamentada em provas colhidas com respeito ao direito do contraditório judicial, ainda que o magistrado utilize elementos informativos na formação de seu convencimento.

D) Os elementos de informações colhidos no inquérito policial podem fundamentar sentença condenatória, quando não há prova judicial para sustentar a condenação, haja vista o princípio da verdade real.

E) Com a reforma introduzida em 2008 no Código de Processo Penal, restou definido que o juiz não pode condenar o réu com base nos elementos informativos e provas não repetíveis colhidos na investigação.

6. **FEPESE - Agente de Polícia Civil (PC SC)/2017**

De acordo com o Código de Processo Penal, é correto afirmar sobre o interrogatório do réu:

A) Não importa em confissão o silêncio do réu.

B) O silêncio do réu poderá ser interpretado em seu desfavor.

C) O interrogatório deverá se limitar, unicamente, a questões relativas aos fatos decorrentes da infração penal.

D) O réu que silenciar no seu interrogatório deverá ser interrogado quantas vezes forem necessárias até ele prestar as informações necessárias.

E) Somente é lícito ao réu silenciar no interrogatório, quando não estiver devidamente acompanhado por advogado ou defensor.

7. **CEBRASPE (CESPE) - Defensor Público Federal/2017**

Acerca dos sistemas de apreciação de provas e da licitude dos meios de prova, julgue o item subsequente.

Embora o ordenamento jurídico brasileiro tenha adotado o sistema da persuasão racional para a apreciação de provas judiciais, o CPP remete ao sistema da prova tarifada, como, por exemplo, quando da necessidade de se provar o estado das pessoas por meio de documentos indicados pela lei civil. [ ]

8. **CEBRASPE (CESPE) - Defensor Público do Estado de Alagoas/2017**

Em determinada ação penal, o Ministério Público ofereceu como prova gravação feita por testemunha que tinha gravado um diálogo com o acusado, na qual este admitia que havia pagado propina a um funcionário público para que ele expedisse documento de interesse exclusivo e privado do acusado.

Nessa situação hipotética, como providência processual, deve-se

A) proceder à acareação entre a testemunha e o acusado, para que sejam esclarecidos fatos ou circunstâncias relevantes.

B) considerar a gravação e as demais provas colhidas, para condenar ou absolver o réu, conforme decisão do juiz.

C) considerar contaminado todo o processo, devido à ilicitude na colheita da prova, com fundamento na teoria da árvore dos frutos envenenados.

D) desconsiderar a prova, devido ao fato de ela ser ilícita, e arquivar o inquérito, ação que deve ser realizada pelo delegado após comunicação ao juiz e ao Ministério Público.

E) anular a prova e retirar a gravação dos autos, devido ao fato de ela ter sido feita sem a ciência e o consentimento do réu.

9. **CEBRASPE (CESPE) - Defensor Público do Estado do Acre/2017**

De acordo com o entendimento do STF sobre os meios de prova e seu acesso pela DP,

A) o direito ao acesso amplo aos elementos de prova engloba a possibilidade de obtenção de cópias, por quaisquer meios, de todos os elementos de prova já documentados, inclusive mídias que contenham gravação de depoimentos em formato audiovisual.

B) é permitida a obtenção de informações concernentes à realização das diligências investigatórias pendentes, até mesmo as que se refiram a terceiros envolvidos.

C) é obrigatória a disponibilização ao DP de cópia de tudo que tiver sido registrado, no curso do processo, em audiências realizadas, o que inclui a degravação feita por meio audiovisual.

D) o direito ao amplo acesso aos elementos de prova pelo DP alcança procedimentos de natureza cível ou administrativa.

E) o DP pode ter acesso às diligências que estejam em andamento e ainda não tenham sido documentadas.

10. **IBADE - Agente de Polícia Civil (PC AC)/2017 (e mais 2 concursos)**

São Inadmissíveis, por serem ilícitas, as provas que:

A) violam normas constitucionais, não recebendo o mesmo tratamento as que violam normas infraconstitucionais.

B) embora colhidas licitamente derivam das ilícitas

C) violam normas infraconstitucionais, não recebendo o mesmo tratamento as que violam normas constitucionais por serem estas programáticas.

D) violam a moral e os bons costumes,

E) violam as normas constitucionais e legais, salvo se obtidas de boa-fé pelo agente policial e forem imprescindíveis ao esclarecimento da autoria.

11. IBADE - Delegado de Polícia Civil (PC AC)/2017

Segundo o código de processo penal o mandado de busca domiciliar deverá:

A) indicar ainda que de forma genérica e indeterminada a casa na Qual se realizará a diligência, precisando com tudo a região da busca.

B) Indicar, o mais precisamente possível, a casa em que será realizada a diligência e o nome do respectivo proprietário ou morador; ou, no caso de busca pessoal , o nome da pessoa que terá de sofrê-la ou os sinais que a identifiquem.

C) em qualquer caso, permitir a apreensão de documento em poder do defensor do acusado.

D) ser subscrito pelo escrivão de polícia pela autoridade policial.

E) mencionar ainda que de forma genérica o motivo e os fins da diligência.

12. IESES - Perito (IGP SC)/Criminal/Ambiental/2017 (e mais 4 concursos)

O policial Ferdinando, ao chegar a um local no qual ocorreu uma tentativa de homicídio, notou que havia uma mulher com um ferimento perfurocortante em seu abdômen e, embora a vítima estivesse perdendo sangue, ainda mostrava sinais de vida. Ferdinando, sem hesitar, entrou no local e levou a vítima ao hospital mais próximo.

Em princípio, baseado no que prevê o artigo 169 do Código de Processo Penal (Para o efeito de exame do local onde houver sido praticada a infração, a autoridade providenciará imediatamente para que não se altere o estado das coisas até a chegada dos peritos, que poderão instruir seus laudos com fotografias, desenhos ou esquemas elucidativos.) e na doutrina consagrada dos procedimentos de isolamento e preservação de local de crime (adotada pela Secretaria Nacional de Segurança Pública, por exemplo), Ferdinando:

A) Não será responsabilizado civil ou criminalmente, pois a preservação do local de crime não é fundamental para a elucidação dos fatos (crime.)

B) Responderá criminalmente por ter alterado o local de crime, pois, de acordo com a teoria do crime, o mesmo é classificado como agente garantidor e deveria ter consciência da natureza do ato praticado ao socorrer a vítima.

C) Responderá civilmente e administrativamente pela quebra de protocolo em preservação de local de crime.

D) Será isento da responsabilização por adentrar e alterar o local de crime no seu ato de socorrer a vítima, tendo em vista a prioridade em preservar a vida humana.

13. FAPEMS - Delegado de Polícia (PC MS)/2017

A Constituição Federal de 1988, no artigo 5°, inciso LVI, prevê expressamente a inadmissibilidade da utilização no processo de provas obtidas por meios ilícitos. De acordo com as teorias adotadas pelo legislador brasileiro e recente entendimento jurisprudencial, descarta-se a ilicitude da prova na seguinte situação.

A) Juca está sendo acusado de crime, porém alega que é inocente e tudo não passa de um plano vingativo elaborado por seu desafeto político. No intuito de provar sua inocência, Juca contrata investigador particular, o qual instala sistema de captação de imagem e som clandestinamente no escritório do seu desafeto. Por meio das imagens e som gravados, Juca consegue extrair conversa que prova indubitavelmente não ser ele autor do crime denunciado e faz a juntada nos autos do processo judicial.

B) Um grupo de policiais civis estava executando operação contra o tráfico na cidade de Campo Grande-MS, quando suspeitou que Arnolgildo estaria filmando toda ação policial. Por esse motivo, Arnolgildo foi então abordado pelos policiais civis, os quais, sem a existência de mandado judicial, efetuaram uma busca na sua residência e localizaram 9 gramas de crack e 0,4 gramas de cocaína. Arnolgildo foi preso em flagrante pela acusação de tráfico de drogas.

C) Autorizada interceptação telefônica em face de Diná Sabino de acordo com os ditames legais, ao término, é extraída prova da prática de delito por esta. No entanto, as conversas de cunho probatório são aquelas que haviam sido realizadas entre Diná Sabino e seu advogado, quando a primeira confessa a prática de crimes e requer orientação de como proceder para ser inocentada.

D) Ao cumprir mandado de busca e apreensão em investigação de crime de homicídio, os policiais acessam os computadores da residência do investigado e levantam diversos dados que demonstram a coautoria do vizinho. Dessa forma, os policiais estendem informalmente o mandado judicial e cumprem a diligência, também, na residência do vizinho, em observância ao princípio da celeridade processual.

E) Chegou ao conhecimento da autoridade policial que determinado caminhão estava transportando alta quantidade de drogas. Em cumprimento de mandado judicial, foram realizadas busca e apreensão do veículo, confirmando-se o fato. No decorrer do processo judicial, constatou-se que o crime havia sido descoberto no 16° dia do início de interceptação telefônica, deferida judicialmente pelo prazo inicial de 30 dias. Verificou-se, ainda, que houve pedido de prorrogação após um dia do término do prazo inicial.

14. IESES - Cabo Policial Militar (PM SC)/2017

Por vezes em nossa atividade operacional somos convocados a participar de Operação Policial Militar para cumprimento de mandado de busca e apreensão, bem como no dia a dia durante o serviço operacional deparamo-nos com pessoas suspeitas da prática de crime (s). Assim, conforme dispõe o Decreto Lei n° 3.689, de 3 de outubro de 1941, Código de Processo Penal, relativamente à Busca e Apreensão, artigos 240 a 250, assinale a alternativa CORRETA.

A) O mandado de busca deverá indicar, com exata precisão, a casa em que será realizada a diligência devendo conter nome do proprietário ou morador, ou, no caso de busca pessoal, o nome exato da pessoa que terá de sofrê-la.

B) A busca pessoal independerá de mandado, no caso de prisão ou quando houver fundada suspeita de que a pessoa esteja na posse de arma proibida ou de objetos ou papéis que constituam corpo de delito, ou quando a medida for determinada no curso de busca domiciliar.

C) As buscas domiciliares serão executadas a qualquer hora do dia ou da noite, e os executores mostrarão e lerão o mandado ao morador, ou a quem o represente, intimando-o em seguida, a abrir a porta.

D) Em caso de desobediência, não poderá ser arrombada a porta e forçado a entrada.

E) A busca em mulher deverá ser feita por outra mulher, mesmo que retarde ou prejudique a diligência.

15. FEPESE - Agente de Polícia Civil (PC SC)/2017

De acordo com o Código de Processo Penal, é correto afirmar sobre o exame de corpo de delito.

A) O exame de corpo de delito somente será realizado a pedido da parte interessada.

B) O exame de corpo de delito poderá ser relato à autoridade judicial como forma testemunhal.

C) A parte interessada na produção de exame de corpo de delito deverá requer a sua realização à autoridade policial, no prazo de até três dias após a infração penal.

D) Qualquer pessoa, desde que habilitada na especialidade demandada, poderá produzir o exame de corpo de delito.

E) Por se tratar de prova indispensável em crimes que deixam vestígios, poderá ser feito em qualquer dia e a qualquer hora.

16. CS UFG - Juiz Leigo (TJ GO)/2017

Segundo o Código de Processo Penal, a testemunha faltosa poderá ser processada criminalmente por crime de

A) falso testemunho.

B) desacato.

C) desobediência.

D) resistência.

E) fraude processual.

17. IBFC - Perito Oficial (PCie PR)/Médico Legista/Área A/2017 (e mais 4 concursos)

Considere as regras básicas aplicáveis ao Direito Processual Penal para assinalar a alternativa correta sobre a prova.

A) O juiz formará sua convicção pela livre apreciação da prova produzida em contraditório judicial, podendo fundamentar sua decisão exclusivamente nos elementos informativos colhidos na investigação, ressalvadas as provas cautelares, não repetíveis e antecipadas

B) As restrições estabelecidas na lei civil serão observadas para todos os efeitos de produção de prova

C) A prova da alegação incumbirá a quem a fizer; mas o juiz poderá, no curso da instrução ou antes de proferir sentença, determinar, de ofício, diligências para dirimir dúvida sobre ponto relevante, vedada a produção antecipada de prova

D) São admissíveis, devendo, no entanto, ser desentranhadas do processo, as provas ilícitas, assim entendidas as obtidas em violação a normas constitucionais

E) São inadmissíveis as provas derivadas das ilícitas, salvo quando não evidenciado o nexo de causalidade entre umas e outras, ou quando as derivadas puderem ser obtidas por uma fonte independente das primeiras

18. Com. Exam. (MPE RS) - Promotor de Justiça (MPE RS)/2017/XLVIII

Em uma ação penal o Ministério Público, durante a instrução, junta documento em língua estrangeira. Intimada a defesa especificamente sobre o documento, esta silencia. No momento de requerer diligências do art. 402 do Código de Processo Penal, Ministério Público e defesa nada requerem. Oferecidas alegações finais orais, o Ministério Público vale-se do documento em língua estrangeira para pedir a condenação. A defesa, por sua vez, produz eficiente defesa sem fazer referência ao documento em língua estrangeira. Concluso para sentença, considerando o documento em língua estrangeira, o juiz deverá

A) determinar a conversão do julgamento em diligência para que seja providenciada a tradução do documento por tradutor público, ou, na falta, por pessoa idônea a ser nomeada pelo juízo, independentemente da solução ser condenatória ou absolutória, ou ainda do uso do documento nesta solução.

B) ordenar o desentranhamento do documento já que em todos os atos e termos do processo é obrigatório o uso da língua portuguesa e não foi providenciada a sua tradução em momento oportuno.

C) decidir pela conversão do julgamento em diligência para que seja providenciada a tradução do documento por tradutor público, ou, na falta, por pessoa idônea a ser nomeada pelo juízo, apenas se for condenar o acusado e valer-se do documento para tanto.

D) apreciar livremente a prova produzida, inclusive quanto ao documento em língua estrangeira, uma vez que a sua tradução não é obrigatória.

E) resolver pela conversão do julgamento em diligência para que o Ministério Público e a defesa juntem cada um a sua versão em língua portuguesa do documento em língua estrangeira.

19. CEBRASPE (CESPE) - Procurador Municipal de Belo Horizonte/2017

Com base no entendimento do STJ, assinale a opção correta.

A) Somente se houver prévia autorização judicial, serão considerados prova lícita os dados e as conversas registrados no aplicativo WhatsApp colhidos de aparelho celular apreendido quando da prisão em flagrante.

B) O MP estadual não tem legitimidade para atuar diretamente como parte em recurso submetido a julgamento no STJ.

C) Tratando-se de demandas que sigam o rito dos processos de competência originária dos tribunais superiores, considera-se intempestiva a apresentação de exceção da verdade no prazo da defesa prévia, se, tendo havido defesa preliminar, o acusado não tiver nesse momento se manifestado a esse respeito.

D) É ilegal portaria que, editada por juiz federal, estabelece a tramitação direta de inquérito policial entre a Polícia Federal e o MPF.

20. FAPEMS - Delegado de Polícia (PC MS)/2017

De acordo com as disposições expressas no Código de Processo Penal vigente, o interrogatório por videoconferência do réu preso será realizado.

A) excepcionalmente, de ofício pelo juiz, por decisão fundamentada, desde que a medida seja necessária para impedir a influência do réu no ânimo de testemunha ou vítima, com a intimação das partes no prazo de 15 (quinze.) dias de antecedência.

B) imediatamente, pelo juiz, ou mediante requerimento das partes, delegado de polícia e diretor do estabelecimento prisional, por decisão fundamentada, para prevenir que o preso possa fugir durante o deslocamento.

C) mediante requerimento das partes para garantir que o réu participe do referido ato processual, quando houver dificuldade de comparecer em juízo por motivo de doença grave ou para atender questão de ordem pública.

D) excepcionalmente, de ofício pelo juiz ou a requerimento das partes, por decisão fundamentada, desde que a medida seja necessária para responder à gravíssima questão de ordem pública.

E) por decisão fundamentada pelo juiz ou pelo delegado de polícia, para prevenir risco à segurança pública, quando existir fundada suspeita de que o preso integre organização criminosa.

21. VUNESP - Analista (CRBio 01)/Advogado/2017

Em busca e apreensão realizada pela Autoridade Policial em uma copiadora, apreendeu-se quantidade significativa de cópias de obra intelectual (livro), expostas à venda, reproduzidas sem autorização do autor ou titular dos direitos autorais. Foi lavrado termo, assinado por 02 (duas) testemunhas, com descrição de todos os bens apreendidos. Subsequente à apreensão, parte do material foi submetida à perícia, por pessoa tecnicamente habilitada, sendo confeccionado o laudo, conclusivo quanto à violação de direito autoral. Oferecida a denúncia pelo Ministério Público em face do proprietário da copiadora, pelo crime previsto no art. 184, § 2, do CP (apenado com reclusão de 2 a 4 anos), o Juiz a recebeu, tendo determinado a citação do acusado, para apresentar resposta à acusação, em 10 (dez) dias. A associação da qual o titular dos direitos autorais do livro indevidamente copiado é associado, após regular pedido, foi habilitada como assistente de acusação.

A respeito do caso hipotético, de acordo com o Código de Processo Penal e entendimento consolidado dos Tribunais Superiores, é correto afirmar que

A) a perícia realizada em parte do material apreendido, por amostragem, é suficiente para evidenciar a materialidade do crime de violação autoral.

B) a perícia realizada no material apreendido é imprestável para evidenciar a materialidade do crime de violação autoral, já que não realizada por perito oficial.

C) errou o Juiz da causa ao determinar a citação do acusado para apresentação de resposta à acusação, pois, conforme expressamente dispõe o Código de Processo Penal, o procedimento comum não se aplica ao processo de julgamento de crimes contra a propriedade imaterial.

D) nos crimes contra a propriedade imaterial, processáveis por ação penal privada, a busca e apreensão será realizada por dois peritos, nomeados pela Autoridade Policial.

E) errou o Juiz da causa ao habilitar a associação como assistente da acusação, pois somente a vítima, em nome próprio, pode exercer referido papel.

22. CEBRASPE (CESPE) - Delegado de Polícia (PC GO)/2017

Suponha que o réu em determinado processo criminal tenha indicado como testemunhas o presidente da República, o presidente do Senado Federal, o prefeito de Goiânia - GO, um desembargador estadual aposentado, um vereador e um militar das Forças Armadas. Nessa situação hipotética, conforme o Código de Processo Penal, poderão optar pela prestação de depoimento por escrito

A) o presidente do Senado Federal e o desembargador estadual.

B) o prefeito de Goiânia - GO e o militar das Forças Armadas.

C) o desembargador estadual e o vereador.

D) o presidente da República e o presidente do Senado Federal.

E) o presidente da República e o vereador.

23. Com. Exam. (MPE MS) - Promotor de Justiça (MPE MS)/2018/XXVIII

É **correto** afirmar que:

A) Indício, no Código de Processo Penal, possui, exclusivamente, o significado de prova indireta, como elemento de prova.

B) O Supremo Tribunal Federal já reconheceu a necessidade de maior elasticidade na admissão da prova da acusação, nos delitos de poder, o que em absoluto se confunde com a flexibilização das garantias legais.

C) Segundo o Supremo Tribunal Federal, para o oferecimento da denúncia por crime de lavagem de dinheiro ou ocultação de bens, direitos e valores (Lei n. 9.613/1998), não é necessário que o crime antecedente esteja tipificado ao tempo da ação, uma vez que independe do julgamento do crime antecedente, exigindo-se apenas que este tenha previsão normativa ao tempo do oferecimento da denúncia.

D) A indicação de direito municipal, segundo o Código de Processo Penal, obriga a parte que o invocou a fazer prova do teor e da vigência dessa categoria de legislação, independentemente de determinação judicial.

E) Segundo a doutrina, o fenômeno da limitação da conexão atenuada não possui o condão de afastar a ilegalidade da situação que deu origem a determinado meio de prova, não se permitindo o aproveitamento da prova.

24. FUNDATEC - Delegado de Polícia (PC RS)/2018

Acerca da disciplina sobre provas e os meios para a sua obtenção, assinale a alternativa correta.

A) O denominado Depoimento Sem Dano é permitido pela jurisprudência do Superior Tribunal de Justiça nos crimes sexuais cometidos contra a criança e ao adolescente, não havendo nulidade em razão da ausência de advogado do suspeito durante a oitiva da vítima.

B) A busca em mulher será feita por outra mulher, ainda que importe no retardamento da diligência, desde que não a frustre.

C) É vedada à testemunha, breve consulta a apontamentos durante o depoimento prestado oralmente.

D) Segundo a jurisprudência dos Tribunais Superiores, a confissão do suspeito torna desnecessárias outras diligências para a elucidação do caso, desde que o autor tenha indicado os motivos e circunstâncias do fato e se outras pessoas concorreram para a infração.

E) A acareação será admitida entre acusado e testemunha, entre testemunhas, entre acusado ou testemunha e a pessoa ofendida, entre as pessoas ofendidas, sempre que divergirem, em suas declarações, sobre fatos ou circunstâncias relevantes, vedada a acareação entre acusados.

25. FUNDATEC - Analista Técnico (DPE SC)/2018

Em relação à prova no processo penal, assinale a alternativa **correta.**

A) Todos os meios de prova possíveis em sede de processo penal encontram previsão no Código de Processo Penal.

B) O Código de Processo Penal prevê a teoria dos frutos da árvore envenenada, a qual não é absoluta.

C) A serendipidade significa o mesmo que descoberta inevitável ou exceção de fonte hipotética independente.

D) O interrogatório por videoconferência é a regra para o nosso Código de Processo Penal.

E) No caso de cumprimento de mandado de busca e apreensão, devidamente autorizado judicialmente, é possível, de acordo com o Código de Processo Penal, proceder-se à apreensão de documento em poder do defensor do acusado, mesmo quando não constitua elemento do corpo de delito.

26. FGV - Analista Judiciário (TJ AL)/Oficial de Justiça Avaliador/2018

Bárbara, Oficial de Justiça, compareceu a determinado endereço para cumprir mandado de busca e apreensão residencial. Quando do cumprimento do mandado, encontrou materiais que serviam de prova para demonstrar a prática de outro delito autônomo àquele investigado e que justificou a medida, apesar de serem da mesma natureza e envolverem o mesmo modus operandi. Diante disso, também apreendeu aqueles materiais. Enquanto retornava para seu trabalho, Bárbara encontrou com Joana, colega de escola de quem sempre desconfiara que estivesse envolvida na prática de crimes de corrupção. Em razão disso, optou por gravar, de maneira secreta, a conversa que estavam tendo, sendo que efetivamente registrou o momento em que Joana oferecia vantagem financeira para Bárbara deixar de praticar ato de ofício. Considerando essas informações, é correto afirmar que:

A) os elementos de prova, como um todo, obtidos a partir da busca e apreensão e da gravação realizada por Bárbara são válidos;

B) os elementos de prova, como um todo, obtidos a partir da busca e apreensão e da gravação realizada por Bárbara são inválidos;

C) a prova obtida a partir da gravação realizada por Bárbara é inválida, enquanto todos os elementos obtidos a partir da busca e apreensão são válidos;

D) a prova obtida a partir da gravação realizada por Bárbara é válida, enquanto todos os elementos obtidos a partir da busca e apreensão são inválidos;

E) os elementos de prova obtidos na busca e apreensão somente são válidos em relação ao crime que justificou a medida, mas não quanto ao descoberto fortuitamente, enquanto a prova obtida a partir da gravação de Bárbara é válida.

27. FUNRIO - Soldado (PM GO)/2017

Pode-se afirmar, a respeito da medida de busca e apreensão domiciliar, que

A) apenas pode ser realizada durante o dia.

B) se a própria autoridade der a busca, não precisará declarar o objeto da diligência.

C) recalcitrando o morador, será permitido o emprego de força contra ele ou seus familiares.

D) em caso de desobediência, será arrombada a porta e forçada a entrada.

E) finda a diligência, os executores lavrarão auto circunstanciado, sendo suficiente a assinatura de uma testemunha presencial.

28. COPS UEL - Advogado (CM Londrina)/2017

De acordo com o Código de Processo Penal, assinale a alternativa que apresenta, corretamente, o motivo pelo qual a autoridade poderá mandar conduzir o acusado à sua presença para interrogatório ou qualquer outro ato na ação penal, que, sem ele, não possa ser realizado.

A) A fim de que não haja manifestação contra o ato de interrogatório.

B) Se o acusado não atender à intimação para o interrogatório.

C) Como forma de atender aos interesses da coletividade na averiguação dos fatos.

D) Para a preservação da segurança do interrogado e de sua família.

E) Para punir pessoa mediante convicção de que tenha cometido crime.

29. CEBRASPE (CESPE) - Analista Judiciário (TRE BA)/Administrativa/"Sem Especialidade"/2017

Com relação às provas no processo penal, julgue os seguintes itens.

I.   O exame de corpo delito, imprescindível nos casos em que as infrações penais deixam vestígios, pode ser suprido pela confissão do acusado.

II. Desaparecidos os vestígios da infração penal, a prova testemunhal poderá suprir a falta do exame de corpo delito.

III. Do ofendido não será colhido o compromisso de dizer a verdade sobre o que souber, não podendo ele ser responsabilizado pelo crime de falso testemunho.

IV. Reputar-se-á verdadeira a acusação formulada contra o acusado que permanecer em silêncio em seu interrogatório judicial.

Estão certos apenas os itens

A) I e II.

B) I e III.

C) I e IV.

D) II e III.

E) III e IV.

30. CEBRASPE (CESPE) - Promotor de Justiça (MPE RR)/2017

O não cumprimento de procedimento previsto em lei pode gerar múltiplas nuli-dades, além de ofensas ao devido processo legal. A respeito desse assunto, as-sinale a opção correta de acordo com o entendimento dos tribunais superiores.

A) A oitiva de policiais de forma antecipada, sob a alegação de que a atua-ção frequente em situações semelhantes leva ao esquecimento de fatos específicos, não configura constrangimento ilegal.

B) O acesso do MP a recibos e comprovantes de depósitos bancários entre-gues espontaneamente pela ex-companheira do investigado, que tiverem sido voluntariamente deixados sob a guarda dela pelo próprio investiga-do, é considerado meio de prova nulo.

C) A gravação ambiental realizada por um dos interlocutores, sem o con-sentimento do outro e sem prévia autorização judicial, é ilícita e, por isso, acarreta nulidade da prova.

D) A técnica de depoimento sem dano nos crimes sexuais contra criança e adolescente configura-se vedada no ordenamento brasileiro, por trazer cerceamento de defesa, devido ao fato de o defensor não poder fazer a inquirição direta da testemunha.

31. VUNESP - Juiz Estadual (TJ SP)/2017/187°

No que diz respeito ao exame de corpo de delito e às perícias em geral, é cor-reto afirmar que

A) será facultada ao Ministério Público, ao assistente de acusação, ao ofen-dido, ao querelante e ao acusado a indicação de assistente técnico, ve-dada, porém, a formulação de quesitos.

B) é permitido às partes, durante o curso do processo, requerer a oitiva dos peri-tos para esclarecerem a prova, desde que o mandado de intimação e as ques-tões a serem esclarecidas sejam encaminhados com antecedência mínima de 10 (dez) dias, podendo apresentar as respostas em laudo complementar.

C) é nulo o exame realizado por um só perito, considerando-se impedido o que tiver funcionado, anteriormente, na diligência de apreensão.

D) o assistente técnico atuará a partir de sua admissão pelo juiz, sempre antes da conclusão dos exames e elaboração do laudo pelo perito oficial, sendo as partes intimadas desta decisão.

32. CEBRASPE (CESPE) - Perito Criminal Federal/Área 12/2018

Julgue o item de acordo com os preceitos éticos e legais a serem seguidos pelo perito na área da medicina.

Segundo o Código de Processo Penal, o exame cadavérico, em casos de morte violenta, é obrigatório e deverá ser realizado preferencialmente por perito oficial, sendo obrigatória, nesses casos, a inspeção tanto externa quanto interna do corpo, o que será detalhado e, se possível, ilustrado, no respectivo laudo pericial.

Certo ou Errado

33. FCC - Procurador do Estado do Tocantins/2018

Não é incomum se confundir o conceito de "corpo de delito" com o de "exame de corpo de delito". O primeiro diz respeito ao conjunto de elementos sensíveis deixados pelo crime. Já o segundo, refere-se a uma das espécies de perícia, mais especificamente, aquela realizada no corpo de delito. Diante das considerações acima,

A) quando a infração deixar vestígios, será indispensável o exame de corpo de delito, direto ou indireto, podendo, contudo, ser suprido, pela confissão do acusado.

B) o juiz ou a autoridade policial negará o exame de corpo de delito requerido pelas partes quando não for necessário ao esclarecimento da verdade, ainda que se trate de delitos que deixem vestígios.

C) não sendo possível o exame de corpo de delito, por haverem desaparecido os vestígios, a prova testemunhal poderá suprir-lhe a falta.

D) o exame de corpo de delito somente poderá ser realizado em dias úteis, das seis às vinte horas.

E) no exame por precatória, a nomeação dos peritos far-se-á no juízo deprecante. Havendo, porém, no caso de ação privada, acordo das partes, essa nomeação poderá ser feita pelo juiz deprecado.

34. FCC - Defensor Público do Estado do Amazonas/2018/"Prova Reaplicada"

Considere o que se afirma em relação à produção antecipada de provas, determinada com base no art. 366 do Código de Processo Penal:

I. Exige concreta demonstração da urgência e necessidade da medida, não sendo motivo hábil a justificá-la o decurso do tempo, tampouco a presunção de possível perecimento.

II. A gravidade do delito e o decurso de tempo justificam a antecipação da prova oral, porquanto a sua urgência decorre da natureza da prova testemunhal, existindo direito público subjetivo da acusação à sua produção antecipada.

III. É restrita às provas consideradas urgentes, característica que deve estar concretamente comprovada em cada caso por fundamentos que justifiquem a excepcional antecipação.

IV. Possui natureza acautelatória e visa a resguardar a efetividade da prestação jurisdicional, diante da possibilidade de perecimento da prova em razão do decurso do tempo no qual o processo permanece suspenso.

Está correto o que se afirma APENAS em

A) III e IV.

B) II, III e IV.

C) I, II e III.

D) I, III e IV.

E) I e II.

35. UEG - Delegado de Polícia (PC GO)/2018

Sobre a fase investigatória criminal, verifica-se o seguinte.

A) A ausência de defensor, nomeado ou constituído, gera nulidade do interrogatório do investigado pela autoridade policial.

B) O inquérito policial é indispensável para a propositura, pelo titular, da ação penal.

C) Não é admitida a figura do assistente técnico.

D) Na falta de perito oficial, o exame de corpo de delito poderá ser realizado por duas pessoas idôneas e com notório saber na área relacionada com a natureza do exame.

E) Diante de novas provas, o delegado pode, de ofício, desarquivar inquérito já encerrado.

GABARITO

1. E	6. B	11. B	16. C	21. A	26. E	31. D
2. B	7. "FALSO"	12. B	17. A	22. D	27. D	32. Verdadeiro
3. D	8. B	13. A	18. A	23. C	28. B	33. A
4. B	9. A	14. C	19. B	24. A	29. D	34. D
5. C	10. E	15. B	20. A	25. C	30. C	35. C

SUJEITOS DO PROCESSO

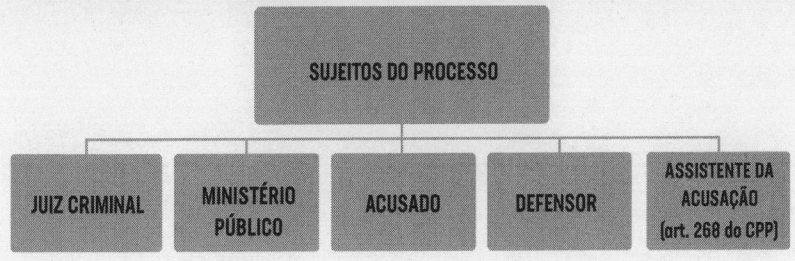

CAPÍTULO 1 - JUIZ CRIMINAL

O juiz é sujeito processual que age em nome do Estado. A esse, uma vez investido da função jurisdicional e em atividade substitutiva à vontade das partes, lhe cabe aplicar o direito objetivo ao caso concreto, no exercício das competências que lhe forem atribuídas.

Assim, uma vez regularmente investido em suas funções, o juiz deverá atuar de modo imparcial, não podendo agir diante das hipóteses legais de impedimentos ou suspeições, de modo a se manter na devida posição de equidistância das partes.

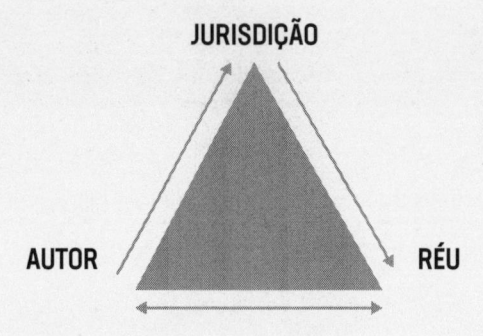

A) PRINCÍPIOS QUE REGEM A ATIVIDADE DO JUIZ

Os seguintes princípios norteiam a atividade jurisdicional:
- Princípio do devido processo legal
- Princípio do Juiz Natural (vedação da criação dos tribunais de exceção)
- Princípio do impulso oficial (art. 251 do CPP)
- Princípio da imparcialidade do juiz

A imparcialidade do juiz restará comprometida diante da constatação de causas de impedimento e suspeição, regulamentadas respectivamente pelo art. 252 e 254 do **Código de Processo Penal** e art. 145 do **Código de Processo Civil**, a seguir:

B) IMPEDIMENTO

Diante da ocorrência de qualquer das hipóteses legais que geram o impedimento do juiz, estará ele vedado de atuar em determinado feito. As hipóteses de impedimento têm caráter objetivo, uma vez que configuram vínculo do juiz com o objeto do processo e acarretam a inexistência do ato processual praticado com tal vício. Vejamos as hipóteses legais e taxativas em que se configura o impedimento:

> **Art.** 252. O juiz não poderá exercer jurisdição no processo em que:

I - tiver funcionado seu cônjuge ou parente, consanguíneo ou afim, em linha reta ou colateral até o terceiro grau, inclusive, como defensor ou advogado, órgão do Ministério Público, autoridade policial, auxiliar da justiça ou perito;

II - ele próprio houver desempenhado qualquer dessas funções ou servido como testemunha;

III - tiver funcionado como juiz de outra instância, pronunciando-se, de fato ou de direito, sobre a questão;

IV - ele próprio ou seu cônjuge ou parente, consanguíneo ou afim em linha reta ou colateral até o terceiro grau, inclusive, for parte ou diretamente interessado no feito.

Art. 253. Nos juízos coletivos, não poderão servir no mesmo processo os juízes que forem entre si parentes, consanguíneos ou afins, em linha reta ou colateral até o terceiro grau, inclusive.

C) SUSPEIÇÃO

As hipóteses de suspeição previstas na legislação processual, ao contrário dos impedimentos que têm natureza objetiva, são situações de natureza **subjetiva**, porquanto caracterizam-se pela presença de vínculo existente entre o juiz e as partes no processo e, da mesma forma que os impedimentos, contaminam a isenção do julgador. Os dispositivos legais que tratam da suspeição não apresentam rol taxativo, estando presentes tanto no Código de Processo Penal, quanto no Código de Processo Civil, vejamos:

Código de Processo Penal

Art. 254. O juiz dar-se-á por **suspeito**, e, se não o fizer, poderá ser recusado por qualquer das partes:

I - se for amigo íntimo ou inimigo capital de qualquer deles;

II - se ele, seu cônjuge, ascendente ou descendente, estiver respondendo a processo por fato análogo, sobre cujo caráter criminoso haja controvérsia;

III - se ele, seu cônjuge, ou parente, consanguíneo, ou afim, até o terceiro grau, inclusive, sustentar demanda ou responder a processo que tenha de ser julgado por qualquer das partes;

IV - se tiver aconselhado qualquer das partes;

V - se for credor ou devedor, tutor ou curador, de qualquer das partes;

VI - se for sócio, acionista ou administrador de sociedade interessada no processo.

CÓDIGO DE PROCESSO CIVIL

Art. 145. Há **suspeição** do juiz:

I - amigo íntimo ou inimigo de qualquer das partes ou de seus advogados;

II - que receber presentes de pessoas que tiverem interesse na causa antes ou depois de iniciado o processo, que aconselhar alguma das partes acerca do objeto da causa ou que subministrar meios para atender às despesas do litígio;

III - quando qualquer das partes for sua credora ou devedora, de seu cônjuge ou companheiro ou de parentes destes, em linha reta até o terceiro grau, inclusive;

IV - interessado no julgamento do processo em favor de qualquer das partes.

§ 1º Poderá o juiz declarar-se suspeito por motivo de foro íntimo, sem necessidade de declarar suas razões.

§ 2º Será ilegítima a alegação de suspeição quando:

I - houver sido provocada por quem a alega;

II - a parte que a alega houver praticado ato que signifique manifesta aceitação do arguido.

D) CESSAÇÃO E MANUTENÇÃO DO IMPEDIMENTO OU SUSPEIÇÃO

Ademais, o Código de Processo Penal coaduna as hipóteses de cessação e manutenção de impedimento ou suspeição, a saber:

Cessação e manutenção do impedimento ou suspeição

Art. 255. O impedimento ou suspeição decorrente de parentesco por afinidade cessará pela dissolução do casamento que lhe tiver dado causa, salvo sobrevindo descendentes; mas, ainda que dissolvido o casamento sem descendentes, não funcionará como juiz o sogro, o padrasto, o cunhado, o genro ou enteado de quem for parte no processo.

Art. 256. A suspeição não poderá ser declarada nem reconhecida, quando a parte injuriar o juiz ou de propósito der motivo para criá-la.

CAPÍTULO 2 - MINISTÉRIO PÚBLICO

O Ministério Público é órgão permanente e essencial à função jurisdicional do Estado e é sujeito ativo/parte do processo penal.

> **Art.** 127. O Ministério Público é instituição permanente, essencial à função jurisdicional do Estado, incumbindo-lhe a defesa da ordem jurídica, do regime democrático e dos interesses sociais e individuais indisponíveis.
>
> § 1º - São princípios institucionais do Ministério Público a unidade, a indivisibilidade e a independência funcional.

> **Art. 129. São funções institucionais do Ministério Público:**
>
> I - promover, privativamente, a ação penal pública, na forma da lei;

O Código de Processo Penal, em seu art. 257 estabelece as funções do Parquet na persecução penal:

> **Art.** 257. Ao Ministério Público cabe:
>
> I - promover, privativamente, a ação penal pública, na forma estabelecida neste Código; e
>
> II - fiscalizar a execução da lei.

A) IMPEDIMENTOS DO MEMBRO DO MINISTÉRIO PÚBLICO

> **Art.** 258. Os órgãos do Ministério Público não funcionarão nos processos em que o juiz ou qualquer das partes for seu cônjuge, ou parente, consanguíneo ou afim, em linha reta ou colateral, até o terceiro grau, inclusive, e a eles se estendem, no que lhes for aplicável, as prescrições relativas à suspeição e aos impedimentos dos juízes.

CAPÍTULO 3 - ACUSADO

O acusado é sujeito passivo da relação processual, que deve ser apontado pelo titular da ação penal como pessoa certa, porquanto a acusação penal, por força do princípio da intranscendência, será direcionada à própria pessoa do imputado. No decorrer da persecução penal, há denominações apropriadas para aquele que se submete à jurisdição criminal:

- Investigação criminal: investigado/indiciado
- Ação penal pública: acusado/réu
- Ação penal privada: querelado

Como decorrência natural da indisponibilidade do direito de liberdade mostra-se, da mesma forma, indisponível, o direito de defesa, surgindo como sujeito processual na ação penal o defensor.

> **Princípio da Ampla Defesa - (*nemo tenetur se detegere*) (Condução Coercitiva de Acusado)**
>
> **Art.** 260. Se o acusado não atender à intimação para o interrogatório, reconhecimento ou qualquer outro ato que, sem ele, não possa ser realizado, a autoridade poderá mandar conduzi-lo à sua presença. (Vide ADPF 395)(Vide ADPF 444)
>
> Parágrafo único. O mandado conterá, além da ordem de condução, os requisitos mencionados no art. 352, no que lhe for aplicável.

CAPÍTULO 4 - DEFENSOR

Segundo o disposto na Constituição Federal, a defesa dos acusados em processo penal deve ser feita por um advogado, que pode ser tanto constituído (pela parte), quanto nomeado (pelo juízo). O texto constitucional dispõe da seguinte forma:

> **Art.** 133. O advogado é indispensável à administração da justiça, sendo inviolável por seus atos e manifestações no exercício da profissão, nos limites da lei.

O Código de Processo Penal, no mesmo sentido, estabelece que:

> **Art.** 261. Nenhum acusado, ainda que ausente ou foragido, será processado ou julgado sem defensor.
>
> Parágrafo único. A defesa técnica, quando realizada por defensor público ou dativo, será sempre exercida através de manifestação fundamentada.

O advogado/defensor atua na qualidade de sujeito processual representante da parte, devendo atuar na busca da defesa desta, buscando, sempre, provimento jurisdicional favorável ao seu cliente, conforme dispõe o art. 2º, § 2º da Lei 8.906/94- (Estatuto da Advocacia).

> § 2º No processo judicial, o advogado contribui, na postulação de decisão favorável ao seu constituinte, ao convencimento do julgador, e seus atos constituem múnus público.

O acusado menor de idade tem direito a curador, se não o tiver, ser-lhe-á nomeado defensor pelo juiz, ressalvado o seu direito de, a todo tempo, nomear outro defensor de sua confiança ou defender-se, caso seja habilitado. (arts. 262 e 263 do CPP).

Destaca-se que, salvo por motivo relevante, os advogados e solicitadores serão obrigados, sob pena de multa, a prestar seu patrocínio aos acusados, quando nomeados pelo juiz. Caso abandone o processo, sem motivo relevante, e, sem comunicar previamente ao juiz, sujeitar-se-á o defensor a multa de dez a cem salários-mínimos, sem prejuízo de outras sanções.

O impedimento do defensor deve ser declarado até a abertura da audiência, se não o fizer, o juiz não adiará nenhum ato do processo, devendo nomear defensor substituto, ainda que provisoriamente ou só para o efeito do ato processual. Uma das causas de impedimento do defensor são os parentes do juiz (arts. 252 e 267 do CPP).

Por fim, cumpre salientar que se o acusado constituir defensor no interrogatório, esse não dependerá de instrumento de mandato.

CAPÍTULO 5 - ASSISTÊNCIA

É a posição ocupada pelo **ofendido**, seja pessoa física ou pessoa jurídica, que ingressa no polo ativo da ação penal ao lado do Ministério Público. É sujeito do processo, sendo considerado **parte interveniente** na ação penal. Sua previsão na legislação processual penal consta assim:

> **Art.** 268. Em todos os termos da ação pública, poderá intervir, como assistente do Ministério Público, o ofendido ou seu representante legal, ou, na falta, qualquer das pessoas mencionadas no Art. 31.

MOMENTO DE ADMISSÃO DO ASSISTENTE NO CURSO DO PROCESSO:

O assistente pode ser admitido a qualquer tempo no curso da ação penal, até o trânsito em julgado da sentença penal condenatória, não sendo possível na fase investigatória. Ao ser admitido no feito, o assistente o receberá na fase processual em que se encontrar, não podendo o procedimento retroceder para atender pleitos do ofendido interveniente.

Art. 269. O assistente será admitido enquanto não passar em julgado a sentença e **receberá a causa no estado em que se achar**.

ADMISSIBILIDADE DE CORREU COMO ASSISTENTE:

O corréu na mesma ação penal não pode intervir como assistente da acusação. No entanto, tanto o Supremo Tribunal Federal quanto o Superior Tribunal de Justiça já se pronunciaram no sentido de autorizar o corréu, na qualidade de **vítima**, a recorrer contra sentença absolutória de corréu caso o **Ministério Público não tenha recorrido**.

Código de Processo Penal

Art. 270. O corréu no mesmo processo não poderá intervir como assistente do Ministério Público.

É importante atentar, entretanto, que no procedimento para a apuração de atos infracionais previsto no Estatuto da Criança e do Adolescente não há previsão para admissão do assistente da acusação. Trata-se de procedimento regido, inclusive, pelo Código de Processo Civil e não pelo Código de Processo Penal. Vejamos como o Superior Tribunal de Justiça trata a questão:

RECURSO ESPECIAL Nº 1.089.564 - DF (2008/0206748-1)
RELATOR : MINISTRO SEBASTIÃO REIS JÚNIOR
EMENTA

ATO INFRACIONAL. RECURSO ESPECIAL. AUSÊNCIA DE FUNDAMENTAÇÃO. INCIDÊNCIA DA SÚMULA 284/STF. ECA. SISTEMA RECURSAL. APLICABILIDADE SUBSIDIÁRIA DO CPC. ASSISTENTE DE ACUSAÇÃO. ILEGITIMIDADE.

1. A deficiente fundamentação do recurso impede a exata compreensão da controvérsia, incidindo na espécie a Súmula 284/STF. 2. **Falta legitimidade recursal ao assistente de acusação para a interposição de apelo em procedimento regido pelo Estatuto da Criança e do Adolescente**. 3. Recurso especial não conhecido. Habeas corpus concedido de ofício para, anulando-se o acórdão referente à apelação do assistente de acusação, restabelecer o decisum de primeiro grau.

NATUREZA DO INTERESSE DEFENDIDO PELO ASSISTENTE E SUAS ATRIBUIÇÕES NO PROCESSO:

Em relação à natureza do interesse que justifica a interveniência do assistente da acusação, sustentou-se, durante bom tempo, a tese de que sua atuação estaria limitada à busca de uma sentença condenatória, não importava em que medida, apenas para que dali pudesse extrair os efeitos cíveis relativos aos danos decorrentes da prática do ato ilícito. No entanto, tal entendimento evoluiu ao ponto em que se considera que o interesse do ofendido, que se habilita no feito como assistente, é a obtenção da aplicação da sanção penal ao acusado.

Vejamos o que dispõe o Código de Processo penal, a respeito das atribuições do assistente da acusação:

Art. 271. Ao assistente será permitido propor meios de prova*, requerer perguntas às testemunhas, aditar o libelo e os articulados, participar do debate oral e arrazoar os recursos interpostos pelo Ministério Público, ou por ele próprio, nos casos dos arts. 584, § 1º, e 598.

§ 1º O juiz, ouvido o Ministério Público, decidirá acerca da realização das provas propostas pelo assistente.

§ 2º O processo prosseguirá independentemente de nova intimação do assistente, quando este, intimado, deixar de comparecer a qualquer dos atos da instrução ou do julgamento, sem motivo de força maior devidamente comprovado.

A respeito do pedido de habilitação do assistente da acusação, o Ministério Público sempre será ouvido, sendo o assistente inadmitido apenas nas hipóteses de ausência de legitimidade (art. 31 do Código de Processo Penal).

Código de Processo Penal

Art. 272. O Ministério Público será ouvido previamente sobre a admissão do assistente.

Art. 273. Do despacho que admitir, ou não, o assistente, não caberá recurso, devendo, entretanto, constar dos autos o pedido e a decisão.

A decisão que indeferir o pedido de habilitação, nos termos do Código de Processo Penal, é irrecorrível, mas a jurisprudência tem admitido a impetração de Mandado de Segurança ou correição parcial para impugnar o referido ato judicial.

RECURSO ORDINÁRIO EM HABEAS CORPUS. CRIMES CONTRA A HONRA. ADMISSÃO DA VÍTIMA COMO ASSISTENTE DE ACUSAÇÃO. NÃO CONHECIMENTO DO WRIT IMPETRADO NA ORIGEM. MATÉRIA NÃO APRECIADA PELA CORTE ESTADUAL. IMPOSSIBILIDADE DE EXAME DO TEMA DIRETAMENTE POR ESTE SODALÍCIO. SUPRESSÃO DE INSTÂNCIA. AUSÊNCIA DE VIOLAÇÃO À LIBERDADE DE LOCOMOÇÃO DOS RECORRENTES. CONSTRANGIMENTO ILEGAL NÃO CARACTERIZADO. DESPROVIMENTO DO RECURSO. 1. O mérito da impetração, qual seja, a ilegalidade ou não da decisão que admitiu a vítima como assistente de acusação, não foi apreciado pela autoridade apontada como coatora, que não conheceu do writ ali impetrado, circunstância que impede qualquer manifestação deste Sodalício sobre o tema, sob pena de atuar em indevida supressão de instância. 2. O habeas corpus não constitui meio idôneo para se pleitear a anulação da decisão que admitiu a vítima como assistente de acusação, uma vez que ausente qualquer violação ou ameaça à garantia do direito à liberdade de locomoção. 3. Ademais, o artigo 273 do Código de Processo Penal disciplina, de forma expressa, o não cabimento de qualquer recurso contra a decisão que admite ou não o assistente de acusação, sendo certo que, **caso evidenciada flagrante ilegalidade no referido ato, lhe restaria a via do mandado de segurança**. Doutrina. 4. Recurso improvido.
(STJ - RHC: 31667 ES 2011/0284835-7, Relator: Ministro JORGE MUSSI, Data de Julgamento: 28/05/2013, T5 - QUINTA TURMA, Data de Publicação: DJe 11/06/2013)

AgRg no AREsp 740458 / PR

Relator(a) Ministro GURGEL DE FARIA (1160)
Órgão Julgador T5 - QUINTA TURMA
Data do Julgamento 03/12/2015
Data da Publicação/Fonte DJe 01/02/2016
Ementa
**PENAL E PROCESSUAL. AGRAVO REGIMENTAL NO AGRAVO EM RECUR-
SO ESPECIAL. TRANCAMENTO DA AÇÃO PENAL EM SEDE DE HABEAS
CORPUS. POSSIBILIDADE,EM CARÁTER EXCEPCIONAL. REEXAME DE
FATOS E PROVAS. DESCABIMENTO. SÚMULA 7 DO STJ.**

1. A decisão que admite ou não o assistente da acusação é irrecorrível, cabendo, no caso de flagrante ilegalidade, a possibilidade do manejo da via mandamental, não utilizada no caso presente. Precedentes desta Corte. 2. O trancamento de ação penal em sede de habeas corpus ou do seu recurso ordinário somente é possível quando se constatar, primo ictu oculi, a atipicidade da conduta, a inexistência de indícios de autoria, a extinção da punibilidade ou quando for manifesta a inépcia da exordial acusatória. Precedente.3. Hipótese em que a Corte de origem, ao examinar os elementos contidos nos autos, reconheceu não existir justa causa para o recebimento da denúncia.4. Na oportunidade, consignou-se que o valor supostamente objeto de apropriação indébita pelo paciente correspondia à metade do saldo depositado em conta conjunta da qual era um dos titulares, evidenciando-se a atipicidade da conduta e a ausência de motivação para prosseguir com a ação penal. 5. Para rever tal entendimento, seria imprescindível revolver os fatos e as provas constantes dos autos, providência inviável na via estreita do recurso especial, conforme dicção da Súmula 7 desta Corte. 6. Agravos regimentais desprovidos.

QUESTÕES DE CONCURSOS

1. **Ano: 2019 Banca: IESES Órgão: TJ-SC Prova: IESES - 2019 - TJ-SC - Titular de Serviços de Notas e de Registros - Remoção**

   Em relação à figura do assistente da acusação, prevista nos artigos 268 e seguintes do Código de Processo Penal, é correto afirmar:

   A) O corréu no mesmo processo poderá, ainda antes da sentença, intervir como assistente do Ministério Público, o qual será ouvido previamente sobre a admissão.

   B) A realização das provas propostas pelo assistente de acusação poderá ser deferida pelo juiz caso o Ministério Público não manifeste objeção.

   C) O assistente será admitido a qualquer tempo até a prolação de sentença em primeiro grau, recebendo a causa, contudo, no estado em que se achar.

   D) O assistente será permitido, entre outras ações, propor meios de prova, requerer perguntas às testemunhas, participar dos debates orais, interpor recurso de apelação quando o Ministério Público não o fizer no prazo legal, bem como arrazoar os recursos interpostos pelo Ministério Público.

2. **Ano: 2018 Banca: FCC Órgão: MPE-PE Prova: FCC - 2018 - MPE-PE - Técnico Ministerial - Administrativa**

   À luz do que dispõe o Código de Processo Penal sobre os sujeitos da relação processual,

   A) em todos os termos da ação pública, poderá intervir, como assistente do Ministério Público, o ofendido ou seu representante legal.

   B) nos juízos coletivos, não poderão servir no mesmo processo os juízes que forem entre si parentes, consanguíneos ou afins, em linha reta ou colateral até o quarto grau, inclusive.

   C) as disposições sobre suspeição dos juízes não se estendem aos serventuários e funcionários da justiça.

   D) o corréu no mesmo processo poderá intervir como assistente do Ministério Público.

   E) nenhum acusado, exceto se estiver foragido, será processado ou julgado sem defensor.

3. **Ano: 2018 Banca: UEG Órgão: PC-GO Prova: UEG - 2018 - PC-GO - Delegado de Polícia**

   É instituto exclusivo da fase processual (i. e., judicial) da persecução penal:

   A) Sequestro de bens imóveis.

   B) Quebra de sigilo telemático.

   C) Incidente de insanidade mental.

   D) Habilitação de assistente de acusação.

   E) Medida cautelar de proibição de ausentar-se da comarca.

4. **Ano: 2018 Banca: VUNESP Órgão: PC-BA Prova: VUNESP - 2018 - PC-BA - Investigador de Polícia**

Quanto aos assistentes de acusação, o Código de Processo Penal estabelece que

A) assistente é aquele que oferece a denúncia, na hipótese de inércia do Ministério Público nos crimes de ação penal pública.

B) a morte do ofendido obsta que outrem atue ao lado do Ministério Público, no polo ativo.

C) na hipótese de ação penal privada, poderá haver assistência de acusação tão somente se houver pluralidade de ofendidos.

D) na hipótese de morte do ofendido, poderão habilitar-se como assistente seu cônjuge, ascendente, descendente ou irmão.

E) a assistência inicia-se com a denúncia e conclui-se, em havendo interesse do ofendido, com o término da execução da pena.

5. **Ano: 2016 Banca: FCC Órgão: DPE-ES Prova: FCC - 2016 - DPE-ES - Defensor Público**

Com relação ao assistente de acusação no processo penal:

A) o assistente de acusação somente poderá se habilitar na ação penal pública, condicionada ou incondicionada.

B) é vedado ao assistente de acusação a indicação de assistente técnico nos exames periciais.

C) a intervenção do assistente de acusação é proscrita após o início da fase instrutória do processo penal.

D) é vedado ao assistente de acusação arrazoar o recurso interposto pelo Ministério Público, devendo utilizar recurso próprio.

E) é garantido ao assistente de acusação o mesmo tempo para alegações finais orais no procedimento comum ordinário.

GABARITO

1. D
2. E
3. C
4. D
5. E

CITAÇÕES E INTIMAÇÕES

CAPÍTULO 1 - CITAÇÃO

CITAÇÃO é o ato por meio do qual se aperfeiçoa a relação processual (art. 363 do Código de Processo Penal) e por meio do qual se realiza o chamamento do réu ao processo, dando-lhe conhecimento acerca da propositura da ação penal e oportunizando o exercício da ampla defesa. A definição de citação consta do art. 238 do Código de Processo Civil:

> **Art. 238. Citação é o ato pelo qual são convocados o réu**, o executado ou o interessado para integrar a relação processual.

No processo penal, não há necessidade da citação para a execução, porque ela é decorrência da própria sentença condenatória.

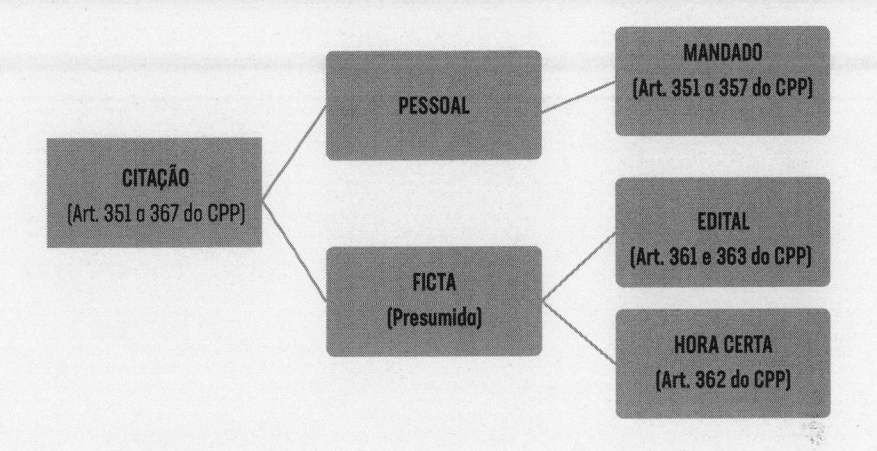

1.1. CITAÇÃO PESSOAL

Art. 351. A citação inicial far-se-á **por mandado**, quando o réu estiver no território sujeito à jurisdição do juiz que a houver ordenado.

São requisitos do mandado de citação (arts. 352 e 357 do CPP):

- o nome do juiz;
- o nome do querelante nas ações iniciadas por queixa;
- o nome do réu, ou, se for desconhecido, os seus sinais característicos;
- a residência do réu, se for conhecida;
- o fim para que é feita a citação;
- o juízo e o lugar, o dia e a hora em que o réu deverá comparecer;
- a subscrição do escrivão e a rubrica do juiz.
- leitura do mandado ao citando pelo oficial e entrega da contrafé, na qual se mencionarão dia e hora da citação;
- declaração do oficial, na certidão, da entrega da contrafé, e sua aceitação ou recusa.

A) CARTA PRECATÓRIA

É o expediente por meio do qual um juízo solicita a outro de mesmo grau de jurisdição, mas competência territorial diferente, a prática de um ato processual.

> **Código de Processo Penal**
>
> **Art.** 353. Quando o réu estiver fora do território da jurisdição do juiz processante, será citado mediante precatória.

São **requisitos** da carta precatória:

- Indicação do juízo deprecante e do deprecado e do lugar em que cada um se situa;
- Finalidade da citação;
- Cópia da inicial acusatória;
- Menção do prazo para resposta à acusação, previsto no art. 396 do Código de Processo Penal;
- Dia, hora e local onde o réu (ou testemunha) deve comparecer.

> **Código de Processo Penal**
>
> **Art.** 354. A precatória indicará:
> I - o juiz deprecado e o juiz deprecante;
> II - a sede da jurisdição de um e de outro;
> III - o fim para que é feita a citação, com todas as especificações;
> IV - o juízo do lugar, o dia e a hora em que o réu deverá comparecer.
>
> **Art.** 355. A precatória será devolvida ao juiz deprecante, independentemente de traslado, depois de lançado o "cumpra-se" e de feita a citação por mandado do juiz deprecado.
> § 1º Verificado que o réu se encontra em território sujeito à jurisdição de outro juiz, a este remeterá o juiz deprecado os autos para efetivação da diligência, desde que haja tempo para fazer-se a citação.
> § 2º Certificado pelo oficial de justiça que o réu se oculta para não ser citado, a precatória será imediatamente devolvida, para o fim previsto no art. 362.
>
> **Art.** 356. Se houver urgência, a precatória, que conterá em resumo os requisitos enumerados no art. 354, poderá ser expedida por via telegráfica, depois de reconhecida a firma do juiz, o que a estação expedidora mencionará.

B) CARTA ROGATÓRIA

É o expediente por meio do qual um Estado soberano solicita a outro a prática de um ato processual. Os artigos 368 e 369 do Código de Processo Penal estabelecem as hipóteses de citação por meio de carta rogatória.

- Acusado que está em local certo no estrangeiro;
- Acusado que se encontra em legação estrangeira (sede de embaixada ou consulado).

> **Código de Processo Penal**
>
> **Art.** 368. Estando o acusado no estrangeiro, em lugar sabido, será citado mediante carta rogatória, **suspendendo-se o curso do prazo de prescrição até o seu cumprimento**.

> **Código de Processo Penal**
>
> **Art.** 369. As citações que houverem de ser feitas em legações estrangeiras serão efetuadas mediante carta rogatória.

São requisitos das cartas rogatórias:

- Imprescindibilidade da medida;
- Pagamento pelas custas do envio

> **Código de Processo Penal**
>
> **Art.** 222-A. As cartas rogatórias só serão expedidas se demonstrada previamente a sua imprescindibilidade, arcando a parte requerente com os custos de envio. (Incluído pela Lei nº 11.900, de 2009)
> Parágrafo único. Aplica-se às cartas rogatórias o disposto nos §§ 1º e 2º do art. 222 deste Código.

1.2. CITAÇÃO DO MILITAR

A citação do militar **da ativa** é feita nos seguintes termos, do Código de Processo Penal:

> **Art.** 358. A citação do militar far-se-á por intermédio do chefe do respectivo serviço.

1.3. CITAÇÃO DO FUNCIONÁRIO PÚBLICO

A citação do servidor público deve seguir os mesmos critérios das citações por mandado. No entanto, quando houver citação/ intimação para comparecimento em juízo para audiências, deverá ser observada a regra constante do art. 359 do Código de Processo Penal:

> **Art.** 359. O dia designado para funcionário público comparecer em juízo, como acusado, será notificado assim a ele como ao chefe de sua repartição.

1.4. CITAÇÃO DE PRESO

O denunciado que estiver preso deverá ser pessoalmente citado, conforme dispõe o art. 360 do Código de Processo Penal, o que quer dizer que a autoridade responsável pela custódia do denunciado não pode receber a citação em seu lugar.

> **Art.** 360. Se o réu estiver preso, será pessoalmente citado.

> **Súmula 351 - STF**
>
> **É nula a citação por edital de réu preso na mesma unidade da federação em que o juiz exerce a sua jurisdição.**

1.5. CITAÇÃO EDITALÍCIA

A citação editalícia terá lugar quando o denunciado não for localizado para ser citado, nas seguintes condições:

- Não localização do réu, estando o acusado em local incerto e não sabido.
- Encontrar-se o citando no estrangeiro, em lugar não conhecido.

> **Art.** 361. Se o réu não for encontrado, será citado **por edital**, com o prazo de **15 (quinze) dias.**
> **Art.** 363. O processo terá completada a sua formação quando realizada a citação do acusado. (Redação dada pela Lei nº 11.719, de 2008).

I - (revogado). (Redação dada pela Lei nº 11.719, de 2008).

II - (revogado). (Redação dada pela Lei nº 11.719, de 2008).

§ 1º Não sendo encontrado o acusado, será procedida a citação por edital. (Incluído pela Lei nº 11.719, de 2008).

§ 2º (VETADO) (Incluído pela Lei nº 11.719, de 2008).

§ 3º (VETADO) (Incluído pela Lei nº 11.719, de 2008).

§ 4º Comparecendo o acusado citado por edital, em qualquer tempo, o processo observará o disposto nos arts. 394 e seguintes deste Código. (Incluído pela Lei nº 11.719, de 2008).

São **requisitos** do edital de citação:

* o nome do juiz que a determinar;
* o nome do réu, ou, se não for conhecido, os seus sinais característicos, bem como sua residência e profissão, se constarem do processo;
* o fim para que é feita a citação;
* o juízo e o dia, a hora e o lugar em que o réu deverá comparecer;
* o prazo, que será contado do dia da publicação do edital na imprensa, se houver, ou da sua afixação.

O edital será afixado à porta do edifício onde funcionar o juízo e será publicado pela imprensa, onde houver, devendo a afixação ser certificada pelo oficial que a tiver feito e a publicação provada por exemplar do jornal ou certidão do escrivão, da qual conste a página do jornal com a data da publicação.

Quando realizada a citação editalícia, o acusado não se apresentar ao processo para exercer a defesa pessoal, tampouco constituir advogado para fazer sua defesa técnica, o processo não poderá prosseguir, incidindo a regra prevista o art. 366 do Código de Processo Penal, que determina a suspensão do processo:

Art. 366. Se o acusado, **citado por edital**, **não comparecer**, **nem constituir advogado**, ficarão **suspensos o processo e o curso do prazo prescricional**, podendo o juiz determinar a produção antecipada das provas consideradas urgentes e, se for o caso, decretar prisão preventiva, nos termos do disposto no art. 312. (Redação dada pela Lei nº 9.271, de 17.4.1996)

1.6. CITAÇÃO POR HORA-CERTA

A citação por hora-certa, por sua vez, ocorre quando o acusado, presumidamente, se oculta para não ser citado. A certificação de tal presunção deve seguir os seguintes moldes:

CÓDIGO DE PROCESSO CIVIL

Art. 252. Quando, por 2 (duas) vezes, o oficial de justiça houver procurado o citando em seu domicílio ou residência sem o encontrar, deverá, havendo suspeita de ocultação, intimar qualquer pessoa da família ou, em sua falta, qualquer vizinho de que, no dia útil imediato, voltará a fim de efetuar a citação, na hora que designar.

Parágrafo único. Nos condomínios edilícios ou nos loteamentos com controle de acesso, será válida a intimação a que se refere o caput feita a funcionário da portaria responsável pelo recebimento de correspondência.

Art. 253. No dia e na hora designados, o oficial de justiça, independentemente de novo despacho, comparecerá ao domicílio ou à residência do citando a fim de realizar a diligência.

§ 1º Se o citando não estiver presente, o oficial de justiça procurará informar-se das razões da ausência, dando por feita a citação, ainda que o citando se tenha ocultado em outra comarca, seção ou subseção judiciárias.

§ 2º A citação com hora certa será efetivada mesmo que a pessoa da família ou o vizinho que houver sido intimado esteja ausente, ou se, embora presente, a pessoa da família ou o vizinho se recusar a receber o mandado.

§ 3º Da certidão da ocorrência, o oficial de justiça deixará contrafé com qualquer pessoa da família ou vizinho, conforme o caso, declarando-lhe o nome.

§ 4º O oficial de justiça fará constar do mandado a advertência de que será nomeado curador especial se houver revelia.

Art. 254. Feita a citação com hora certa, o escrivão ou chefe de secretaria enviará ao réu, executado ou interessado, no prazo de 10 (dez) dias, contado da data da juntada do mandado aos autos, carta, telegrama ou correspondência eletrônica, dando-lhe de tudo ciência.

Ao contrário do que ocorre com a citação editalícia, onde o processo fica suspenso, caso o acusado não compareça nem constitua advogado, na citação por hora certa, após aperfeiçoado o procedimento, será nomeado defensor dativo ao acusado e o processo seguirá seu curso normal.

Apesar de parte da doutrina clamar pela inconstitucionalidade da citação por hora-certa, o Supremo Tribunal Federal já se pronunciou no sentido da Constitucionalidade do referido instituto, por ocasião do julgamento do Recurso Extraordinário 635.145/RS (Tema de Repercussão Geral 613):

> Re 635141/ RS - RIO GRANDE DO SUL
> RECURSO EXTRAORDINÁRIO
> Relator(a): Min. MARCO AURÉLIO
> Relator(a) p/ Acórdão: Min. LUIZ FUX
> Julgamento: 01/08/2016 Órgão Julgador: Tribunal Pleno
> REPERCUSSÃO GERAL - MÉRITO (Tema 613 de Repercussão Geral)
> Ementa: RECURSO EXTRAORDINÁRIO. PROCESSO PENAL. CITAÇÃO POR HORA CERTA. ARTIGO 362 DO CÓDIGO DE PROCESSO PENAL. CONSTITUCIONALIDADE. NEGADO PROVIMENTO AO RECURSO EXTRAORDINÁRIO. 1. É constitucional a citação por hora certa, prevista no art. 362, do Código de Processo Penal. 2. A conformação dada pelo legislador à citação por hora certa está de acordo com a Constituição Federal e com o Pacto de São José da Costa Rica. 3. A ocultação do réu para ser citado infringe cláusulas constitucionais do devido processo legal e viola as garantias constitucionais do acesso à justiça e da razoável duração do processo. 4. O acusado que se utiliza de meios escusos para não ser pessoalmente citado atua em exercício abusivo de seu direito de defesa. Recurso extraordinário a que se nega provimento.

CAPÍTULO 2 - INTIMAÇÕES E NOTIFICAÇÕES

A priori, é importante diferenciar intimação de notificação e o faremos isso de forma sucinta, vejamos:

- **Intimação:** comunicação a alguém da prática de um ato processual já realizado.

  Ex.: Intimação para ciência de documento juntado;

- **Notificação**: ciência a alguém da prática futura de um ato processual, que traz implicitamente uma consequência para o caso de descumprimento.

  Ex.: Notificação para comparecimento à audiência e condução coercitiva para o caso de não comparecimento.

I.   FORMAS DE INTIMAÇÃO DOS SUJEITOS PROCESSUAIS

- <u>Ministério Público</u>: ciência pessoal (art. 370 § 4º do Código de Processo Penal);
- <u>Defensor Público ou nomeado pelo juiz</u>: ciência pessoal (art. 370 § 4º do Código de Processo Penal)
- <u>Defensor constituído</u>: ciência mediante publicação no órgão da imprensa oficial (art. 370, § 1º do Código de Processo Penal).
- <u>Advogado do querelante e do assistente da acusação:</u> ciência mediante publicação no órgão da imprensa oficial (art. 370, § 1º do Código de Processo Penal).

> **Art.** 370. Nas intimações dos acusados, das testemunhas e demais pessoas que devam tomar conhecimento de qualquer ato, será observado, no que for aplicável, o disposto no Capítulo anterior. (Redação dada pela Lei nº 9.271, de 17.4.1996)
>
> § 1º A intimação do defensor constituído, do advogado do querelante e do assistente far-se-á por publicação no órgão incumbido da publicidade dos atos judiciais da comarca, incluindo, sob pena de nulidade, o nome do acusado. (Incluído Lei nº 9.271, de 17.4.1996)
>
> § 2º Caso não haja órgão de publicação dos atos judiciais na comarca, a intimação far-se-á diretamente pelo escrivão, por mandado, ou via postal com comprovante de recebimento, ou por qualquer outro meio idôneo. (Redação dada pela Lei nº 9.271, de 17.4.1996)
>
> § 3º A intimação pessoal, feita pelo escrivão, dispensará a aplicação a que alude o § 1o. (Incluído pela Lei nº 9.271, de 17.4.1996)
>
> § 4º A intimação do Ministério Público e do defensor nomeado será pessoal.
>
> **Art.** 372. Adiada, por qualquer motivo, a instrução criminal, o juiz marcará desde logo, na presença das partes e testemunhas, dia e hora para seu prosseguimento, do que se lavrará termo nos autos.

QUESTÕES DE CONCURSOS

1. FAPEMS - Agente de Polícia Judiciária (PC MS)/Escrivão de Polícia Judiciária/2017

   De acordo com o Código de Processo Penal, se o réu não for encontrado no endereço indicado nos autos, será citado por edital, com o prazo de

   A) 5 dias.

   B) 30 dias.

   C) 20 dias.

   D) 15 dias.

   E) 10 dias.

2. FCC - Analista Legislativo (ALESE)/Apoio Técnico ao Processo Legislativo/Processo Legislativo/2018

   Em decorrência do princípio da ampla defesa, bem como do devido processo legal, previstos, inclusive, pela Constituição Federal, é imprescindível que os acusados sejam cientificados da existência do processo e de seu desenvolvimento.

   Sobre as citações e intimações, o Código de Processo Penal dispõe:

   A) A citação inicial far-se-á pelo correio, quando o réu estiver no território sujeito à jurisdição do juiz que a houver ordenado.

   B) Quando o réu estiver fora do território da jurisdição do juiz processante, será citado mediante carta de ordem.

   C) A citação por hora certa não é prevista no processo penal.

   D) As citações que houverem de ser feitas em legações estrangeiras (embaixadas e consulados) serão efetuadas mediante carta precatória.

   E) O dia designado para funcionário público comparecer em juízo, como acusado, será notificado assim a ele como ao chefe de sua repartição.

3. FAPEMS - Delegado de Polícia (PC MS)/2017

Assinale a alternativa correta, acerca do procedimento penal.

A) O não comparecimento do ofendido à audiência, tendo sido regularmente notificado para tanto, configura preclusão quando se tratar de crime de iniciativa privada, devendo o processo ser extinto.

B) Se o acusado, citado por edital, não comparecer, nem constituir advogado, ficarão suspensos o processo e o curso do prazo prescricional, sendo consequência lógica a proibição de se realizar qualquer medida processual.

C) Constituem regras do rito sumaríssimo previstas na Lei n° 9.099/1995 a possibilidade de oferecimento de denúncia oral a desnecessidade de relatório na sentença e impossibilidade de oposição de embargos de declaração.

D) O processo criminal ou inquérito em que figure indiciado, acusado, vítima ou réu colaboradores, terá prioridade na tramitação e, além disso, o juiz, após a citação, tomará antecipadamente o depoimento das pessoas incluídas nos programas de proteção, salvo impossibilidade justificada de fazê-lo.

E) É possível o juiz absolver sumariamente o réu quando verificar a existência manifesta de qualquer causa excludente da culpabilidade, decisão que faz coisa julgada formal e material.

4. IBFC - Técnico Judiciário (TJ PE)/Judiciária/2017

A intimação é um ato de ciência às partes sobre algum fato ocorrido no processo ou ato processual a realizar-se.

No que diz respeito às intimações, assinale a alternativa correta:

A) A ausência de intimação do defensor do réu sobre a prolação de sentença condenatória não gera nulidade da ação penal

B) É indispensável a citação pessoal das testemunhas arroladas pela defesa, mesmo que o defensor do acusado se comprometa a apresentá-las independentemente de notificação judicial

C) O Ministério Público será intimado pessoalmente, sendo-lhe garantida vista dos autos para ciência e, dependendo do caso, manifestação.

D) O advogado constituído somente será intimado por meio de publicação no órgão oficial de imprensa quando assim requerer

E) Todas as intimações relativas ao processo conterão o nome do acusado, mesmo quando a causa tramita em segredo de justiça.

5. **FGV - Oficial (TJ SC)/Justiça e Avaliador/2018**

Como regra geral, a ciência da prática de um ato processual nos autos é dada à parte através de uma intimação. O Código de Processo Penal traz uma série de regras para assegurar a validade do ato de intimação, bem como disciplina sobre os prazos judiciais a partir desse ato.

Sobre o tema, de acordo com as previsões do Código de Processo Penal e a jurisprudência do Supremo Tribunal Federal, é correto afirmar que:

A) adiada a instrução criminal, ainda que as testemunhas e réu presentes tomem conhecimento da nova data designada, com assinatura nos autos, a validade do ato depende de nova intimação pessoal, nos termos previstos no Código de Processo Penal;

B) a intimação do membro do Ministério Público deverá ocorrer pessoalmente, o mesmo não ocorrendo em relação ao advogado constituído ou defensor público nomeado;

C) no processo penal, contam-se os prazos da data da intimação, e não da juntada aos autos do mandado de intimação ou da carta precatória ou de ordem;

D) no processo penal, o prazo judicial se inicia no mesmo dia da intimação, incluindo-se o dia de início e excluindo-se o termo final, assim como ocorre nos prazos penais;

E) não é possível intimação da decisão de pronúncia do réu solto por edital, ainda que ele se encontre em local incerto e não sabido.

6. FCC - Consultor Técnico Legislativo (CL DF)/Inspetor de Polícia Legislativa/2018

No processo penal,

A) é nula a citação por edital que indica tão somente o dispositivo da lei penal, sem a transcrição da denúncia ou queixa, ou o resumo dos fatos em que se baseia.

B) é absoluta a nulidade do processo criminal por falta de intimação da expedição de precatória para inquirição de testemunha.

C) a intimação do defensor constituído e do advogado do querelante far-se-á por publicação no órgão incumbido da publicidade dos atos judiciais da comarca, sendo desnecessária a inclusão do nome do acusado.

D) a intimação do Ministério Público e do defensor nomeado será pessoal.

E) as citações que houverem de ser feitas em legações estrangeiras serão efetuadas mediante carta precatória.

7. **Instituto AOCP - Escrivão de Polícia (PC ES)/2019**

Dar-se-á a formação completa do processo quando

A) oferecida a denúncia.

B) recebida a denúncia.

C) apresentada a resposta à acusação.

D) citado o acusado.

E) intimado o acusado.

8. NUCEPE UESPI - Agente Penitenciário (SEJUS PI)/2017

Quanto às citações e intimações, marque a alternativa CORRETA.

A) a citação inicial do réu é realizada por publicação no diário da justiça ou em jornal de grande circulação.

B) a citação inicial do réu é realizada por mandado, ou quando o réu estiver no estrangeiro, por carta precatória.

C) a citação inicial do réu é realizada por mandado, ou quando o réu estiver fora do território da jurisdição do juiz processante, por carta precatória.

D) no caso de réu preso, a sua citação será feita diretamente ao diretor do estabelecimento penitenciário no qual estiver cumprindo pena.

E) a citação do militar dar-se-á pessoalmente.

9. CEFETBAHIA - Promotor de Justiça (MPE BA)/2018/"Prova Reaplicada"

Sobre a citação e a intimação no Processo Penal, analise as assertivas e identifique com V as verdadeiras e com F as falsas.

( ) O querelante será intimado da sentença pessoalmente ou na pessoa de seu Advogado.

( ) A citação válida torna prevento o juízo, interrompe a prescrição, induz à litispendência e tem como efeito imediato o complemento da relação jurídica processual.

( ) Estando o acusado no exterior, em lugar sabido, será citado mediante carta rogatória, suspendendo-se o curso do prazo de prescrição até o seu cumprimento.

( ) A intimação da sentença será feita mediante edital se o réu, não tendo constituído defensor, não for encontrado, e assim o certificar o oficial de justiça.

( ) Realizada a citação por hora certa, se o acusado não comparecer, ser-lhe-á decretada a revelia, bem como decretada a suspensão do curso prescricional.

A alternativa que contém a sequência correta, de cima para baixo, é

A) V F F F V

B) V F V V F

C) F V V V V

D) F F V F F

E) F F F V V

10. FGV - Advogado (ALERO)/2018

Matheus, deputado estadual, foi informado que foi arrolado como testemunha de defesa em determinada ação penal onde se investiga a prática do crime de organização criminosa. Veio a saber, ainda, através do advogado do réu, que haverá expedição de carta precatória para oitiva de uma testemunha de acusação, já que ela residiria fora da comarca do juízo processante.

Diante disso, Matheus solicita esclarecimentos sobre o momento e a forma de sua oitiva, em especial diante da expedição de carta precatória para oitiva de testemunha de acusação, ressaltando que teme por sua integridade física, que não é amigo do réu e que os fatos de que tem conhecimento não estão relacionados ao exercício do mandato.

Considerando apenas as informações narradas, deverá ser esclarecido que

A) havendo temor por parte de Matheus em prestar declarações na presença do acusado, a primeira medida a ser adotada é a retirada do réu da sala de audiência e, somente na impossibilidade, realização do ato por videoconferência.

B) Matheus, por ser deputado estadual, tem preferência para ser a primeira testemunha ouvida na audiência de instrução e julgamento, não podendo, porém, previamente ajustar com o magistrado o dia e hora da oitiva, diferente do que ocorre com governadores.

C) Matheus, por ser deputado estadual, poderá prestar declarações, na condição de testemunha, por escrito, indicando informações sobre os fatos indagados e opiniões pessoais.

D) havendo intimação da defesa sobre a expedição da carta precatória para oitiva da testemunha, torna-se dispensável a intimação sobre a data da realização da audiência no juízo deprecado.

11. CEBRASPE (CESPE) - Juiz Estadual (TJ BA)/2019

Davi, servidor público comissionado municipal sem vínculo efetivo com a prefeitura do respectivo município, foi denunciado pelo suposto cometimento do delito de peculato – art. 312 do CP. Durante o IP, Davi foi interrogado na presença de seu advogado. Na fase judicial da persecução penal, ao chefe de sua repartição foi encaminhada notificação, que não foi considerada cumprida em razão da exoneração do servidor; no local, noticiaram que ele continuava residindo no endereço mencionado no inquérito. Após o recebimento da denúncia, considerando-se que o servidor estava em local incerto, foi determinada sua citação por edital. O advogado constituído pelo réu, após tomar conhecimento da tramitação da ação penal, apresentou resposta à acusação, nos termos do art. 396 do CPP. Posteriormente, ainda que não intimado pessoalmente, Davi compareceu à audiência designada.

Com referência a essa situação hipotética, assinale a opção correta.

A) Por se tratar de crime funcional, a desobediência ao procedimento especial – não oportunizar a defesa preliminar, nos termos do art. 514 do CPP – gerou a nulidade do processo.

B) A apresentação de resposta à acusação por advogado constituído por Davi durante o IP supre eventual nulidade da citação.

C) No caso de o réu continuar atuando como servidor público, a notificação encaminhada ao chefe da repartição, nos termos do art. 359 do CPP, dispensaria o mandado de citação.

D) A obrigação de esgotamento dos meios de localização para a validade da citação por edital não alcança as diligências em todos os endereços constantes no IP.

E) Citado por edital, o réu poderá, a qualquer tempo, integrar a relação processual, e o prazo para resposta à acusação começará a fluir a partir do referido ato de ingresso no processo.

GABARITO

1. D	4. C	7. D	10. D
2. E	5. D	8. C	11. E
3. D	6. D	9. B	

PROCEDIMENTOS

CAPÍTULO 1 - PROCEDIMENTO COMUM

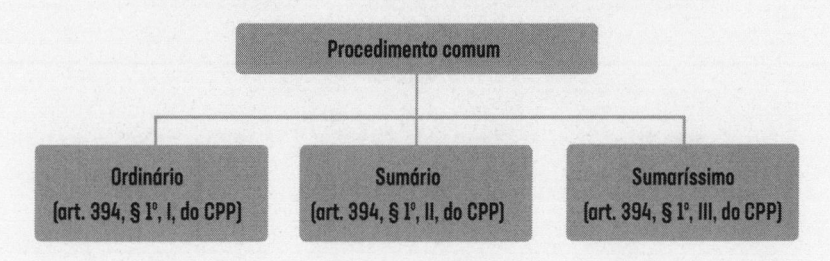

Procedimento comum

Ordinário
(art. 394, § 1º, I, do CPP)

Sumário
(art. 394, § 1º, II, do CPP)

Sumaríssimo
(art. 394, § 1º, III, do CPP)

CÓDIGO DE PROCESSO PENAL

Art. 394. O procedimento será comum ou especial.

§ 1 O procedimento comum será ordinário, sumário ou sumaríssimo:

I - ordinário, quando tiver por objeto crime cuja sanção máxima cominada for igual ou superior a 4 (quatro) anos de pena privativa de liberdade;

II - sumário, quando tiver por objeto crime cuja sanção máxima cominada seja inferior a 4 (quatro) anos de pena privativa de liberdade;

III - sumaríssimo, para as infrações penais de menor potencial ofensivo, na forma da lei.

§ 2º Aplica-se a todos os processos o procedimento comum, salvo disposições em contrário deste Código ou de lei especial.

§ 3º Nos processos de competência do Tribunal do Júri, o procedimento observará as disposições estabelecidas nos arts. 406 a 497 deste Código.

§ 4º As disposições dos arts. 395 a 398 deste Código aplicam-se a todos os procedimentos penais de primeiro grau, ainda que não regulados neste Código.

§ 5º Aplicam-se subsidiariamente aos procedimentos especial, sumário e sumaríssimo as disposições do procedimento ordinário.

Rito do procedimento comum ordinário.

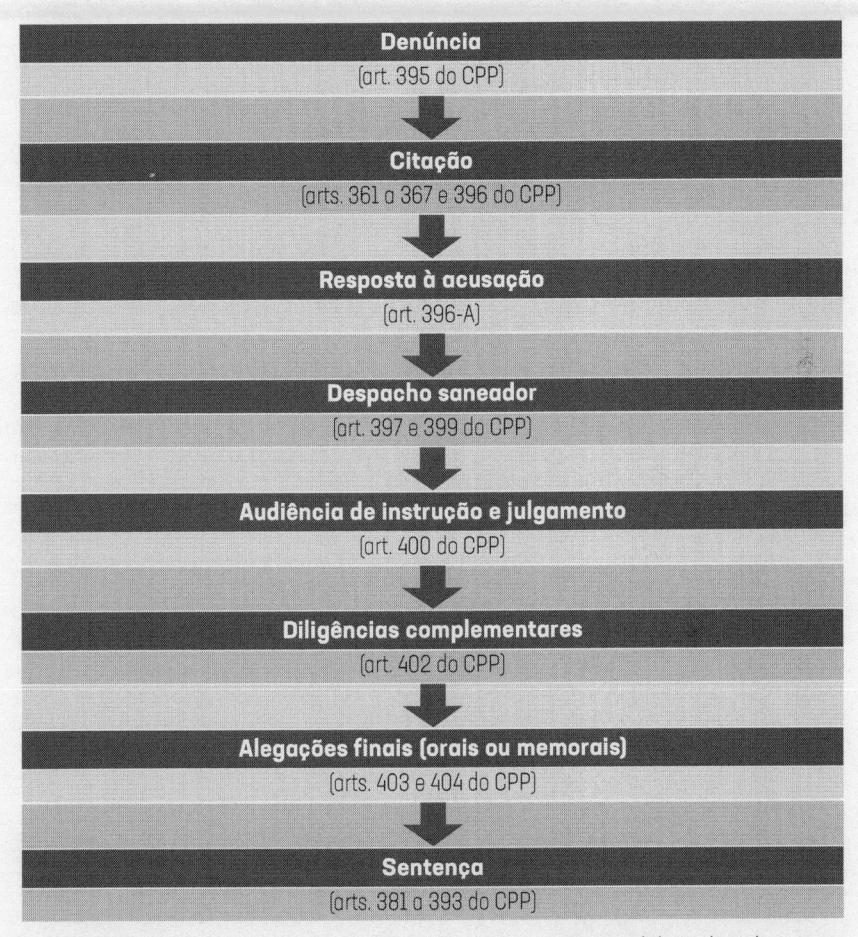

Denúncia
(art. 395 do CPP)

Citação
(arts. 361 a 367 e 396 do CPP)

Resposta à acusação
(art. 396-A)

Despacho saneador
(art. 397 e 399 do CPP)

Audiência de instrução e julgamento
(art. 400 do CPP)

Diligências complementares
(art. 402 do CPP)

Alegações finais (orais ou memorais)
(arts. 403 e 404 do CPP)

Sentença
(arts. 381 a 393 do CPP)

Fonte: elaborada pela autora.

CÓDIGO DE PROCESSO PENAL

Art. 351. A citação inicial far-se-á por mandado, quando o réu estiver no território sujeito à jurisdição do juiz que a houver ordenado.

Art. 352. O mandado de citação indicará:

I - o nome do juiz;

II - o nome do querelante nas ações iniciadas por queixa;

III - o nome do réu, ou, se for desconhecido, os seus sinais característicos;

IV - a residência do réu, se for conhecida;

V - o fim para que é feita a citação;

VI - o juízo e o lugar, o dia e a hora em que o réu deverá comparecer;

VII - a subscrição do escrivão e a rubrica do juiz.

Art. 353. Quando o réu estiver fora do território da jurisdição do juiz processante, será citado mediante precatória.

Art. 354. A precatória indicará:

I - o juiz deprecado e o juiz deprecante;

II - a sede da jurisdição de um e de outro;

III - o fim para que é feita a citação, com todas as especificações;

IV - o juízo do lugar, o dia e a hora em que o réu deverá comparecer.

Art. 355. A precatória será devolvida ao juiz deprecante, independentemente de traslado, depois de lançado o "cumpra-se" e de feita a citação por mandado do juiz deprecado.

§ 1 Verificado que o réu se encontra em território sujeito à jurisdição de outro juiz, a este remeterá o juiz deprecado os autos para efetivação da diligência, desde que haja tempo para fazer-se a citação.

§ 2º Certificado pelo oficial de justiça que o réu se oculta para não ser citado, a precatória será imediatamente devolvida, para o fim previsto no art. 362.

Art. 356. Se houver urgência, a precatória, que conterá em resumo os requisitos enumerados no art. 354, poderá ser expedida por via telegráfica, depois de reconhecida a firma do juiz, o que a estação expedidora mencionará.

HC 98.434/ MG

Rel. Min. Cármen Lúcia
Julgamento: 20/05/2014
Órgão Julgador: 1º Turma
Ementa: Habeas corpus. Processual penal. Homicídio duplamente qualificado. Alegação de nulidade por que o paciente não teria sido citado validamente, mas apenas requisitado no mesmo dia designado para o seu interrogatório. Improcedência. Existência de citação válida. Suposta nulidade superada com o comparecimento do réu ao interrogatório e inexistência de lei que preveja a exigência de interregno entre este ato e sua requisição. Ausência de demonstração do prejuízo. Precedentes.

1. Tendo havido a citação do Paciente do conteúdo da acusação, como assentado nas informações prestadas e no acórdão proferido pelo Superior Tribunal de Justiça, não há falar em inexistência de citação ou citação inválida.

2. Precedente específico deste Supremo Tribunal Federal – em caso análogo ao que está sendo processado – no sentido de que "[a] alegação de nulidade da citação, por não ter sido expedido mandado judicial juntamente com o pedido de requisição do réu preso, está superada pelo comparecimento em juízo, onde foi constatada a desnecessidade de adiamento do interrogatório" e de que "[a] designação do interrogatório para a mesma data em que expedida a requisição não afeta o direito de defesa do acusado [...] porque não existe na lei processual exigência de interregno (HC 69.350)" (HC 71.839, Rel. Min. Ilmar Galvão, DJ 25/11/1994).

3. Ausência de demonstração de prejuízo. Apesar de existir entendimento deste Supremo Tribunal no sentido de que o prejuízo de determinadas nulidades seria de "prova impossível", o princípio do pas de nullité sans grief exige, em regra, a demonstração de prejuízo concreto à parte que suscita o vício, independentemente da sanção prevista para o ato, podendo ser ela tanto a de nulidade absoluta quanto a relativa, pois não se decreta nulidade processual por mera presunção. Precedentes. 4. Ordem denegada.

CÓDIGO DE PROCESSO PENAL

Art. 361. Se o réu não for encontrado, será citado por edital, com o prazo de 15 (quinze) dias.

Art. 362. Verificando que o réu se oculta para não ser citado, o oficial de justiça certificará a ocorrência e procederá à citação com hora certa, na forma estabelecida nos arts. 227 a 229 da Lei n 5.869, de 11 de janeiro de 1973 – Código de Processo Civil.

Parágrafo único. Completada a citação com hora certa, se o acusado não comparecer, ser-lhe-á nomeado defensor dativo.

RE 635.141/ RS

Recurso Extraordinário
Rel. Min. Marco Aurélio
Rel. p/ Acórdão: Min. Luiz Fux
Julgamento: 1º/08/2016
Órgão Julgador: Tribunal Pleno
Repercussão Geral – Mérito (Tema 613 de Repercussão Geral)
Ementa: Recurso extraordinário. Processo penal. Citação por hora certa. Art. 362 do Código de Processo Penal. Constitucionalidade. Negado provimento ao recurso extraordinário.

1. É constitucional a citação por hora certa, prevista no art. 362, do Código de Processo Penal.

2. A conformação dada pelo legislador à citação por hora certa está de acordo com a Constituição Federal e com o Pacto de São José da Costa Rica.

3. A ocultação do réu para ser citado infringe cláusulas constitucionais do devido processo legal e viola as garantias constitucionais do acesso à justiça e da razoável duração do processo.

4. O acusado que se utiliza de meios escusos para não ser pessoalmente citado atua em exercício abusivo de seu direito de defesa. Recurso extraordinário a que se nega provimento.

CÓDIGO DE PROCESSO PENAL

Art. 363. O processo terá completada a sua formação quando realizada a citação do acusado. (Redação dada pela Lei nº 11.719, de 2008)

I e II - (revogados). (Redação dada pela Lei nº 11.719, de 2008).

§ 1 Não sendo encontrado o acusado, será procedida a citação por edital. (Incluído pela Lei nº 11.719, de 2008)

§§ 2º e 3º (Vetados) (Incluído pela Lei nº 11.719, de 2008).

§ 4º Comparecendo o acusado citado por edital, em qualquer tempo, o processo observará o disposto nos arts. 394 e seguintes deste Código. (Incluído pela Lei nº 11.719, de 2008)

Art. 364. No caso do artigo anterior, n I, o prazo será fixado pelo juiz entre 15 (quinze) e 90 (noventa) dias, de acordo com as circunstâncias, e, no caso de n II, o prazo será de trinta dias.

Art. 365. O edital de citação indicará:

I - o nome do juiz que a determinar;

II - o nome do réu, ou, se não for conhecido, os seus sinais característicos, bem como sua residência e profissão, se constarem do processo;

III - o fim para que é feita a citação;

IV - o juízo e o dia, a hora e o lugar em que o réu deverá comparecer;

V - o prazo, que será contado do dia da publicação do edital na imprensa, se houver, ou da sua afixação.

Parágrafo único. O edital será afixado à porta do edifício onde funcionar o juízo e será publicado pela imprensa, onde houver, devendo a afixação ser certificada pelo oficial que a tiver feito e a publicação provada por exemplar do jornal ou certidão do escrivão, da qual conste a página do jornal com a data da publicação.

Art. 366. Se o acusado, citado por edital, não comparecer, nem constituir advogado, ficarão suspensos o processo e o curso do prazo prescricional, podendo o juiz determinar a produção antecipada das provas consideradas urgentes e, se for o caso, decretar prisão preventiva, nos termos do disposto no art. 312. (Redação dada pela Lei nº 9.271, de 17.04.1996)

Súmula 415-STJ - período de suspensão do prazo prescricional é regulado pelo máximo da pena cominada.

CÓDIGO DE PROCESSO PENAL

Art. 367. O processo seguirá sem a presença do acusado que, citado ou intimado pessoalmente para qualquer ato, deixar de comparecer sem motivo justificado, ou, no caso de mudança de residência, não comunicar o novo endereço ao juízo.

Figura 4 - Resposta à acusação.

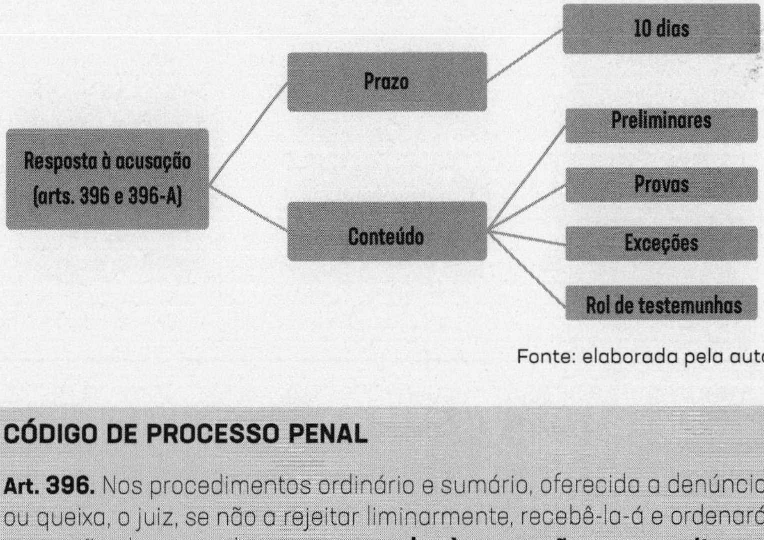

Resposta à acusação (arts. 396 e 396-A)
- Prazo
  - 10 dias
- Conteúdo
  - Preliminares
  - Provas
  - Exceções
  - Rol de testemunhas

Fonte: elaborada pela autora.

CÓDIGO DE PROCESSO PENAL

Art. 396. Nos procedimentos ordinário e sumário, oferecida a denúncia ou queixa, o juiz, se não a rejeitar liminarmente, recebê-la-á e ordenará a citação do acusado **para responder à acusação, por escrito, no prazo de 10 (dez) dias.**

Parágrafo único. No caso de citação por edital, o prazo para a defesa começará a fluir a partir do comparecimento pessoal do acusado ou do defensor constituído.

Art. 396-A. Na resposta, o acusado poderá arguir preliminares e alegar tudo o que interesse à sua defesa, oferecer documentos e justificações, especificar as provas pretendidas e arrolar testemunhas, qualificando-as e requerendo sua intimação, quando necessário.

§ 1º A exceção será processada em apartado, nos termos dos arts. 95 a 112 deste Código.

§ 2º Não apresentada a resposta no prazo legal, ou se o acusado, citado, não constituir defensor, o juiz nomeará defensor para oferecê-la, concedendo-lhe vista dos autos por 10 (dez) dias.

Figura 5 - Despacho saneador.

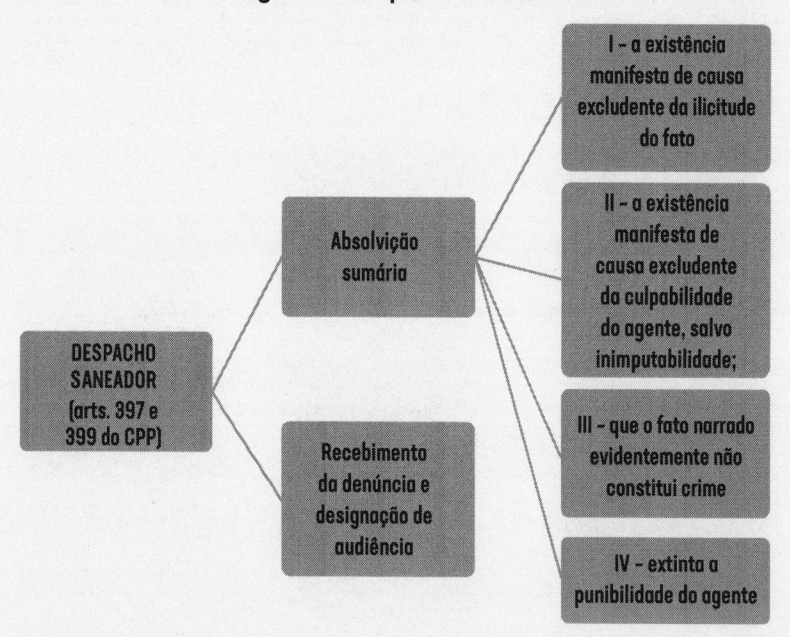

Fonte: elaborada pela autora.

CÓDIGO DE PROCESSO PENAL

Art. 397. Após o cumprimento do disposto no art. 396-A, e parágrafos, deste Código, o juiz deverá absolver sumariamente o acusado quando verificar:

I - a existência manifesta de causa excludente da ilicitude do fato;

II - a existência manifesta de causa excludente da culpabilidade do agente, salvo inimputabilidade;

III - que o fato narrado evidentemente não constitui crime; ou

IV - extinta a punibilidade do agente.

[...]

Art. 399. Recebida a denúncia ou queixa, o juiz designará dia e hora para a audiência, ordenando a intimação do acusado, de seu defensor, do Ministério Público e, se for o caso, do querelante e do assistente.

§ 1º O acusado preso será requisitado para comparecer ao interrogatório, devendo o poder público providenciar sua apresentação.

§ 2º O juiz que presidiu a instrução deverá proferir a sentença.

CÓDIGO DE PROCESSO PENAL

Art. 400. Na audiência de instrução e julgamento, a ser realizada no prazo máximo de 60 (sessenta) dias, proceder-se-á à tomada de declarações do ofendido, à inquirição das testemunhas arroladas pela acusação e pela defesa, nesta ordem, ressalvado o disposto no art. 222 deste Código, bem como aos esclarecimentos dos peritos, às acareações e ao reconhecimento de pessoas e coisas, interrogando-se, em seguida, o acusado.

§ 1 As provas serão produzidas numa só audiência, podendo o juiz indeferir as consideradas irrelevantes, impertinentes ou protelatórias.

§ 2º Os esclarecimentos dos peritos dependerão de prévio requerimento das partes.

Art. 401. Na instrução poderão ser inquiridas até 8 (oito) testemunhas arroladas pela acusação e 8 (oito) pela defesa.

§ 1 Nesse número não se compreendem as que não prestem compromisso e as referidas.

§ 2º A parte poderá desistir da inquirição de qualquer das testemunhas arroladas, ressalvado o disposto no art. 209 deste Código.

Art. 402. Produzidas as provas, ao final da audiência, o Ministério Público, o querelante e o assistente e, a seguir, o acusado poderão requerer diligências cuja necessidade se origine de circunstâncias ou fatos **apurados na instrução.**

Art. 403. Não havendo requerimento de diligências, ou sendo indeferido, serão oferecidas alegações finais orais por 20 (vinte) minutos, respectivamente, pela acusação e pela defesa, prorrogáveis por mais 10 (dez), proferindo o juiz, a seguir, sentença.

§ 1 Havendo mais de um acusado, o tempo previsto para a defesa de cada um será individual.

§ 2º Ao assistente do Ministério Público, após a manifestação desse, serão concedidos 10 (dez) minutos, prorrogando-se por igual período o tempo de manifestação da defesa.

§ 3° O juiz poderá, considerada a complexidade do caso ou o número de acusados, conceder às partes o prazo de 5 (cinco) dias sucessivamente para a apresentação de memoriais. Nesse caso, terá o prazo de 10 (dez) dias para proferir a sentença.

Art. 404. Ordenado diligência considerada imprescindível, de ofício ou a requerimento da parte, a audiência será concluída sem as alegações finais. (Redação dada pela Lei n° 11.719, de 2008).
Parágrafo único. Realizada, em seguida, a diligência determinada, as partes apresentarão, no prazo sucessivo de 5 (cinco) dias, suas alegações finais, por memorial, e, no prazo de 10 (dez) dias, o juiz proferirá a sentença. (Incluído pela Lei n° 11.719, de 2008).

Art. 405. Do ocorrido em audiência será lavrado termo em livro próprio, assinado pelo juiz e pelas partes, contendo breve resumo dos fatos relevantes nela ocorridos. (Redação dada pela Lei n° 11.719, de 2008).
§ 1 Sempre que possível, o registro dos depoimentos do investigado, indiciado, ofendido e testemunhas será feito pelos meios ou recursos de gravação magnética, estenotipia, digital ou técnica similar, inclusive audiovisual, destinada a obter maior fidelidade das informações. (Incluído pela Lei n° 11.719, de 2008).
§ 2° No caso de registro por meio audiovisual, será encaminhado às partes cópia do registro original, sem necessidade de transcrição.

CAPÍTULO 2 - PROCEDIMENTO NOS JUIZADOS ESPECIAIS CRIMINAIS (LEI 9.099/95 E LEI 10.259/2001)

CONSTITUIÇÃO FEDERAL

Art. 98. A União, no Distrito Federal e nos Territórios, e os Estados criarão: I - juizados especiais, providos por juízes togados, ou togados e leigos, competentes para a conciliação, o julgamento e a execução de causas cíveis de menor complexidade e **infrações penais de menor potencial ofensivo**, mediante os procedimentos oral e sumaríssimo, permitidos, nas hipóteses previstas em lei, a transação e o julgamento de recursos por turmas de juízes de primeiro grau;

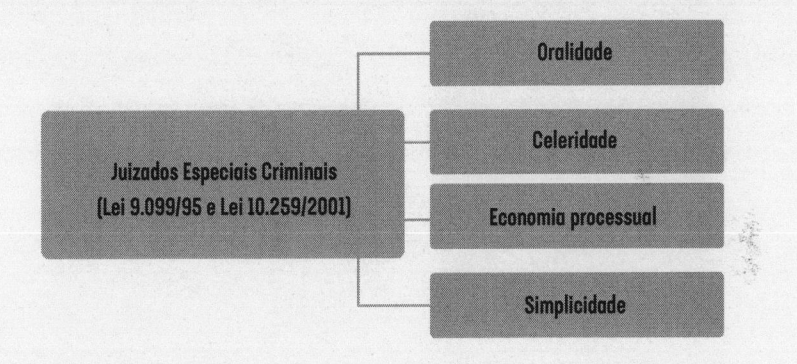

2.1. INFRAÇÃO PENAL DE MENOR POTENCIAL OFENSIVO

LEI 9.099/95

Art. 61. Consideram-se infrações penais de menor potencial ofensivo, para os efeitos desta Lei, **as contravenções penais e os crimes** a que a lei comine **pena máxima não superior a 2 (dois) anos, cumulada ou não com multa**. (Redação dada pela Lei nº 11.313, de 2006)

[Atenção]
Quando houver causa de aumento ou de diminuição, para fins de aferição da pena para determinar a competência, deverá ser computado o quantum que menos aumentar e o que mais diminuir a pena.
[Fim de Atenção]

LEI 9.099/95

Art. 63. A competência do Juizado será determinada pelo lugar em que foi praticada a infração penal.

Art. 64. Os atos processuais serão públicos e poderão realizar-se em horário noturno e em qualquer dia da semana, conforme dispuserem as normas de organização judiciária.

Art. 65. Os atos processuais serão válidos sempre que preencherem as finalidades para as quais foram realizados, atendidos os critérios indicados no art. 62 desta Lei.

§ 1º Não se pronunciará qualquer nulidade sem que tenha havido prejuízo.

§ 2º A prática de atos processuais em outras comarcas poderá ser solicitada por qualquer meio hábil de comunicação.

§ 3º Serão objeto de registro escrito exclusivamente os atos havidos por essenciais. Os atos realizados em audiência de instrução e julgamento poderão ser gravados em fita magnética ou equivalente.

Art. 66. A citação será pessoal e far-se-á no próprio Juizado, sempre que possível, ou por mandado.

Parágrafo único. Não encontrado o acusado para ser citado, o Juiz encaminhará as peças existentes ao Juízo comum para adoção do procedimento previsto em lei.

Art. 67. A intimação far-se-á por correspondência, com aviso de recebimento pessoal ou, tratando-se de pessoa jurídica ou firma individual, mediante entrega ao encarregado da recepção, que será obrigatoriamente identificado, ou, sendo necessário, por oficial de justiça, independentemente de mandado ou carta precatória, ou ainda por qualquer meio idôneo de comunicação.

Parágrafo único. Dos atos praticados em audiência considerar-se-ão desde logo cientes as partes, os interessados e defensores.

Art. 68. Do ato de intimação do autor do fato e do mandado de citação do acusado, constará a necessidade de seu comparecimento acompanhado de advogado, com a advertência de que, na sua falta, ser-lhe-á designado defensor público.

Art. 69. A autoridade policial que tomar conhecimento da ocorrência lavrará **termo circunstanciado** e o encaminhará imediatamente ao Juizado, com o autor do fato e a vítima, providenciando-se as requisições dos exames periciais necessários.

Parágrafo único. Ao autor do fato que, após a lavratura do termo, for imediatamente encaminhado ao Juizado ou assumir o compromisso de a ele comparecer, **não se imporá prisão em flagrante, nem se exigirá fiança.**

Parágrafo único. Ao autor do fato que, após a lavratura do termo, for imediatamente encaminhado ao juizado ou assumir o compromisso de a ele comparecer, não se imporá prisão em flagrante, nem se exigirá fiança. Em caso de violência doméstica, o juiz poderá determinar, como medida de cautela, seu afastamento do lar, domicílio ou local de convivência com a vítima.

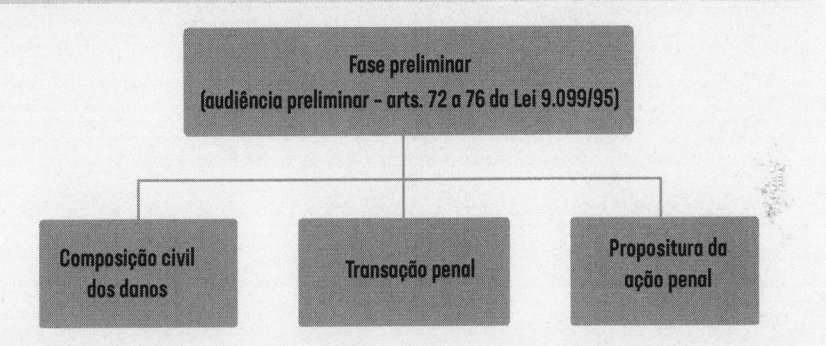

LEI 9.099/95

Art. 72. Na audiência preliminar, presente o representante do Ministério Público, o autor do fato e a vítima e, se possível, o responsável civil, acompanhados por seus advogados, **o Juiz esclarecerá sobre a possibilidade da composição dos danos** e da **aceitação da proposta de aplicação imediata de pena não privativa de liberdade**.

Art. 73. A conciliação será conduzida pelo Juiz ou por conciliador sob sua orientação.

Parágrafo único. Os conciliadores são auxiliares da Justiça, recrutados, na forma da lei local, preferentemente entre bacharéis em Direito, excluídos os que exerçam funções na administração da Justiça Criminal.

Art. 74. A composição dos danos civis será reduzida a escrito e, homologada pelo Juiz mediante sentença irrecorrível, terá eficácia de título a ser executado no juízo civil competente.

Parágrafo único. Tratando-se de ação penal de iniciativa privada ou de ação penal pública condicionada à representação, o acordo homologado acarreta a renúncia ao direito de queixa ou representação.

Art. 75. Não obtida a composição dos danos civis, será dada imediatamente ao ofendido a oportunidade de exercer **o direito de representação verbal**, que será reduzida a termo.

Parágrafo único. O não oferecimento da representação na audiência preliminar não implica decadência do direito, que poderá ser exercido no prazo previsto em lei.

2.2. TRANSAÇÃO PENAL

LEI 9.099/95

Art. 76. Havendo representação ou tratando-se de crime de ação penal pública incondicionada, não sendo caso de arquivamento, o Ministério Público poderá propor a aplicação imediata de pena restritiva de direitos ou multas, a ser especificada na proposta.

§ 1º Nas hipóteses de ser a pena de multa a única aplicável, o Juiz poderá reduzi-la até a metade.

§ 2º Não se admitirá a proposta se ficar comprovado:

I – ter sido o autor da infração condenado, pela prática de crime, à pena privativa de liberdade, por sentença definitiva;

II - ter sido o agente beneficiado anteriormente, no prazo de cinco anos, pela aplicação de pena restritiva ou multa, nos termos deste artigo;

III – não indicarem os antecedentes, a conduta social e a personalidade do agente, bem como os motivos e as circunstâncias, ser necessária e suficiente a adoção da medida.

§ 3º Aceita a proposta pelo autor da infração e seu defensor, será submetida à apreciação do Juiz.

§ 4º Acolhendo a proposta do Ministério Público aceita pelo autor da infração, o Juiz aplicará a pena restritiva de direitos ou multa, que não importará em reincidência, sendo registrada apenas para impedir novamente o mesmo benefício no prazo de cinco anos.

§ 5º Da sentença prevista no parágrafo anterior caberá a apelação referida no art. 82 desta Lei.

§ 6º A imposição da sanção de que trata o § 4º deste artigo não constará de certidão de antecedentes criminais, salvo para os fins previstos no mesmo dispositivo, e não terá efeitos civis, cabendo aos interessados propor ação cabível no juízo cível.

CÓDIGO DE TRÂNSITO BRASILEIRO

Art. 291. Aos crimes cometidos na direção de veículos automotores, previstos neste Código, aplicam-se as normas gerais do Código Penal e do Código de Processo Penal, se este Capítulo não dispuser de modo diverso, bem como a Lei nº 9.099, de 26 de setembro de 1995, no que couber.

§ 1 Aplica-se aos crimes de trânsito de lesão corporal culposa o disposto nos arts. 74, 76 e 88 da Lei nº 9.099, de 26 de setembro de 1995, exceto se o agente estiver: (Renumerado do parágrafo único pela Lei nº 11.705, de 2008)

I - sob a influência de álcool ou qualquer outra substância psicoativa que determine dependência; (Incluído pela Lei nº 11.705, de 2008)

II - participando, em via pública, de corrida, disputa ou competição automobilística, de exibição ou demonstração de perícia em manobra de veículo automotor, não autorizada pela autoridade competente; (Incluído pela Lei nº 11.705, de 2008)

III - transitando em velocidade superior à máxima permitida para a via em 50 km/h (cinquenta quilômetros por hora).

LEI MARIA DA PENHA

Art. 41. Aos crimes praticados com violência doméstica e familiar contra a mulher, independentemente da pena prevista, não se aplica a Lei nº 9.099, de 26 de setembro de 1995.

[...]

Art. 77. Na ação penal de iniciativa pública, quando não houver aplicação de pena, pela ausência do autor do fato, ou pela não ocorrência da hipótese prevista no art. 76 desta Lei, o Ministério Público oferecerá ao Juiz, de imediato, denúncia oral, se não houver necessidade de diligências imprescindíveis.

§ 1º Para o oferecimento da denúncia, que será elaborada com base no termo de ocorrência referido no art. 69 desta Lei, com dispensa do inquérito policial, prescindir-se-á do exame do corpo de delito quando a materialidade do crime estiver aferida por boletim médico ou prova equivalente.

§ 2º Se a complexidade ou circunstâncias do caso não permitirem a formulação da denúncia, o Ministério Público poderá requerer ao Juiz o encaminhamento das peças existentes, na forma do parágrafo único do art. 66 desta Lei.

§ 3º Na ação penal de iniciativa do ofendido poderá ser oferecida queixa oral, cabendo ao Juiz verificar se a complexidade e as circunstâncias do caso determinam a adoção das providências previstas no parágrafo único do art. 66 desta Lei.

Art. 78. Oferecida a denúncia ou queixa, será reduzida a termo, entregando-se cópia ao acusado, que com ela ficará citado e imediatamente cientificado da designação de dia e hora para a audiência de instrução e julgamento, da qual também tomarão ciência o Ministério Público, o ofendido, o responsável civil e seus advogados.

§ 1º Se o acusado não estiver presente, será citado na forma dos arts. 66 e 68 desta Lei e cientificado da data da audiência de instrução e julgamento, devendo a ela trazer suas testemunhas ou apresentar requerimento para intimação, no mínimo cinco dias antes de sua realização.

§ 2° Não estando presentes o ofendido e o responsável civil, serão intimados nos termos do art. 67 desta Lei para comparecerem à audiência de instrução e julgamento.

§ 3° As testemunhas arroladas serão intimadas na forma prevista no art. 67 desta Lei.

2.3. SUSPENSÃO CONDICIONAL DO PROCESSO

LEI 9.099/95

Art. 89. Nos crimes em que a pena mínima cominada for igual ou inferior a um ano, abrangidas ou não por esta Lei, o Ministério Público, ao oferecer a denúncia, poderá propor a suspensão do processo, por dois a quatro anos, desde que o acusado não esteja sendo processado ou não tenha sido condenado por outro crime, presentes os demais requisitos que autorizariam a suspensão condicional da pena (art. 77 do Código Penal).

§ 1° Aceita a proposta pelo acusado e seu defensor, na presença do Juiz, este, recebendo a denúncia, poderá suspender o processo, submetendo o acusado a período de prova, sob as seguintes condições:

I - reparação do dano, salvo impossibilidade de fazê-lo;

II - proibição de frequentar determinados lugares;

III - proibição de ausentar-se da comarca onde reside, sem autorização do Juiz;

IV - comparecimento pessoal e obrigatório a juízo, mensalmente, para informar e justificar suas atividades.

§ 2° O Juiz poderá especificar outras condições a que fica subordinada a suspensão, desde que adequadas ao fato e à situação pessoal do acusado.

§ 3° A suspensão será revogada se, no curso do prazo, o beneficiário vier a ser processado por outro crime ou não efetuar, sem motivo justificado, a reparação do dano.

§ 4° A suspensão poderá ser revogada se o acusado vier a ser processado, no curso do prazo, por contravenção, ou descumprir qualquer outra condição imposta.

§ 5° Expirado o prazo sem revogação, o Juiz declarará extinta a punibilidade.

§ 6° Não correrá a prescrição durante o prazo de suspensão do processo.

§ 7° Se o acusado não aceitar a proposta prevista neste artigo, o processo prosseguirá em seus ulteriores termos.

CAPÍTULO 3 - PROCEDIMENTO NO TRIBUNAL DO JÚRI

CONSTITUIÇÃO FEDERAL

Art. 5º [...]
XXXVIII - é reconhecida a instituição do júri, com a organização que lhe der a lei, assegurados:
a) a plenitude de defesa;
b) o sigilo das votações;
c) a soberania dos veredictos;
d) a competência para o julgamento dos crimes dolosos contra a vida;

3.1. COMPETÊNCIA

Conforme dispõe a Constituição Federal, o tribunal do júri será competente para o julgamento dos crimes dolosos contra a vida, a saber:

- homicídio doloso (art. 121, CP);
- induzimento, instigação ou auxílio ao suicídio (art. 122, CP);
- infanticídio (art. 123, CP);
- aborto (arts. 124 a 125, CP).

Não serão julgados pelo tribunal do júri, por não serem considerados crimes dolosos contra a vida:

- latrocínio (art. 157, § 3º) – roubo com resultado morte. É considerado um crime patrimonial (Súmula 603, STF);
- lesão corporal com resultado morte – crime preterdoloso.

[Saiba mais]

- A competência do tribunal do júri se estende aos crimes conexos aos crimes dolosos.
- Foro privilegiado: as pessoas detentoras de foro por prerrogativa de função fixado pela Constituição Federal não serão julgadas por crimes dolosos perante o tribunal do júri, pois, nesse caso, prevalecerá o foro privilegiado. Por outro lado, se o foro privilegiado for fixado pela Constituição Estadual, prevalecerá a competência do tribunal do júri, tendo em vista possuir respaldo na Constituição Federal.
[Fim de Saiba mais]

3.2. PRINCÍPIOS QUE REGEM O TRIBUNAL DO JÚRI

A) PLENITUDE DE DEFESA

A plenitude de defesa, segundo a doutrina, é mais abrangente do que o princípio da ampla defesa, pois possibilita a defesa por meio de argumentos extrajurídicos. Essa possibilidade existe porque diferente dos juízes togados não estão vinculados a argumentos jurídicos, pois sequer precisam fundamentar as suas decisões que são sigilosas.

B) SIGILO DAS VOTAÇÕES

Para garantir a imparcialidade dos jurados, os seus votos são sigilosos. Esse sigilo pode ser observado em três momentos:

- **incomunicabilidade dos jurados:** os jurados ficarão incomunicáveis durante o período de julgamento, não podendo se comunicar entre si ou com outras pessoas, e nem manifestar a sua opinião sobre o caso. Eventual violação a essa incomunicabilidade acarretará nulidade absoluta;

CÓDIGO DE PROCESSO PENAL

Art. 466. Antes do sorteio dos membros do Conselho de Sentença, o juiz presidente esclarecerá sobre os impedimentos, a suspeição e as incompatibilidades constantes dos arts. 448 e 449 deste Código. (Redação dada pela Lei nº 11.689, de 2008)

§ 1º O juiz presidente também advertirá os jurados de que, uma vez sorteados, não poderão comunicar-se entre si e com outrem, nem manifestar sua opinião sobre o processo, sob pena de exclusão do Conselho e multa, na forma do § 2º do art. 436 deste Código. (Redação dada pela Lei nº 11.689, de 2008)

§ 2º A incomunicabilidade será certificada nos autos pelo oficial de justiça. (Redação dada pela Lei nº 11.689, de 2008)

> **Art. 564.** A nulidade ocorrerá nos seguintes casos:
>
> [...] III - por falta das fórmulas ou dos termos seguintes:
>
> [...] j) o sorteio dos jurados do conselho de sentença em número legal e sua incomunicabilidade;

- utilização de sala especial;

> **CÓDIGO DE PROCESSO PENAL**
>
> **Art. 485.** Não havendo dúvida a ser esclarecida, o juiz presidente, os jurados, o Ministério Público, o assistente, o querelante, o defensor do acusado, o escrivão e o oficial de justiça dirigir-se-ão à sala especial a fim de ser procedida a votação. (Redação dada pela Lei nº 11.689, de 2008)
>
> § 1 Na falta de sala especial, o juiz presidente determinará que o público se retire, permanecendo somente as pessoas mencionadas no caput deste artigo. (Incluído pela Lei nº 11.689, de 2008)
>
> § 2º O juiz presidente advertirá as partes de que não será permitida qualquer intervenção que possa perturbar a livre manifestação do Conselho e fará retirar da sala quem se portar inconvenientemente. (Incluído pela Lei nº 11.689, de 2008)

- impossibilidade de declaração de votação unânime;

Quando alcançados quatro votos afirmativos, a votação é encerrada. Essa medida é adotada pois, se fossem revelados todos os votos, em caso de votação unânime, não estaria preservado o sigilo da votação.

> **CÓDIGO DE PROCESSO PENAL**
>
> **Art. 483.** Os quesitos serão formulados na seguinte ordem, indagando sobre: (Redação dada pela Lei nº 11.689, de 2008)
>
> § 1 A resposta negativa, de mais de 3 (três) jurados, a qualquer dos quesitos referidos nos incisos I e II do caput deste artigo encerra a votação e implica a absolvição do acusado. (Incluído pela Lei nº 11.689, de 2008)
>
> § 2º Respondidos afirmativamente por mais de 3 (três) jurados os quesitos relativos aos incisos I e II do caput deste artigo será formulado quesito com a seguinte redação: (Incluído pela Lei nº 11.689, de 2008)

C) SOBERANIA DOS VEREDICTOS

As decisões do tribunal do júri são soberanas, portanto, não podem ser modificadas por um tribunal composto por juízes togados.

Mas isso não significa que sejam irrecorríveis, pois da decisão do tribunal do júri caberá apelação, nos termos do art. 593 do CPP.

> **CÓDIGO DE PROCESSO PENAL**
>
> **Art. 593.** Caberá apelação no prazo de 5 (cinco) dias: (Redação dada pela Lei nº 263, de 23/02/1948)
>
> [...]
>
> **III** - das decisões do Tribunal do Júri, quando: (Redação dada pela Lei nº 263, de 23/02/1948)
>
> a) ocorrer nulidade posterior à pronúncia; (Redação dada pela Lei nº 263, de 23/02/1948)
>
> b) for a sentença do juiz-presidente contrária à lei expressa ou à decisão dos jurados; (Redação dada pela Lei nº 263, de 23/02/1948)
>
> c) houver erro ou injustiça no tocante à aplicação da pena ou da medida de segurança; (Redação dada pela Lei nº 263, de 23/02/1948)
>
> d) for a decisão dos jurados manifestamente contrária à prova dos autos. (Incluído pela Lei nº 263, de 23/02/1948)
>
> § 1 Se a sentença do juiz-presidente for contrária à lei expressa ou divergir das respostas dos jurados aos quesitos, o tribunal ad quem fará a devida retificação. (Incluído pela Lei nº 263, de 23/02/1948)
>
> § 2º Interposta a apelação com fundamento no nº III, c, deste artigo, o tribunal ad quem, se lhe der provimento, retificará a aplicação da pena ou da medida de segurança. (Incluído pela Lei nº 263, de 23/02/1948)
>
> § 3º Se a apelação se fundar no nº III, d, deste artigo, e o tribunal ad quem se convencer de que a decisão dos jurados é manifestamente contrária à prova dos autos, dar-lhe-á provimento para sujeitar o réu a novo julgamento; não se admite, porém, pelo mesmo motivo, segunda apelação. (Incluído pela Lei nº 263, de 23/02/1948)

Mas devemos diferenciar **duas** situações:

- Se a impugnação for em relação à decisão do conselho de sentença, a decisão do tribunal se restringe à anulação da decisão do conselho de sentença, determinando a realização de um novo júri;
- se a impugnação da decisão for em relação à decisão do juiz-presidente, o tribunal pode modificar a decisão impugnada.

RE 1.057.847,

Rel. Min. Luiz Fux
Julgado em 29/08/2017
Publicado em processo eletrônico DJe 200, divulg. 04/09/2017, public. 05/09/2017
Tribunal de segunda instância, ao julgar a ação de revisão criminal, dispõe de competência plena para formular tanto o juízo rescindente (judicium rescindens), que viabiliza a desconstituição da autoridade da coisa julgada penal mediante invalidação da condenação criminal, quanto o juízo rescisório (judicium rescissorium), que legitima o reexame do mérito da causa e autoriza, até mesmo, quando for o caso, a prolação de provimento absolutório, ainda que se trate de decisão emanada do júri, pois a soberania do veredicto do Conselho de Sentença, que representa garantia fundamental do acusado, não pode, ela própria, constituir paradoxal obstáculo à restauração da liberdade jurídica do condenado.

3.3. PROCEDIMENTO DO TRIBUNAL DO JÚRI

O procedimento do tribunal do júri é dividido em duas fases:

- etapa de formação de culpa (judicium acusationis), na qual o juiz analisa a inicial, procede à instrução preliminar e decide pela pronúncia, impronúncia, desclassificação ou absolvição sumária; e

- judicium causae: compreende os atos praticados após a pronúncia.

CÓDIGO DE PROCESSO PENAL

Art. 406. O juiz, ao receber a denúncia ou a queixa, ordenará a citação do acusado para responder a acusação, por escrito, no prazo de 10 (dez) dias. (Redação dada pela Lei nº 11.689, de 2008)

[...]

§ 2º A acusação deverá arrolar testemunhas, **até o máximo de 8 (oito)**, na denúncia ou na queixa.

§ 3º Na resposta, o acusado poderá arguir preliminares e alegar tudo que interesse a sua defesa, oferecer documentos e justificações, especificar as provas pretendidas e arrolar testemunhas, até o máximo de 8 (oito), qualificando-as e requerendo sua intimação, quando necessário. (Incluído pela Lei nº 11.689, de 2008)

[...]

Art. 409. Apresentada a defesa, o juiz ouvirá o Ministério Público ou o querelante sobre preliminares e documentos, em 5 (cinco) dias. (Redação dada pela Lei nº 11.689, de 2008)

Art. 410. O juiz determinará a inquirição das testemunhas e a realização das diligências requeridas pelas partes, no prazo máximo de 10 (dez) dias. (Redação dada pela Lei nº 11.689, de 2008)

Art. 411. Na audiência de instrução, proceder-se-á à tomada de declarações do ofendido, se possível, à inquirição das testemunhas arroladas pela acusação e pela defesa, nesta ordem, bem como aos esclarecimentos dos peritos, às acareações e ao reconhecimento de pessoas e coisas, interrogando-se, em seguida, o acusado e procedendo-se o debate. (Redação dada pela Lei nº 11.689, de 2008)

[...]

§ 4º As alegações serão orais*, concedendo-se a palavra, respectivamente, à acusação e à defesa, pelo prazo de 20 (vinte) minutos, prorrogáveis por mais 10 (dez). (Incluído pela Lei nº 11.689, de 2008)

[...]

§ 6º Ao assistente do Ministério Público, após a manifestação deste, serão concedidos 10 (dez) minutos, prorrogando-se por igual período o tempo de manifestação da defesa. (Incluído pela Lei nº 11.689, de 2008)

[...]

§ 9º Encerrados os debates, o juiz proferirá a sua decisão, ou o fará em 10 (dez) dias, ordenando que os autos para isso lhe sejam conclusos. (Incluído pela Lei nº 11.689, de 2008)

Art. 412. O procedimento será concluído no prazo máximo de 90 (noventa) dias. (Redação dada pela Lei nº 11.689, de 2008)

A decisão do juiz, nos termos do § 9° do art. 411 do CPP, poderá ser pela:

- pronúncia;
- impronúncia;
- absolvição sumária;
- desclassificação da infração penal.

DECISÃO DE PRONÚNCIA

Se convencido da materialidade do fato e da existência de indícios suficientes de autoria ou participação, o juiz, fundamentadamente, pronunciará o acusado (art. 413 CPP).

CÓDIGO DE PROCESSO PENAL

§ 1° A fundamentação da pronúncia limitar-se-á à indicação da materialidade do fato e da existência de indícios suficientes de autoria ou de participação, devendo o juiz declarar o dispositivo legal em que julgar incurso o acusado e especificar as circunstâncias qualificadoras e as causas de aumento de pena. (Incluído pela Lei n° 11.689, de 2008)

§ 2° Se o crime for afiançável, o juiz arbitrará o valor da fiança para a concessão ou manutenção da liberdade provisória. (Incluído pela Lei n° 11.689, de 2008)

§ 3° O juiz decidirá, motivadamente, no caso de manutenção, revogação ou substituição da prisão ou medida restritiva de liberdade anteriormente decretada e, tratando-se de acusado solto, sobre a necessidade da decretação da prisão ou imposição de quaisquer das medidas previstas no Título IX do Livro I deste Código. (Incluído pela Lei n° 11.689, de 2008)

A decisão de **pronúncia**:

- submete o acusado ao julgamento perante o Conselho de Sentença;
- interrompe a prescrição (art. 117, II, CP).

Da decisão de pronúncia caberá **recurso em sentido estrito** (art. 581, IV, CPP).

DECISÃO DE IMPRONÚNCIA

Se o juiz não se convencer da materialidade do fato ou da existência de indícios suficientes de autoria ou de participação, fundamentadamente, impronunciará o acusado (art. 413, CPP).

A **inexistência de provas** capazes de convencer o juiz da materialidade ou autoria resulta na decisão de impronúncia, mas a **existência de prova cabal** da inexistência do fato ou da não autoria resulta na absolvição sumária.

A decisão de impronúncia não faz coisa julgada material – nova denúncia ou queixa poderá ser realizada se houver nova prova, enquanto não ocorrer a extinção da punibilidade (art. 413, § 1º, CPP).

Da decisão de impronúncia caberá **apelação** (art. 416, CPP).

ABSOLVIÇÃO SUMÁRIA

O juiz absolverá sumariamente o acusado, quando (art. 415, CPP):
- provada a inexistência do fato;
- provado não ser ele autor ou partícipe do fato;
- o fato não constituir infração penal;
- demonstrada causa de isenção de pena ou de exclusão do crime.
- A inimputabilidade por doença mental ou desenvolvimento retardado incompleto não resultará na absolvição primária, quando for a única tese defensiva (caso de absolvição imprópria – acarreta imposição de medida de segurança).

[Atenção]

Diferente do procedimento comum, no procedimento do tribunal do júri a absolvição sumária só ocorre após a instrução criminal preliminar.
[Fim de Atenção]

Contra a decisão de absolvição sumária, caberá apelação (art. 416, CPP).

DESCLASSIFICAÇÃO

A desclassificação pode ser de <u>dois</u> tipos:

- **Desclassificação própria**: ocorre quando o juiz singular desclassifica o delito para outro tipo penal que **não seja** crime doloso contra a vida. Como consequência, haverá o encaminhamento dos autos ao juízo competente. (art. 419, CPP)

CÓDIGO DE PROCESSO PENAL

Art. 419. Quando o juiz se convencer, em discordância com a acusação, da existência de crime diverso dos referidos no § 1º do art. 74 deste Código e não for competente para o julgamento, remeterá os autos ao juiz que o seja. (Redação dada pela Lei nº 11.689, de 2008)
Parágrafo único. Remetidos os autos do processo a outro juiz, à disposição deste ficará o acusado preso. (Incluído pela Lei nº 11.689, de 2008)

- **Desclassificação imprópria**: ocorre quando há a desclassificação para outro crime também doloso contra a vida. Ex.: de infanticídio para homicídio.

Não há expressa previsão sobre cabimento de recurso dessa decisão de desclassificação, mas tem-se entendido que caberá recurso em sentido estrito baseado no art. 581, II, CPP.

CÓDIGO DE PROCESSO PENAL

Art. 581. Caberá recurso, no sentido estrito, da decisão, despacho ou sentença:
[...] **II** – que concluir pela incompetência do juízo;

B) SEGUNDA ETAPA – JUDICIUM CAUSAE

Inicia-se com o trânsito em julgado da decisão de pronúncia, ou da decisão de manutenção da pronúncia pelo Tribunal, quando houver recurso.

CÓDIGO DE PROCESSO PENAL

Art. 421. Preclusa a decisão de pronúncia, os autos serão encaminhados ao juiz presidente do Tribunal do Júri. (Redação dada pela Lei nº 11.689, de 2008)

§ 1º Ainda que preclusa a decisão de pronúncia, havendo circunstância superveniente que altere a classificação do crime, o juiz ordenará a remessa dos autos ao Ministério Público. (Incluído pela Lei nº 11.689, de 2008)

§ 2º Em seguida, os autos serão conclusos ao juiz para decisão. (Incluído pela Lei nº 11.689, de 2008)

Ao receber a decisão de pronúncia, o juiz presidente determinará a intimação do MP ou do querelante e do defensor, para, no prazo de 5 dias (art. 422, CPP):

- apresentar rol de testemunhas que irão depor em plenário, até o máximo de 5;
- requerer diligência;
- juntar documentos.

O juiz presidente (art. 423, CPP):

- ordenará as diligências necessárias para sanar qualquer nulidade ou esclarecer fato que interesse ao julgamento da causa;
- fará relatório sucinto do processo, determinando sua inclusão em pauta da reunião do Tribunal do Júri.

O assistente somente será admitido se tiver requerido sua habilitação até 5 (cinco) dias antes da data da sessão na qual pretenda atuar (art. 430, CPP).

3.4. DESAFORAMENTO (ART. 427 E SS., CPP)

O desaforamento é a remessa dos autos para julgamento em outra comarca da mesma região por razões de:

- interesse da ordem pública;
- dúvida sobre imparcialidade do júri;
- segurança pessoal do acusado;
- comprovado excesso de serviço, ouvidos o juiz presidente e a parte contrária, se o julgamento não puder ser realizado no prazo de 6 meses, contado do trânsito em julgado da decisão de pronúncia (art. 428, CPP).

O desaforamento poderá ser requerido pelo Ministério Público, pelo assistente, pelo querelante, pelo acusado e pelo juiz competente.

A) MOMENTO DO REQUERIMENTO

- O momento adequado para o requerimento de desaforamento é entre o trânsito em julgado da decisão de pronúncia e a realização do julgamento. Excepcionalmente, porém, é possível que o desaforamento seja realizado após o julgamento, caso:
- a sessão de julgamento seja anulada;
- o fato ensejador do pedido de desaforamento ocorrer durante ou após a realização do julgamento anulado (art. 427, § 4º, CPP).

O pedido de desaforamento tem preferência de julgamento na Câmara ou Turma do Tribunal ao qual fora distribuído (art. 427, § 1º, CPP). Mas, como mesmo assim o julgamento pode demorar, o relator poderá conceder efeito suspensivo ao pedido de desaforamento (art. 427, § 2º, CPP).

> **STF - Súmula 712**
>
> É nula a decisão que determina o desaforamento de processo da competência do Júri sem audiência da defesa.

3.5. ORGANIZAÇÃO DA PAUTA

Salvo motivo relevante que autorize alteração na ordem dos julgamentos, terão preferência (art. 429, CPP):

- os acusados presos;
- dentre os acusados presos, aqueles que estiverem há mais tempo na prisão;
- em igualdade de condições, os precedentemente pronunciados.

3.6. JURADOS

- Após a organização da pauta, o juiz presidente determinará a intimação do Ministério Público, da OAB e da Defensoria Pública para acompanharem, em dia e hora designados, o sorteio dos jurados que atuarão na reunião periódica (art. 432, CPP).
- Sorteio (art. 433, CPP):

- 25 jurados;
- realizado de portas abertas;
- realizado entre o 15º e o 10º dia útil antecedente à instalação da reunião.

Os jurados sorteados serão convocados por correio ou qualquer outro meio hábil para comparecer no dia e hora designados para a reunião, sob as penas da lei (art. 434 CPP).

A recusa injustificada ao serviço do júri ou o não comparecimento no dia do júri, bem como o ato de retirar-se da sessão antes de ser dispensado pelo presidente acarretará multa no valor de 1 (um) a 10 (dez) salários mínimos, a critério do juiz, de acordo com a condição econômica do jurado (arts. 436, § 2º, e 442, CPP).

Em outra aresta, a recusa ao serviço do júri fundada em convicção religiosa, filosófica ou política importará no dever de prestar serviço alternativo. Descumprida a prestação, a pena será de suspensão dos direitos políticos, enquanto não prestar o serviço imposto (art. 438, CPP).

O serviço do júri é obrigatório, em regra. Os jurados serão alistados como os cidadãos maiores de 18 anos, com notória idoneidade. Cumpre ressaltar que nenhum cidadão poderá ser excluído dos trabalhos do júri ou deixar de ser alistado em razão de cor ou etnia, raça, credo, sexo, profissão, classe social ou econômica, origem ou grau de instrução (art. 436, § 1º, CPP).

- Estarão isentos do serviço do júri:

CÓDIGO DE PROCESSO PENAL

Art. 437. Estão isentos do serviço do júri: (Redação dada pela Lei nº 11.689, de 2008)

I - o Presidente da República e os Ministros de Estado; (Incluído pela Lei nº 11.689, de 2008)

II - os Governadores e seus respectivos Secretários; (Incluído pela Lei nº 11.689, de 2008)

III - os membros do Congresso Nacional, das Assembleias Legislativas e das Câmaras Distrital e Municipais; (Incluído pela Lei nº 11.689, de 2008)

IV - os Prefeitos Municipais; (Incluído pela Lei nº 11.689, de 2008)

V - os Magistrados e membros do Ministério Público e da Defensoria Pública; (Incluído pela Lei nº 11.689, de 2008)

VI - os servidores do Poder Judiciário, do Ministério Público e da Defensoria Pública; (Incluído pela Lei n° 11.689, de 2008)

VII - as autoridades e os servidores da polícia e da segurança pública; (Incluído pela Lei n° 11.689, de 2008)

VIII - os militares em serviço ativo; (Incluído pela Lei n° 11.689, de 2008)

IX - os cidadãos maiores de 70 (setenta) anos que requeiram sua dispensa; (Incluído pela Lei n° 11.689, de 2008)

X - aqueles que o requererem, demonstrando justo impedimento. (Incluído pela Lei n° 11.689, de 2008)

O exercício efetivo da função de jurado constituirá serviço público relevante e estabelecerá presunção de idoneidade moral (art. 439, CPP). Constitui também direito do jurado, na condição do art. 439 do CPP, preferência, em igualdade de condições, nas licitações públicas e no provimento, mediante concurso, de cargo ou função pública, bem como nos casos de promoção funcional ou remoção voluntária (art. 440, CPP). Nenhum desconto será feito nos vencimentos ou salário do jurado sorteado que comparecer à sessão do júri (art. 441, CPP).

3.7. DA COMPOSIÇÃO DO TRIBUNAL DO JÚRI E FORMAÇÃO DO CONSELHO DE SENTENÇA

- O tribunal do júri é composto por (art. 447, CPP):
- 1 juiz togado (Presidente): responsável pela condução das sessões, formulação de quesitos aos jurados, fixação da pena etc.
- 25 jurados
  - Dentre esses 25 jurados, 7 serão sorteados para compor o Conselho de Sentença.
- Conselho de Sentença: responsável pela decisão de condenação ou absolvição do acusado.

Para realizar-se o sorteio, é necessário que estejam presentes ao menos 15 jurados (art. 463, CPP). À medida que o sorteio é realizado e as cédulas são retiradas da urna, a defesa e, depois dela, o MP, poderão recusar os jurados sorteados, até 3 de cada parte, sem motivar a recusa (art. 468, CPP).

São impedidos de servir no mesmo conselho (art. 448, CPP):

I – marido e mulher;

II – ascendente e descendente;

III – sogro e genro ou nora;

IV – irmãos e cunhados, durante o cunhadio;

V – tio e sobrinho;

VI – padrasto, madrasta ou enteado.

As mesmas regras de impedimento, suspeição e incompatibilidades dos juízes togados serão aplicadas aos jurados.

Não poderá servir o jurado que (art. 449, CPP):

I – tiver funcionado em julgamento anterior do mesmo processo, independentemente da causa determinante do julgamento posterior;

II – no caso do concurso de pessoas, houver integrado o Conselho de Sentença que julgou o outro acusado;

III – tiver manifestado prévia disposição para condenar ou absolver o acusado.

STF - Súmula 206

É nulo o julgamento ulterior pelo júri com a participação de jurado que funcionou em julgamento anterior do mesmo processo.

Até o momento de abertura dos trabalhos da sessão, o juiz presidente decidirá os casos de isenção e dispensa de jurados e o pedido de adiamento de julgamento, mandando consignar em ata as deliberações (Art. 445, CPP).

As atribuições do juiz presidente são previstas no art. 497, CPP, veja:

CÓDIGO DE PROCESSO PENAL

Art. 497. São atribuições do juiz presidente do Tribunal do Júri, além de outras expressamente referidas neste Código: (Redação dada pela Lei nº 11.689, de 2008)

I - regular a polícia das sessões e prender os desobedientes; (Redação dada pela Lei nº 11.689, de 2008)

II - requisitar o auxílio da força pública, que ficará sob sua exclusiva autoridade; (Redação dada pela Lei nº 11.689, de 2008)

III - dirigir os debates, intervindo em caso de abuso, excesso de linguagem ou mediante requerimento de uma das partes; (Redação dada pela Lei nº 11.689, de 2008)

IV - resolver as questões incidentes que não dependam de pronunciamento do júri; (Redação dada pela Lei nº 11.689, de 2008)

V - nomear defensor ao acusado, quando considerá-lo indefeso, podendo, neste caso, dissolver o Conselho e designar novo dia para o julgamento, com a nomeação ou a constituição de novo defensor; (Redação dada pela Lei nº 11.689, de 2008)

VI - mandar retirar da sala o acusado que dificultar a realização do julgamento, o qual prosseguirá sem a sua presença; (Redação dada pela Lei nº 11.689, de 2008)

VII - suspender a sessão pelo tempo indispensável à realização das diligências requeridas ou entendidas necessárias, mantida a incomunicabilidade dos jurados; (Redação dada pela Lei nº 11.689, de 2008)

VIII - interromper a sessão por tempo razoável, para proferir sentença e para repouso ou refeição dos jurados; (Redação dada pela Lei nº 11.689, de 2008)

IX - decidir, de ofício, ouvidos o Ministério Público e a defesa, ou a requerimento de qualquer destes, a arguição de extinção de punibilidade; (Redação dada pela Lei nº 11.689, de 2008)

X - resolver as questões de direito suscitadas no curso do julgamento; (Redação dada pela Lei nº 11.689, de 2008)

XI - determinar, de ofício ou a requerimento das partes ou de qualquer jurado, as diligências destinadas a sanar nulidade ou a suprir falta que prejudique o esclarecimento da verdade; (Redação dada pela Lei nº 11.689, de 2008)

XII - regulamentar, durante os debates, a intervenção de uma das partes, quando a outra estiver com a palavra, podendo conceder até 3 (três) minutos para cada aparte requerido, que serão acrescidos ao tempo desta última. (Incluído pela Lei nº 11.689, de 2008)

3.8. DAS REUNIÕES E DAS SESSÕES DO TRIBUNAL DO JÚRI

Em caso de não comparecimento de:

- Ministério Público: será adiado o julgamento para o 1º dia desimpedido da mesma reunião, cientificadas as partes e as testemunhas. Em caso de ausência não justificada, a ausência será comunicada ao PGJ (art. 455, CPP)
- Do advogado do acusado (art. 456, CPP):
  - o fato será comunicado ao presidente da seccional da OAB, com a data designada para a nova sessão;
  - o julgamento será adiado uma única vez, devendo ser julgado quando chamado novamente;

- a Defensoria Pública será intimada para o novo julgamento, que observará um intervalo mínimo de 10 dias.
- Acusado solto, assistente, ou advogado do querelante regularmente intimado: o julgamento não será adiado.
- Testemunha: Será aplicada multa à testemunha que, sem justa causa, deixar de comparecer (art. 458, CPP).
- Se uma das partes tiver requerido a sua intimação por mandado, declarando não prescindir do depoimento e indicando sua localização, o julgamento será adiado pela ausência da testemunha (art. 461, § 1º, CPP).
- acusado preso: se não for conduzido, o julgamento será adiado para o primeiro dia desimpedido da mesma reunião, salvo se houver pedido de dispensa subscrito por ele e seu defensor (art. 457, § 2º, CPP).

3.9. INSTRUÇÃO EM PLENÁRIO

Realizado o sorteio, os jurados receberão cópias da pronúncia ou, se for o caso, das decisões posteriores que julgaram admissível a acusação e o relatório do processo (art. 472, parágrafo único, CPP) e prestarão compromisso.

Prestado o compromisso pelos jurados, será iniciada a instrução plenária quando o juiz presidente, o Ministério Público, o assistente, o querelante e o defensor do acusado tomarão, sucessiva e diretamente, as declarações do ofendido, se possível, e inquirirão as testemunhas arroladas pela acusação (art. 473, CPP).

Será procedida, nessa ordem:

1. inquirição das testemunhas: inquiridas pelo juiz, depois pelo MINISTÉRIO PÚBLICO, assistente de acusação, querelante e defensor do acusado;
2. se for o caso, serão realizadas acareações, reconhecimento de pessoas e coisas e esclarecimentos dos peritos, e a leituras de peças relativas às provas colhidas por carta precatória e às provas cautelares, antecipadas ou não repetíveis;
3. interrogatório do acusado, se estiver presente.
- Ministério Público, assistente, querelante e defensor, nessa ordem, poderão formular perguntas diretamente ao acusado.

- Os jurados também poderão formular perguntas ao acusado, mas apenas por intermédio do conselho de sentença.

3.10. DOS DEBATES

Nos debates falará:

primeiro a acusação, por 1:30h;

segundo, a defesa, por 1:30h;

réplica: 1h para acusação;

tréplica: 1h para a defesa.

[Saiba mais]

1. havendo mais de um acusado, o tempo para acusação e para defesa será acrescido de 1h e duplicado o tempo para réplica e tréplica.

2. havendo mais de um acusador ou mais de um defensor, combinarão entre si a distribuição do tempo, que, na falta de acordo, será dividido pelo juiz presidente, de forma a não exceder o determinado.

[Fim de Saiba mais]

Durante os debates as partes não poderão, sob pena de **nulidade**, fazer referências (art. 478, CPP):

I. à decisão de pronúncia, às decisões posteriores que julgaram admissível a acusação ou à determinação do uso de algemas como argumento de autoridade que beneficiem ou prejudiquem o acusado;

[Saiba mais]

No plenário não será admitido o uso de algema pelo acusado, salvo quando necessário à ordem dos trabalhos, à segurança das testemunhas ou à garantia da integridade física dos presentes.

[Fim de Saiba mais]

II. ao silêncio do acusado ou à ausência de interrogatório por falta de requerimento, em seu prejuízo.

III. Também não será permitida a leitura de documento ou exibição de objeto que não tiver sido juntado aos autos com antecedência mínima de 3 dias (art. 479, CPP).

3.11. DO QUESTIONÁRIO E DA VOTAÇÃO

A votação será realizada em sala especial, presentes somente:

- o juiz presidente;
- os jurados;
- o Ministério Público;
- o assistente;
- o defensor do acusado;
- o escrivão;
- o oficial de justiça.

A votação será realizada por meio de cédulas. Cada jurado receberá 7 cédulas contendo a palavra SIM e 7 cédulas contendo a palavra NÃO. A cada quesito o jurado depositará a cédula que responde ao quesito em uma urna e descartará a outra cédula em outra urna de descarte.

Os quesitos serão elaborados pelo juiz presidente e conterão proposições afirmativas, simples e distintas, de modo que cada um deles possa ser respondido com suficiente clareza e necessária precisão.

Ao elaborar os quesitos, o presidente valer-se-á dos termos da pronúncia ou das decisões posteriores que julgaram admissível a acusação, do interrogatório e das alegações das partes.

Os quesitos serão formulados na seguinte ordem, indagando-se sobre:

- materialidade do fato;
- autoria ou participação;
- se o acusado deve ser absolvido;
- se existe causa de diminuição de pena alegada pela defesa;
- se existe circunstância qualificadora ou causa de aumento de pena reconhecidas na pronúncia ou em decisões posteriores que julgaram admissível a acusação.

As decisões do tribunal do júri serão tomadas pela maioria dos votos. Se for sustentada a desclassificação da infração penal para outra de competência do juiz singular, será formulado quesito a respeito, para ser respondido entre o 2º e o 3º quesito, conforme o caso.

CÓDIGO DE PROCESSO PENAL

Art. 483. [...]

§ 1 A resposta negativa, de mais de 3 (três) jurados, a qualquer dos quesitos referidos nos incisos I e II do caput deste artigo encerra a votação e implica a absolvição do acusado. (Incluído pela Lei nº 11.689, de 2008)

§ 2º Respondidos afirmativamente por mais de 3 (três) jurados os quesitos relativos aos incisos I e II do caput deste artigo será formulado quesito com a seguinte redação: (Incluído pela Lei nº 11.689, de 2008) O jurado absolve o acusado?

§ 3º Decidindo os jurados pela condenação, o julgamento prossegue, devendo ser formulados quesitos sobre: (Incluído pela Lei nº 11.689, de 2008)

I - causa de diminuição de pena alegada pela defesa; (Incluído pela Lei nº 11.689, de 2008)

II - circunstância qualificadora ou causa de aumento de pena, reconhecidas na pronúncia ou em decisões posteriores que julgaram admissível a acusação. (Incluído pela Lei nº 11.689, de 2008)

STF

Súmula 156
É absoluta a nulidade do julgamento, pelo júri, por falta de quesito obrigatório.

Súmula 162
É absoluta a nulidade do julgamento pelo júri, quando os quesitos da defesa não precedem aos das circunstâncias agravantes.

3.12. DA SENTENÇA

O juiz presidente proferirá a sentença de acordo com a decisão do conselho de sentença. Em caso de condenação, na sentença, o juiz (art. 492, I, CPP):

- fixará a pena-base;
- considerará as circunstâncias agravantes ou atenuantes alegadas nos debates;
- imporá os aumentos ou diminuições da pena, em atenção às causas admitidas pelo júri;
- observará as demais disposições do **art. 387 do CPP**;

- mandará o acusado recolher-se ou recomendá-lo-á à prisão em que se encontra, se presentes os requisitos da prisão preventiva, ou, no caso de condenação a uma pena igual ou superior a 15 (quinze) anos de reclusão, determinará a execução provisória das penas, com expedição do mandado de prisão, se for o caso, sem prejuízo do conhecimento de recursos que vierem a ser interpostos (Redação dada pela Lei nº 13.964, de 2019);
- estabelecerá os efeitos genéricos e específicos da condenação.

CÓDIGO DE PROCESSO PENAL

Art. 492. [...]

§ 3º O presidente poderá, excepcionalmente, deixar de autorizar a execução provisória das penas de que trata a alínea e do inciso I do caput deste artigo, se houver questão substancial cuja resolução pelo tribunal ao qual competir o julgamento possa plausivelmente levar à revisão da condenação. (Incluído pela Lei nº 13.964, de 2019)

§ 4º A apelação interposta contra decisão condenatória do Tribunal do Júri a uma pena igual ou superior a 15 (quinze) anos de reclusão não terá efeito suspensivo. (Incluído pela Lei nº 13.964, de 2019)

§ 5º Excepcionalmente, poderá o tribunal atribuir efeito suspensivo à apelação de que trata o § 4º deste artigo, quando verificado cumulativamente que o recurso: (Incluído pela Lei nº 13.964, de 2019)

I - não tem propósito meramente protelatório; e (Incluído pela Lei nº 13.964, de 2019)

II - levanta questão substancial e que pode resultar em absolvição, anulação da sentença, novo julgamento ou redução da pena para patamar inferior a 15 (quinze) anos de reclusão.

§ 6º O pedido de concessão de efeito suspensivo poderá ser feito incidentemente na apelação ou por meio de petição em separado dirigida diretamente ao relator, instruída com cópias da sentença condenatória, das razões da apelação e de prova da tempestividade, das contrarrazões e das demais peças necessárias à compreensão da controvérsia. (Incluído pela Lei nº 13.964, de 2019)

Em caso de absolvição (art. 492, II, CPP):

- mandará colocar em liberdade o acusado se por outro motivo não estiver preso;
- revogará as medidas restritivas provisoriamente decretadas;
- imporá, se for o caso, a medida de segurança cabível.

3.13. ATA DOS TRABALHOS

CÓDIGO DE PROCESSO PENAL

Art. 495. A ata descreverá fielmente todas as ocorrências, mencionando obrigatoriamente: (Redação dada pela Lei nº 11.689, de 2008)

I - a data e a hora da instalação dos trabalhos; (Redação dada pela Lei nº 11.689, de 2008)

II - o magistrado que presidiu a sessão e os jurados presentes; (Redação dada pela Lei nº 11.689, de 2008)

III - os jurados que deixaram de comparecer, com escusa ou sem ela, e as sanções aplicadas; (Redação dada pela Lei nº 11.689, de 2008)

IV - o ofício ou requerimento de isenção ou dispensa; (Redação dada pela Lei nº 11.689, de 2008)

V - o sorteio dos jurados suplentes; (Redação dada pela Lei nº 11.689, de 2008)

VI - o adiamento da sessão, se houver ocorrido, com a indicação do motivo; (Redação dada pela Lei nº 11.689, de 2008)

VII - a abertura da sessão e a presença do Ministério Público, do querelante e do assistente, se houver, e a do defensor do acusado; (Redação dada pela Lei nº 11.689, de 2008)

VIII - o pregão e a sanção imposta, no caso de não comparecimento; (Redação dada pela Lei nº 11.689, de 2008)

IX - as testemunhas dispensadas de depor; (Redação dada pela Lei nº 11.689, de 2008)

X - o recolhimento das testemunhas a lugar de onde umas não pudessem ouvir o depoimento das outras; (Redação dada pela Lei nº 11.689, de 2008)

XI - a verificação das cédulas pelo juiz presidente; (Redação dada pela Lei nº 11.689, de 2008)

XII - a formação do Conselho de Sentença, com o registro dos nomes dos jurados sorteados e recusas; (Redação dada pela Lei nº 11.689, de 2008)

XIII - o compromisso e o interrogatório, com simples referência ao termo; (Redação dada pela Lei nº 11.689, de 2008)

XIV - os debates e as alegações das partes com os respectivos fundamentos; (Redação dada pela Lei nº 11.689, de 2008)

XV - os incidentes; (Redação dada pela Lei nº 11.689, de 2008)

XVI - o julgamento da causa; (Redação dada pela Lei nº 11.689, de 2008)

XVII - a publicidade dos atos da instrução plenária, das diligências e da sentença. (Redação dada pela Lei nº 11.689, de 2008)

Art. 496. A falta da ata sujeitará o responsável a sanções administrativa e penal. (Redação dada pela Lei nº 11.689, de 2008).

QUESTÕES DE CONCURSOS

1. **Ano: 2019 Banca: CESPE / CEBRASPE Órgão: TJ-DFT Prova: CESPE - 2019 - TJ-DFT - Titular de Serviços de Notas e de Registros - Provimento. Considerando os dispositivos processuais penais, julgue os itens subsecutivos, relativos à resposta à acusação.**

   I.   A resposta à acusação é uma peça processual de oferecimento obrigatório pelo acusado pessoalmente citado.

   II. É exigível a resposta à acusação somente nos processos que tratam de crimes para os quais se aplica o procedimento comum ordinário.

   III. A resposta à acusação viabiliza o julgamento antecipado da lide e a consequente absolvição sumária do acusado na hipótese de inimputabilidade do agente por doença mental.

   IV. Consiste a resposta à acusação em uma oportunidade processual na qual, entre outros pedidos, deve ser indicado o rol de testemunhas e requerida as suas oitivas, sob pena de preclusão.

   Estão certos apenas os itens:

   A) I e II.

   B) I e IV.

   C) II e III.

   D) I, III e IV.

   E) II, III e IV.

2. **Ano: 2021 Banca: CESPE / CEBRASPE Órgão: TJ-RJ Prova: CESPE / CEBRASPE - 2021 - TJ-RJ - Analista Judiciário - Sem Especialidade. No que se refere à composição do tribunal do júri e do conselho de sentença, é correto afirmar que**

   A) os jurados excluídos por suspeição serão considerados para a constituição do número legal exigível para a realização da sessão.

   B) o tribunal do júri é composto por um juiz togado e vinte e quatro jurados, dos quais sete formarão o conselho de sentença.

   C) o jurado deverá ter a idade mínima de 21 anos.

   D) é vedado ao mesmo conselho de sentença realizar o julgamento de mais de um processo no mesmo dia.

   E) são impedidas de servir no mesmo conselho de sentença pessoas que mantenham união estável, desde que previamente reconhecida por meio de decisão judicial ou administrativa.

3. **Ano: 2022 Banca: FCC Órgão: DPE-AM Prova: FCC - 2022 - DPE-AM - Analista Jurídico de Defensoria - Ciências Jurídicas. Anderson, primário, de bons antecedentes, foi denunciado por furto simples, sendo que, em audiência de instrução, o Promotor de Justiça ofereceu o benefício da suspensão condicional do processo, nos termos do art. 89, da Lei nº 9.099/1995. A suspensão condicional do processo:**

    A) não pode prever a reparação do dano pelo agente e nem o comparecimento em juízo.

    B) destina-se a crimes em que a pena mínima cominada foi igual ou inferior a 3 anos.

    C) tem como condições a proibição de frequentar determinados lugares e o comparecimento mensal em juízo.

    D) exige que o agente tenha confessado formal e circunstancialmente a prática do delito.

    E) exige prova de que o agente não integre organização criminosa.

4. **Ano: 2021 Banca: CESPE / CEBRASPE Órgão: TJ-RJ Prova: CESPE / CEBRASPE - 2021 - TJ-RJ - Analista Judiciário - Sem Especialidade. Em relação à sentença de pronúncia, assinale a opção correta.**

    A) Da decisão que pronuncia o réu, cabe recurso de apelação.

    B) A intimação da sentença ao defensor constituído pelo réu deverá ser feita pessoalmente.

    C) A pronúncia constitui causa interruptiva de prescrição.

    D) Na ausência do réu solto, é vedada a sua intimação por edital, ocorrendo a denominada crise de instância.

    E) Uma vez preclusa a sentença, é vedada a alteração da classificação do crime.

5. **Ano: 2019 Banca: SELECON Órgão: Prefeitura de Niterói - RJ Prova: SELECON - 2019 - Prefeitura de Niterói - RJ - Guarda Civil Municipal. Ennecerus recebe proposta do Ministério Público que atua nos Juizados Especiais Criminais de aplicação imediata de pena restritiva de direitos. Consultado seu advogado, a proposta vem a ser aceita e a pena vem a ser aplicada pelo juiz. Nesse caso, de acordo com a Lei dos Juizados Especiais, o mesmo benefício não poderá ser deferido no prazo de:**

    A) um ano

    B) dois anos

    C) três anos

    D) quatro anos

    E) cinco anos

6. **Ano: 2021 Banca: CESPE / CEBRASPE Órgão: PC-AL Prova: CESPE / CEBRAS-PE - 2021 - PC-AL - Agente de Polícia - Prova Anulada. A autoridade policial instaurou inquérito policial em virtude de crime de lesões corporais leves cometidos contra mulher no âmbito familiar. O inquérito foi relatado e enviado ao Poder Judiciário.**

Considerando essa situação hipotética julgue o item seguinte.

Como se trata de crime de menor potencial ofensivo, o delegado de polícia deveria ter lavrado termo circunstanciado. ( )

7. **Ano: 2022 Banca: FGV Órgão: TJ-TO Prova: FGV - 2022 - TJ-TO - Técnico Judiciário - Apoio Judiciário e Administrativo. Quanto à decisão de pronúncia, é correto afirmar que:**

   A) não é possível a exclusão de qualificadoras no momento da pronúncia;

   B) é possível a inclusão de qualificadora não contida na denúncia, desde que haja aditamento, espontâneo ou provocado;

   C) é vedado ao juiz tecer considerações aprofundadas ou definitivas a respeito do mérito da causa;

   D) reconhecida a nulidade da pronúncia por excesso de linguagem, seu desentranhamento é suficiente para sanar o vício;

   E) a pronúncia deverá especificar todas as questões relativas à pena, incluindo circunstâncias agravantes e/ou atenuantes.

8. **Ano: 2021 Banca: FUNDEP (Gestão de Concursos) Órgão: MPE-MG Prova: FUNDEP (Gestão de Concursos) - 2021 - MPE-MG - Promotor de Justiça Substituto.**

   Em plenário do Tribunal do Júri, o advogado de defesa, constituído, tem indeferido seu pedido de adiamento da sessão à qual compareceu acompanhado de seu cliente, fundamentando o pedido no fato de que este fora intimado por edital, embora, estando solto, tenha mudado de endereço sem comunicar ao juízo. Após o sorteio dos jurados e a formação do conselho de sentença e já proferido o juramento, o oficial de Justiça presencia uma conversa entre os jurados sobre o bom desempenho do promotor de Justiça em julgamento ocorrido no mês anterior. De ofício, o juiz presidente determina o registro do fato em ata e o prosseguimento do julgamento. Ao final, o mesmo oficial certifica a incomunicabilidade dos jurados, levando o advogado a questionar o fato em recurso de apelação.

   O feito segue para a fase instrutória, para a qual o Ministério Público arrolara 8 testemunhas, ouvindo em plenário 5 delas. A defesa, por sua vez, ouviu todas as suas 4 testemunhas arroladas.

   Nos debates orais, o promotor de Justiça dedica parte de seu tempo à leitura minuciosa da decisão que recebeu a denúncia e decretou a prisão preventiva do réu (prisão esta revertida em habeas corpus), ressaltando o conhecimento e a experiencia do juiz sumariante, titular do cargo há 20 anos, professor de Processo Penal e com diversos livros publicados sobre o Tribunal do Júri, situação que provocou inconformismo imediato do advogado, que fez constar seu protesto em ata e sustentou imediato pedido de nulidade, também indeferido.

Considerando o caso narrado acima, assinale a alternativa CORRETA:

A) A intimação da decisão de pronúncia feita por edital é causa de nulidade, sanável em razão do comparecimento espontâneo do réu.

B) Segundo entendimento doutrinário e jurisprudencial, a regra da incomunicabilidade não proíbe os jurados de conversarem sobre fatos pretéritos, ainda que vinculados ao Tribunal do Júri. Além disso, a quebra da incomunicabilidade é tese que deve ser sustentada nos debates, sob pena de configurar nulidade de algibeira.

C) Tendo o Magistrado deferido a oitiva de 8 testemunhas, a despeito da limitação contida no art. 422, CPP, o princípio da indisponibilidade recomenda a oitiva de todas elas pelo Ministério Público em plenário, salvo manifestação fundamentada quanto à desnecessidade da prova.

D) Conforme entendimento do Superior Tribunal de Justiça, ao fazer referência à decisão que recebeu a denúncia e decretou a prisão preventiva como argumento de autoridade que prejudica o acusado, o Ministério Público deu causa à nulidade do julgamento.

9. **Ano: 2021 Banca: VUNESP Órgão: TJ-SP Prova: VUNESP - 2021 - TJ-SP - Juiz Substituto. Não prevalece de forma absoluta, no processo penal, o princípio tantum devolutum quantum appellatum, razão pela qual, de forma dominante na jurisprudência, o tribunal não fica impedido de reformar a decisão em decorrência da análise plena do julgado, mesmo constatado recurso exclusivo da acusação, desde que verificado e fundamentado equívoco nela apontado, e que beneficie o réu, o que é feito por força do artigo 617 do CPP, a contrario sensu, que permite concluir ser vedada somente a reformatio in pejus e não a reformatio in mellius. A exceção a essa regra, por decisão de entendimento consolidado pela Corte Suprema, diz respeito**

A) às apelações contra as decisões definitivas, se interpostas por acusação e defesa, sobre a mesma questão.

B) às apelações contra as decisões do Júri.

C) aos recursos interpostos pela acusação e pelos quais se questiona a classificação jurídica do fato reconhecido como crime.

D) aos recursos interpostos de forma parcial pela defesa, conforme autoriza o artigo 593 do Código de Processo Penal.

10. **Ano: 2019 Banca: EJUD-PI Órgão: TJ-PI Prova: EJUD-PI - 2019 - TJ-PI - Juiz Leigo**

No tocante à transação, segundo os enunciados do FONAJE, é INCORRETO afirmar que:

A) É cabível o encaminhamento de proposta de transação por carta precatória.

B) A proposta de transação de pena restritiva de direitos não é cabível quando o tipo em abstrato só comporta pena de multa.

C) No caso de transação penal homologada e não cumprida, o decurso do prazo prescricional provoca a declaração de extinção de punibilidade pela prescrição da pretensão punitiva.

D) É cabível a substituição de uma modalidade de pena restritiva de direitos por outra, aplicada em sede de transação penal, pelo juízo do conhecimento, a requerimento do interessado, ouvido o Ministério Público.

E) O juiz pode deixar de homologar transação penal em razão de atipicidade, ocorrência de prescrição ou falta de justa causa para a ação penal, equivalendo tal decisão à rejeição da denúncia ou queixa.

11. **Ano: 2022 Banca: FCC Órgão: TRT - 5ª Região (BA) Prova: FCC - 2022 - TRT - 5ª Região (BA) - Técnico Judiciário - Agente da Polícia Judicial**

De acordo com o que dispõe a Lei nº 9.099/1995,

A) o Juiz arquivará de plano e definitivamente a ação, caso o acusado não seja encontrado para ser citado.

B) a prática de atos processuais em outras comarcas deverá ser solicitada exclusivamente por documento oficial escrito.

C) consideram-se infrações penais de menor potencial ofensivo, para os efeitos desta Lei, as contravenções penais e os crimes a que a lei comine pena máxima não superior a 4 anos.

D) a competência do Juizado será determinada pelo domicílio do autor da infração penal.

E) os atos processuais serão públicos e poderão realizar-se em horário noturno e em qualquer dia da semana, conforme dispuserem as normas de organização judiciária.

12. **Ano: 2021 Banca: CESPE / CEBRASPE Órgão: PC-AL Prova: CESPE / CEBRASPE - 2021 - PC-AL - Escrivão de Polícia - Prova Anulada**

A aplicação de pena restritiva de direitos ou multa em proposta de transação penal importa reincidência pelo prazo de cinco anos. ( )

13. **Ano: 2021 Banca: VUNESP Órgão: TJ-SP Prova: VUNESP - 2021 - TJ-SP - Escrevente Técnico Judiciário. A respeito dos procedimentos ordinário e sumário, de acordo com o texto legal previsto no Código de Processo Penal, é correto afirmar que:**

A) no procedimento ordinário, as alegações finais serão por escrito e, no sumário, em regra, orais, apresentadas em audiência.

B) no procedimento ordinário, admitem-se alegações finais por escrito quando há elevado número de acusados, regra inaplicável ao procedimento sumário.

C) em ambos os procedimentos, em regra, as alegações finais serão por escrito, sendo facultada a apresentação oral, em audiência, caso haja concordância de todas as partes.

D) no procedimento ordinário, admitem-se alegações finais por escrito, no prazo de 05 (cinco) dias e, no sumário, no prazo de 03 dias.

E) em ambos os procedimentos, as alegações finais serão orais, apresentadas em audiência, admitindo-se memoriais por escrito, no prazo de 03 dias, em caso de complexidade do feito.

14. **Ano: 2022 Banca: FGV Órgão: TJ-MG Prova: FGV - 2022 - TJ-MG - Juiz de Direito Substituto. Acerca da pronúncia e do julgamento pelo Tribunal do Júri, considerando os dispositivos legais que regem a matéria e a jurisprudência atualizada dos Tribunais Superiores, analise as afirmativas a seguir.**

I. Em um julgamento pelo Tribunal do Júri, compareceram 13 (treze) jurados, realizando-se o sorteio dos 7 (sete) jurados aptos a julgar o caso. Ao final do julgamento, o réu foi absolvido e o Ministério Público recorreu da sentença, pleiteando novo julgamento pelo fato de a decisão dos jurados estar manifestamente contrária às provas dos autos. Nesse caso, o Tribunal pode reconhecer, de ofício, nulidade absoluta do julgamento com base no Art. 564, inciso III, alínea i, do Código de Processo Penal, visto que não houve a presença mínima de 15 (quinze) jurados, determinando que seja realizado novo julgamento com a presença mínima de jurados exigida por lei.

II. Segundo o Superior Tribunal de Justiça, as qualificadoras do crime de homicídio fundadas somente em depoimento indireto violam o Art. 155 do Código de Processo Penal (o juiz formará sua convicção pela livre apreciação da prova produzida em contraditório judicial, não podendo fundamentar sua decisão exclusivamente nos elementos informativos colhidos na investigação, ressalvadas as provas cautelares, não repetíveis e antecipadas), devendo, para a prolação da decisão de pronúncia, existir prova produzida sob o crivo do contraditório.

III. A leitura em plenário, feita pelo Promotor de Justiça, de sentença condenatória de corréu, proferida em julgamento anterior, gera nulidade insanável de sessão de julgamento pelo conselho de sentença.

Está correto o que se afirma em

Alternativas

A) I, somente.

B) II, somente.

C) III, somente.

D) II e III, somente.

15. **15. Ano: 2021 Banca: CESPE / CEBRASPE Órgão: TJ-RJ Prova: CESPE / CE-BRASPE - 2021 - TJ-RJ - Técnico Judiciário. Em processo da competência do tribunal do júri, ao final da primeira fase do procedimento, o juiz entendeu que foi comprovada a materialidade do crime, porém não havia indícios suficientes de autoria por parte do acusado.**

A situação apresentada configura caso de:

A) pronúncia.

B) rejeição da denúncia.

C) impronúncia.

D) desclassificação.

E) absolvição sumária.

16. **Ano: 2021 Banca: FGV Órgão: TJ-RO Prova: FGV - 2021 - TJ-RO - Analista Judiciário - Oficial de Justiça. No que pertine ao procedimento comum ordinário, fixado no Código de Processo Penal, é correto afirmar que:**

A) é possível a realização do juízo desclassificatório prévio, quando a classificação jurídica do crime repercute na definição da competência;

B) a reação defensiva à imputação, no procedimento comum ordinário, ocorre por meio da apresentação da resposta preliminar;

C) no caso de réu detentor de foro por prerrogativa de função, o procedimento comum ordinário será aplicado na competência originária;

D) a não localização do réu para citação importa em deslocamento para o juízo criminal comum e aplicação do procedimento próprio;

E) agravantes e atenuantes devem ser calculadas no cômputo da pena mínima e da pena máxima, para fins de definição do procedimento a ser aplicado.

17. **Ano: 2019 Banca: CESPE / CEBRASPE Órgão: TJ-BA Prova: CESPE - 2019 - TJ-BA - Conciliador. Nos casos de crimes em que a pena mínima cominada é igual ou inferior a um ano, o Ministério Público poderá oferecer a suspensão condicional do processo no momento:**

A) da audiência de instrução.

B) da audiência preliminar.

C) da lavratura do termo, antes da sentença.

D) do oferecimento da denúncia.

E) da audiência de conciliação.

18. **Ano: 2019 Banca: FCC Órgão: TRF - 3ª REGIÃO Prova: FCC - 2019 - TRF - 3ª REGIÃO - Técnico Judiciário - Administrativa**

Marina está respondendo, em liberdade, processo por crime de contrabando em uma das varas com competência criminal da Justiça Federal de Campo Grande/MS. No momento da sua prisão em flagrante, ao ser qualificada, Marina declarou o seu endereço residencial na Avenida Lilás, n° 1, apartamento 12, na cidade de Campo Grande, endereço esse ratificado quando da concessão do benefício da liberdade provisória pelo magistrado competente. Ao término do inquérito policial, o Ministério Público Federal denunciou Marina pelo crime do artigo 334-A, Código Penal (contrabando). A denúncia foi recebida e a ré devidamente citada para responder à ação penal, apresentando sua defesa preliminar. Após manter o recebimento da denúncia, o magistrado competente designou audiência de instrução, debates e julgamento. Expedido mandado de intimação para a audiência, Marina não é encontrada no endereço que forneceu, tendo mudado de domicílio sem comunicar o juízo. No dia da audiência Marina não compareceu ao ato processual. Nesse caso, o magistrado que preside a ação penal deverá

A) redesignar a audiência de instrução e determinar a realização de pesquisas por meio do sistema SIEL (Tribunal Regional Eleitoral) e Bacenjud, para tentar localizar e intimar pessoalmente a ré Marina.

B) redesignar a audiência de instrução e determinar a intimação de Marina por edital para a nova data que será agendada.

C) determinar a suspensão do processo e do curso do prazo prescricional até a localização de Marina.

D) realizar normalmente a audiência de instrução e, posteriormente, determinar a intimação de Marina por edital para uma nova audiência de interrogatório.

E) determinar o regular prosseguimento do processo até julgamento sem a presença da acusada Marina, declarando a sua revelia.

19. **Ano: 2019 Banca: CESPE / CEBRASPE Órgão: TJ-BA Prova: CESPE - 2019 - TJ-BA - Conciliador. Se, em audiência preliminar no juizado especial criminal, não houver a composição dos danos civis,**

A) será encaminhado ao Ministério Público o termo circunstanciado.

B) será aplicada imediatamente pena restritiva de direitos.

C) o procedimento será enviado a uma das varas criminais.

D) o ofendido poderá exercer o direito de representação verbal.

E) o autor perderá o direito à redução da pena de multa, se houver.

20. **Ano: 2022 Banca: FGV Órgão: TJ-GO Prova: FGV - 2022 - TJ-GO - Juiz Leigo. Em relação à competência dos Juizados Especiais Criminais, é correto afirmar que é:**

A) relativa, porém, só se admite o deslocamento da competência em razão de conexão ou continência, para o Juízo Comum ou Tribunal do Júri, no concurso de infrações penais de menor potencial ofensivo e comum;

B) absoluta, não se admitindo o deslocamento da competência, por regras de conexão ou continência, para o Juízo Comum ou Tribunal do Júri, mesmo no concurso de infrações penais de menor potencial ofensivo e comum;

C) relativa, porém, não se admite o deslocamento da competência, por regras de conexão ou continência, para o Juízo Comum ou Tribunal do Júri, no concurso de infrações penais de menor potencial ofensivo e comum;

D) absoluta, porém, se admite o deslocamento da competência, por regras de conexão ou continência, para o Juízo Comum ou Tribunal do Júri, no concurso de infrações penais de menor potencial ofensivo e comum;

E) relativa, pela qual se admite o deslocamento da competência, por regras de conexão ou continência, para o Juízo Comum ou Tribunal do Júri, no concurso de infrações penais de menor potencial ofensivo e comum.

GABARITO

1. B	6. FALSO	11. E	16. A
2. A	7. C	12. FALSO	17. D
3. C	8. B	13. B	18. E
4. C	9. B	14. B	19. D
5. E	10. B	15. C	20. E

NULIDADES

Nulidade pode ser compreendida sobre dois espectros. De um lado, a corrente majoritária a compreende como um tipo de sanção que se aplica a determinado ato processual eivado de vício. Nessa hipótese, a nulidade é aplicada para restringir os efeitos do ato defeituoso.

Outra corrente, e aqui, destaca-se, **minoritária**, entende nulidade como sinônimo de defeito. Desse defeito processual resultam sanções, tais quais, a ineficácia do ato processual.

Como visto, nem todo vício é sinônimo de nulidade. Dito isso, importante destacarmos a classificação das irregularidades processuais:

- **MERA IRREGULARIDADE:** vício que não produz prejuízo, ou seja, é irrelevante;
- **INEXISTÊNCIA JURÍDICA:** quando ausente elemento essencial à existência do ato. Ex.: sentença assinada por estagiário é considerada inexistente;

- NULIDADE RELATIVA; e
- NULIDADE ABSOLUTA.

CAPÍTULO 1 - ESPÉCIES DE NULIDADES

O Código de Processo Penal enumera as hipóteses de nulidade no art. 564, veja abaixo:

CÓDIGO DE PROCESSO PENAL

Art. 564. A nulidade ocorrerá nos seguintes casos:

I - por incompetência, suspeição ou suborno do juiz;

II - por ilegitimidade de parte;

III - por falta das fórmulas ou dos termos seguintes:

a) a denúncia ou a queixa e a representação e, nos processos de contravenções penais, a portaria ou o auto de prisão em flagrante;

b) o exame do corpo de delito nos crimes que deixam vestígios, ressalvado o disposto no art. 167;

c) a nomeação de defensor ao réu presente, que o não tiver, ou ao ausente, e de curador ao menor de 21 anos;

d) a intervenção do Ministério Público em todos os termos da ação por ele intentada e nos da intentada pela parte ofendida, quando se tratar de crime de ação pública;

e) a citação do réu para ver-se processar, o seu interrogatório, quando presente, e os prazos concedidos à acusação e à defesa;

f) a sentença de pronúncia, o libelo e a entrega da respectiva cópia, com o rol de testemunhas, nos processos perante o Tribunal do Júri;

g) a intimação do réu para a sessão de julgamento, pelo Tribunal do Júri, quando a lei não permitir o julgamento à revelia;

h) a intimação das testemunhas arroladas no libelo e na contrariedade, nos termos estabelecidos pela lei;

i) a presença pelo menos de 15 jurados para a constituição do júri;

j) o sorteio dos jurados do conselho de sentença em número legal e sua incomunicabilidade;

k) os quesitos e as respectivas respostas;

l) a acusação e a defesa, na sessão de julgamento;

m) a sentença;

n) o recurso de ofício, nos casos em que a lei o tenha estabelecido;

o) a intimação, nas condições estabelecidas pela lei, para ciência de sentenças e despachos de que caiba recurso;

> p) no Supremo Tribunal Federal e nos Tribunais de Apelação, o quorum legal para o julgamento;
>
> IV - por omissão de formalidade que constitua elemento essencial do ato.
>
> V - em decorrência de decisão carente de fundamentação. (Incluído pela Lei nº 13.964, de 2019)
>
> Parágrafo único. Ocorrerá ainda a nulidade, por deficiência dos quesitos ou das suas respostas, e contradição entre estas. (Incluído pela Lei nº 263, de 23/02/1948)

A rigor, essas nulidades podem ser divididas em duas categorias: nulidades relativas e nulidades absolutas. Vejamos, a partir de agora cada uma delas.

NULIDADES ABSOLUTAS

As nulidades absolutas violam o princípio do devido processo legal, atentando contra o interesse público, logo são vícios insanáveis, que podem ser arguidos a qualquer tempo. Nesse aspecto, a doutrina majoritária entende que as nulidades absolutas possuem prejuízo presumido (presunção relativa), ou seja, a parte que as alega não precisa comprovar o prejuízo. Diante disso, a parte adversa tem o ônus de comprovar que não ocorreu prejuízo, para preservar o ato processual.

Embora sejam absolutas, cumpre ressaltar que o princípio pas des nullités san grief, dispõe que é inócua a declaração de nulidade, caso não seja verificado prejuízo para as partes, vejamos:

CÓDIGO DE PROCESSO PENAL

Art. 563. Nenhum ato será declarado nulo, se da nulidade não resultar prejuízo para a acusação ou para a defesa.

Cabe ao estudante, contudo, ficar atento aos precedentes do Supremo Tribunal Federal que exigem que a defesa demonstrem o prejuízo decorrente da nulidade absoluta, vejamos:

Ementa: RECURSO ORDINÁRIO EM HABEAS CORPUS. PROCESSUAL PENAL. AUDIÊNCIA DE INSTRUÇÃO. INVERSÃO DA ORDEM DE INQUIRIÇÃO DAS TESTEMUNHAS. ARTIGO 212 DO CÓDIGO DE PROCESSO PENAL. ARGUIÇÃO DE NULIDADE. PREJUÍZO. DEMONSTRAÇÃO. AUSÊNCIA. RECURSO IMPROVIDO. I Não é de se acolher a alegação de nulidade em razão da não observância da ordem de formulação de perguntas às testemunhas, estabelecida pelo art. 212 do CPP, com redação conferida pela Lei 11.690/2008. Isso porque a defesa não se desincumbiu do ônus de demonstrar o prejuízo decorrente da inversão da ordem de inquirição das testemunhas. II Esta Corte vem assentando que a demonstração de prejuízo, a teor do art. 563 do CPP, é essencial à alegação de nulidade, seja ela relativa ou absoluta, eis que [...] o âmbito normativo do dogma fundamental da disciplina das nulidades pas de nullité sans grief compreende as nulidades absolutas (HC 85.155/SP, Rel. Min. Ellen Gracie). Precedentes. III A decisão ora questionada está em perfeita consonância com o que decidido pela Primeira Turma desta Corte, ao apreciar o HC 103.525/PE, Rel. Min. Cármen Lúcia, no sentido de que a inobservância do procedimento previsto no art. 212 do CPP pode gerar, quando muito, nulidade relativa, cujo reconhecimento não prescinde da demonstração do prejuízo para a parte que a suscita. IV Recurso improvido. (STF - RHC: 110623 DF, Relator: Min. RICARDO LEWANDOWSKI, Data de Julgamento: 13/03/2012, Segunda Turma, Data de Publicação: Dje-061 DIVULG 23-03-2012 PUBLIC 26-03-2012)

NULIDADES RELATIVAS

As nulidades relativas referem-se a interesses das partes, logo poderão ser saneadas, quando demonstrado o prejuízo em momento oportuno do processo, sob pena de preclusão e convalidação.

As hipóteses de nulidades relativas estão previstas no art. 572 do Código de Processo penal, a saber:

CÓDIGO DE PROCESSO PENAL

Art. 572. As nulidades previstas no art. 564, III, d e e, segunda parte, g e h, e IV, considerar-se-ão sanadas:

I - se não forem arguidas, em tempo oportuno, de acordo com o disposto no artigo anterior;

II - se, praticado por outra forma, o ato tiver atingido o seu fim;

III - se a parte, ainda que tacitamente, tiver aceito os seus efeitos.

NULIDADES ABSOLUTAS	NULIDADES RELATIVAS
Interesse público	Interesse privado
Vício insanável	Vício sanável
Podem ser declaradas de ofício ou por provocação das partes	Só podem ser declaradas mediante provocação da parte interessada
Prejuízo presumido	Prejuízo deve ser demonstrado
Poderão ser arguidas a qualquer tempo, até mesmo depois do trânsito em julgado via revisão criminal	Devem ser arguidas em momento oportuno
	São de natureza relativa as nulidades previstas no art. 572 do CPP.

CAPÍTULO 2 - PRINCÍPIOS ATINENTES ÀS NULIDADES

2.1. PRINCÍPIO DO PREJUÍZO (*PAS DE NULLITÉ SANS GRIEF*)

Segundo esse princípio, o ato não será declarado nulo se da nulidade não resultar prejuízo para qualquer das partes, é o que afirma o postulado pas de nullité sans grief (não há nulidade sem prejuízo).

Este princípio encontra respaldo nos arts. 563 e 566 do CPP, sendo aplicado tanto para nulidades relativas, quanto para nulidades absolutas :

CÓDIGO DE PROCESSO PENAL

Art. 563. Nenhum ato será declarado nulo, se da nulidade não resultar prejuízo para a acusação ou para a defesa.

Art. 566. Não será declarada a nulidade de ato processual que não houver influído na apuração da verdade substancial ou na decisão da causa.

2.2. PRINCÍPIO DO INTERESSE

Segundo este princípio, a parte não poderá arguir nulidade quando a observância da formalidade diga respeito a interesse exclusivo da parte contrária.

CÓDIGO DE PROCESSO PENAL

Art. 565. Nenhuma das partes poderá arguir nulidade a que haja dado causa, ou para que tenha concorrido, ou referente formalidade cuja observância só à parte contrária interesse.

Sobre esse princípio, há <u>duas</u> informações importantes:

* a doutrina entende que este princípio, assim como o princípio da lealdade processual, não se aplica às nulidades absolutas. Alega que, como as nulidades absolutas se tratam de normas de interesse público, sempre haverá interesse no cumprimento dessas normas;
* esse princípio não se aplica ao Ministério Público, já que esse órgão poderá alegar nulidade de interesse exclusivo da parte contrária, tendo em vista sua atuação como fiscal da lei.

2.3. PRINCÍPIO DA LEALDADE PROCESSUAL (BOA-FÉ PROCESSUAL)

Segundo esse princípio, a parte que deu causa à nulidade não pode invocá-la, ainda que da nulidade lhe resulte algum prejuízo.

CÓDIGO DE PROCESSO PENAL

Art. 565. Nenhuma das partes poderá arguir nulidade a que haja dado causa, ou para que tenha concorrido, ou referente a formalidade cuja observância só à parte contrária interesse.

A doutrina sustenta que este princípio **não** se aplica às **nulidades absolutas**.

2.4. PRINCÍPIO DA CAUSALIDADE E PRINCÍPIO DA CONSERVAÇÃO

Analisaremos os princípios da causalidade e da conservação juntos, pois são princípios complementares.

De acordo com o Princípio da Causalidade, a nulidade de um ato causará a nulidade dos atos dele decorrentes.

> **CÓDIGO DE PROCESSO PENAL**
>
> **Art. 573.** [...]
> § 1º A nulidade de um ato, uma vez declarada, causará a dos atos que dele diretamente dependam ou sejam consequência.

- O **Princípio da Conservação**, por sua vez, considera que serão mantidos válidos os atos que não tiverem relação de causalidade com o ato anulado.

> **CÓDIGO DE PROCESSO CIVIL**
>
> **Art. 281.** Anulado o ato, consideram-se de nenhum efeito todos os subsequentes que dele dependam, todavia, a nulidade de uma parte do ato não prejudicará as outras que dela sejam independentes.

2.5. PRINCÍPIO DA EFICÁCIA DOS ATOS PROCESSUAIS

Os atos processuais, ainda quando eivados de nulidade, continuarão produzindo regularmente seus efeitos até que seja expressamente declarada a nulidade mediante decisão judicial.

2.6. PRINCÍPIO DA INSTRUMENTALIDADE DAS FORMAS

O ato processual é instrumento para se atingir determinada finalidade. Se o ato processual atingir a finalidade a que se destinava, sem causar prejuízo às partes, poderá ser aproveitado, embora praticado sem observar as formalidades devidas.

2.7. PRINCÍPIO DA CONVALIDAÇÃO

Alguns atos processuais, embora eivados de nulidades, poderão ser convalidados, ou seja, tornados válidos para que possam seguir produzindo efeitos normalmente.

São formas de **convalidação** dos atos processuais penais:

a. **preclusão temporal:** é a forma mais comum de convalidação de ato processual. Ocorre quando as nulidades relativas não são arguidas em tempo oportuno. Cumpre ressaltar que as nulidades absolutas não se sujeitam à preclusão, podendo ser arguidas a qualquer tempo.

CÓDIGO DE PROCESSO PENAL

Art. 572. As nulidades previstas no art. 564, III, d e e, segunda parte, g e h, e IV, considerar-se-ão sanadas:

I - se não forem arguidas, em tempo oportuno, de acordo com o disposto no artigo anterior;

Art. 571. As nulidades deverão ser arguidas:

I - as da instrução criminal dos processos da competência do júri, nos prazos a que se refere o art. 406;

II - as da instrução criminal dos processos de competência do juiz singular e dos processos especiais, salvo os dos Capítulos V e VII do Título II do Livro II, nos prazos a que se refere o art. 500;

III - as do processo sumário, no prazo a que se refere o art. 537, ou, se verificadas depois desse prazo, logo depois de aberta a audiência e apregoadas as partes;

IV - as do processo regulado no Capítulo VII do Título II do Livro II, logo depois de aberta a audiência;

V - as ocorridas posteriormente à pronúncia, logo depois de anunciado o julgamento e apregoadas as partes (art. 447);

VI - as de instrução criminal dos processos de competência do Supremo Tribunal Federal e dos Tribunais de Apelação, nos prazos a que se refere o art. 500;

VII - se verificadas após a decisão da primeira instância, nas razões de recurso ou logo depois de anunciado o julgamento do recurso e apregoadas as partes;

VIII - as do julgamento em plenário, em audiência ou em sessão do tribunal, logo depois de ocorrerem.

b. ratificação: ocorre quando a nulidade é sanada por manifestação daquele que desde o início seria a pessoa legítima/competente para a prática do ato.

CÓDIGO DE PROCESSO PENAL

Art. 568. A nulidade por ilegitimidade do representante da parte poderá ser a todo tempo sanada, mediante ratificação dos atos processuais.

Embora vários autores entendam que a ratificação só é possível em relação a atos instrutórios, o **Supremo Tribunal Federal e o Supremo**

Tribunal de Justiça, têm entendido que essa é viável tanto em relação a atos instrutórios como decisórios, independentemente se referir à incompetência relativa ou absoluta, exceto se for o caso de sentença de mérito.

c. **suprimento:** a nulidade é sanada pela inclusão de formalidade antes ausente.

> **CÓDIGO DE PROCESSO PENAL**
>
> **Art. 569.** As omissões da denúncia ou da queixa, da representação, ou, nos processos das contravenções penais, da portaria ou do auto de prisão em flagrante, poderão ser supridas a todo o tempo, antes da sentença final.

d. retificação: por meio da correção do defeito inicial.

CAPÍTULO 3 - DISPOSIÇÕES GERAIS

3.1. NULIDADE NA CITAÇÃO, INTIMAÇÃO OU NOTIFICAÇÃO

> **CÓDIGO DE PROCESSO PENAL**
>
> **Art. 570.** A falta ou a nulidade da citação, da intimação ou notificação estará sanada, desde que o interessado compareça, antes de o ato consumar-se, embora declare que o faz para o único fim de argui-la. O juiz ordenará, todavia, a suspensão ou o adiamento do ato, quando reconhecer que a irregularidade poderá prejudicar direito da parte.

3.2. NULIDADE POR INCOMPETÊNCIA

> **CÓDIGO DE PROCESSO PENAL**
>
> **Art. 567.** A incompetência do juízo anula somente os atos decisórios, devendo o processo, quando for declarada a nulidade, ser remetido ao juiz competente.

3.3. SÚMULAS DO STF SOBRE NULIDADES

Súmula 708: É nulo o julgamento da apelação se, após a manifestação nos autos da renúncia do único defensor, o réu não foi previamente intimado para constituir outro.

Súmula 707: Constitui nulidade a falta de intimação do denunciado para oferecer contrarrazões ao recurso interposto da rejeição da denúncia, não a suprindo a nomeação de defensor dativo.

Súmula 523: No processo penal, a falta da defesa constitui nulidade absoluta, mas a sua deficiência só o anulará se houver prova de prejuízo para o réu.

Súmula 706: É relativa a nulidade decorrente da inobservância da competência penal por prevenção.

Súmula 361: No processo penal, é nulo o exame realizado por um só perito, considerando-se impedido o que tiver funcionando anteriormente na diligência de apreensão.

QUESTÕES DE CONCURSOS

1. **Ano: 2022 Banca: INSTITUTO AOCP Órgão: PC-GO Prova: INSTITUTO AOCP - 2022 - PC-GO - Agente de Polícia**

   Gumercindo é policial civil lotado na Delegacia de Polícia de Itumbiara-GO. Em determinado dia da semana, ele agenda o reconhecimento de pessoa presa na cadeia pública local e intima a vítima para participar do ato. Quando a vítima chega à Delegacia, Gumercindo mostra a ela uma série de fotografias de pessoas presas na instituição e solicita que ela aponte o provável autor do delito, caso o reconheça em uma das fotografias. Após o ato, Gumercindo recomenda o indiciamento da pessoa apontada pela vítima, e o investigado torna-se réu em processo penal. Nesse contexto, em resposta à acusação, o advogado do réu poderá alegar

   A) nulidade em decorrência de decisão carente de fundamentação dos indícios de autoria e materialidade.

   B) inépcia da denúncia, por não haver prova suficiente da materialidade do acusado.

   C) nulidade por omissão de formalidade e consequente ausência de indício de autoria, uma vez que o reconhecimento praticado não obedeceu às formas prescritas na lei.

   D) inépcia do relatório policial por faltar pressuposto processual ou condição para o exercício da ação penal.

   E) ausência de justa causa para a persecução, por não ter sido o reconhecimento praticado na presença da autoridade judicial.

2. **2. Ano: 2022 Banca: FGV Órgão: Senado Federal Prova: FGV - 2022 - Senado Federal - Consultor Legislativo - Direito Penal Processual Penal, Penitenciário e Segurança Pública.** Analise as afirmativas a seguir e assinale V para a verdadeira e F para a falsa. I. A constatação da reduzida competência técnica do defensor implica a nulidade do processo. II. Não há crime no fato de o réu atribuir o delito a pessoa que ele sabe ser inocente e, com suas declarações, provocar o indiciamento desta. III. O Ministério Público pode desistir do processo penal se surgir prova manifesta de que o réu não concorreu para o delito.

   As afirmativas são, respectivamente,

   A) F – F – F.

   B) F – V – V.

   C) V – V – F.

   D) V – F – F.

   E) F – F – V.

3. **Ano: 2022 Banca: IDECAN Órgão: TJ-PI Prova: IDECAN - 2022 - TJ-PI - Oficial de Justiça e Avaliador**

O tema nulidades no processo penal é de suma importância, sobretudo num Estado Democrático de Direito, em que o objetivo é resguardar o devido processo legal, a ampla defesa e o contraditório, com a consequente validade dos atos processuais. A doutrina enumera dois tipos de nulidades: a absoluta e a relativa. Acerca das Nulidades Absolutas, é incorreto afirmar que

A) as nulidades absolutas podem ser declaradas de ofício, independente de manifestação das partes.

B) o vício do ato que gerará uma nulidade absoluta poderá ser invocado em qualquer grau de jurisdição.

C) a nulidade absoluta não convalesce pelo decurso do tempo.

D) as nulidades absolutas podem ser declaradas a qualquer tempo.

E) para decretação da nulidade absoluta, não é necessário haver prejuízo.

4. **Ano: 2022 Banca: FUNDEP (Gestão de Concursos) Órgão: MPE-MG Prova: FUNDEP (Gestão de Concursos) - 2022 - MPE-MG - Promotor de Justiça Substituto - Edital nº LIX**

Assinale a alternativa INCORRETA:

A) A ocorrência de prejuízo é exigência legal para a declaração de nulidade, seja ela absoluta ou relativa; também nos dois casos, a Jurisprudência considera imprescindível a efetiva demonstração do prejuízo.

B) Inexiste nulidade na decisão que indefere a oitiva de testemunhas arroladas extemporaneamente pela Defesa, independentemente se exercida por advogado constituído ou pela Defensoria Pública.

C) É admissível o ajuizamento de ação cautelar inominada para atribuir efeito suspensivo a recurso em sentido estrito interposto pelo Ministério Público.

D) O reexame necessário é condição suspensiva de eficácia para o trânsito em julgado da decisão de absolvição sumária no júri.

5. **Ano: 2022 Banca: CESPE / CEBRASPE Órgão: MPC-SC Prova: CESPE / CEBRASPE - 2022 - MPC-SC - Procurador de Contas do Ministério Público. No tocante ao processo penal, julgue o item que se segue.**

Considere-se que um funcionário público, indiciado pela prática de corrupção passiva em inquérito policial, seja denunciado e o juiz, ao receber a denúncia, mande citá-lo sem realizar a notificação prévia. Nessa situação, a ação do magistrado caracteriza nulidade absoluta. ( )

6. Ano: 2022 Banca: FCC Órgão: DPE-AP Prova: FCC - 2022 - DPE-AP - Defensor Público

Mauro foi denunciado por supostamente ter cometido o delito disposto no artigo 158, § 1º , do Código Penal. Após regular trâmite, em audiência de instrução, a Defensoria Pública do Amapá requereu, ainda antes do início das oitivas, fosse observado o disposto no artigo 212, do Código de Processo Penal, o que restou indeferido pela Magistrada competente, sob o argumento que tal dispositivo não a impediria de iniciar a inquirição, além de não haver, de antemão, qualquer prejuízo ao réu. Iniciada, então, a oitiva da testemunha de acusação – o Policial Flávio – , a Juíza responsável realizou diversos questionamentos, nada sendo inquirido pelo Ministério Público presente. Ainda, perguntas como: A vítima foi pressionada por três desse grupo, esse Mauro e mais dois. Correto? Foi ameaçada a noite toda. Correto? foram feitas. Foi designada nova audiência para oitiva da testemunha de acusação faltante, das testemunhas de defesa e interrogatório do réu. A Defensoria Pública, então, tendo em vista a atuação judicial narrada, impetrou habeas corpus ao Tribunal de Justiça, que, segundo atuais precedentes dos Tribunais Superiores, deve:

A)   conceder a ordem e anular o processo desde a audiência mencionada diante da nulidade absoluta decorrente da violação ao sistema acusatório constitucionalmente previsto, sendo prescindível a comprovação de qualquer prejuízo para o réu.

B)   denegar a ordem e manter o andamento do processo, uma vez não restar comprovado o prejuízo ínsito as nulidades relativas, como o caso presente.

C)   conceder a ordem e anular o processo desde a audiência mencionada, vez que, apesar da nulidade ser relativa, o prejuízo se faz presente diante da condução judicial contrária ao Código de Processo Penal e indutora de respostas.

D)   denegar a ordem e manter o andamento do processo, porquanto em crimes graves como extorsão armada, as normas processuais podem ser flexibilizadas em favor da sociedade.

E)   conceder a ordem para desconsiderar o testemunho do policial Flávio diante da violação de normas legais e constitucionais e, automaticamente, absolver o réu. Responder

7. **Ano: 2022 Banca: VUNESP Órgão: PC-SP Prova: VUNESP - 2022 - PC-SP - Delegado de Polícia. Nos termos do Código de Processo Penal, é correto afirmar que:**

A) as omissões da denúncia ou da queixa, da representação, ou, nos processos das contravenções penais, da portaria ou do auto de prisão em flagrante poderão ser supridas a todo o tempo, antes do oferecimento da denúncia.

B) a nulidade por ilegitimidade do representante da parte poderá ser sanada até a citação do acusado, implicando em ratificação dos atos processuais.

C) não será declarada a nulidade de ato processual que não houver influído na apuração da verdade substancial ou na decisão da causa.

D) a falta ou a nulidade da citação, da intimação ou notificação não será considerada sanada pelo comparecimento do interessado.

E) a incompetência do juízo anula todos os atos, decisórios ou não, devendo o processo, quando for declarada a nulidade, ser remetido ao juiz competente.

8. **Ano: 2022 Banca: FCC Órgão: TJ-CE Prova: FCC - 2022 - TJ-CE - Oficial de Justiça**

A respeito das nulidades,

A) a incompetência do juízo é hipótese de nulidade absoluta, devendo o Juiz que se declarar incompetente julgar extinto o processo sem exame de mérito.

B) a ausência de citação do réu enseja nulidade absoluta que não poderá ser sanada, ainda que o acusado compareça antes de o ato consumar-se.

C) a suspeição do Juiz é hipótese de nulidade relativa, a qual considerar-se-á sanada se não for arguida antes da sentença.

D) a falta de nomeação de defensor ao réu ausente enseja nulidade que pode ser sanada pela concordância do réu.

E) a nulidade absoluta pode ser arguida a qualquer tempo, mesmo após o trânsito em julgado da sentença penal condenatória.

9. **Ano: 2022 Banca: CESPE / CEBRASPE Órgão: TJ-MA Prova: CESPE / CEBRAS-PE - 2022 - TJ-MA - Juiz Substituto de Entrância Inicial.** Felipe, maior de 21 anos de idade, primário e sem antecedentes, foi condenado a cumprir pena de 4 anos e 8 meses de reclusão em regime inicial semiaberto, em razão da prática do crime de roubo simples. Durante a ação penal, ele permaneceu preso preventivamente por 6 meses.

Nessa situação hipotética, conforme a jurisprudência do Superior Tribunal de Justiça, caso o tempo de prisão não tenha sido considerado para a definição do regime inicial,

A) não haverá vício na sentença, já que o tempo de custódia cautelar não seria suficiente para autorizar a progressão ao regime aberto.

B) não haverá vício na sentença, uma vez que o tempo de custódia cautelar deverá ser examinado pelo juízo da execução para fins de definição do regime inicial.

C) haverá vício na sentença, uma vez que o tempo de custódia cautelar seria suficiente para autorizar a progressão ao regime aberto.

D) haverá vício na sentença, haja vista que o tempo de custódia cautelar seria suficiente para o estabelecimento do regime inicial aberto.

E) não haverá vício na sentença, já que o tempo de custódia cautelar seria insuficiente para o estabelecimento do regime inicial aberto.

10. **Ano: 2022 Banca: CESPE / CEBRASPE Órgão: PG-DF Prova: CESPE / CEBRAS-PE - 2022 - PG-DF - Procurador do Distrito Federal, Categoria I**

Julgue o item subsequente, relativos a aspectos diversos pertinentes ao direito processual penal.

Nulidades relativas que ocorrerem durante a instrução criminal do processo ordinário deverão ser arguidas até a fase de alegações finais, sob pena de preclusão do tema. ( )

11. **Ano: 2022 Banca: MPE-SP Órgão: MPE-SP Prova: MPE-SP - 2022 - MPE-SP - Promotor de Justiça Substituto**

Sobre o tema de nulidades no processo penal, é incorreto afirmar:

A) sem autorização judicial ou fora das hipóteses legais, é ilícita a prova obtida mediante abertura de carta, telegrama, pacote ou meio análogo.

B) no Plenário do Júri, a nulidade relativa ocorrida após a decisão de pronúncia deve ser arguida ao final do julgamento.

C) a falta ou vício da citação estará sanada, desde que o acusado compareça em juízo antes do ato consumar-se, embora declare que o faz para o único fim de argui-la. O juiz ordenará, todavia, a suspensão ou o adiamento do ato, quando reconhecer que a irregularidade poderá prejudicar direito da parte.

D) constatado o excesso de linguagem na decisão de pronúncia do magistrado, incide nulidade.

E) no caso de nulidade relativa, nenhuma das partes poderá arguir nulidade a que haja dado causa.

12. **Ano: 2022 Banca: CESPE / CEBRASPE Órgão: TCE-SC Prova: CESPE / CE-BRASPE - 2022 - TCE-SC - Auditor Fiscal de Controle Externo - Direito**

Ainda com relação ao processo penal brasileiro, julgue o item que se segue. Se o ato não resultar em prejuízo para a acusação ou para a defesa, não há de se declarar a sua nulidade. [   ]

13. **Ano: 2022 Banca: CESPE / CEBRASPE Órgão: DPE-TO Prova: CESPE / CEBRAS-PE - 2022 - DPE-TO - Defensor Público Substituto**

Acerca de nulidades, recursos e habeas corpus, assinale a opção correta à luz do entendimento dos tribunais superiores.

A) É nula a sentença proferida de forma oral na audiência e registrada em meio audiovisual sem a juntada aos autos da transcrição integral.

B) A nulidade decorrente da ausência de intimação, pessoal ou por diário oficial, da data de julgamento do recurso pode ser arguida a qualquer tempo.

C) A intimação pessoal da Defensoria Pública quanto à data de julgamento de habeas corpus só é necessária se houver pedido expresso para a realização de sustentação oral.

D) O habeas corpus não é admitido para impugnar as medidas cautelares de natureza criminal diversas da prisão por não haver ofensa ou ameaça à liberdade de locomoção.

E) Admite-se habeas corpus contra decisão que apenas autoriza visita pelo parlatório, negando o direito de familiar de preso internado em unidade prisional de ter encontro direto.

14. **Ano: 2022 Banca: FGV Órgão: TJ-MG Prova: FGV - 2022 - TJ-MG - Juiz de Direito Substituto.** Considerando o disposto no Código de Processo Penal acerca das nulidades, a legislação processual penal especial e a jurisprudência atualizada dos Tribunais Superiores, todas as alternativas estão corretas, à exceção de uma. Assinale-a.

A) A ausência de intimação do acusado, para apresentar contrarrazões ao recurso interposto pelo Ministério Público contra a rejeição da denúncia, constitui nulidade que não pode ser suprida pelo juízo por meio de nomeação de defensor dativo.

B) É nulo o julgamento da apelação, se, após manifestação nos autos da renúncia do único defensor, o réu não foi previamente intimado para constituir outro.

C) No rito do juizado especial criminal, o comparecimento do acusado à audiência preliminar sem o acompanhamento de advogado é causa de nulidade absoluta, mesmo que o réu tenha recusado a proposta de transação penal.

D) O posterior requerimento da autoridade policial pela segregação cautelar ou manifestação do Ministério Público favorável à prisão preventiva suprem o vício da inobservância da formalidade de prévio requerimento.

15. **Ano: 2022 Banca: FGV Órgão: PC-RJ Prova: FGV - 2022 - PC-RJ - Investigador Policial de 3ª Classe**

Eventual irregularidade na informação acerca do direito de permanecer em silêncio ao sujeito capturado em flagrante delito é causa de:

A) inexistência do ato jurídico;

B) nulidade absoluta;

C) nulidade relativa;

D) anulabilidade;

E) irregularidade.

16. **Ano: 2022 Banca: CESPE / CEBRASPE Órgão: DPE-PI Prova: CESPE / CE-BRASPE - 2022 - DPE-PI - Defensor Público.**

O tema das nulidades no processo penal é especialmente caro à atuação da Defensoria Pública, em razão da incumbência de velar pelo devido processo legal, pela validade dos atos processuais e pelo seu hígido desenvolvimento, até o final trânsito em julgado. A respeito desse assunto, com base na posição majoritária do STF, julgue os itens a seguir.

I Será válido o julgamento da apelação se, após a manifestação nos autos da renúncia do único defensor, houver nomeação de defensor público e este aceitar o encargo, sem necessidade da prévia intimação do acusado.

II É incabível a suspensão condicional do processo na sentença de desclassificação do crime e procedência parcial da pretensão punitiva.

III A falta de defesa no processo penal e sua deficiência implicam nulidade absoluta do processo, uma vez que o prejuízo está implícito na vulnerabilidade do status libertatis do acusado.

Assinale a opção correta.

A) Nenhum item está certo.

B) Apenas o item I está certo.

C) Apenas o item II está certo.

D) Apenas os itens I e III estão certos.

E) Apenas os itens II e III estão certos.

17. Ano: 2022 Banca: FGV Órgão: DPE-MS Prova: FGV - 2022 - DPE-MS - Defensor Público Substituto

Na forma do Art. 396 do CPP, o juiz, ao receber denúncia ofertada pelo Ministério Público Estadual, determinou a citação de Jack, para apresentação de reação defensiva no prazo legal. Jack constitui o advogado Hiro para sua representação, que apresenta a resposta à acusação, solicitando, com base em precedente do Superior Tribunal de Justiça (STJ), o deferimento da prova testemunhal, com a indicação posterior do rol de testemunhas. Analisando a demanda, o magistrado confirmou o recebimento da denúncia e designou dia para a realização da audiência de instrução e julgamento, concedendo prazo para a apresentação do nome e endereço das testemunhas defensivas. Insatisfeito, constitui outro patrono, concedendo novo instrumento de procuração ao advogado Luzer, sem qualquer ressalva quanto aos poderes de eventuais representantes anteriores, o que foi juntado aos autos. O juiz, ao determinar as anotações processuais cabíveis, concede, de ofício, dilação do prazo para apresentação do rol de testemunhas, que transcorre sem qualquer manifestação defensiva. Após a instrução, o réu é condenado. Em sede recursal, alega-se cerceamento de defesa no que concerne à representação processual do réu.

Diante desse cenário, é correto afirmar que o processo:

A) é nulo, pois não houve revogação expressa da primeira procuração, e o antigo patrono deveria ter sido intimado;

B) é nulo, pois não é possível a revogação tácita da primeira procuração, e o antigo patrono deveria ter sido intimado;

C) é nulo, pois, diante da inércia do novo patrono, a Defensoria Pública deveria ter sido nomeada para assistir o imputado;

D) não é nulo, pois desnecessária a intimação do primevo advogado, diante da revogação tácita da sua procuração.

18. Ano: 2021 Banca: FGV Órgão: PC-RJ Prova: FGV - 2021 - PC-RJ - Inspetor de Polícia Civil

Em relação às audiências de custódia, é correto afirmar que:

A) as audiências devem ser realizadas em até 24 horas, sob pena de ilegalidade automática da prisão;

B) a substituição do flagrante por prisão preventiva não altera a ilegalidade da ausência de audiência de custódia;

C) a substituição do flagrante por cautelar alternativa não altera a ilegalidade da ausência de audiência de custódia;

D) a convolação do flagrante em preventiva, na audiência de custódia, demanda provas sólidas e conclusivas;

E) a alegação de nulidade na audiência de custódia fica superada pela decretação de novo título prisional.

19. **Ano: 2021 Banca: FGV Órgão: PC-RJ Prova: FGV - 2021 - PC-RJ - Inspetor de Polícia Civil**

A respeito da audiência de custódia, é correto afirmar que:

A) o estabelecimento da audiência de custódia no Código de Processo Penal pela Lei nº 13.964/2019 concretiza disposição da Convenção de Palermo em reforço aos princípios constitucionais do contraditório, da ampla defesa e da segurança jurídica;

B) a não realização da audiência de custódia, por si só, é apta a ensejar a ilegalidade da prisão cautelar imposta ao capturado, diante da necessidade de respeito aos direitos e garantias previstos na Constituição da República de 1988 e no Código de Processo Penal;

C) operada a conversão da prisão em flagrante em prisão preventiva, fica superada a alegação de nulidade na ausência de apresentação do preso ao juízo com competência para a audiência de custódia, logo após o flagrante;

D) a realização de audiência de custódia não pode ser dispensada em razão das limitações decorrentes da crise provocada pela pandemia de Covid-19, conforme orientação do Conselho Nacional de Justiça;

E) a captura do agente em decorrência do cumprimento de títulos prisionais distintos da prisão em flagrante dispensa a realização da audiência de custódia, diante do prévio controle da prisão pelo Poder Judiciário.

20. **Ano: 2021 Banca: CESPE / CEBRASPE Órgão: PGE-CE Prova: CESPE / CEBRASPE - 2021 - PGE-CE - Procurador do Estado.** As eventuais nulidades relativas ocorridas na instrução criminal do processo ordinário

A) podem ser arguidas a qualquer tempo, caso sejam a favor do acusado, em razão do princípio da ampla defesa.

B) devem ser arguidas até as alegações finais.

C) devem ser arguidas até o recurso de apelação.

D) devem ser arguidas até o momento em que se dá ciência da sentença.

GABARITO

1. c	6. c	11. b	16. a
2. a	7. c	12. Verdadeiro	17. d
3. e	8. e	13. c	18. e
4. d	9. e	14. c	19. c
5. Falso	10. verdadeiro	15. c	20. b

RECURSOS E AÇÕES AUTÔNOMAS DE IMPUGNAÇÃO

CAPÍTULO 1 - TEORIA GERAL DOS RECURSOS

1.1. CONCEITO

Recurso é o meio apropriado de impugnação de decisões, com intuito de reanalisar determinada matéria. Segundo doutrina é "utilizado antes da preclusão e na mesma relção processual, apto a propiciar a reforma, invalidação, o esclarecimento ou a integração da decisão"[42].

---

[42] GRINOVER, Ada Pellegrini; GOMES FILHO, Antônio Magalhães; FERNANDES, Antônio Scarance. Recursos no processo penal. 6 ed. São Paulo: RT, 2011. p. 27.

1.2. NATUREZA JURÍDICA

A doutrina majoritária entende que a natureza jurídica do recurso é de instrumento de que se valem as partes para o reexame de questões de processo, seja pelo próprio órgão que proferiu a decisão, seja por órgão de instância diversa.

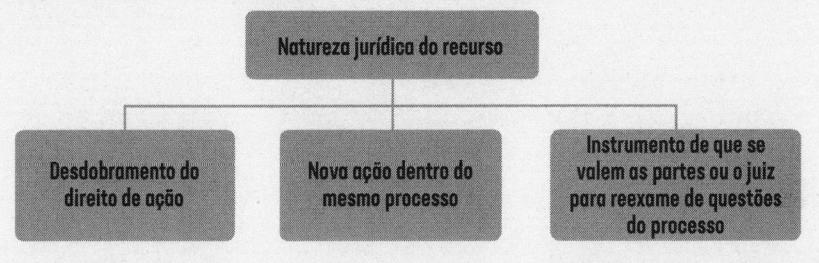

Fonte: elaborada pela autora.

1.3. DUPLO GRAU DE JURISDIÇÃO

O princípio do duplo grau de jurisdição não está expressamente previsto no texto constitucional. Entretanto, o direito ao duplo grau está contido implicitamente na sistemática da organização do Poder Judiciário, que prevê órgãos jurisdicionais com competências recursais e revisionais das decisões de instâncias inferiores. Outrossim, o acesso ao duplo grau de jurisdição está previsto expressamente no art. 8º da Convenção Americana dos Direitos Humanos – Pacto de São José de Costa Rica, incorporado ao ordenamento jurídico-constitucional, por força do Decreto 678/1992.

CONSTITUIÇÃO FEDERAL

Art. 5º [...]

LV - aos litigantes, em processo judicial ou administrativo, e aos acusados em geral são assegurados o contraditório e ampla defesa, com os meios e recursos a ela inerentes;

PACTO DE SAN JOSÉ DA COSTA RICA

Art. 8º
Garantias Judiciais

2. Toda pessoa acusada de um delito tem direito a que se presuma sua inocência, enquanto não for legalmente comprovada sua culpa. Durante o processo, toda pessoa tem direito, em plena igualdade, às seguintes garantias mínimas:

h) Direito de recorrer da sentença a juiz ou tribunal superior **(adota o duplo grau de jurisdição).**

1.4. CLASSIFICAÇÃO DOS RECURSOS

Podemos classificar os recursos, conforme ilustração abaixo:

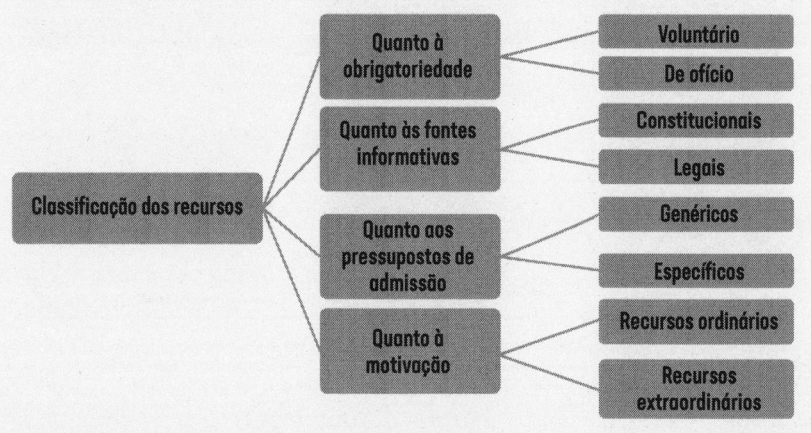

A) RECURSO EXTRAORDINÁRIO

CONSTITUIÇÃO FEDERAL

Art. 102. Compete ao Supremo Tribunal Federal, precipuamente, a guarda da Constituição, cabendo-lhe:

[...]

III – julgar, mediante recurso extraordinário, as causas decididas em única ou última instância, quando a decisão recorrida:

a) contrariar dispositivo desta Constituição;

b) declarar a inconstitucionalidade de tratado ou lei federal;

c) julgar válida lei ou ato de governo local contestado em face desta Constituição.

d) julgar válida lei local contestada em face de lei federal.

B) RECURSO ESPECIAL

CONSTITUIÇÃO FEDERAL

Art. 105. Compete ao Superior Tribunal de Justiça:

[...] **II** - julgar, em recurso especial, as causas decididas, em única ou última instância, pelos Tribunais Regionais Federais ou pelos tribunais dos Estados, do Distrito Federal e Territórios, quando a decisão recorrida:

a) contrariar tratado ou lei federal, ou negar-lhes vigência;

b) julgar válida lei ou ato de governo local contestado em face de lei federal;

b) julgar válido ato de governo local contestado em face de lei federal; (Redação dada pela Emenda Constitucional nº 45, de 2004)

c) der a lei federal interpretação divergente da que lhe haja atribuído outro tribunal.

STJ - Súmula 7: A pretensão de simples reexame de prova não enseja recurso especial.

STJ - Súmula 279: Para simples reexame de prova não cabe recurso extraordinário.

C) UNIRRECORRIBILIDADE DAS DECISÕES

STF - Súmula 283

É inadmissível o recurso extraordinário, quando a decisão recorrida assenta em mais de um fundamento suficiente e o recurso não abrange todos eles.

STJ - Súmula 126

É inadmissível recurso especial, quando o acórdão recorrido assenta em fundamentos constitucional e infraconstitucional, qualquer deles suficiente, por si só, para mantê-lo, e a parte vencida não manifesta recurso extraordinário.

1.5. PRESSUPOSTOS RECURSAIS

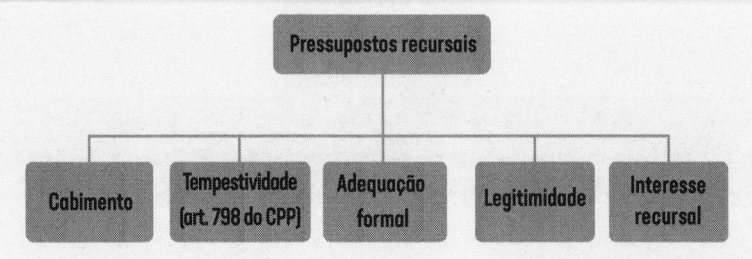

1.5.1. FUNGIBILIDADE RECURSAL

> **CÓDIGO DE PROCESSO PENAL**
>
> **Art. 579.** Salvo a hipótese de má-fé, a parte não será prejudicada pela interposição de um recurso por outro.
>
> **Parágrafo único.** Se o juiz, desde logo, reconhecer a impropriedade do recurso interposto pela parte, mandará processá-lo de acordo com o rito do recurso cabível.

1.5.2. TEMPESTIVIDADE

> **CÓDIGO DE PROCESSO PENAL**
>
> **Art. 798.** Todos os prazos correrão em cartório e serão contínuos e peremptórios, não se interrompendo por férias, domingo ou dia feriado.
>
> § 1º Não se computará no prazo o dia do começo, incluindo-se, porém, o do vencimento.
>
> § 2º A terminação dos prazos será certificada nos autos pelo escrivão; será, porém, considerado findo o prazo, ainda que omitida aquela formalidade, se feita a prova do dia em que começou a correr.
>
> § 3º O prazo que terminar em domingo ou dia feriado considerar-se-á prorrogado até o dia útil imediato.
>
> **§ 4º Não correrão os prazos, se houver impedimento do juiz, força maior, ou obstáculo judicial oposto pela parte contrária.**
>
> § 5º Salvo os casos expressos, os prazos correrão:
>
> a) da intimação;
>
> b) da audiência ou sessão em que for proferida a decisão, se a ela estiver presente a parte;

c) do dia em que a parte manifestar nos autos ciência inequívoca da sentença ou despacho.

1.5.3. ADEQUAÇÃO FORMAL

CÓDIGO DE PROCESSO PENAL

Art. 578. O recurso será interposto por petição ou por termo nos autos, assinado pelo recorrente ou por seu representante.

§ 1º Não sabendo ou não podendo o réu assinar o nome, o termo será assinado por alguém, a seu rogo, na presença de duas testemunhas.

§ 2º A petição de interposição de recurso, com o despacho do juiz, será, até o dia seguinte ao último do prazo, entregue ao escrivão, que certificará no termo da juntada a data da entrega.

§ 3º Interposto por termo o recurso, o escrivão, sob pena de suspensão por dez a trinta dias, fará conclusos os autos ao juiz, até o dia seguinte ao último do prazo.

1.5.4. PREPARO

CÓDIGO DE PROCESSO PENAL

Art. 806. Salvo o caso do art. 32, nas ações intentadas mediante queixa, nenhum ato ou diligência se realizará, sem que seja depositada em cartório a importância das custas.

§ 1º Igualmente, nenhum ato requerido no interesse da defesa será realizado, sem o prévio pagamento das custas, salvo se o acusado for pobre.

§ 2º A falta do pagamento das custas, nos prazos fixados em lei, ou marcados pelo juiz, importará renúncia à diligência requerida ou **deserção do recurso interposto**.

1.6. EFEITOS DOS RECURSOS

- **Efeito obstativo**: impede a ocorrência da preclusão e, consequentemente, o trânsito em julgado;
- **Efeito devolutivo**: implica na transferência da apreciação da matéria impugnada ao órgão recursal. Está contido no princípio do tantum devolutum quantum appelatum, por meio do qual se

impõe a regra de que o órgão recursal deverá apreciar a matéria objeto da impugnação; e

- **Efeito suspensivo:** impede que a decisão recorrida produza seus efeitos, enquanto o recurso não for devidamente julgado.

[Atenção]

Art. 5º, inciso II, da Lei 12.016/2009 - "de decisão judicial da qual caiba recurso com efeito suspensivo" × Súmula 604 do STJ - "Mandado de segurança não se presta para atribuir efeito suspensivo a recurso criminal interposto pelo Ministério Público".
[Fim de Atenção]

- **Efeito regressivo:** provoca o reexame da matéria impugnada pelo mesmo órgão prolator da decisão recorrida, seja em âmbito de juízo de retratação, seja julgando o próprio recurso.

CAPÍTULO 2 - RECURSOS EM ESPÉCIE

A seguir, estudaremos os recursos em espécie, que são esses:
- **Recurso em sentido estrito**
- Apelação
- Embargos Infringentes
- Embargos de Declaração
- Carta Testemunhável
- Agravo em Execução
- Correição Parcial/ Reclamação

2.1. RECURSO EM SENTIDO ESTRITO

A) CABIMENTO

- contra decisões interlocutórias proferidas pelo juiz singular, nos casos previstos no elenco do art. 581 do Código de Processo Penal;
- contra decisão que decretar a suspensão da habilitação ou permissão para conduzir veículos, conforme hipótese do art. 294 da Lei 9.503/97;

CÓDIGO DE PROCESSO PENAL

Art. 581. Caberá recurso, no sentido estrito, da decisão, despacho ou sentença:

I - que não receber a denúncia ou a queixa;*

*A decisão que recebe denúncia ou queixa é irrecorrível. Somente pode ser impugnada via Habeas corpus.

*Se houver rejeição da denúncia no JECCRIM, não será cabível o RESE, mas sim apelação, conforme disposto no art. 82 da Lei 9.099/95.

II - que concluir pela incompetência do juízo;

III - que julgar procedentes as exceções, salvo a de suspeição;

IV - que pronunciar o réu;

V - que conceder, negar, arbitrar, cassar ou julgar inidônea a fiança, indeferir requerimento de prisão preventiva ou revogá-la, conceder liberdade provisória ou relaxar a prisão em flagrante;

VI - (Revogado pela Lei nº 11.689, de 2008)

VII - que julgar quebrada a fiança ou perdido o seu valor;

VIII - que decretar a prescrição ou julgar, por outro modo, extinta a punibilidade;

IX - que indeferir o pedido de reconhecimento da prescrição ou de outra causa extintiva da punibilidade;

X - que conceder ou negar a ordem de habeas corpus*;

*Cabível em face de decisão de juiz de 1º grau, caberá RESE. Quando o HC for denegado em tribunal, caberá recurso ordinário constitucional.

XI - que conceder, negar ou revogar a suspensão condicional da pena;

XII - que conceder, negar ou revogar livramento condicional;

XIII - que anular o processo da instrução criminal, no todo ou em parte;

XIV - que incluir jurado na lista geral ou desta o excluir;

XV - que denegar a apelação ou a julgar deserta;

XVI - que ordenar a suspensão do processo, em virtude de questão prejudicial;

XVII - que decidir sobre a unificação de penas;

XVIII - que decidir o incidente de falsidade;

XIX - que decretar medida de segurança, depois de transitar a sentença em julgado;

XX - que impuser medida de segurança por transgressão de outra;

XXI - que mantiver ou substituir a medida de segurança, nos casos do art. 774;

XXII - que revogar a medida de segurança;

XXIII - que deixar de revogar a medida de segurança, nos casos em que a lei admita a revogação;

XXIV - que converter a multa em detenção ou em prisão simples.

Apesar da previsão do art. 581 do Código de Processo Penal, os incisos XII, XVII, XIX, XX, XXI, XXII, XXIII foram revogados tacitamente pela Lei de Execução Penal. Dessa forma, nestas hipóteses não será cabível o recurso em sentido estrito, mas sim o agravo em execução, conforme disposto no art. 187 da Lei de Execução Penal.

B) PRAZO

Interposição: 5 dias
Razões: 2 dias

CÓDIGO DE PROCESSO PENAL

Art. 586. O recurso voluntário poderá ser interposto no prazo de cinco dias.

Parágrafo único. No caso do art. 581, XIV*, o prazo será de vinte dias, contado da data da publicação definitiva da lista de jurados.

* XIV - que incluir jurado na lista geral ou desta o excluir;

** O prazo para assistente de acusação não habilitado interpor RESE contra decisão que declara extinta a punibilidade é de **15 dias**, contados do término do prazo para oferecimento do recurso pelo Ministério Público - art. 584, § 1º, c/c art. 598, parágrafo único, do CPP).

*** No Código de Processo Penal Militar, o prazo pra interposição do RESE é de 3 dias e, para razões, 5 dias (Arts. 518 e 519 do CPPM).

O recurso em sentido estrito poderá ser interposto tanto por petição quanto por termo nos autos.

CÓDIGO DE PROCESSO PENAL

Art. 588. Dentro de dois dias, contados da interposição do recurso, ou do dia em que o escrivão, extraído o traslado, o fizer com vista ao recorrente, este oferecerá as razões e, em seguida, será aberta vista ao recorrido por igual prazo.

Parágrafo único. Se o recorrido for o réu, será intimado do prazo na pessoa do defensor.

C) JUÍZO DE RETRATAÇÃO

CÓDIGO DE PROCESSO PENAL

Art. 589. Com a resposta do recorrido ou sem ela, será o recurso concluso ao juiz, que, dentro de dois dias, reformará ou sustentará o seu despacho, mandando instruir o recurso com os traslados que lhe parecerem necessários.

Parágrafo único. Se o juiz reformar o despacho recorrido, a parte contrária, por simples petição, poderá recorrer da nova decisão, se couber recurso, não sendo mais lícito ao juiz modificá-la. Neste caso, independentemente de novos arrazoados, subirá o recurso nos próprios autos ou em traslado

Realizando ou não o juízo de retratação, o juízo a quo remeterá os autos ao juízo ad quem, em 5 dias. E, no mesmo prazo de 5 dias, após o julgamento do recurso pelo tribunal, os autos serão devolvidos ao juízo a quo.

CÓDIGO DE PROCESSO PENAL

Art. 591. Os recursos serão apresentados ao juiz ou tribunal ad quem, dentro de cinco dias da publicação da resposta do juiz a quo, ou entregues ao Correio dentro do mesmo prazo.

Art. 592. Publicada a decisão do juiz ou do tribunal ad quem, deverão os autos ser devolvidos, dentro de cinco dias, ao juiz a quo.

O recurso em sentido estrito será encaminhado ao tribunal por instrumento ou nos próprios autos.

CÓDIGO DE PROCESSO PENAL

Art. 587. Quando o recurso houver de subir por instrumento, a parte indicará, no respectivo termo, ou em requerimento avulso, as peças dos autos de que pretenda traslado.

Parágrafo único. O traslado será extraído, conferido e concertado no prazo de cinco dias, e dele constarão sempre a decisão recorrida, a certidão de sua intimação, se por outra forma não for possível verificar-se a oportunidade do recurso, e o termo de interposição.

São hipóteses em que o recurso sobe com os autos:

a. recursos de ofício, como ocorre na concessão de habeas corpus;

b. não recebimento da denúncia ou queixa;

c. procedência das exceções (salvo a de suspeição);

d. pronúncia;

e. decretação da extinção da punibilidade;

f. julgamento de habeas corpus;

g. toda vez que não houver prejuízo para o prosseguimento da instrução.

Em regra, o recurso em sentido estrito não tem efeito suspensivo, salvo nos seguintes casos:

a. contra decisão que considera perdida a fiança (art. 581, VII, segunda parte);

b. contra decisão que denega seguimento à apelação ou a considera deserta (art. 581, XV);

c. contra decisão que considera quebrada a fiança, somente na parte referente à perda de metade do seu valor (art. 581, VII, primeira parte).

[Saiba mais]

Decisão sobre quebra de fiança possui dois efeitos: perda de metade do seu valor e recolhimento ao cárcere. O efeito suspensivo do RESE diz respeito apenas à perda da metade do valor.

[Fim de Saiba mais]

O Supremo Tribunal Federal editou Súmula para consolidar o entendimento de que a falta de intimação do denunciado para oferecer contrarrazões ao recurso em sentido estrituto constitui nulidade. Vejamos abaixo:

STF - Súmula 707

Constitui nulidade a falta de intimação do denunciado para oferecer contrarrazões ao recurso interposto da rejeição da denúncia, não a suprindo a nomeação de defensor dativo.

STF - HC 87.926

Rel. Min. Cezar Peluso
Julgado em 20/02/2008
DJe 74, de 25/04/2008

As partes têm direito à estrita observância do procedimento tipificado na lei, como concretização do princípio do devido processo legal, a cujo âmbito pertencem as garantias específicas do contraditório e da ampla defesa (art. 5º, LIV e LV, da Constituição da República). O exercício do contraditório deve, assim, permear todo o processo, garantindo sempre, com ônus, a possibilidade de manifestações oportunas e eficazes da defesa, desde a de arrazoar e contra-arrazoar recursos, até a de se fazer ouvir no próprio julgamento destes. **Em recurso em sentido estrito, interposto contra decisão de rejeição da denúncia, o denunciado que, como é óbvio, ainda não foi citado, deve ter assegurado o exercício do ônus de se manifestar nos autos, pois seu interesse primordial reside em não ser réu, ou seja, em não lhe ser instaurada ação penal.** Foi tal entendimento que levou esta Casa a editar a Súmula 707 [...].

2.2. APELAÇÃO

A) CABIMENTO

Recurso de fundamentação livre: pode levar ao conhecimento do tribunal tanto questões de fato quanto questões de direito. A apelação será cabível para impugnar:

- sentenças definitivas condenatórias ou absolutórias;
- decisões interlocutórias mistas (terminativas ou não terminativas), quando não cabível RESE (recurso subsidiário)

CÓDIGO DE PROCESSO PENAL

Art. 593. Caberá apelação no prazo de 5 (cinco) dias:

I - das sentenças definitivas de condenação ou absolvição proferidas por juiz singular;

II - das decisões definitivas, ou com força de definitivas, proferidas por juiz singular nos casos não previstos no Capítulo anterior;

III - das decisões do Tribunal do Júri, quando: (Redação dada pela Lei nº 263, de 23/02/1948)

a) ocorrer nulidade posterior à pronúncia; (Redação dada pela Lei nº 263, de 23/02/1948)

b) for a sentença do juiz-presidente contrária à lei expressa ou à decisão dos jurados; (Redação dada pela Lei nº 263, de 23/02/1948)

c) houver erro ou injustiça no tocante à aplicação da pena ou da medida de segurança; (Redação dada pela Lei nº 263, de 23/02/1948)

d) for a decisão dos jurados manifestamente contrária à prova dos autos. (Incluído pela Lei nº 263, de 23/02/1948)

§ 1º Se a sentença do juiz-presidente for contrária à lei expressa ou divergir das respostas dos jurados aos quesitos, o tribunal ad quem fará a devida retificação. (Incluído pela Lei nº 263, de 23/02/1948)

§ 2º Interposta a apelação com fundamento no no III, c, deste artigo, o tribunal ad quem, se lhe der provimento, retificará a aplicação da pena ou da medida de segurança. (Incluído pela Lei nº 263, de 23/02/1948)

§ 3º Se a apelação se fundar no no III, d, deste artigo, e o tribunal ad quem se convencer de que a decisão dos jurados é manifestamente contrária à prova dos autos, dar-lhe-á provimento para sujeitar o réu a novo julgamento; não se admite, porém, pelo mesmo motivo, segunda apelação. (Incluído pela Lei nº 263, de 23/02/1948)

§ 4º Quando cabível a apelação, não poderá ser usado o recurso em sentido estrito, ainda que somente de parte da decisão se recorra.

B) LEGITIMADOS

Nos termos do art. 577 do CPP, podem interpor apelação:

- o Ministério Público;
- o querelante;
- o réu, pessoalmente e ou por seu procurador/defensor.

Nos termos do art. 598 do CPP, se a apelação não foi interposta pelo Ministério Público, o ofendido, ainda que não habilitado como assistente de acusação, poderá apelar.

O recurso de apelação poderá ser interposto tanto pelo réu quanto pelo seu defensor. E em caso de divergência entre eles, prevalece a vontade daquele que deseja recorrer, seja o réu, seja o defensor.

STF

Súmula 705

A renúncia do réu ao direito de apelação, manifestada sem a assistência do defensor, não impede o conhecimento da apelação por este interposta.

Súmula 708

É nulo o julgamento da apelação se, após a manifestação nos autos da renúncia do único defensor, o réu não foi previamente intimado para constituir outro.

C) PRAZOS

- Interposição: 5 dias

  Exceções

  - Prazo para assistente de acusação habilitado nos autos: 5 dias.
  - Prazo para assistente de acusação não habilitado: 15 dias, contados do término do prazo do recurso para o Ministério Público. (art. 598, parágrafo único, do CPP)
  - Prazo para apelação nos processos do juizados especiais criminais: 10 dias (art. 82 da Lei 9.099/95).

- Razões: 8 dias

  Exceções:

  - Razões apresentadas pelo assistente em relação ao recurso que não foi por ele interposto: 3 dias
  - Rito sumaríssimo – Juizados Especiais Criminais: as razões devem ser apresentadas juntamente com o recurso.
  - No Código de Processo Penal Militar, o prazo para apresentação de razões é de 10 dias.

[Saiba mais]

HC 281.873/RJ

Rel. Min. Reynaldo Soares da Fonseca
5° Turma
Julgado em 07/04/2016
DJe 15/04/2016.

PENAL E PROCESSUAL PENAL. HABEAS CORPUS SUBSTITUTIVO DE RECURSO PRÓPRIO. INADEQUAÇÃO DA VIA ELEITA. CORRUPÇÃO PASSIVA. NULIDADE DO ACÓRDÃO IMPUGNADO. APELAÇÃO DO MINISTÉRIO PÚBLICO. ALEGADA INTEMPESTIVIDADE NA INTERPOSIÇÃO. INOCORRÊNCIA. INTEMPESTIVIDADE DAS RAZÕES RECURSAIS. MERA IRREGULARIDADE. APELAÇÃO DEFENSIVA NÃO ANALISADA POR PREJUDICIALIDADE. NULIDADE. INEXISTÊNCIA. CORRUPÇÃO PASSIVA. ATIPICIDADE POR AUSÊNCIA DE ATRIBUIÇÃO PARA A PRÁTICA DO ATO E POR SER A SOLICITAÇÃO DE VANTAGEM INDEVIDA POSTERIOR À REALIZAÇÃO DO ATO DE OFÍCIO PELO AGENTE COMPETENTE. MATÉRIAS NÃO EXAMINADAS NA ORIGEM. SUPRESSÃO DE INSTÂNCIA. HABEAS CORPUS NÃO CONHECIDO. [...] 4. Nos termos da jurisprudência desta Corte "a apresentação das razões de apelação fora do prazo constitui mera irregularidade de que não obsta o conhecimento do apelo" (HC n. 269.584/DF, Rel. Min. Ribeiro Dantas, Quinta Turma, DJe 09/12/2015). **5.** Não há nulidade do acórdão que julga prejudicada a análise do recurso defensivo que pretende apenas a modificação do dispositivo de absolvição para "inexistência do fato", quando o provimento do recurso de apelação ministerial tenha sido para reconhecer, justamente, a prática da infração penal. **6.** As questões relativas à atipicidade da conduta do paciente por não possuir ele atribuição para a prática do ato a que se comprometera, bem como por ser a solicitação indevida posterior à efetiva realização do ato de ofício pelo agente competente, não foram enfrentadas pela Corte de origem no julgamento da apelação, tampouco nos embargos de declaração, razão pela qual fica impedida de ser analisada por este Tribunal Superior, sob pena de indevida supressão de instância. Precedentes. **7.** Habeas corpus não conhecida.

[Fim de Saiba mais]

CÓDIGO DE PROCESSO PENAL

Art. 601. Findos os prazos para razões, os autos serão remetidos à instância superior, com as razões ou sem elas, no prazo de 5 (cinco) dias, salvo no caso do art. 603, segunda parte, em que o prazo será de trinta dias.

§ 1 Se houver mais de um réu, e não houverem todos sido julgados, ou não tiverem todos apelado, caberá ao apelante promover extração do traslado dos autos, o qual deverá ser remetido à instância superior no prazo de trinta dias, contado da data da entrega das últimas razões de apelação, ou do vencimento do prazo para a apresentação das do apelado.

§ 2 As despesas do traslado correrão por conta de quem o solicitar, salvo se o pedido for de réu pobre ou do Ministério Público.

Art. 602. Os autos serão, dentro dos prazos do artigo anterior, apresentados ao tribunal ad quem ou entregues ao Correio, sob registro.

Art. 603. A apelação subirá nos autos originais e, a não ser no Distrito Federal e nas comarcas que forem sede de Tribunal de Apelação, ficará em cartório traslado dos termos essenciais do processo referidos no art. 564, n. III.

D) EFEITOS

a. Efeito devolutivo

Segundo entendimento do STF, em se tratando de apelação da **defesa**, o efeito devolutivo abrange toda a matéria tratada no processo, e não apenas aquela alegada nas razões de apelação. Excetua-se, contudo, as apelações contra decisões do tribunal do júri, cujo efeito devolutivo se limita ao alegado quando da interposição do recurso, diante da necessidade de atendimento do princípio da soberania dos veredictos.

STF - Súmula 713

O efeito devolutivo da apelação contra decisões do júri é adstrito aos fundamentos da sua interposição.

b. Efeito suspensivo

A atribuição ou não de efeito suspensivo à apelação dependerá da natureza da decisão impugnada, vejamos:

*   **Sentença absolutória**: não terá efeito suspensivo;

Art. 596. A apelação da sentença absolutória não impedirá que o réu seja posto imediatamente em liberdade.

*   **Sentença absolutória imprópria**: possui efeito suspensivo, pois a aplicação de medida de segurança depende do trânsito em julgado.

Parágrafo único. A apelação não suspenderá a execução da medida de segurança aplicada provisoriamente.

- **Sentença condenatória**: possui efeito suspensivo, pois a execução da sentença penal condenatória depende do trânsito em julgado*.

2.3. EMBARGOS INFRINGENTES E DE NULIDADE

São cabíveis em face de acórdão que mantém ou que reforma sentença.

a. CABIMENTO

Trata-se de recurso exclusivo da defesa, interposto em face de decisão de segunda instância, não unânime, desfavorável ao réu em julgamentos de apelação, recursos em sentido estrito e agravo em execução.

- **Embargos infringentes**: cabíveis quando o objeto da divergência se reportar a questões de mérito.
- **Embargos de nulidade**: cabíveis quando o objeto da divergência se reportar a questões processuais.

CÓDIGO DE PROCESSO PENAL

Art. 609. [...]
Parágrafo único. Quando não for unânime a decisão de segunda instância, desfavorável ao réu, admitem-se embargos infringentes e de nulidade, que poderão ser opostos dentro de 10 (dez) dias, a contar da publicação de acórdão, na forma do art. 613. Se o desacordo for parcial, os embargos serão restritos à matéria objeto de divergência.

b. PRAZO
10 dias.

[Atenção]

Há previsão de embargos infringentes no art. 333 do Regimento Interno do Supremo Tribunal Federal, contra decisões não unânimes proferidas pelo Plenário ou por Turmas, no prazo de 15 dias.
[Fim de Atenção]

[Saiba mais]

1. Caberá a interposição dos Embargos Infringentes ainda que exista condenação unânime por parte da turma julgadora, mas um dos votos demonstra que, fosse ele acatado, a pena seria menor ou os benefícios penais mais extensos (NUCCI, 2019, p. 1.158).

2. O voto vencido pode ter divergido integralmente ou apenas em alguns aspecto dos demais. No último caso, os Embargos Infringentes se limitam aos aspectos divergentes.

3. Não são cabíveis Embargos Infringentes quando o acordão não for proferido em sede de julgamento de recurso (ou seja, no julgamento de ação penal de competência originária), pois o art. 609, parágrafo único, faz referência à decisão de segunda instância.

[Fim de Saiba mais]

2.4. EMBARGOS DE DECLARAÇÃO

a) CABIMENTO

São oponíveis em face de decisões, sentenças ou acórdãos e visam a esclarecer:

- ambiguidade: a decisão em um ou mais pontos permite duas ou mais interpretações;
- obscuridade: não há clareza na decisão judicial, de modo a impedir compreensão da decisão;
- contradição: ocorre quando afirmações constantes da decisão sã opostas entre si;
- omissão: ocorre quando o juiz deixa de apreciar ponto relevante da demanda.

[Atenção]

Não se caracteriza a omissão quando o juiz deixar de comentar argumento por argumento levantado pela parte, pois, no contexto geral do julgado, pode estar nítida a sua intenção de rechaçar todos eles.

Tem-se admitido a oposição de embargos de declaração como forma de pré-questionamento de alguma matéria abordada pelo interessado, mas não abordada no julgado, para fins de interposição de recurso especial ou extraordinário.

[Fim de Atenção]

STF - Súmula 356

O ponto omisso da decisão, sobre o qual não foram opostos embargos declaratórios, não pode ser objeto de recurso extraordinário, por faltar o requisito do prequestionamento.

STJ - Súmula 211

Inadmissível recurso especial quanto à questão que, a despeito da oposição de embargos declaratórios, não foi apreciada pelo tribunal a quo.

b. PRAZO

CÓDIGO DE PROCESSO PENAL

Art. 382. Qualquer das partes poderá, no prazo de **2 (dois) dias**, pedir ao juiz que declare a sentença, sempre que nela houver obscuridade, ambigüidade, contradição ou omissão.

Art. 619. Aos acórdãos proferidos pelos Tribunais de Apelação, câmaras ou turmas, poderão ser opostos embargos de declaração, no prazo de dois dias contados da sua publicação, quando houver na sentença ambiguidade, obscuridade, contradição ou omissão.

LEI 9.099/95

Art. 83. Cabem embargos de declaração quando, em sentença ou acórdão, houver obscuridade, contradição ou omissão. (Redação dada pela Lei nº 13.105, de 2015)

§ 1º Os embargos de declaração serão opostos por escrito ou oralmente, no prazo **de cinco dias**, contados da ciência da decisão.

§ 2 Os embargos de declaração **interrompem** o prazo para a interposição de recurso. (Redação dada pela Lei nº 13.105, de 2015)

§ 3º Os erros materiais podem ser corrigidos de ofício.

c. EFEITOS

A oposição de embargos declaratórios interrompe os prazos dos demais recursos cabíveis em face da decisão embargada, salvo se não forem admitidos (intempestividade, p. ex.) (art. 1.026, caput, do CPC).

No âmbito dos Tribunais Superiores, a oposição de embargos declaratórios **suspende** o prazo para interposição dos demais recursos, conforme o disposto no art. 339, caput, do Regimento Interno do Supremo Tribunal Federal e no art. 265, caput, do Regimento Interno do Superior Tribunal de Justiça.

[Atenção]

Efeito modificativo (infringente) aos embargos de declaração
Trata-se da possibilidade de modificação substancial do julgado quando a questão omissa for sanada, de modo a causar mudança no sentido da decisão embargada.
Nesse caso, será necessária a intimação do recorrido para manifestar-se sobre o recurso, e, obediência ao princípio do contraditório.
[Fim de Atenção]

2.5. CARTA TESTEMUNHÁVEL

A) CABIMENTO

Será cabível contra decisão que nega seguimento ao recurso em sentido estrito e ao Agravo em Execução. A sua admissibilidade é feita pelo juízo ad quem, competente pra o julgamento do recurso denegado ou obstado e terá o mesmo rito do recurso denegado.

CÓDIGO DE PROCESSO PENAL

Art. 639. Dar-se-á carta testemunhável:
I - da decisão que denegar o recurso;
II - da que, admitindo embora o recurso, obstar à sua expedição e seguimento para o juízo ad quem.

B) PRAZO

48 horas.

CAPÍTULO 3 - AÇÕES AUTÔNOMAS DE IMPUGNAÇÃO

3.1. HABEAS CORPUS

A) CONCEITO

O habeas corpus é o remédio constitucional cabível quando alguém sofrer ou estiver ameaçado de sofrer constrangimento ilegal em sua liberdade de locomoção, por ilegalidade ou abuso de poder. Para ser devido, depende da comprovação de atos concretos imputados à autoridade coatora.

B) NATUREZA JURÍDICA

É ação autônoma de impugnação.

C) CLASSIFICAÇÃO

a. **Liberatório:** tem lugar quando o constrangimento à liberdade de locomoção já tiver sido consumado ou esteja em vias de se concretizar.

Ex.: Diante do cumprimento ou da iminência cumprimento de mandado de prisão expedido ilegalmente, determina-se a cessação da coação, por meio do alvará de soltura.

b. **Preventivo:** tem lugar quando houver fundado receio, por meio de ameaça concreta e iminente, de constrangimento ilegal à liberdade de locomoção. Nesse caso, será expedida ordem impeditiva da coação, por meio do salvo-conduto.

Ex.: iminência e expedição de mandado de prisão; prática de ato processual que tenha potencial de criar constrangimento à liberdade.

D) CABIMENTO

Cabe Habeas corpus contra atos judiciais, administrativos ou de particulares, conforme preconiza os arts. 647/648 do Código de Processo Penal:

CÓDIGO DE PROCESSO PENAL

Art. 647. Dar-se-á habeas corpus sempre que alguém sofrer ou se achar na iminência de sofrer violência ou coação ilegal na sua liberdade de ir e vir, salvo nos casos de punição disciplinar.

Art. 648. A coação considerar-se-á ilegal:

I - quando não houver justa causa;

[Atenção]
Justa causa formal: ausência de lastro probatório mínimo
Justa causa material: ausência de previsão legal para a prática do ato ou inobservância das normas pertinentes.
[Fim de Atenção]

II - quando alguém estiver preso por mais tempo do que determina a lei;
III - quando quem ordenar a coação não tiver competência para fazê-lo;

[Atenção]
Refere-se à autoridade judiciária.
[Fim de Atenção]

IV - quando houver cessado o motivo que autorizou a coação;
V - quando não for alguém admitido a prestar fiança, nos casos em que a lei a autoriza;
VI - quando o processo for manifestamente nulo;

[Atenção]
HC 146.327. Rel. Min. Gilmar Mendes. HC cabível após decisão condenatória transitada em julgado, em caso de nulidade absoluta.
[Fim de Atenção]

VII - quando extinta a punibilidade.

Ademais, admite-se *habeas corpus* quando a violação ao direito de liberdade for indireta, bem como para trancamento das investigações ou da ação penal, nas seguintes hipóteses:

- manifesta atipicidade formal ou material;
- causa extintiva de punibilidade
- instauração de inquérito policial sem o atendimento de condição de procedibilidade/condições da ação.

Entretanto, quando a pena máxima aplicável ao delito em questão for pena de multa, não caberá habeas corpus, tendo em vista não haver qualquer ameaça ao direito de locomoção do réu.

STF - Súmula 693

Não cabe *habeas corpus* contra decisão condenatória a **pena de multa**, ou relativo a processo em curso por infração penal a que a **pena** pecuniária seja a única cominada.

Ainda, não cabe habeas corpus para impugnar decisão do STF, inclusive decisão monocrática proferida por Ministro do STF, pois o habeas corpus é sempre impetrado perante o órgão superior. Como o STF é a instância máxima, não tem cabimento.

[informe-se]
STF - HC 162.285 AgR/DF
Rel. Min. Alexandre de Moraes
Julgado em 19/12/2019.
Informativo 964.

> Não cabe HC contra decisão de Ministro do STF que decreta a prisão preventiva de investigado ou réu. Não cabe habeas corpus contra decisão de Ministro do STF que decreta a prisão preventiva de investigado ou réu. Aplica-se, aqui, por analogia, o entendimento exposto no Enunciado 606 da Súmula do STF. Súmula 606-STF: Não cabe habeas corpus originário para o Tribunal Pleno de decisão de turma, ou do plenário, proferida em habeas corpus ou no respectivo recurso. [fim de informe-se]

Não cabe habeas corpus como substitutivo de recurso ordinário, ou mesmo simultâneo a esse, versando sobre o mesmo objeto, sob pena de caracterizar supressão da instância recursal. A esse respeito:

STF - RHC 123.890- AgR
Rel. Min. Carmem Lúcia
1. É incabível o exame per saltum de fundamentos não apreciados pelo órgão judiciário apontado como coator.
2. Pelo que se tem nas instâncias antecedentes, a quebra do sigilo telefônico não foi a primeira providência investigativa, estando devidamente fundamentadas as decisões de primeiro grau que a autorizaram sucessivamente.
3. Verificada na espécie a indispensabilidade da quebra do sigilo, sendo apresentadas razões de relevante interesse público e exigências derivadas do princípio de convivência das liberdades, o sigilo não pode prevalecer, impondo-se a medida excepcional.
4. O Agravante e o Interessado foram condenados com base em elementos concretos e independentes dos diálogos telefônicos, que demonstram e identificam, por outros meios de provas, a atuação nos fatos criminosos a eles imputados.
5. A jurisprudência do Supremo Tribunal Federal no sentido de que o princípio do pas de nullité sans grief exige, em regra, a demonstração de prejuízo concreto à parte que suscita o vício, independentemente da sanção prevista para o ato, podendo ser ela tanto a de nulidade absoluta quanto a relativa, pois não se decreta nulidade processual por mera presunção
6. Agravo regimental ao qual se nega provimento.

[informe-se]

STJ - HC 482549/SP
Rel. Min. Rogerio Schietti Cruz
Julgamento: 03/04/2020
Informativo 669, 08/05/2020

1. A existência de um complexo sistema recursal no processo penal brasileiro permite à parte prejudicada por decisão judicial submeter ao órgão colegiado competente a revisão do ato jurisdicional, na forma e no prazo previsto em lei. Eventual manejo de habeas corpus, ação constitucional voltada à proteção da liberdade humana, constitui estratégia defensiva válida, sopesadas as vantagens e também os ônus de tal opção.

2. A tutela constitucional e legal da liberdade humana justifica algum temperamento aos rigores formais inerentes aos recursos em geral, mas não dispensa a racionalidade no uso dos instrumentos postos à disposição do acusado ao longo da persecução penal, dada a necessidade de também preservar a funcionalidade do sistema de justiça criminal, cujo poder de julgar de maneira organizada, acurada e correta, permeado pelas limitações materiais e humanas dos órgãos de jurisdição, se vê comprometido - em prejuízo da sociedade e dos jurisdicionados em geral - com o concomitante emprego de dois meios de impugnação com igual pretensão.

3. Sob essa perspectiva, a interposição do recurso cabível contra o ato impugnado e a contemporânea impetração de *habeas corpus* para igual pretensão somente permitirá o exame do *writ* se for este destinado à tutela direta da liberdade de locomoção ou se traduzir pedido diverso em relação ao que é objeto do recurso próprio e que reflita mediatamente na liberdade do paciente. Nas demais hipóteses, o *habeas corpus* não deve ser admitido e o exame das questões idênticas deve ser reservado ao recurso previsto para a hipótese, ainda que a matéria discutida resvale, por via transversa, na liberdade individual

4. A solução deriva da percepção de que o recurso de apelação detém efeito devolutivo amplo e graus de cognição - horizontal e vertical - mais amplo e aprofundado, de modo a permitir que o tribunal a quem se dirige a impugnação examinar, mais acuradamente, todos os aspectos relevantes que subjazem à ação penal. Assim, em princípio, a apelação é a via processual mais adequada para a impugnação de sentença condenatória recorrível, pois é esse o recurso que devolve ao tribunal o conhecimento amplo de toda a matéria versada nos autos, permitindo a reapreciação de fatos e de provas, com todas as suas nuanças, sem a limitação cognitiva da via mandamental. Igual raciocínio, mutatis mutandis, há de valer para a interposição de habeas corpus juntamente com o manejo de agravo em execução, recurso em sentido estrito, recurso especial e revisão criminal.

5. Quando o recurso de apelação, por qualquer motivo, não for conhecido, a utilização de habeas corpus, de caráter subsidiário, somente será possível depois de proferido o juízo negativo de admissibilidade da apelação pelo Tribunal ad quem, porquanto é indevida a subversão do sistema recursal e a avaliação, enquanto não exaurida a prestação jurisdicional pela instância de origem, de tese defensiva na via estreita do habeas corpus.

6. Na espécie, houve, por esta Corte Superior de Justiça, anterior concessão de habeas corpus em favor do paciente, para o fim de substituir a custódia preventiva por medidas cautelares alternativas à prisão, de sorte que remanesce a discussão – a desenvolver-se perante o órgão colegiado da instância de origem – somente em relação à pretendida desclassificação da conduta imputada ao acusado, tema que coincide com o pedido formulado no writ.

7. Embora fosse, em tese, possível a análise, em habeas corpus, das matérias aventadas no writ originário e aqui reiteradas – almejada desclassificação da conduta imputada ao paciente para o crime descrito no art. 93 da Lei nº 8.666/1993 (falsidade no curso de procedimento licitatório), com a consequente extinção da sua punibilidade –, mostram-se corretas as ponderações feitas pela Corte de origem, de que a apreciação dessas questões implica considerações que, em razão da sua amplitude, devem ser examinadas em apelação (já interposta).

8. Uma vez que a pretendida desclassificação da conduta imputada ao réu ainda não foi analisada pelo Tribunal de origem, fica impossibilitada a apreciação dessa matéria diretamente por esta Corte Superior de Justiça, sob pena de, se o fizer, suprimir a instância ordinária.

9. Não há, no ato impugnado neste *writ*, manifesta ilegalidade que justifique a concessão, *ex officio*, da ordem de *habeas corpus*, sobretudo porque, à primeira vista, o Juiz sentenciante teria analisado todas as questões processuais e materiais necessárias para a solução da lide.

10. Habeas corpus não conhecido.

[fim de informe-se]

Ainda, na mesma toada da pena de multa, não cabe habeas corpus para impugnar quebra de sigilo bancário, fiscal ou telefônico, se dessa quebra não puder resultar condenação à pena privativa de liberdade.

Com relação à pena privativa de liberdade extinta, devido a impossibilidade de coação, não cabe habeas corpus. A esse respeito o STF elaborou Súmula:

> **STF - Súmula 695:** Não cabe habeas corpus quando já extinta a pena privativa de liberdade.

Outra Súmula do STF importante mencionar é a de não cabimento de habeas corpus para imposição de pena de exclusão de militar ou perda de patente ou de função pública.

STF - Súmula 694

Não cabe habeas corpus contra a imposição da pena de eclusão de militar ou perda de patente ou de função.

Ressalta-se que, embora não caiba habeas corpus para se discutir o mérito de punições disciplinares militares, esse remédio pode ser utilizado para discussão da legalidade dessas punições.

Ainda, o habeas corpus pode ser concedido de ofício pelos juízes e tribunais, conforme dispõe o art. 654. §2º do Código de Processo Penal:

CÓDIGO DE PROCESSO PENAL

Art. 654. [...]

§ 2º Os juízes e os tribunais têm competência para expedir de ofício ordem de habeas corpus, quando no curso de processo verificarem que alguém sofre ou está na iminência de sofrer coação ilegal.

A esse respeito, convém salientar que o habeas corpus não é o meio adequado para tutelar visita íntima, por não estar envolvido o direito de ir e vir.

[informe-se]

A concessão do benefício da transação penal impede a impetração de *habeas corpus* em que se busca o trancamento da ação penal?

HC 495.148-DF/ HC 176.785/DF

A concessão do benefício da transação penal impede a impetração de habeas corpus em que se busca o trancamento da ação penal? Com a celebração da transação penal, o habeas corpus que estava pendente fica prejudicado ou o TJ deverá julgá-lo mesmo assim?

STJ: SIM. Fica prejudicado. A concessão do benefício da transação penal impede a impetração de habeas corpus em que se busca o trancamento da ação penal (STJ. 6ª Turma. HC 495.148-DF, Rel. Min. Antonio Saldanha Palheiro, julgado em 24/09/2019. Informativo 657).

STF: NÃO. Não impede e o TJ deverá julgar o mérito do habeas corpus. A realização de acordo de transação penal não enseja a perda de objeto de habeas corpus anteriormente impetrado. A aceitação do acordo de transação penal não impede o exame de habeas corpus para questionar a legitimidade da persecução penal. Embora o sistema negocial possa trazer aprimoramentos positivos em casos de delitos de menor gravidade, a barganha no processo penal pode levar a riscos consideráveis aos direitos fundamentais do acusado. Assim, o controle judicial é fundamental para a proteção efetiva dos direitos fundamentais do imputado e para evitar possíveis abusos que comprometam a decisão voluntária de aceitar a transação. Não há qualquer disposição em lei que imponha a desistência de recursos ou ações em andamento ou determine a renúncia ao direito de acesso à Justiça (STF. 2º Turma. HC 176.785/DF, Rel. Min. Gilmar Mendes, julgado em 17/12/2019. Informativo 964).

[Fim de informe-se]

E) LEGITIMIDADE

CÓDIGO DE PROCESSO PENAL

Art. 654. O habeas corpus poderá ser impetrado por qualquer pessoa, em seu favor ou de outrem, bem como pelo Ministério Público

- LEGITIMIDADE ATIVA
  - **Impetrante:** aquele que pede a concessão da ordem de habeas corpus. Pode ser qualquer pessoa física ou jurídica, nacional ou estrangeira, independente de capacidade civil ou postulatória, inclusive para interposição do respectivo Recurso Ordinário (STF – HC 102.836. Rel. Min. Dias Toffoli, 08/11/2011). O interesse de agir do Ministério Público deve estar vinculado ao direito de liberdade do paciente.
  - **Paciente:** aquele em favor de quem é pedida a ordem de habeas corpus. Deve ser pessoa física, nacional ou estrangeira ou uma coletividade determinável de pessoas que estejam em situação fática e jurídica semelhante, a fim de evitar decisões conflitantes. Ex.: HC 143.641 – Rel. Min. Ricardo Lewandowski – Julgamento 20/02/2018.
- LEGITIMIDADE PASSIVA (autoridade pública ou particular)
  - **Autoridade coatora:** autoridade pública responsável pela prática do ato ilegal ou abusivo que constranja a liberdade de ir e vir do paciente.

- **Coator:** é o particular responsável pela prática do ato ilegal que constranja a liberdade e ir e vir do paciente.
- **Detentor:** aquele que executa a ordem ilegal sob a ordem da autoridade coatora. Art. 658 do CPP.

F) COMPETÊNCIA

Para definir a competência, leva-se em consideração as figuras do paciente e da autoridade coatora.

Quando a autoridade coatora tiver prerrogativa de foro, a competência para julgar habeas corpus em seu desfavor é do órgão competente para processar e julgar eventuais crimes por ele praticados.

Quando o órgão responsável pelo ato ilegal for jurisdicional, a competência para processar e julgar o habeas é do órgão jurisdicional imediatamente superior. (art. 650, § 1º do CPP)

G) PROCEDIMENTO

O procedimento do habeas corpus é sumário e gratuito.

- PETIÇÃO INICIAL

CÓDIGO DE PROCESSO PENAL

Art. 654. O habeas corpus poderá ser impetrado por qualquer pessoa, em seu favor ou de outrem, bem como pelo Ministério Público.

§ 1º A petição de habeas corpus conterá:

a) o nome da pessoa que sofre ou está ameaçada de sofrer violência ou coação e o de quem exercer a violência, coação ou ameaça;

b) a declaração da espécie de constrangimento ou, em caso de simples ameaça de coação, as razões em que funda o seu temor;

c) a assinatura do impetrante, ou de alguém a seu rogo, quando não souber ou não puder escrever, e a designação das respectivas residências.

§ 2º Os juízes e os tribunais têm competência para expedir de ofício ordem de habeas corpus, quando no curso de processo verificarem que alguém sofre ou está na iminência de sofrer coação ilegal.

- **Dilação probatória**

O procedimento do habeas corpus, ante a sua natureza sumária, não possui fase de instrução probatória. A prova da ilegalidade deve ser pré-constituída. Além disso, o habeas não se presta a impugnar questões da ação penal que dependam de dilação probatória.

- Admite pedido liminar: *fumus boni iuris* e *periculum in mora*

- Admite efeito extensivo

Nos termos do que dispõe o art. 580 do Código de Processo Penal.

Art. 580. No caso de concurso de agentes (Código Penal, art. 25), a decisão do recurso interposto por um dos réus, se fundado em motivos que não sejam de caráter exclusivamente pessoal, aproveitará aos outros.

- Oitiva do Ministério Público:

Não há previsão legal para oitiva do MINISTÉRIO PÚBLICO em primeira instância. Nos tribunais, portanto, os arts. 1º e 2º do Decreto- lei 552/69 estabelecem a oitiva do parquet, no prazo de dois dias.

3.2. REVISÃO CRIMINAL

A revisão criminal é ação autônoma de impugnação que visa a desconstituir a coisa julgada decorrente de sentença penal condenatória ou absolutória imprópria, quando constatado erro judiciário.

- Juízo rescindente: ocorre quando a decisão impugnada é desconstituída, cassada.
- Juízo rescisório: ocorre quando a decisão impugnada é reformada.

A) CABIMENTO

CÓDIGO DE PROCESSO PENAL

Art. 621. A revisão dos processos findos será admitida:

I - quando a sentença condenatória for contrária ao texto expresso da lei penal ou à evidência dos autos;

II - quando a sentença condenatória se fundar em depoimentos, exames ou documentos comprovadamente falsos;

III - quando, após a sentença, se descobrirem novas provas de inocência do condenado ou de circunstância que determine ou autorize diminuição especial da pena.

[informe-se]

É cabível revisão criminal diante de sentença extintiva da punibilidade?

STF. Plenário. RvC 5.475/AM
Rel. Min. Edson Fachin
Julgado em 06/11/2019
Informativo 958
Não cabe revisão criminal para questionar os critérios discricionários utilizados pelo órgão julgador na fixação da pena. Não é cabível revisão criminal para se pretender a rediscussão do mérito da condenação. Não se aplica a minorante do arrependimento posterior (art. 16 do CP) no caso do crime do art. 20 da Lei nº 7.492/86, considerando que se trata de delito de natureza formal, que dispensa a ocorrência de resultado naturalístico. Além disso, se a reparação do dano foi feita por terceira pessoa - sem que se comprove que agiu em nome do agente - não se aplica o benefício do arrependimento posterior, que exige pessoalidade e voluntariedade na reparação.

STF. Plenário. RvC 5.480 AgR/AM
Rel. Min. Edson Fachin
Julgamento em 12/09/2019
Não cabe revisão criminal contra decisão que se limita a inadmitir recurso. A decisão suscetível de impugnação por meio de revisão criminal consiste no ato jurisdicional que impõe ou chancela (confirma) o mérito de pronunciamento condenatório. Não cabe revisão criminal contra decisões posteriores que, correta ou incorretamente, tenham inadmitido ou negado provimento a recursos, visto que essas manifestações jurisdicionais não compõem o título condenatório.

[Fim de informe-se]

Quanto às decisões proferidas pelo **tribunal do júri**, o Superior Tribunal de Justiça entende que essas também são passíveis de desconstituição por intermédio da revisão criminal, vejamos:

Superior Tribunal de Justiça
HC 137.504 - BA
Rel. Min. Laurita Vaz
Julgamento: 28/08/2012
HABEAS CORPUS. JULGAMENTO DE REVISÃO CRIMINAL.RESULTADO QUE NEGOU PROVIMENTO AO RECURSO.IMPETRAÇÃO QUE APONTA O ERRO NA CONTAGEM DOS VOTOS.CONSTATAÇÃO DO EMPATE PELA LEITURA DAS NOTAS TAQUIGRÁFICAS. APLICAÇÃO DO ART. 615, § 1º, DO CÓDIGO DE PROCESSO PENAL. ORDEM CONCEDIDA.

1. "A condenação penal definitiva imposta pelo Júri é passível, também ela, de desconstituição mediante revisão criminal, não lhe sendo oponível a cláusula constitucional da soberania do veredicto do Conselho de Sentença" (HC 70.193, 1º Turma, Rel. Min. Celso de Mello, DJ de 06/11/2006.)

2. "Deve-se aplicar, à falta de norma expressa sobre o empate em julgamento de revisão criminal, a regra do art. 615, § 1º, do Código de Processo Penal, reproduzida para o habeas corpus no parágrafo único do art. 664. Mesmo que se considere tratar-se de normas específicas, atinentes a recursos determinados, caberá o apelo à analogia, expressamente permitido pelo art. 3º" (Min. Xavier de Albuquerque, nos autos do HC 54467, 2º Turma, Rel. Min. Leitão de Abreu, DJ de 18/03/1977).

3. Na hipótese dos autos, apesar de o acórdão consignar que os Desembargadores integrantes da Seção Criminal do Tribunal de Justiça do Estado da Bahia, por maioria de votos, julgaram improcedente a revisão criminal, verifica-se, da leitura das notas taquigráficas acostadas aos autos, que, quanto ao pedido de afastamento da condenação por tentativa de homicídio, houve empate na votação, uma vez que, dos seis Desembargadores presentes, três Desembargadores acolheram a súplica revisional, enquanto outros três indeferiram o pleito.

4. Ordem concedida a fim de reformar o acórdão exarado no julgamento da revisão criminal nº 31078.1/2008 para, diante do empate verificado, afastar a condenação de IVAN EÇA MENESES pelo crime de tentativa de homicídio da vítima RAMALHO SOUZA ALVES.

O Supremo Tribunal Federal também esboça semelhante entendimento, permitindo ao tribunal de segunda instância formular tanto o juízo rescindente, quanto o juízo rescisório, em sede de revisão crimina. Vejamos:

ARE 674.151

Rel. Min. Celso de Mello

Julgamento: 15/10/2013

REVISÃO CRIMINAL. CONDENAÇÃO PENAL PELO JÚRI. ERRO JUDICIÁRIO. INOPONIBILIDADE DA SOBERANIA DO VEREDICTO DO CONSELHO DE SENTENÇA À PRETENSÃO REVISIONAL. JULGAMENTO DESSA AÇÃO AUTÔNOMA DE IMPUGNAÇÃO PELO TRIBUNAL DE SEGUNDO GRAU. CUMULAÇÃO DO "JUDICIUM RESCINDENS" COM O "JUDICIUM RESCIS-SORIUM". POSSIBILIDADE. RECURSO DO MINISTÉRIO PÚBLICO A QUE SE NEGA SEGUIMENTO.

O Tribunal de segunda instância, ao julgar a ação de revisão criminal, dispõe de competência plena para formular tanto o juízo rescindente ("judicium rescindens"), que viabiliza a desconstituição da autoridade da coisa julgada penal mediante invalidação da condenação criminal, quanto o juízo rescisório ("judicium rescissorium"), que legitima o reexame do mérito da causa e autoriza, até mesmo, quando for o caso, a prolação de provimento absolutório, ainda que se trate de decisão emanada do júri, pois a soberania do veredicto do Conselho de Sentença, que representa garantia fundamental do acusado, não pode, ela própria, constituir paradoxal obstáculo à restauração da liberdade jurídica do condenado. Doutrina. Precedentes.

DECISÃO: O recurso extraordinário a que se refere o presente agravo foi interposto contra decisão que, proferida pelo E. Tribunal de Justiça do Estado de Mato Grosso, acha-se consubstanciada em acórdão assim ementado (fls. 400): "REVISÃO CRIMINAL. TRIBUNAL DO JÚRI. SENTENÇA TRANSITADA EM JULGADO. ART. 621, INCISO I, DO CPP. ERRO JUDICIÁRIO POR CONTRARIEDADE À EVIDÊNCIA DOS AUTOS - ABSOLVIÇÃO - POSSIBILIDADE. ART. 626 DO CPP.PEDIDO REVISIONAL PROCEDENTE (trecho extraído da ementa do julgado).

B) PRAZO

Não há prazo para a revisão criminal, que poderá ser requerida a qualquer tempo, antes da extinção da pena ou após. Cabe observar que será cabível a revisão criminal mesmo após a morte do réu.

CÓDIGO DE PROCESSO PENAL

Art. 622. A revisão poderá ser requerida em qualquer tempo, antes da extinção da pena ou após.

Parágrafo único. Não será admissível a reiteração do pedido, salvo se fundado em novas provas.

C) LEGITIMIDADE

- **LEGITIMIDADE ATIVA**

Trata-se de ação exclusiva da defesa. Prevalece na doutrina a legitimidade do Ministério Público para ajuizar revisão criminal em favor do réu. Não é admitida, contudo, revisão criminal pro societate, por força do princípio do ne bis in idem processual (Convenção Americana dos Direitos Humanos).

> **CÓDIGO DE PROCESSO PENAL**
>
> **Art. 623.** A revisão poderá ser pedida pelo próprio réu* ou por procurador legalmente habilitado ou, no caso de morte do réu, pelo cônjuge, ascendente, descendente ou irmão.
> * Independe de capacidade postulatória

- **LEGITIMIDADE PASSIVA**

Estados ou União.

D) COMPETÊNCIA

- STF e STJ – quando a decisão objeto do requerimento de revisão houver sido por eles proferida (arts. 102, I, j, e 105, I, e, da CF);
- TRFs e TJs – quando a decisão objeto do requerimento de revisão houver sido proferida por eles ou pelos juízes a eles vinculados (art. 108, I, b, da CF).

E) PROCEDIMENTO

- A revisão criminal será distribuída a um relator e a um revisor, devendo funcionar como relator um desembargador que **não tenha pronunciado decisão em qualquer fase do processo** (art. 625, CPP).
- Na revisão criminal, em regra, não caberá dilação probatória, sendo o ônus da prova do requerente. A petição inicial deverá ser acompanhada da certidão de trânsito em julgado da sentença condenatória e das peças necessárias à comprovação dos fatos arguidos (art. 625, § 1º, CPP).
- Se demonstrada a necessidade de produção de prova pericial ou testemunhal, contudo, o autor poderá requerer a realização de audiência de justificação, a ser realizada no juízo de primeiro grau.

- Julgando procedente a revisão, o tribunal poderá (art. 626 CPP):
u. alterar a classificação da infração;
b. absolver o réu;
c. modificar a pena;
d. anular o processo.

Por se tratar de ação exclusiva da defesa, a decisão da revisão criminal não poderá agravar a pena imposta pela decisão revista (art. 626, paragrafo único), ou seja, existe a proibição da reformatio in pejus. De forma direta, vincula o Tribunal que reformar a sentença condenatória; e de forma indireta, vincula o juízo que for proferir nova sentença condenatória em lugar de sentença cassada em sede de revisão criminal.

Em caso de absolvição, serão restabelecidos todos os direitos perdidos pelo réu em virtude da condenação, devendo o Tribunal, se for o caso, impor a medida de segurança cabível (art. 627 do CPP).

No caso de provimento do requerimento de revisão criminal, se o interessado o requerer, o Tribunal poderá reconhecer, inclusive, o direito à indenização, que não será devida (art. 630 CPP):

- se o erro ou injustiça da condenação proceder de ato ou falta imputável ao próprio impetrante, como a confissão ou a ocultação de prova em seu poder; e
- se a acusação houver sido meramente privada.

Essa indenização será liquidada no juízo cível e é devida pela União, quando a condenação houver sido proferida pela Justiça do DF ou Territórios e pelo Estado, quando a condenação houver sido proferida pela sua própria Justiça.

F) COISA JULGADA EM SEDE DE REVISÃO CRIMINAL

CÓDIGO DE PROCESSO PENAL

Art. 622. A revisão poderá ser requerida em qualquer tempo, antes da extinção da pena ou após.
Parágrafo único. Não será admissível a reiteração do pedido, salvo se fundado em novas provas.

QUESTÕES DE CONCURSOS

1. **Ano: 2022 Banca: INSTITUTO AOCP Órgão: MPE-MS Prova: INSTITUTO AOCP - 2022 - MPE-MS - Promotor de Justiça Substituto**

   Quanto aos recursos no processo penal, assinale a alternativa INCORRETA.

   A) Conforme o posicionamento mais recente do STF, não caracteriza violação ao princípio da non reformatio in pejus a majoração unicamente da pena de multa por tribunal, na hipótese de recurso exclusivo da defesa.

   B) Dentre outras hipóteses, caberá recurso em sentido estrito da decisão que não receber a denúncia ou queixa, que pronunciar o réu e que recusar homologação à proposta de acordo de não persecução penal.

   C) Dentre outras hipóteses, caberá recurso em sentido estrito da decisão que decretar a prescrição ou julgar, por outro modo, extinta a punibilidade.

   D) O pedido de reconsideração não possui respaldo na legislação processual penal vigente, por isso não suspendem prazos e tampouco impedem a preclusão.

   E) Conforme o entendimento dos Tribunais Superiores, o mandado de segurança não se presta para atribuir efeito suspensivo a recurso criminal interposto pelo Ministério Público.

2. **Ano: 2022 Banca: INSTITUTO AOCP Órgão: PC-GO Prova: INSTITUTO AOCP - 2022 - PC-GO - Agente de Polícia**

   Juliana é agente da Polícia Civil e, apesar de exercer honestamente seus encargos, foi processada por crime de abuso de autoridade. A ação foi distribuída no fórum da comarca de Abadiânia-GO. Na investigação, ela teve seu aparelho de telefone celular pessoal apreendido como "medida de praxe" da investigação. Porém, como o delito a ela imputado era o de constranger pessoa a depor, sob ameaça de prisão, o advogado de Juliana entende que a apreensão do objeto não tem qualquer serventia ao processo penal. Assim, Juliana ajuíza pedido de restituição de coisas apreendidas, mas o juiz da causa indefere seu requerimento. Indignada, ela pretende recorrer da decisão. Assinale a alternativa que aponta o recurso correto para impugnar a decisão judicial que indeferiu o incidente de Juliana.

   A) Recurso em sentido estrito.

   B) Apelação.

   C) Mandado de segurança.

   D) Recurso inominado.

   E) Habeas corpus.

3. **Ano: 2022 Banca: IBFC Órgão: TJ-MG Prova: IBFC - 2022 - TJ-MG - Analista Judiciário - Analista Judiciário**

Em relação aos recursos previstos no Código de Processo Penal e na Lei de Execução Penal (Lei nº 7.210/84), observada a jurisprudência do Superior Tribunal de Justiça, assinale a alternativa correta.

A) No recurso em sentido estrito, o recorrente terá o prazo de 08 (oito) dias para oferecer as razões

B) Os embargos infringentes podem ser interpostos no prazo de 05 (cinco) dias, a contar da publicação de acórdão

C) O recurso em sentido estrito, o agravo e a carta testemunhável admitem juízo de retratação

D) O recurso de apelação deve ser interposto contra a decisão que ordenar a suspensão do processo, em virtude de questão prejudicial

E) O recurso em sentido estrito pode ser arrazoado na superior instância, se o recorrente na petição de interposição ou no termo assim o declarar

4. **Ano: 2022 Banca: PGR Órgão: PGR Prova: PGR - 2022 - PGR - Procurador da República**

ASSINALE A ALTERNATIVA CORRETA:

A) É cabível apelação criminal no prazo de 15 dias, aplicando-se o CPC (art. 1003, §5°) subsidiariamente (CPP, art. 3°). E cabe recurso em sentido estrito da decisão que julgar procedentes as exceções, salvo a de suspeição.

B) É cabível recurso em sentido estrito da decisão que receber ou rejeitar a denúncia ou a queixa, bem como anular o processo da instrução criminal, no todo ou em parte. Não cabe recurso especial para reexame de matéria de fato, conforme Súmula nº 7 do Superior Tribunal de Justiça.

C) Cabe recurso em sentido estrito da decisão que absolver sumariamente o réu, pronunciá-lo ou impronunciá-lo. No caso de coautoria ou participação (CP, art. 29), a decisão do recurso interposto por um dos réus, se fundado em motivos que não sejam de caráter exclusivamente pessoal, aproveitará aos outros.

D) De acordo com a jurisprudência do Superior Tribunal de Justiça, é cabível habeas corpus, ainda que haja sentença transitada em julgado, para reconhecer a prescrição penal, erros na aplicação da pena, a ilicitude da prova ou a aplicabilidade do princípio da insignificância.

5. **Ano: 2022 Banca: FGV Órgão: Senado Federal Prova: FGV - 2022 - Senado Federal - Consultor Legislativo - Direito Penal Processual Penal, Penitenciário e Segurança Pública**

Sobre os recursos em processo penal, assinale a afirmativa correta.

A) A apelação não pode ser julgada de forma contrária ao interesse da única parte que recorreu da sentença.

B) Os recursos têm efeito iterativo, salvo nas exceções expressas em lei.

C) Após a anulação da condenação por acórdão que decidiu recurso do réu, o juiz não poderá aplicar-lhe, na nova sentença condenatória, pena mais grave que a anterior.

D) As partes não podem desistir dos recursos que tenham interposto.

E) A apelação do réu cuja prisão preventiva foi decretada na sentença não será conhecida se ele não se recolher à prisão.

6. **Ano: 2022 Banca: FGV Órgão: TCE-TO Prova: FGV - 2022 - TCE-TO - Analista Técnico - Direito**

Determinado conjunto de agentes foi denunciado pela prática dos crimes previstos nos Arts. 317 e 333, ambos do Código Penal, e Art. 1º, caput e §2º, I, da Lei Federal nº 9.613/1998. O juiz de direito, todavia, rejeitou a denúncia, sob o fundamento de que as provas colhidas eram nulas, porquanto considerou serem decorrentes de investigação que transcorreu clandestinamente durante dois anos sem nenhuma supervisão do Poder Judiciário. Diante disso, entendeu faltar justa causa para o exercício da ação penal, por não haver outras provas autônomas em desfavor dos imputados. O Ministério Público estadual então interpôs recurso em sentido estrito contra essa decisão, ocasião em que pleiteou a sua reforma para que fosse recebida a denúncia. Ao fazer a análise de admissibilidade, o magistrado assinalou faltar interesse recursal por ausência de impugnação específica de todos os fundamentos da decisão recorrida, razão pela qual não admitiu o recurso.

Contra a referida decisão, é cabível:

A) apelação;

B) apelação residual;

C) recurso em sentido estrito;

D) carta testemunhável;

E) mandado de segurança.

7. **Ano: 2022 Banca: FCC Órgão: DPE-MT Prova: FCC - 2022 - DPE-MT - Defensor Público de 1ª Classe**

A defesa de Joaquim interpôs recurso especial com base no artigo 105, inciso III, alínea "a", da Constituição Federal, apontando como normas violadas os artigos 226 e 155, ambos do Código de Processo Penal, pois ilegal o reconhecimento pessoal realizado em juízo, falecendo provas realizadas na etapa judicial para o desfecho condenatório, e o artigo 59, caput, do Código Penal, uma vez que o suposto antecedente negativo foi reconhecido a partir de condenação com pena cumprida e declarada extinta há mais de doze anos da data dos fatos, sendo, portanto, muito antigo. Sobreveio a decisão obstando a subida do recurso especial ao Superior Tribunal de Justiça (STJ), fundamentada, em suma, que o recurso: i) não seria admitido por violar a súmula 7 do STJ quanto ao pedido de violação dos artigos do Código de Processo Penal; e ii) não teria seguimento por ser contrário ao Tema 150 do Supremo Tribunal Federal, julgado no regime de recursos repetitivos. Da decisão acima caberá

A) agravo contra decisão denegatória de recurso especial quanto ao primeiro item da decisão e o agravo interno ou regimental contra o segundo.

B) agravo contra decisão denegatória de recurso especial contra os dois itens da decisão, dado o princípio da unirrecorribilidade.

C) agravo interno ou regimental contra os dois itens da decisão, por ser mais amplo e respeitar o princípio da unirrecorribilidade.

D) habeas corpus contra o primeiro item da decisão e o agravo contra decisão denegatória de recurso especial contra o segundo.

E) agravo contra decisão denegatória de recurso especial contra o primeiro item da decisão e apenas os embargos de declaração contra o segundo.

8. **Ano: 2022 Banca: FGV Órgão: TJ-PE Prova: FGV - 2022 - TJ-PE - Juiz Substituto. De acordo com a doutrina e a jurisprudência dominante nos Tribunais Superiores, quanto aos recursos e às ações autônomas de impugnação, é correto afirmar que:**

A) admite-se mandado de segurança para atribuir efeito suspensivo ao recurso em sentido estrito desprovido deste efeito interposto pelo Ministério Público;

B) impetrado habeas corpus por outra pessoa em favor do paciente, se este se opuser e desautorizar o pedido, o habeas corpus não será conhecido;

C) fará jus à indenização, na ação de revisão criminal, o condenado quando o erro ou a injustiça da condenação resultar da ocultação de provas em seu poder;

D) poderá o Ministério Público, como fiscal da lei, ajuizar ação de revisão criminal a favor ou contra o condenado;

E) admite-se habeas corpus para o trancamento de ação de improbidade administrativa.

9. **Ano: 2022 Banca: FGV Órgão: TJ-PE Prova: FGV - 2022 - TJ-PE - Juiz Substituto**

Quanto à teoria geral dos recursos e os recursos em espécie no processo penal, segundo a doutrina e a jurisprudência dominante nos Tribunais Superiores, admite-se:

A) o recurso do assistente se o Ministério Público tiver interposto um recurso total;

B) o efeito devolutivo dos recursos quando da apresentação das razões recursais;

C) a reformatio in pejus se o condenado tiver recorrido de todo o conteúdo impugnável da sentença;

D) a medida cautelar para dar efeito suspensivo a recurso em sentido estrito desprovido originariamente deste efeito;

E) a interposição de recurso em sentido estrito pelo ofendido não habilitado como assistente se o Ministério Público não recorrer da decisão.

10. **Ano: 2022 Banca: IDECAN Órgão: TJ-PI Prova: IDECAN - 2022 - TJ-PI - Oficial de Justiça e Avaliador**

Delegado Mário foi denunciado pelo delito de abuso de autoridade, tendo em vista a prática de conduta que se enquadra na seguinte descrição típica: "deixar injustificadamente de comunicar prisão em flagrante à autoridade judiciária no prazo legal." O Magistrado competente para a análise da inicial acusatória entendeu por bem rejeitá-la. Inconformado, o Ministério Público resolve recorrer de tal decisão. Nessa hipótese, o recurso cabível será

A) Apelação, no prazo de 5 dias.

B) Apelação, no prazo de 10 dias.

C) Recurso em Sentido Estrito, no prazo de 20 dias.

D) Recurso em Sentido Estrito, no prazo de 2 dias.

E) Recurso em Sentido Estrito, no prazo de 5 dias.

11. **Ano: 2022 Banca: IDECAN Órgão: TJ-PI Prova: IDECAN - 2022 - TJ-PI - Oficial de Justiça e Avaliador**

Antônio foi denunciado pelo Ministério Público pela prática do delito de estelionato. Após a instrução criminal, o Magistrado proferiu a sentença penal, tendo o Ministério Público se conformado com o provimento jurisdicional, não tendo, assim, interesse em recorrer, conforme demonstrado em sua manifestação nos autos. À vítima, Maria, inconformada com a decisão do juízo e com a inércia do Parquet, após ficar sabendo da cota ministerial, resolve se habilitar e recorrer da sentença, i.e. apresentar recurso de apelação. Nessa hipótese, de acordo com a disposição do CPP, é correto afirmar que o prazo para a interposição do recurso de apelação será de

A) 3 dias.

B) 5 dias.

C) 8 dias.

D) 10 dias.

E) 15 dias.

12. **Ano: 2022 Banca: VUNESP Órgão: PC-RR Prova: VUNESP - 2022 - PC-RR - Delegado de Polícia Civil**

Tendo em conta as Sumulas dos Tribunais Superiores acerca dos institutos de direito processual penal, assinale a alternativa correta.

A) A citação por edital, que indica o dispositivo da lei penal, mas não transcreve a denúncia, é nula.

B) Tratando-se de habeas corpus, o julgamento por Tribunal Colegiado é nulo, se não houver prévia intimação do impetrante da pauta de julgamento, mesmo que inexista pedido expresso.

C) Em caso de recurso exclusivo do acusado, vedada restará a imposição de medida de segurança pelo Tribunal.

D) A pronúncia é causa suspensiva da prescrição, ainda que o Tribunal venha desclassificar o crime.

E) A homologação da transação penal impede que o Ministério Público ofereça denúncia, ainda que o beneficiado tenha descumprido suas cláusulas.

13. **Ano: 2022 Banca: CONSULPLAN Órgão: MPE-PA Prova: CONSULPLAN - 2022 - MPE-PA - Analista Jurídico.** Segundo o Código de Processo Penal, quando a sentença do juiz-presidente no Tribunal do Júri for contrária à Lei expressa ou à decisão dos jurados, caberá:

A) Apelação.

B) Habeas corpus.

C) Revisão criminal.

D) Recurso em sentido estrito.

14. **Ano: 2022 Banca: FCC Órgão: DPE-AM Prova: FCC - 2022 - DPE-AM - Analista Jurídico de Defensoria - Ciências Jurídicas**

Após ser proferida a sentença pelo juiz presidente do Tribunal do Júri, o Defensor Público entende que essa foi contrária à decisão dos jurados. Nesse caso, deve interpor recurso

A) de Apelação.

B) de Agravo de Instrumento.

C) em Sentido Estrito.

D) de Agravo Regimental.

E) Carta Testemunhável.

15. **Ano: 2022 Banca: FCC Órgão: TJ-CE Prova: FCC - 2022 - TJ-CE - Analista Judiciário - Área Judiciária**

O recurso em sentido estrito

A) é cabível em face de decisão que não recebe a denúncia e possibilita juízo de retratação pelo juiz de primeiro grau.

B) demanda a comprovação de repercussão geral na petição de interposição.

C) deve ser interposto no prazo de 15 dias, observado o prazo em dobro do Ministério Público e da Defensoria Pública.

D) é cabível após o trânsito em julgado se a sentença condenatória for contrária ao texto expresso da lei penal ou à evidência dos autos.

E) é processado e julgado pelo Superior Tribunal de Justiça, sempre que interposto em face de decisão que decidir sobre unificação de penas na execução penal.

16. **Ano: 2022 Banca: FGV Órgão: TJ-GO Prova: FGV - 2022 - TJ-GO - Juiz Leigo**

Romildo e Nazário, agindo em comunhão de ações e desígnios, praticaram o crime de furto em face do lesado Petrônio. Após regular processo, foram os corréus condenados à pena de um ano de reclusão. Inconformado com a sentença condenatória, Romildo interpôs recurso de apelação visando à sua absolvição, não tendo Nazário recorrido. Diante de tal situação, é correto afirmar que:

A) poderá Petrônio interpor recurso de apelação, caso não o tenha feito o Ministério Público, ainda que aquele não tenha se habilitado como assistente no curso do processo;

B) não poderá o Ministério Público interpor recurso de apelação em face da sentença visando à redução da pena de Romildo;

C) poderá o Ministério Público, após interpor recurso de apelação visando à absolvição de Nazário, desistir do recurso, pois este não recorreu;

D) não poderá a decisão do recurso de apelação interposto por Romildo aproveitar a Nazário, pois este não recorreu;

E) poderá a pena de Romildo ser aumentada no julgamento do recurso por ele interposto, tenha ou não o Ministério Público recorrido.

17. **Ano: 2022 Banca: CESPE / CEBRASPE Órgão: MPE-SE Prova: CESPE / CE-BRASPE - 2022 - MPE-SE - Promotor de Justiça Substituto**

Teo foi submetido a julgamento pelo plenário do tribunal do júri e condenado por homicídio simples a 6 anos de reclusão em regime inicialmente fechado. A acusação sustentou a qualificadora do motivo torpe e pediu a pena máxima. A defesa alegou legítima defesa. As partes recorreram.

A partir dessa situação hipotética, assinale a opção correta.

A) Se a sentença do juiz divergir das respostas dos jurados aos quesitos, o tribunal de justiça remeterá o processo a novo júri.

B) A inclusão da qualificadora será feita pelo tribunal de justiça se entender que a decisão dos jurados é contrária à prova dos autos.

C) Caso entenda que restou configurada legítima defesa nos autos, o tribunal de justiça deve absolver Teo.

D) O tribunal de justiça pode aumentar a pena se entender que o juiz errou na dosimetria.

E) Se a sentença contrariar lei expressa, cabe ao tribunal de justiça remeter o processo a novo julgamento.

18. **Ano: 2022 Banca: CESPE / CEBRASPE Órgão: TJ-MA Prova: CESPE / CEBRAS-PE - 2022 - TJ-MA - Juiz Substituto de Entrância Inicial**

Pedro foi denunciado e condenado pela prática de crime de menor potencial ofensivo cujo julgamento é de competência da justiça estadual. Assistido por advogado particular, ele interpôs apelação, à qual foi negado provimento. O advogado de Pedro impetrou, então, habeas corpus contra essa última decisão.

Considerando essa situação hipotética, assinale a opção em que é apresentado o prazo correto para a interposição da apelação e o órgão judiciário competente para o julgamento do habeas corpus.

A) dez dias - Superior Tribunal de Justiça

B) cinco dias - tribunal de justiça

C) dez dias - tribunal de justiça

D) dez dias - turma recursal

E) cinco dias - Superior Tribunal de Justiça

GABARITO

1. A	6. D	11. E	16. A
2. B	7. A	12. C	17. D
3. C	8. B	13. A	18. C
4. D	9. D	14. A	
5. C	10. B	15. A	

○ editoraletramento

⊕ editoraletramento.com.br

f editoraletramento

in company/grupoeditorialletramento

🐦 grupoletramento

✉ contato@editoraletramento.com.br

♪ editoraletramento

⊕ editoracasadodireito.com.br

f casadodireitoed

○ casadodireito

✉ casadodireito@
editoraletramento.com.br

GRUPO ED.
LETRAMENTO